U0154360

教育史

伍振鷟　主編

徐宗林　周愚文　合著

五南圖書出版公司 印行

總　序

　　我國的師範教育，自清末興辦以來歷經變革，其間政策與制度均數度反覆更迭，而以民國83年《師資培育法》的通過與施行變動的幅度最大。此次變更不僅是形式或名稱上的改頭換面，甚至在內容與實質上亦可說是脫胎換骨。概要而言：師資培育的任務不再由師範校院單獨負責，一般設有教育院、系、所或教育學程的大學校院均可實施；師資培育兼採公自費並行制，過去師範生在校期間的全部公費待遇已經取消，今後修畢教育學程的學生亦無分發就業的保障；且教師資格的取得，須經過檢定，而在初檢與複檢之間，必須經過一年的教育實習。如此重大的改革，其影響面之廣與衝擊性之大，自是不言可喻。然未來的成效如何，能否達成預期的理想，卻無人敢於預測；但亦沒有人願意看到新的政策與制度半途而廢或無疾而終。因為這不僅對於改革者而言是無情的打擊，對於國家與社會的發展也有不利的影響。

　　雖然影響教育改革成敗的因素甚多，但課程與教材的良窳實為主要的因素之一。基於此種認識，同仁等頗思能盡其棉薄，編寫一套適合新制施行後的大學用書，以應需要；適五南圖書出版公司楊董事長榮川亦有此構想，因此議定合作編印「師範教育叢書」的計畫，逐年分期完成。五南商譽甚佳，近年出版教育方面的專著亦多，期盼此次師範教育叢書的出版，能對新制的師資培育實施有所助益，也為我國未來師範教育的發展盡一份心力。

　　本系列的「師範教育叢書」計畫中，第一本完稿並首先問世的是魏明通教授的《科學教育》，以後將陸續有其他的專著完成並出版。忝為此一

叢書的撰稿人之一並兼出版計畫的協調者，在叢書的第一本上市前夕，有
著助產士接生的喜悅，故樂誌數語於卷首說明其原委與經過，用以代序。

伍振鷟 謹誌

1997 年 1 月

再版序

　　1994 年修正公布《師資培育法》，我國師資培育制度產生巨變，由原本師範校院的公費計畫培育制，改爲各大學廣設教育學程中心（後改稱師資培育中心）的多元自費儲備制。爲配合各校教學需求，五南圖書出版公司邀請伍振鷟名譽教授主編「師範教育叢書」，筆者們亦受託合撰《教育史》。初版發行迄今已逾二十載，期間已十數刷，而師培政策、制度與課程也歷經數度修正。2017 年 6 月修正公布《師資培育法》，其中將原有「先實習後檢定」的作法，改爲「先考試後實習」，未來師資生修畢教師職前教育專業課程後，須先參加每年 6 月的教師資格考試，通過後再到校進行「教育實習」半年，及格者始取得合格教師資格。至於課程上，也配合十二年國民基本教育課程採取素養導向，教育部遂於 2018 年修訂發布《中華民國教師專業素養指引——師資職前教育階段暨師資職前教育課程基準》，一方面配合改採素養導向，一方面也賦予各校師培課程設計的彈性。因應此一政策轉變，及原書已絕版，因此筆者們受囑進行修訂。

　　在近代中西方師資培育課程的歷史中，「教育史」一直是重要科目之一，教育史在英國教育學界獲列爲四大「教育基礎理論」（foundation disciplines）之一，在美國則列入「教育的基礎」（the foundations of education）。儘管在我國雖已由各校必修，改爲一般教育學系必修、師培選修，但其價值依然未被忽視。

　　根據新頒《師資職前教育課程基準》五大素養的第一項規定：「了解教育發展的理念與實務」，而其下素養專業指標第一條是：「了解有關教育目的和價值的主要理論或思想，以建構自身的教育理念與信念」，相應的核心內容則包括：教育本質、教育目的與內容；主要教育理論與思想；

教育與社會變遷及進步；教育與社會流動及公平；學校與教育行政制度的理念、實務與改革等項。而這些課題，「教育史」課程於教學時都會論及，故「教育史」一科被列於參考科目之一，各校可視需要開設。

　　配合以上變化，本次修訂，中國部分，除修正增補新近研究成果與史料外，也適時更正初版部分錯誤；西洋部分，主要是針對原有翻譯、排版及部分錯誤做修改。全書分量仍維持在 20 萬字左右，以供授課教師探擷，希望學生於一學期內學習完後，能了解中西教育制度、實施與思想的發展，進而能漸形成自己的教育觀。全書不周之處，仍祈方家指正。

徐宗林 謹誌
周愚文
2019 年 6 月於國立臺灣師範大學

序

　　20 世紀之前，在西方教師的培育過程中，「教育史」一科曾與「心理學」扮演過重要的角色。至於在我國的師範教育課程中，因受西方制度的影響，該科也有一席之地。設置「教育史」的目的，是希望透過教育史的教授，使學生一方面了解過去教育制度的演變與得失，以為今日借鏡；一方面是學習偉大教育思想家的理念與學說，以為日後教學之依據；另一方面是接觸偉大教育家的生平事蹟與人格風範，以培養教育愛並激發效法先賢之心。

　　然而隨著時代與社會的變遷，師資培訓課程的重心，逐漸由理論學科轉向應用學科。「教育史」一科於是逐漸失去其在師資培育課程中的主要位置，而移至邊緣地帶，甚至完全消失。此種現象在中、英、美等國皆然。不僅是「教育史」如此，凡具理論色彩較重的學科，都面臨類似的難題。在此種狀況下所培育出的教師，可能只知現在而忽略過去，如此方式，實有缺憾。

　　我國 83 年公布《師資培育法》後，一般大學可以開設各類教育學程，共同肩負培育師資的重責大任。在「中等學校教師教育學程」的 26 個學分中，將「教育史」列為選修科目（二學分），雖不理想，但可接受。由於目前坊間教育史方面的專書，多是中西分別纂述，內容雖佳，但分量較多，似難適合教育學程教學需要，有鑑於此，筆者不揣簡陋，應五南公司之邀，合纂《教育史》一書，內容分上下兩篇共 22 章：其中中國部分 12 章、西洋部分 9 章，緒論 1 章，綜要敘述中西教育演變大要，分析其利弊

得失，以俾學生能於一學期內學完。筆者才疏學淺，見識有限，書中謬誤之處必多，尚祈方家不吝指正。

徐宗林
周愚文　謹誌
1996 年 10 月於國立臺灣師範大學

目　錄

下篇 ▸▸ 西洋教育史

緒　論

第一節 ▶▶ 歷史與歷史研究

　　古羅馬文學家、修辭學家、教育學家西塞祿（Marcus T. Cicero, 106-43 B.C.）曾經說道：「人是唯一能夠將現在、過去與未來連結起來的動物。」人類由於具有高度的智慧，有著豐富的想像力，確實的記憶力，因而經由人的心智活動，不但能夠認識到現在的情況，而且，透過記憶能力，回憶過去所發生的情況，再運用想像的能力，有能力對未來所發生的事情，有著某種程度的預測。因此，人的存在雖然侷限在一定的現實時、空中，但是，他的心靈活動卻可以超越此一時、空的限制，蕩漾在歷史的時光中，徘徊在未來的時空中。

　　人的記憶活動是歷史形成的一個條件，但是，人的記憶有其一定的限制。隨著時光的消逝，人的記憶也會趨於模糊不清。因此，單有記憶能力，也不見得就能夠完全形成歷史。一般而言，存在於時、空中的事物，都有其歷史。歷史也可以說是存在於宇宙之中的過去事事物物所發生的種種變化。這些變化，當人們與之遭遇，產生關聯時，人們藉由記憶的活動，就會形成歷史；如果人們能夠依照某一形式而將此一系列所發生的變化予以重建，不論是經由意識的作用或經由文字符號的記載。歷史一概念，可以有著二層的涵義：其一，過去存在的事物所發生的種種變化，在沒有人與之遭遇的情況下，它的確發生過、存在過，吾人可以將此等發生的事件，視之為真實的歷史（real history）。這些存在過、發生過的事

件，眞可以說不計其數，難以計算，而不爲人知者，眞不知凡幾！由於人類社會文化的發展，使社會具備了語言及文字，作爲記載其歷史的工具，因而，形成了記載的、書寫的歷史（historigraphy）。這類歷史，或經由口語，或經由文字，將過去所發生的種種加以重建，組織起來，編寫起來，人們即可以經由語言或文字所代表的概念，經由意識上的再現，便可以對過去已消逝的事件產生一種追認，這種歷史亦可稱之爲重建的歷史。

從比較的觀點言，眞實的歷史只有一個，而重建的歷史則不只一個；眞實的史實猶如恆河中的沙粒，而重建的史實只是其中的一部分；眞實的歷史，在人的認識下可以重建，但是必須要有可資重建的史料，否則，人們是不能單憑想像去重建過去所發生的種種。人類社會文化發展進程不一，有些社會只有口語重建的歷史；有些社會則不但可以有口語歷史，而且有文字記載而重建的歷史。人類的歷史，雖然進步到現在這種狀態，但是，並不是每一個社會都有文字重建的歷史。一般而言，歷史學者即在利用史料，重建過去所發生的種種。經由史家重建歷史，人們才能對過去所發生的種種，有一個認識與了解。歷史學家利用史料重建歷史，只能使他所重建的歷史，儘量迫近眞實的歷史，但是，他所重建的歷史，絕對無法說可以等於眞實的歷史。

歷史，若以重建的歷史來說，只有人類才有，其他動物都沒有重建的歷史，因而，在人類的認知努力與探求下，其他事物的歷史，反而是由人去加以重建了。歷史的重建是需要有足夠的史料包括紀錄、遺物、文件，目擊者的報告等等。歷史學家只能發現史料，他不能去創造史料。他會利用歷史研究法，透過內證（資料內容上的驗證）與外證（資料形式上的驗證），而力求符合科學的要求。然後，在他豐富的歷史知識與歷史哲學的運用下，重建過去所發生的種種。因此，重建的歷史可以說是科學研究和藝術創造下的結晶。因爲，批判與驗證後的史料，在史學家的運用下，寫出來的史書，就不能說是純粹爲科學的產品。

歷史研究與其他研究有著下列的一些差異，即：

1. 歷史研究侷限在過去所發生的種種現象，因此，歷史研究是無法採用觀察法與實驗法的。

2. 歷史上所發生的種種事件，其發生僅為單一的、獨有的，因此，很難說有著重複性。每一歷史事件都有其特色，具有獨特性。

3. 歷史研究不像自然科學研究，可以歸納出所謂的定律。因此，歷史研究難以找出概括歷史事件的定律來。

4. 歷史研究的結果，很難用來作為類似事件的預測依據。因此，歷史研究的發現較不像自然科學研究的結果，在預測、控制方面較具效果。

5. 歷史研究受限於歷史研究的史料。有多少史料，只能作多少的研究。它不像觀察法的應用，研究者可以對同一研究對象作重複的觀察。

6. 歷史研究主要是在對過去發生的種種現象，作出接近真實的了解與合理的解釋。

7. 鑑往知來，一向被認為是歷史研究的一項效用。不過，此處的知，理應是提供參考與佐證之意。歷史並無法提供確實無誤的認知判斷，去面對新的情境或新的問題。

8. 人類過去的活動，形形色色，有軍事的、有農業的、有藝術的、有科學的、有文學的、有醫學的、有經濟的等等，當然，亦有教育的活動。將過去教育的活動，用語言、文字予以重建起來，便是教育史。因此，教育的研究亦有運用歷史的研究方法，以期對過去的教育活動有所了解，以使合理地解釋與現在相關的各種教育活動。

第二節 ▶▶ 文化與教育

從演化的觀點言，人類歷史的演進是一個極其緩慢的歷程。就像其他生物體，人也是一種生命形式（a form of life）；不過，由於人類有機體的高度複雜性，人的智能遠遠超過其他現有的生物有機體。就人類的存在歷

史而言，人類的存在已超過百萬年的歷史了。距今 50 萬年至 7 萬 5 千年間，人類所使用的工具其進步甚為緩慢。但是，由於生活中使用工具的製作、應用，需要一定的技能，因而，可以推測，人類一旦創造了工具而應用於生活活動中時，則某種程度的「教」與「學」的活動，也就隨之而形成。因此，文化是伴隨著人類活動經驗的累積而增加。一般人類學者認為文化是和自然相對應的一個概念。文化和自然二個概念具有相互排斥的涵義，即屬於文化的就不屬於自然；反過來說，屬於自然的就不屬於文化。文化是人利用自然及認識自然與社會的過程與結果；文化也可以說是一個社會生活的總體方式。文化概念的外延至為遼闊，它可以涵蓋人類社會生活中的一切活動。19 世紀著名的人類學家，英國人泰勒（Edward Tylor）對文化便作了一則古典性的定義。他以為：

> 文化或文明是一複雜的整體，包括了知識、信念、藝術、法律、道德、習俗，以及任何由社會分子的個人所獲致的能力及習慣。(註 1)

文化是人類創造出來的，並不是自然的產物，因此，文化具有下列的一些性質：

1. 被創造性：文化是人創造的；文化是人運用知識及技能，開發出來的具體性物質產品及抽象性的心智產品。前者如工具、器物等，後者如觀念、信念等是。

2. 獲得性：文化是社會分子從學習當中獲得的；文化是由社會遺傳的而不是由生物遺傳得來的。

3. 含蓄性：有些文化不是具體的事物，而是含蓄地存在於事物之中，或抽象地蘊涵於事物之中，如事物的意義，或動作所代表的涵義等。

4. 外顯性：有些文化則是外顯在事物之上，例如：具體的事物、人工製品等。

5. 理想性：存在於社會中的文化，有其理想的一面，但是，也有其現實的一面。社會中的道德規範即具有理想性，但是，發生在個人身上的行為，有時並未能符合社會道德的規範，例如：凡事誠實為理想；而事實上的說謊則是現實。

6. 現實性：從行為的觀點言，有些行為是不盡理想的。因此，個人的行為即具有文化理想性與文化現實性二個層面。

由於文化是一個社會中，人們生活方式的總稱，因此，文化的概括性甚廣。教育活動是社會活動中的重要一環，因為，社會文化的累積，隨著社會歷史的進展而日益增多，所以，文化便成為人們生活中不可或缺的一項要素。人們需要溝通，就得利用語言、文字或符號；人們需要衣服，就得尋找製衣的材料，製作出適時的衣著；人們需要食物，就得利用技能尋覓食物，種植穀物、蔬菜以為果腹；人們需要房舍，就得有方法建構房屋、製作工具、生產建材、設計樣式等；諸如此類，各項生活活動莫不需要前人的經驗與教導。而這些都可以概括在文化概念之中。換言之，人類必須利用社會文化，否則難以經營其生活也。

社會中的文化遺產，必須經由社會遺傳──「教」與「學」──始能一代一代地傳遞下去。就文化與教育的關係而言，文化的傳遞、文化的保存、文化的傳播、文化的創新、文化的應用、文化的欣賞等，都需要教育活動的協助。教育活動即上一代的人們，將其社會文化內容，選擇性地傳遞給下一代的未成年人。沒有教育的活動，社會文化的生命就會中斷；沒有教育活動，人們就會失去維繫社會凝聚的力量。因此，文化和教育的關係至為密切，其互補互生、共存共榮的意義，至為明顯。

文化理論中，有所謂文化決定論（Cultural Determinism），其意即社會中有許多事物是受制於文化的決定，例如：人們的婚喪喜慶，會選擇良辰吉日；店舖開張、建築開工，也都會選擇黃道吉日；在這民主盛行的時代，我們社會每逢選舉時，候選人的登記時間、選票上的號次等等，無不受著我們社會文化的制約，由此可見社會文化對人們行為的決定性。最

顯著的是我國農曆每逢七月，其影響所及舉凡人們的購屋、結婚、旅遊、開市等，都會刻意加以迴避。由此可見傳統文化的勢力，實有歷久不衰之勢。

　　教育是社會文化活動之一，自然也會受制於某些文化的制約。教育的目的，反映著社會的價值傾向，故教育目的之擬訂，不能不受社會文化的影響。教育的內容，一般都反映社會生活的內容以及先前存在的文化遺產。教育，尤其是狹義的學校教育，其課程內容就是取自社會的文化素材，例如：我國教育實施上的道德教育，不可避免的必須擷取傳統的所謂四維、八德以及適應現代社會生活的新道德規範，教育家不可能罔顧自身社會文化遺產而不顧。由此可知，文化的繁殖與文化的傳遞，不可避免的必須依賴於教育的實施。就以理想的教師、理想的人、理想的生活等等具有價值意義的這些概念而言，都有需要從社會文化的基礎上，予以討論之。

第三節 ▶▶ 教育史

　　人類社會中的文化活動，當然包括了教育活動。教育不僅維繫了社會文化的延續，而且也促進了社會文化的更新。廣義的教育即人與外在環境交互活動所形成的經驗成長，實際上是與人的文化同時出現的。為了對過去教育活動有所了解，以便有助於對現有的教育實施及教育問題有所認識，教育活動的歷史了解是不可或缺的一件事。教育史的研究，就廣泛的人類過去的教育活動來看，無疑的是要探究人類往昔究竟是如何利用教育活動，來建構人類的文明。人類社會生活的目的，是要提升其生活的素質，職是之故，人類社會莫不意圖利用教育，來作為提升其生活素質的一種途徑。教育的功用即在延續並推進社會的文化內容，以提升社會個人的品質，促成知識、技術的更為普及，進而有助於人們社會生活素質的提升。

　　教育史的研究，其特色即在於以下六點：

　　1. 教育史研究的主題，是在於了解過去人類文明建構的過程爲何？人類是如何應用「教」與「學」的方式締造了現在的文明？

　　2. 教育活動是人類眾多活動的一種，不過，教育活動卻是極爲複雜的一種社會現象。此一活動的歷史研究，當有助於對現有的一些教育相關活動之了解。

　　3. 教育史的研究也是要重建過去的種種教育活動，以形成教育經驗，期盼能有「他山之石，可以攻錯」的效益。

　　4. 教育活動的領域，牽涉甚爲廣泛，舉凡教育思想、教育理論、教育內容、教育方法、教育人員、學校制度、教育法規等等，其過去活動的型態及變遷，皆可成爲教育史研究的對象。

　　5. 教育史的重建，對於以往教育活動的歷程，當有一定程度的了解助益；對於教育現況的認識，也會有所幫助；對於目前教育問題的處理，也會有所協助。

　　6. 教育史的研究與學習，對於從事教育工作的人員，可以增廣其對教育問題了解的深度；對於教育實施未來的發展，亦可提供一些遠見。

　　事實上，廣義的教育，在現實的社會生活中處處可見：父母教育其子女；長輩教導其晚輩；上司教導其下屬；執法者教導守法者；已知者教誨未知者；先知者啓迪後知者；熟練者指導未熟練者；有經驗者指示未曾經驗者等等，不一而足，皆具有教育的意義。當然，狹義的教育活動中，未來的教育人員更應對教育的理論與實施，有著深切而精湛的認識才行。教育活動就廣義的意義來說，人人皆肩負著一些教育的功能，因爲，每個人都是在社會環境當中與其他人產生交互的活動，互爲影響。就狹義的教育意義而言，將來想要從事教育事業的人員，教育事業知能的具備，將是他專業上能否有所建樹的先決條件。由是可知，在未來資訊快速發達的社會中，人人都將是一個終生學習者；人人都將是「學習社會」中的一分子。

附註

註 1　A. L. Kroeber & Clyde Kluckhohn (1952). *Culture? A Critical Review of Concepts and Definitions*, p.43.

文化一辭定義眾多，有從社會生活整體界定者；有從社會遺產觀點界定者；有從社會規範及行為模式界定者；有從客觀規則界定者；亦有從具體實物如人工製品界定者。文化與教育關係的討論，可參考徐宗林著：《文化與教育》一書，臺北市：文景書局，民國 68 年。

中國教育史

HISTORY OF
CHINESE
EDUCATION

第 1 章

三代以前的教育

第一節 ▶▶ 前言

　　中國歷史起源甚早，但文獻可徵者，則是自商以後。雖然在《史記》等文獻中對夏以前的種種狀況有所描述，但現今在考古方面仍未獲得充分的證據加以支持。因而使我們必須對商以前的種種記載，抱著半信半疑的態度。不過 1949 年以後，大陸考古發現日豐，其中基本上已肯定了夏文化的存在，也支持《史記》所載的內容。但是對夏以前堯舜的種種，乃至更早以前的描述，仍缺乏足夠的證據。在此種史不足徵的情況下，應如何處理夏以前的情形，則是一項難題。不過基於歷史事件本身的連續性，事事因果相連，環環相扣，因此實不宜採鋸箭式的方式，將商以前的歷史加以割捨或規避；更何況史料雖少，但卻非全無，故更不宜全盤否認其存在。準此，本章將先概述考古與文獻上的發現，再進一步推論其可能的教育狀況。

第二節 ▶▶ 時代背景

　　經過長時期考古的結果發現，中國文化的形成，呈現出多中心、不平衡發展的特徵，(註1) 此點否定了過去漢文化西來或中原文化發源於黃河流域的說法。

　　目前已發現舊石器時代的人類依序有：元謀人（距今 170 萬餘年）、藍田人（距今 70 萬年）、北京人（距今 50 萬年）、大荔人、丁村人、馬壩人、長陽人、桐梓人、河套人（距今約 6 至 3.5 萬年）、資陽人、柳江人、騏麟山人及山頂洞人（距今 2 萬 5 千年）。(註2) 當進入新石器時代後，則發現更多不同地區的文化遺跡，如陝晉豫地區有磁山、裴李崗文化、仰韶文化及黃河中游龍山文化；甘肅地區有大地灣文化、馬家窯文化及齊家文化；山東地區有北辛文化、大汶口文化、龍山文化、岳石文化；湖北地區有大溪文化、屈家嶺文化及湖北龍山文化；長江下游有馬家濱文化、崧澤文化、良渚文化、河姆渡文化、北陰陽營文化及薛家崗文化。其他如南方、北方及西南地區也有許多發現，(註3) 不一一贅述。這正反映出前述多中心發展的現象。

　　根據前述各地考古的結果，可以提供若干三代以前農業、手工業及社會結構等方面的訊息。

　　就農業方面而言，原始農業經濟發展大致可分為三個階段：1. 新石器時代早期的刀耕火種農業階段；2. 以黃河流域裴李崗、磁山遺址及長江流域河姆渡遺址，以及包括仰韶文化以前的諸文化遺址為代表的新石器中期鋤耕農業階段；3. 仰韶文化後期至龍山文化時期及同時期的發達鋤耕和萌芽時期的犁耕農業階段。因各地發展不平衡，故三個階段是相互交錯存在。(註4)

　　就手工業方面而言，主要包括石器加工技術、製陶技術、紡織技術及冶金技術（特別是銅）。(註5)

　　就原始社會結構而言，北京人時期代表了血緣家族公社時期；舊石器時代，則發展為母系氏族公社時期。新石器時代晚期黃河流域及長江流域的氏族部落，先後過渡到父系社會時期。(註6) 而婚姻制度也由亂婚、血緣群婚，進展到氏族婚、對偶婚，最後到族外婚。(註7)

　　至於文獻方面的記載，多是戰國以後所記，其中提到三皇五帝，有巢、燧人、伏羲、神農諸氏及堯、舜等。雖然前述傳說中的人物，未必確

有其人，但卻可視爲人類不同時期生活方式的演進，其說法大抵與考古發現大致相當。其演進過程如表 1-1。

◑ 表 1-1　人類生活演進

傳說人物	有巢氏→燧人氏→伏羲氏→神農氏
社會形式	漁　　　　獵→畜牧→農牧→農業
時　　代	舊石器時代　　　　→新石器時代

第三節 ▶▶ 教育活動

　　在前述社會經濟結構下，呈現出何種教育活動，則是本節的重點。在考古部分，史不足徵。至於在文獻部分，只有在《尚書》、《禮記》、《易繫辭》、《尸子》及《墨子》等少數典籍中有所記載。

　　首先，《尚書・舜典》記載，堯帝因百姓不親，五品不順，故命契任司徒，敬布五常之教，在寬。五常是指父義、母慈、兄友、弟恭、子孝。又命伯夷作秩宗，典天地人三禮。又命夔典樂，教冑子，直而溫，寬而栗，剛而無虐，簡而無傲。另任棄爲后稷，教黎民，播時百穀。(註8) 換言之，帝分別命官掌理教化、禮、樂及農作四事。後人常以此爲古代教育的開端，惟此說仍待查考。

　　其次，《禮記・王制》記載，有虞氏養國老於上庠，養庶老於下庠。東漢鄭玄注說，上庠是大學，下庠是小學。(註9) 又《禮記・明堂位》說，「米廩有虞氏之庠也」，鄭注說庠亦學也。(註10) 又《易・繫辭》（下）記載，包犧氏沒，神農氏作，斲木爲耜，揉木爲耒，以教天下。(註11)《尸子・君治》記載，燧人氏時，天下多水，故教民以漁；伏羲氏時，天下多獸，故教民以獵。(註12)《墨子・節用中》記載：古代聖人，因猛禽狡獸暴人害民，故教民以兵行。(註13)

　　若綜合考古所得背景資料及極有限文字記載，可以粗略地推測當時的教育狀況。

　　1. 就教育的涵義言，應是指廣義的教育，即是非正規的家庭教育及社會教育，而不是正規的學校教育；其過程近於社會學上所說的「社會化」概念，或是人類學上所用的「濡化」（enculturation）概念。

　　2. 就教育的對象言，不具階級性，應包括各種各類的人。（註14）

　　3. 就教育的內容言，應屬生活教育，主要是教導受教者學習農牧及製造各種器具之生活技能、社會中的禁忌、規範及宗教儀式（禮樂）等。

　　4. 就教育的方式言，學習的原則應是「由做中學」，學習的方法可能是觀察、模仿與實做。這正如許慎《說文解字》中對「教」一字所做的解釋，他說：「教，上所施，下所效也。」（註15）教導的方法，則可能是講解與示範。

　　5. 就施教場所言，主要場所應是在實際生活情境中進行。

　　6. 就施教者與學習者言，施教者應是社會中的長者、老者、成熟者或有經驗者；學習者則是少者、幼者、未成熟者或無經驗者。

　　總之，在早期人類社會結構尚未健全發展前，不易出現有系統、有組織的教育型態，而教育與生活、教育與政治及宗教，彼此是不易分開的。然而，當社會逐漸變遷，社會結構日趨完備後，上述教育型態也隨之有所改變，此點後詳。

附註

註 1　參見地球出版社編輯部：《原始中國》（上），頁 18-9。當時文化中心大致可分為北方、南方、長城沿線、西北及東北等五個地區。

註 2　同前引書，頁 11-4，及傅樂成：《中國通史》（上），頁 1-6。

註 3　同註 1 引書，頁 31-132，〈多源的史前文化〉章。

註 4　同前引書，頁 15l-2。

註 5　　同前引書，頁 201-72。

註 6　　同前引書，頁 35。

註 7　　參見孟昭華等編著：《中國婚姻與婚姻管理史》，頁 30-3。

註 8　　參見《十三經注疏》《尚書・舜典》，頁 23-5。

註 9　　參見鄭玄：《禮記鄭注》卷四〈王制〉，頁 16。

註 10　同前引書，卷九〈明堂位〉，頁 21。

註 11　參見孔穎達：《周易正義》卷八，〈繫辭下〉頁 5。

註 12　轉引自王炳照等著：《簡明中國教育史》，頁 30。

註 13　參見孫飴讓：《墨子閒詁》卷六〈節用中〉，頁 103。

註 14　參見毛禮銳：《中國教育史》，頁 11，及喻本伐、熊賢君：《中國教育發展
　　　　史》，頁 8。

註 15　參見許慎：《說文解字》，三篇下，頁 41。

第 2 章

夏商西周時期的教育

第一節 ▶▶ 時代背景

　　夏商西周時期的教育，大約是指西元前 2183 年至 771 年間的教育狀況，這段期間，主要涵蓋了夏、商及西周三個朝代，俗稱「三代」。舊說以爲三代是先後相繼出現的，但今人依考古結果卻以爲可能是三個並存，只是其間的勢力消長各代不同。(註1)

　　三代在政治背景上，顯示原始中國已逐漸脫離部落社會進入民族社會，進而進入封建社會，形成國家型態。中國歷史上的第一個王朝，即是自夏始。依《史記》記載，夏自禹始至桀終，共 14 世 17 君，享國約 430 年；商自契至湯，共 14 世；湯代夏而起至紂亡，共 17 世 31 君，享國約 640 年；西周自武王起至幽王止，共 11 世 12 君，前後約 430 年。(註2) 夏商周整個政治制度是奠基於宗法制度之上，因此當施教時，自有遠近親疏之別。

　　在經濟背景上，夏是由農牧進入農業社會，商以農業爲主，但畜牧仍重要，周則以農業爲主。雖然三代已進入農業社會，但耕作方式在商代仍以大群勞動力集體協作爲主，(註3) 而生產工具仍十分原始，故生產力有限。西周亦如此，所謂井田之制，是否已實施仍有疑問。在此種經濟條件情形下，自然限制了多數平民百姓接受正式教育的機會。

　　在社會背景上，封建城邦可分爲國、郊、野三部分，城之內，稱國，居民稱國人。國野交界地帶，稱爲郊，郊上之人也算國人。至於城郊之外，稱爲野，居民爲野人。雖國人與野人均屬庶民，但身分有別。前者

地位較高，因此享有受教之權。

　　在文化背景上，對於文字的使用，夏已發現有記事的符號，(註4) 商則有六書俱備的甲骨文，(註5) 周則有金文。文字的出現，有利於教育活動的開展。至於器具的使用，這段期間，乃至於春秋戰國之交，可稱為青銅器時期。青銅乃是銅錫合金，主要用來製造兵器及祭器，它是政治、宗教與藝術三者的結合。(註6) 至於民族文化上，夏商周分別代表了三個不同地區的民族，周居西，商居東，夏居中，三者在文化上大同小異。(註7) 又商文化中宗教色彩甚濃，殷人尚鬼，上帝與祖先是主要祭拜對象，祭祀和占卜在商人生活中占重要位置。(註8) 這不只是宗教活動，也是政治活動。周因殷禮，故也承襲此宗教文化。

第二節 ▶▶ 文教活動

　　關於三代文教活動的狀況，依序分述如後。

壹 ▶ 夏

　　有關夏朝文教活動的記載，無論文獻或考古資料均十分有限。文獻部分《孟子・滕文公上》記載：「夏曰校」，又說：「校者，教也」。換言之，校是施教之地。另《禮記・王制》記載：「夏后氏養國老於東序，養庶老於西序。」鄭玄注說，東序是大學，西序是小學。(註9) 至於更詳細的狀況，則不得而知。考古部分則缺。因此只能推測，夏朝是由過去生活教育向學校教育過渡的階段，亦即由非正規教育（non-formal education）過渡到正規教育（formal education）的階段。

貳 ▶ 商

關於商朝文教活動的記載，無論在文獻或考古上，都較夏朝豐富。

首先，文獻部分，《孟子・滕文公上》亦記載：「商曰序」，又說「序者，射也」，換言之，序是習射之地。又《禮記・王制》記載：「殷人養國老於右學，養庶老於左學。」鄭玄注說，右學是大學，左學是小學。(註10) 又《禮記・明堂位》又說，殷學曰瞽宗，其意是指習樂之地。(註11) 其次，考古部分，在殷墟卜辭中，也發現若干文教活動的記載。例如有一片記載入學的事：

　　　丙子卜，貞：多子其延學版，不遘雨？(註12)

其意是指，多子往版邑就學，卜問會不會遇上下雨。另外甲骨文中已出現 𣊫（教）與 𦥑（學）二字 (註13)。又甲骨文中有「大學」而無「小學」一詞 (註14)。這些字、詞的出現，多少反映了客觀事實的存在。

若參酌文獻及考古發現，大致可歸納出商朝教育的概況如後：(註15)

1. 機構：有名稱所謂右學（大學）及左學（小學）、序或瞽宗等，至於四者是否在同一地或屬同一事，則待考證。

2. 對象：是多子，亦即指王族或多子族的子弟，換言之，是貴胄子弟。

3. 內容：主要包括三項：(1) 文字。商代王室卜人教子弟練習刻寫文字。又卜、祝、史、巫等人都要習字，且甲骨文中發現大量刻寫整齊的干支表，可能是教學用；(2) 舞與樂。主要是配合祭祀，其中與求雨及祈豐年有關者最多；(3) 射御。可能藉狩獵來作軍事訓練。總之，其內容離不開《左傳》所說：國之大事，祀與戎兩項。此反映出教育與政治及宗教三者不可分的關係。

4. 施教者：教師是王官，可能是任卜、祝、史、巫之職者。

參 ▶ 西周

　　西周文教活動的狀況，由於史料甚豐，因此可了解得更詳細，其中文獻部分，主要見於《禮記》及《周禮》二書。不過《禮記》係漢人整理，而《周禮》作者及成書年代尚有爭議，故對其說法須謹愼。茲依文獻與考古所得，歸納其概況如後。

　　概括而言，西周的學校，按所在地分，可分爲國學與鄉學兩類；按程度分，可分爲大學與小學兩類。其中國學有大小二學，鄉學或云屬小學。

一、大學

　　就國學言，在大學方面，可就機構、對象、功能、內容及師資等五方面加以說明。

　　1. 機構：《大戴禮·保傅》說，周代大學有五，其名稱與位置依序是：北曰上庠，南曰成均，東曰序（膠），西曰瞽宗，中曰太學或辟雍。以上名稱，分別延用了虞夏諸學之名。庠是養老之地。成均，原指平坦寬闊的土地，可能是原始部落各種政治、宗教、祭祀、聚會等活動的場所。（註16）瞽宗，原是樂人祭祀樂祖之地。（註17）辟雍，班固《白虎通義》的解釋是，辟者是璧，象徵天圓；雍者，雍之以水，象徵流行教化。另外，天子的太廟，叫「明堂」，三代之人，饗功、養老、教學、選士皆在其中。東漢人多以爲太廟、太學、辟雍、明堂、靈臺，名異實同。（註18）而清人也有做如是觀者，惟近人則說法不一。

　　2. 對象：主要是收貴族子弟。《禮記·王制》說，包括：王大子、王子、群侯之大子、卿大夫、元士之適（嫡）子及國子俊選。至於入學的年齡，則有15歲、18歲及20歲（按虛歲）三種不同的說法。觀其對象，可推知其目的在培養未來的政治領導人才。

　　3. 功能：大學在性質上具有多種功能，亦即除教學外，亦是舉辦多種活動之地。如養老、行禮（如出師、凱旋、獻首、獻囚、釋奠、釋菜）、

郊射及祭祀。養老旨在敬賢，即在法其行德，求甚彝訓；(註19)另亦有收族之效，以加強同姓宗族的向心力。(註20) 行禮，旨在實施禮樂教化。郊射，兼有習軍事及觀德選士之意。祭祀，旨在教諸侯以孝。以上可以反映出，教育與政治及宗教是合一的。

4. 內容：主要包括德行藝儀四方面。德是指三德，包括至德、敏德與孝德。行是指三行，包括孝行、友行及順行 (《周禮・地官保氏》)。藝是指六藝，包括禮、樂、射、御、書、數為主 (《周禮・地官保氏》)。這可能是因為國之大事惟祀與戎兩項，國子們未來將要秉政，故自當習此。(註21) 錢穆以為，習禮樂以為小相，習射御以為將士，學書數以為冢宰。(註22) 儀是指六儀，這包括祭祀之容、賓客之容、朝廷之容、喪紀之容、軍旅之容及車馬之容 (《周禮・地官保氏》)。

5. 師資：學生學在官府，以吏為師。例如：軍事方面，有師氏、保氏 (《周禮・師氏》)；禮樂方面，有大司樂、大師、大樂正、小樂正、大司晟、籥師、瞽宗、大胥等 (《禮記・文王世子》)。至於主管教化的，則是大、小司徒 (《周禮・地官》)。

二、小學

就國學中的小學而言，在文獻及金文 (如周康王《大盂鼎》、周宣王《師酉毁》) 中，都有關於小學的記載。(註23) 其概況如後：

1. 地點：依《禮記・王制》記載，在公宮南之左。
2. 入學年齡：有 8 歲、10 歲、13 歲及 15 歲四種不同的說法。(註24)
3. 對象：應同於大學，主要收貴族子弟。
4. 師資：應以師氏、保氏為主。
5. 內容：《大戴禮・保傅》說，古者八歲，出就外舍，學小藝。《禮記・內則》則說，十歲出就外傅，居宿於外，學書計。禮師初，朝夕學幼儀，請肆有諒。

三、鄉學

就鄉學而言，其概況如後：

1. 對象：是國都與四郊之間的六鄉之民，郊以外的野人不包括在內，而且對象應是成人而非兒童。

2. 內容：主要包括品德、禮及政令三項。就品德言，《孟子·滕文公上》說，三代之學，其目的皆在「明人倫」。為何要「明人倫」，因為整個周朝是建立在宗法制度上，而其是以血緣關係為基礎，如人倫關係混亂，則會動搖國本，故重之。而《周禮·地官鄉大夫》說，鄉大夫以鄉三物教萬民，鄉三物是指：六德（知、仁、聖、義、忠、和），六行（孝、友、睦、婣、任、恤）及六藝（禮、樂、射、御、書、數）。就禮而言，鄉人每年應行之禮，主要有鄉飲酒（《禮記·鄉飲酒義》）及鄉射禮（《禮記·鄉射義》）。前者旨在養老，後者在習射。至於政令，主要是朝廷的詔告及曆書。

3. 師資：主其事者是鄉大夫。

4. 類型：鄉學的類型，《禮記·學記》說：「家有塾、黨有庠、術有序。」而《周禮·地官》則說是，鄉有庠、州有序、黨有校、閭有塾。兩種說法不一。

5. 性質：或云鄉學的性質屬小學，但觀其對象與內容，此種說法令人存疑，須再考查。

四、諸侯之學

就諸侯之學而言，學校稱為泮宮。《禮記·王制》說：「天子曰辟雍，諸侯曰頖宮。」又《十三經注疏·毛詩正義》卷二十一〈魯頌·泮水〉解釋，泮宮，泮者水之半也。換言之，諸侯之學的規制要低於天子的國學。

第三節 ▸▸ 共同特徵

綜合以上分析，可歸納出六點三代教育的共同特徵：

1. 就教育目的而言，國學旨在培養未來政治領導人才，而鄉學旨在施行教化，以移風易俗。

2. 就功能而言，學校兼具教育、政治、宗教三方面的功能。

3. 就對象而言，國學主要以貴族子弟為主，此外只有少數優秀國城內外子弟才有機會，換言之，是屬貴族教育、菁英教育。「受教育」是一種特權，而非人人可享的基本權利。

4. 就教育內容而言，包括德、行、藝，這都與治國之道有關。反映出政教合一、天人合一、文武合一等特徵。

5. 就教育型態而言，已由非正規教育走向正規教育，教育機構已呈現組織化、結構化與制度化。

6. 就施教者而言，擔任教師者應為朝廷的官吏，官師不分。

附註

註 1　參見張光直：《中國青銅時代》，頁 53。

註 2　參見錢穆：《國史大綱》（上），頁 9，14 及 25。

註 3　參見許倬雲：《西周史》，頁 27。

註 4　參見孫淼：《夏商史稿》，頁 224。

註 5　同註 3 引書，頁 30。

註 6　參見張光直：《中國青銅時代》第二集，頁 99。

註 7　同註 1 引書，頁 36-7 及註 6 引書，頁 39-40。

註 8　參見吳浩坤：《古史探索與古籍研究》，頁 15-20；傅樂成：《中國通史》，頁 19-20。

註 9　參見鄭玄：《禮記鄭注》卷四〈王制〉，頁 16。

註 10　同前引書。

註 11　同前引書卷九〈明堂位〉，頁 21。

註 12　參見王貴民：《商周制度考信》，頁 279，該片編號 3250；又高時良：《中國教育史綱》（古代之部），頁 23，則記：「丙子卜，貞：多子其征學疢，不冓大雨？」王炳照等：《簡明中國教育史》，頁 8，則斷句為：「丙子卜、貞，多子其征學，版不遘大雨？」征作往，版作返，意思是問返時是否會遇大雨。

註 13　參見註 12 引高時良書，頁 21。

註 14　同註 12 引書，頁 271。

註 15　同前引書，頁 279-95。

註 16　參見地球出版社編輯部：《原始中國》（下），頁 601-2。

註 17　參見《十三經注疏》，《周禮・春官》大司樂條；及《禮記・明堂位》。

註 18　同註 15 引書，頁 275-6。

註 19　參見伍振鷟：《中國大學發展史》，頁 216-8。

註 20　參見杜正勝：《周代城邦》，頁 216-8。

註 21　參見楊寬：《古史新探》，頁 207；及余英時：《中國知識階層史論》（古代篇），頁 26；毛禮銳：《中國教育史》，頁 21。

註 22　參見同註 2 引書，頁 69。

註 23　同註 18 引書，頁 272。

註 24　參見周愚文：《宋代兒童的生活與教育》，頁 118-9。

第 3 章

東周至秦時期的教育

第一節 ▶▶ 時代背景

　　東周至秦時期，是指自平王東遷至秦亡止（770-205 B.C.）。就政治背景而言，可劃分爲春秋、戰國及秦統一等三個時期。政治上，春秋時期（772-481 B.C.），共主衰微，王命不行，政出諸侯，五霸稱雄，諸侯兼併，但形式上封建制度仍存，禮樂制度猶行。然而自三家分晉、田氏篡齊後，各國兼併更烈，則進入戰國時期（480-221 B.C.），至此公室沒落，大夫執政，封建制度崩潰，郡縣制漸興，原有的禮樂制度完全廢壞，道德規範瓦解。伴隨郡縣制度的興起，是貴族世卿與游士勢力的更迭，平民有布衣卿相的機會。(註1)

　　就經濟背景而言，原有井田制度廢壞，私人得以買賣土地。另外工商業活動日趨頻繁，工商城市興起。經濟結構已由農業進入農工商並存的狀況。(註2) 雖然農業生產力提高，工商發達，促使國力日豐，應有助於文教活動，但各國卻致力於征戰，故無力發展教育。惟卻使許多人不耕而食，養士遂成爲可能。

　　至於社會結構，由於經濟型態的改變，進而促成士、農、工、商四民出現；也因封建制度崩潰，實行郡縣制，致使編戶齊民出現，全民納入戶口管理，原本國人與野人身分地位的差別泯滅。(註3)

第二節 ▶▶ 春秋戰國時期文教

壹 ▶ 文教活動概況

由於平王東遷後，政治、經濟與社會結構產生巨變，以致西周原有的文教制度也隨之崩潰。又因春秋戰國期間，戰爭頻仍，政治發展欠穩定，以致各國也欠缺較穩定與長遠的教育政策。換言之，各國多半只有用人政策，而乏育才計畫。在這段時期中，有三項與教育有關的事項值得注意，茲說明如後：

1. **官學的廢壞**。平王遷都雒邑後，國力日衰，已無力維持原有禮樂制度，以致原有的官學制度漸形荒廢。例如：《毛詩・鄭風・子衿序》說，子衿之詩，意在刺學校廢也，亂世則學校不修。又《左傳・昭公十七年》記載：「天子失官，學在四夷。」不過仍有少數諸侯重視教育，例如：《毛詩・魯頌》記載，魯僖公能修其學校——泮宮；又《左傳・哀公三十一年》記載，鄭國子產不毀鄉校。

2. **私人講學興起**。由於部分諸侯喪國，原有典籍文物、禮樂器具散落四方；原有吏師，失其職位；原有貴族，淪為平民，因此部分人遂以講學為生。昔日王官之學，至此遂傳入民間。《論語・微子》曾說：「大師摯適齊，亞飯干適楚，三飯繚適蔡，四飯缺適秦，鼓方叔入於河，播鼗武入於漢，少師陽擊磬，襄入於海。」其間，首開私人講學之風的首推儒家，又以孔子為代表人物。《史記・孔子世家》記載，孔子以詩書禮樂教，弟子約三千人，身通六藝為七十二人。孔子施教，主張有教無類，因材施教，不憤不啟，不悱不發。他以文、行、忠、信四教教弟子（《論語・述而》），門下分為德行、言語、政事及文學四科（《論語・先進》）。清季尊稱為「大成至聖先師」，以彰其作育英才之功。至戰國時，儒、墨二家並稱顯學（《韓非子・顯學篇》）。儒家以荀、孟為大家。荀子三為齊稷下學宮祭酒，晚年定居楚蘭陵，著書萬言（《史記・孟

子荀卿列傳》）。荀子主人性本惡，故主張以禮治來化性起僞，使人向善。另強調學習時環境因素的重要性。至於孟子，自稱「得天下英才而教育之，一樂也。」（《孟子・盡心上》）其弟子亦多，《孟子》書中姓名可考者十數人，游歷各國時從者數百人。(註4) 他主人性本善，人有良知良能，人有惻隱、羞惡、辭讓及是非四心，能發爲仁、義、禮、智四德（《孟子・公孫丑上》）。學問之道無他，只在求其放失之心而已（《孟子・告子》）。至於墨家，代表人物爲墨子，生卒不詳，其門下有弟子禽滑釐等三百人（《墨子・公輸》）。墨子死後，墨者分爲三：即相里氏、相夫氏及鄧陵氏（《韓非子・顯學篇》）。此外，尚有少正卯、王駘。王充《論衡・講瑞》記，少正卯在魯與孔子並立，孔子之門三盈三虛，只有顏淵未離去。《莊子・德充符》記，魯有削足者王駘，從之游者，與孔子中分魯，立不言之教。因爲私人講學的興起，所以使得平民能夠有機會接受教育。在孔子的諸弟子中，許多人出身微賤，例如：顏回、冉耕、冉雍、宓不齊、公冶長、原憲等等。至於墨子曾學於儒家，其出身刑人（黥面），地位低賤可知。

　3. **養士之風產生**。養士之風起於春秋之末，大盛於戰國。其產生的主因有二：(1) 公室、氏室養士，是爲了鞏固政權。如魏文侯師子夏，友田子方，敬段干木（《呂氏春秋・舉難篇》）。又如魯繆公禮賢子思（《孟子・萬章下》）；(2) 公子養士，則是爲了累積個人實力。當時最有名的四大公子，分別是齊之孟嘗君、趙之平原君、楚之春申君及魏之信陵君，門下食客輒數千人（《史記・列傳》）。

　至於養士的方式有幾種，魏文侯對肯居官受祿者，如李悝、翟璜，則維持君臣關係；對不肯居官受祿者，如子夏、段干木，則維持師友關係。魯繆公與子思間，公希望是師友而非君臣關係，但子思卻期望是師弟關係。另外，齊宣王既不願屈賢士爲臣，又不願維持師友關係，遂產生了「稷下先生」的方式。他設稷下學宮於齊都臨淄稷門旁，先生的重要功能是「不治而議論」，爵比大夫，日後博士之職即源於此。至於公子與賢士

的關係，則成爲主客關係。(註5)

　　養士之風興起之後，造成的主要影響有二：(1) 使布衣卿相成爲可能，進而促使社會流動及士的階層興起；(2) 使私人講學之風日盛，進而促使思想上百家爭鳴。

貳　諸子百家興起

　　春秋戰國時期，除了制度改變外，在思想史上也有一件大事，即是諸子百家的興起。這是中國思想史上的第一高峰。

　　首先，就諸子百家的起源言，各家說法不一。班固以爲諸子出於王官。《漢書‧藝文志》說，儒家出於司徒之官，道家出於史官，陰陽家出於羲和之官，法家出於理官，名家出於禮官，墨家出於清廟之守，縱橫家出於行人之官，雜家出於議官，農家出於農稷之官，小說家出於稗官。近人胡適則反對此說，以爲諸子之學，皆起於救世之弊，乃應時而起，與王官無涉。(註6) 錢穆則以爲，先秦學術惟儒、墨兩派，墨啓於儒，儒原於故史，其他各家，皆從儒、墨生；法源於儒，道啓於墨；農家爲道、墨作介，陰陽爲儒、道通囿，名家乃墨之支裔，小說又爲名之別派。(註7)

　　其次，就百家派別言，《莊子‧天下篇》中最先提出諸子大致包括儒、道、墨、法、名五家。《韓非子‧顯學篇》則以儒、墨爲顯學，孔子死後儒分爲八，墨子死後，墨分爲三。《史記‧太史公自序》中，則分爲陰陽、儒、墨、名、法、道德六家。至於《漢書‧藝文志》中則依劉歆之見分爲儒、道、陰陽、法、名、墨、縱橫、雜、農及小說等十家。如果考查各家文化背景，屬殷文化系統者，有儒、道、墨三家；屬周文化系統者，有法家；另有屬化外者，有道、法二家。(註8)

　　最後，就各家思想大要言，茲引司馬談《論六家要旨》加以說明。他的基本觀點是，百家說法雖異，但殊途同歸，全在務「治」。然各家有長有短。陰陽家之短是「大祥而眾忌諱，使人拘而多所畏」，其長則是「序

四時之大順」；儒者之短是「博而寡要，勞而少功」，而其長是「序君臣父子之禮，列夫婦長幼之別」；墨者之短是「儉而難遵」，而其長是「強本節用」；法家之短是「嚴而少思」，而其長是「正君臣上下之分」；名家之短是「使人儉而善失眞」，而其長是「正名實」；道家只有長處，是「使人精神專一，動合無形，贍足萬物」，「指約而易操，事少而功多」。(註9) 由此可知，其偏好道家學說，但其子司馬遷卻較偏儒家。

第三節 ▶▶ 秦代文教

分裂近六百年的中國，於秦始皇二十六年（221 B.C.）統一天下。在政治上，採中央集權，行郡縣制，實施編戶齊民，加強控制，依法爲治；要求書同文，車同軌，統一全國度量衡。(註10)

在經濟上，秦在農業、手工業及商業方面，都有快速的發展。農業上，擴大耕地面積，使用耕牛和鐵農具，修建大型水利工程及提高農業生產技術等，使得糧食產量提高。手工業上，鐵器、青銅器、陶器、紡織、煮鹽、皮革等行業都發展起來。由於農工發展及交通便利，使得商品經濟及城市也發展起來。(註11) 由於經濟實力增強，使其有能力對外用兵，兼併六國。

至於在文教上，雖然統一後的秦，國祚甚短，文教不盛，但仍有四件事值得注意：1.設博士官制；2.焚書；3.以吏爲師；4.坑儒。茲說明如後：

1. 就設博士官制言，此制源於齊國「稷下先生」。(註12) 亦即戰國養士制的演變。原先戰國時君與賢士的關係，由師友關係一變而成君臣關係。博士的職掌是「不治而議論」，任博士者，不限於專治六藝者，名額約有 70 人。(註13) 如此一來，戰國時原本可以周遊列國的處士，至此只得選擇爲臣或退隱，無法再左右逢源。

2. 就焚書言，這是文化史上的浩劫，事件發生於始皇三十四年（213

B.C.），原因是博士論封建郡縣得失時，宰相李斯以爲其涉及以古非今，故奏請焚書。所焚者，乃秦記以外的六國史記、《詩》、《書》、百家語，所留者秦記及醫藥、卜筮種樹之書。並規定偶語《詩》、《書》者，棄市；以古非今者，族。(註14) 觀其刑罰程度，可知其重點不在禁書，而在禁止人民議政，「以古非今」。(註15)

3. 就以吏爲師言，除了焚書外，也同時下令：「若欲有學法令，以吏爲師。」(註16) 如此一來，原本民間私人的講學活動，也必須停止。此外，在秦律中亦規定：「令數史毋從事官府；非史子殹（也），毋敢學學室。犯令者有辠（罪）。」(258) 又「下吏能書者，毋敢從史之事。」(259) (註17)

4. 就坑儒言，此事起於始皇三十五年（212 B.C.）。始皇欲求長生不老，卻爲方士侯、盧二生所欺，又爲其所誹謗，遂怒下令坑儒，咸陽城內所坑者約 460 餘人。(註18)

總之，焚書與坑儒的目的，都在殺雞儆猴，箝制士子思想言論，使其不敢妄議朝政，(註19) 其舉開中國朝廷控制士子思想首例。

附註

註 1　參見錢穆：《國史大綱》（上），第四～五章。

註 2　同前引書，頁 58-65。

註 3　參見杜正勝：《編戶齊民》，頁 v-vi。

註 4　參見喻本伐、熊賢君：《中國教育發展史》，頁 80。

註 5　參見余英時：《中國知識階層史論》，頁 57-76。

註 6　參見胡適：〈諸子不出于王官論〉，《胡適文存》一集卷二，轉引自姜義華主編：《胡適學術文集》（中國哲學史上），頁 596-7。

註 7　參見錢穆：《先秦諸子繫年》，頁 231。

註 8　參見蕭公權：《中國政治思想史》（上），頁 22-3。

註 9　參見司馬遷：《史記》卷七十〈太史公自序〉，頁 3289。

註 10　同註 1 引書，頁 89-92。

註 11　參見林劍鳴：《秦史稿》（下），頁 349-68。

註 12　同註 5 引書，頁 71，及胡美琦：《中國教育史》，頁 138。

註 13　同前引胡美琦書。

註 14　同註 9 引書，卷六〈秦始皇本紀〉，頁 254-5。

註 15　參見錢穆：《兩漢經學今古文平議》，頁 169。

註 16　同註 14 引書，頁 255。

註 17　參見雲夢睡虎地秦墓編寫組：《雲夢睡虎地秦墓》，圖版 72。

註 18　同註 16 引書，頁 258。

註 19　同註 15 引書，頁 170-1。

第 4 章

兩漢時期的教育

第一節 ▶▶ 時代背景

　　秦亡（206 B.C.）後，漢代之而起。漢高祖劉邦是中國歷史上第一個平民出身的皇帝。在政治上，原有宗法制度、封建制度已廢壞，漢初採郡國並行制；武帝後，才改行郡縣制。又起初漢高祖並不重視文士，有種種輕蔑儒生之舉，但自叔孫通定朝儀後，高祖受其影響晚年才改變態度，並下詔求賢，其對象不限儒生，凡符合「行、義、年」三項標準者，即可舉薦，行指行狀，年指年紀，義應指義舉。（註1）又漢初政府結構，上層是由宗室及以軍功封侯的武人所組成；一般官僚階層，則由富人出身的郎吏組成；一般儒生、平民並不易入仕。（註2）另漢初，君主採黃老之說，無為而治。（註3）

　　經濟上，漢初楚漢相爭，田地荒廢，無餘力興文教。經文、景二帝修生養息後，經濟狀況才轉好，財賦日益增多。惟至武帝時，好大喜功，內封禪，外用兵，致使國力大損。昭、宣後，才稍恢復。

　　至於文化上，漢文化主要是承襲了楚文化與齊、魯文化。前者反映在黃老思想上，後者則反映在齊、魯的經學及齊的陰陽五行說。（註4）

第二節 ▶▶ 選舉制度：人才選拔

　　本節先言拔擢人才的選舉制度，下節再言學校，其理由有二：1. 自春秋以來，只見各國君主養士及取士，卻未見教士或造士之舉；2. 若君主興文教的主要目的是在培養領導人才，而非普及教育，則學校只是達成政治目的手段之一，其重要性不宜誇大。如欲了解學校教育的真實地位，必須將其放入整個政治制度中了解，特別是政府選拔人才的管道。如二十五史中，多將學校納入〈選舉志〉中介紹，多少也反映古人的想法。

　　就漢朝而言，取士的主要管道有四，分別是：賢良方正、茂才異等、孝廉及太學。茲分述如後（註5）：

　　1. **賢良方正**。此類屬不定期舉行，可能的時機，如遇天子即位、天災或國有大典，即下詔求賢。此制重才，甄選的方式有對策及射策。受舉者的資格不限，推舉者的身分，則以丞相、御史、列侯、中二千石、二千石、諸侯相爲主（《漢書·武帝紀》）。此制兩漢均行之，其中東漢15次。漢初所得名士，如鼂錯、董仲舒及公孫弘等。

　　2. **茂才異等**。此制屬特殊選舉，不定期舉行，重才。旨在選拔特殊人才，例如：「茂才異等可能將相及使絕域者」、「明陰陽災異者」、「勇極知兵法者」或「通水利者」。應舉方式可受推舉或自薦，惟此類舉辦的次數不多。

　　3. **孝廉**。孝廉是孝子廉吏的簡稱。此制起初是不定期選舉，武帝後逐漸成了定制。文帝十二年（167 B.C.）下詔舉孝悌、力田及廉吏。選舉方式，文帝時是萬家之縣，吏舉之。武帝時依董仲舒建議，改以人口數爲標準：郡國二十萬以上歲察一人，四十萬以上二人，六十萬以上三人，八十萬以上四人，百萬五人，百二十萬六人，不滿二十萬二歲一人，不滿十萬三歲一人。之後東漢時有所調整。由此可知名額分配是採配額制，分區給予保障。此制起初不必考試，惟東漢順帝時，依尚書左雄建議，規

定年不滿 40 歲，不得察舉；且先要由公府考試，諸生試家法，文吏課牋奏。此制按地區人口數舉薦人才，能顧及地方平衡發展，使各地士子均有機會進入中央。又此制所舉之標準，皆以德爲主、才次之，如孝悌是家族之本，力田是農業之本，廉吏是國政之本。

至於太學成爲入仕的管道之一，時間較前三種晚，此點稍後再談。總之，賢良方正及茂才異等，選士時首重才，而孝廉則重德。

第三節 ▶▶ 獨尊儒術

爲何儒家思想能在漢代定於一尊？解釋的角度有二：1. 學理本身的特性；2. 政治與學術相互依賴的關係。

就學理本身的特性言，熊十力從歷史文化的傳承上解釋，以爲儒家自孔子以降就已居於正統。馮友蘭則從六藝內容已包含各家說法，自然富有彈性而能續存加以解釋。勞幹則從儒家本身即較他家豐富完密解釋。(註6)

至於政治與學術相互依賴而言，主要是說，此一政策，不是文化思想史上自然融合的歷程，而是一項以政治手段決定學術異同的措施。雙方之所以結合，在於雙方都各盡其能，各取所需。換言之，儒家提供了漢室政權合法化、正當化的基礎，而漢室則以政治力量保障儒家唯我獨尊的地位。

此項政策的理論依據，是來自董仲舒的《天人三策》。他的基本想法是「天人相應」，此說一方面要尊君，一方面又要抑君。尊君之法，是主張天子受命於天，而非取決於民心向背，這給君主找到政權合法化的基礎；抑君之法，則主張災異示警之說來節制君權。相應地，在文教政策上，他具體提出三項建議：1. 獨尊儒術，罷黜百家；2. 興太學，重教化；3. 重選舉，擇賢良爲吏。(註7)

三策提出後，武帝的反應是接受天子受命於天的尊君之說，但拒絕災異示警的抑君之說。武帝之所以有迎有拒，原因有二：1. 董說提供了漢室

政權合法化、正當化的基礎；2.武帝本身受過儒家教育的薰陶，也有提高儒家地位之意。

此一政策的主要影響有三：

1. 統一思想的形成：顧頡剛以爲，始皇統一思想是不要人民讀書，用的手段是刑罰的裁制；而武帝則是要人民讀一種書，所用的手段是利祿的誘引。結果始皇失敗，武帝成功。(註8)

2. 士人政府的出現：原先由宗室、軍人及商人所組成的政府，自此才開啓士人參政的新局，滿朝名儒輩出。(註9)

3. 陽儒陰法的治術形成：雖然漢朝表面上是以儒生爲主，但皇帝治國御下，仍以法家爲本。無怪乎，當元帝幼時因宣帝用刑太深，勸其用儒生時，被其父斥責說：「漢家自有制度，本以霸王雜之，奈何純任德教，用周政乎！」(註10)一語道破眞相。

最後，雖武帝獨尊儒術，將其奉爲官方正統思想，但並未全面禁止儒家以外各派學說的傳播。(註11)

第四節 ▶▶ 學校教育：人才培養

漢代的學校教育，將從太學、郡國學校、私學、鴻都門學及宗室小學等五方面加以說明。

壹 ▶ 太學

首先，就太學的設立言，起因於董仲舒的建議。他以爲「養士之大者，莫大乎太學」，故建議武帝「興太學、置明師，以養天下之士」。(註12) 惟武帝未立刻採行，至建元五年（135 B.C.），先置五經博士。(註13) 元朔五年（123 B.C.），依公孫弘之請，爲博士官選弟子50人，太學草創

於此。(註14)

　　其次，就太學的師資言，其稱爲博士，是沿秦制。漢初人數均70餘人與秦同，且不限儒家。惟自建元五年置五經博士起，分爲《詩》、《書》、《禮》、《易》、《春秋》7人。(註15)宣帝時增至14人，元帝時15人，東漢光武帝又回到14人。(註16)博士的職掌有三：1.掌教弟子；2.國有疑事，掌承問對；3.奉使。任用途徑有五：1.徵召，如賈誼；2.薦舉，如施讎；3.選試，如張禹；4.以諸科進，如師丹以賢良文學明經諸科進；5.由他官升遷，如匡衡。(註17)博士所授，有所謂今古文之別，兩者差別，一說是以書寫字體來區別，今文經是老儒口授，而以漢代通行的隸書寫成，齊學屬之；而古文經，則是用先秦大篆寫成，魯學屬之。另一說則是以教學重點來區別，不守一家師法章句者爲古學，專宗一家師法章句者爲今學。(註18)又一說是以解經的角度來區別，古文重名物訓詁考證，今文重微言大義。(註19)概括而言，西漢重今文，漢末古文方大盛。另外博士講經須嚴守「師法」與「家法」。漢初原無此區別，因分經分家而言師法，實起於昭、宣之後。因爲自武帝立五經博士，說經成爲利祿之途，於是說經者日眾，歧異遂生。宣帝乃於石渠閣會諸儒論五經異同；其不能歸於一者，經分數家，分立博士，並永爲定制，說經只限此數家。(註20)師法既定，之後弟子分爲章句，再發展成小派別，則成家法。(註21)傳經者須嚴守師法，不得任意改變或摻雜異說，否則會被撤銷資格。概括而言，西漢重師法，東漢重家法；師法溯其源，家法衍其流。(註22)結果造成經有數家，家有數說，章句流於繁瑣破碎之弊。桓譚《新論》上說，王莽時有博士秦延君單解釋「若曰稽古」四字，就達三萬言。(註23)博士教學時人數眾多，或大班教學，或令高弟相授。他們的待遇，原有400石，後改600石，比照縣令。

　　第三，就教育內容而言，太學以教授《易》、《詩》、《書》、《禮》及《春秋》爲主。於是由之前與政事結合的「六藝」轉向專注文字的「五經」；而且由文武合一轉向文武分途。由於《五經》經傳抄後文字

錯誤甚多，因此東漢靈帝熹平四年（175 A.D.），蔡邕等人鑑於經籍去聖久遠，文字多謬，俗儒穿鑿，恐誤後學，遂奏請正定《五經》文字，並自書古文、篆、隸三體文字，刻於石碑立於洛陽太學門外，費時 8 年完成。（註24）

　　第四，就太學學生言，其招收的對象有三類：1. 年滿 18 歲的平民（註25）；2. 小吏（註26）；3. 官員之子（註27）。入學年齡，是在 18 歲以上。學生人數，武帝時是 50 人，昭帝時百人，宣帝末加倍，元帝時至千人，成帝末達 3 千人，一年又復舊，平帝時不定名額，質帝本初元年游學者至 3 萬餘生。（註28）太學生在學期間，可享免徭役特權，因一般 23 至 56 歲壯丁，每年都必須爲國家服役一個月。（註29）而未來的出路，武帝時分甲乙兩科，一歲一試，能通一藝以上，補文學掌故；其高第者可以任郎中。平帝時王莽秉政，每歲甲科 40 人爲郎中，乙科 20 人爲太子舍入，丙科 40 人補文學掌故。（註30）由此可知，漢代透過興太學、免役及作官的利誘方式，控制士子思想，此與秦代的高壓手段截然不同。

　　漢代太學風氣表現較突出的一點，是對於政治活動的關注與參與上。例如：西漢時，太學生千餘人曾上書救司隸校尉鮑宣。（註31）又如太學諸生曾與郎吏、庶民千餘人上書支持王莽女爲后。（註32）結果導致士風敗壞，東漢初光武帝遂表彰氣節。至東漢末，「黨錮之禍」則是最明顯的事例，此事太學生受累達千人。（註33）總之，太學生熱衷政治，對於漢室的興衰，究竟是正面或負面，則仍有爭議。

　　漢武帝興太學後，培育人才的成效逐步顯現，《史記》卷一二一〈儒林傳〉說：自此以來，則公卿大夫士吏斌斌多文學之士。

貳　郡國學校

　　漢代地方官學的發展，應自景帝始。景帝末，盧江舒人文翁爲蜀郡守，好教化，遂修學宮於成都市中，招收下縣子弟爲官學弟子，並免其徭

役；學習成績優者，補以郡縣吏，次者推舉爲孝悌、力田。他並常帶學童出巡，以提高其地位，促使平民爭送子弟入學。至武帝時，遂令天下郡國皆立學校。(註34)

設立郡國學校的主要目的，不在培養政治領導人才，而在施行教化，對象也以平民子弟爲主。在學制上，郡國學校與京師的太學彼此獨立，不相統屬或銜接，其教師不稱博士而稱文學。自武帝興學後，才得以發展。平帝元始三年（3 A.D.）夏，令地方立學宮，學校名稱，郡國曰學，縣、道、邑、侯國曰校；校、學置經師一人。鄉曰庠，聚曰序；序、庠置孝經師一人，此制出於王莽仿古之意，(註35) 但實際運作狀況則不易考。

參 ▸ 私學

漢代的學校，除官辦的太學及郡國學校外，也有私人設立的學館，但尚未組織化、機構化，依其程度可以分爲經學及小學兩類。

首先，就經學而言，它們是以傳授經書爲主，性質近於太學。此類學校興盛的時期，大致有二，一是西漢武帝立太學置博士弟子員之前，一是東漢官學衰敗時。

西漢初，楚漢之際，官學未興，大儒如伏生、申公、叔孫通等人莫不以私家教授生徒。此外，亦有大儒致仕後，歸鄉教徒，如董仲舒、胡毋生。(註36)

至於東漢時，出現不少經學大師，所收弟子，少者數百人，多者至成千上萬人。私家所授，多以古文經爲主，此時期較著名的人物是馬融與鄭玄。馬融才高博洽，教養生徒常有數千人；常坐高堂，施絳紗帳，前授生徒，後列女樂弟子以次相傳，「絳帳遺風」遂成美談。(註37) 由於人數眾多，以致鄭玄在其門下三年不得見融，而是由高業子弟傳授。鄭玄治古不拘一家，後成集今古學之大成者。(註38)

其次，就小學言，一般分兩段，第一段爲蒙學，一般稱「書館」，教

師稱「書師」，主要目的在教學童識字與習算。如東漢王充曾自記，八歲出於書館，書館小僮百人以上，皆因過失袓譴，或以書醜得鞭。（《論衡》卷三十〈自紀篇〉）幼童約 8、9 歲入學，所習字書有四字爲句，三字、七字爲句，如李斯《倉頡篇》、趙高《爰歷篇》、胡毋敬《博學篇》、司馬相如《凡將篇》、史游《急就篇》等。當完成後，則進入第二階段，開始學習《孝經》與《論語》。之後，才開始讀經書。書館多辦於農閒期間。（註39）《漢書》卷六十五〈東方朔傳〉載，東方朔「年十三學書，三冬文史足用。」因爲當時貧子冬日農閒乃得學書。

肆　鴻都門學

　　除了前述學校外，漢代還有一所學校值得一提，即是鴻都門學。此校成立於東漢靈帝光和元年（178 A.D.）二月，因爲校址設於東京洛陽的鴻都門內，故得名。學校性質是以研究文學、藝術爲主，而非傳授經學，所收的對象，是能爲尺牘、辭賦及工書鳥篆者。選擇的方式是要由州、郡、三公召舉後課試，其人數多至千人。（註40）究其設立的原因，政治因素居多。由於黨錮之禍後，宦官與太學生水火不容，雖然宦官勢力極大，但仍畏懼太學生，然而太學生又不肯爲其所用，因此另闢途徑，培養一批擁護自己的知識分子，以與太學生對抗。（註41）爲了吸引人入學，遂誘之以利，爲該學諸生安排了極佳的出路，或出爲刺史、太守，或入爲尚書、侍中，甚至有封侯賜爵者。這比授予太學生的郎中等小官要高許多，無怪乎受到士族的反對，士君子皆恥與爲列。（註42）分析士族的反對原因有三：1. 所學不同，鴻都門學主攻辭賦、文學、書法，而太學則重儒家經學，前者被士子譏爲雕蟲小技；2. 出身不同，前者多出身下層社會，後者則自命爲士族；3. 入仕寬窄有別，前者入仕之途太寬太快且職位高，相對地後者正好相反，心中自然不平。總之，若政治角度觀之，此校設立的動機不無可議之處；惟從教育發展的角度觀之，在經學之外，文學、藝術受到重視，在

獨尊儒術後，非儒學內容首度納入官學，教育內容獲得拓廣，未嘗不是件好事。獻帝初平元年（190 A.D.）董卓焚燒洛陽宮廟，該學亦毀。

伍 ▸ 宗室小學

宗室小學，是指專爲皇室宗親所設的小學。東漢明帝永平九年（66 A.D.）爲外戚樊、郭、陰、馬四氏諸子弟開設學校，置五經師，以教授儒學或稱四姓小侯學。(註 43) 安帝元初六年（118 A.D.），鄧太后召和帝弟濟北、河間王子男女年 5 歲以上 40 餘人，及鄧氏近親子孫 30 餘人，並爲開邸第，教學經書，親自監試，稱宮邸學。(註 44)

附註

註 1　參見班固：《漢書》卷下〈高帝紀〉，頁 70-1。

註 2　參見錢穆：《國史大綱》（上），頁 100-2。

註 3　參見傅樂成：《中國通史》（上），頁 133。

註 4　參見韓養民：《秦漢文化史》，頁 10-11。

註 5　參見胡美琦：《中國教育史》，頁 160-2。

註 6　參見韋政通：《中國思想史》（上），頁 457-9。

註 7　參見班固：《漢書》卷五十六〈董仲舒傳〉，頁 2495-523。

註 8　參見顧頡剛：《秦漢的方士與儒生》，頁 49。

註 9　參見錢穆：《國史大綱》（上），頁 108。

註 10　同註 7 引書卷九〈元帝紀〉，頁 277。

註 11　林劍鳴：《秦漢史》，頁 308-9。

註 12　同註 7 引書，頁 2512。

註 13　同前引書，卷六〈武帝紀〉，頁 159。

註 14　參見司馬遷：《史記》卷一二一〈儒林傳〉，頁 3119。

註 15　參見錢穆：《兩漢經學今古文平議》，頁 173-9。

註 16　同註 4 引書，頁 28。

註 17　參見陳東原：《中國教育史》，頁 52。

註 18　同註 5 引書，頁 184。

註 19　參見毛禮銳：《中國教育史》，頁 152。

註 20　同註 15 引書，頁 182-95。

註 21　同註 19 引書，頁 158。

註 22　參見皮錫瑞：《經學歷史》，頁 136。

註 23　同註 17 引書，頁 73。

註 24　周愚文：《中國教育史綱》，頁 82。

註 25　同註 14 引書。

註 26　同註 12 引書，卷八八〈儒林傳〉，頁 3596。

註 27　同前引書及范曄《後漢書》卷七九〈儒林傳〉，頁 2547。

註 28　同註 18 引書，頁 157。

註 29　崔瑞德、魯惟一主編：《劍橋史國秦漢史》，頁 5250。

註 30　同註 26 引書。

註 31　同前引書，卷七二〈鮑宣傳〉。

註 32　同前引書，卷九九〈王莽傳〉，頁 4051-2。

註 33　同註 27 引書，卷五七〈黨錮列傳〉。

註 34　同註 32 引書，卷八九〈循吏列傳〉，頁 3625-7。

註 35　同前引書，卷一二〈平帝紀〉，頁 355。

註 36　同註 25 引書，頁 3117-29。

註 37　同註 3 引書，卷六十上〈馬融傳〉，頁 1972。

註 38　同前引書，卷三五〈張曹鄭列傳〉，頁 1207-8。

註 39　同註 21 引書，頁 171-3。

註 40　同註 38 引書，卷八〈孝靈帝紀〉，頁 340-1。

註 41　同註 39 引書，頁 166-7 及註 4 引書，頁 2-3。

註 42　同前引書，卷六十下〈蔡邕傳〉，頁 1998。

註 43　同前引書，卷二〈顯宗孝明帝紀〉，頁 113。

註 44　同前引書，卷十〈皇后紀・和熹鄧皇后〉，頁 428。

第 5 章

魏晉南北朝時期的教育

第一節 ▸▸ 時代背景

　　中國自東漢末起，至隋文帝開皇九年（589 A.D.）統一天下止，有將近 370 年的時間是處於動亂與分裂的狀態。其間政權的更迭頻仍，歷經魏、蜀、吳三國、兩晉，南方再歷經宋、齊、梁、陳，北方先有五胡十六國，後歷經北魏、東西魏、北齊、北周諸朝，最後由隋代北周起，一統天下。由於政治的不穩定，連帶會影響到經濟與學校教育的發展。

　　1. **經濟狀況**。就經濟狀況言，由於長期戰亂的破壞，北方農業受到嚴重打擊，開始衰落。歷經魏晉南北朝時期中原人士的大量南遷及江南人士的共同開墾，農業的重心於是逐漸往南移。（註1）又由於這段期間，許多世家大族擁大莊園，於是形成特殊的自給自足莊園經濟。（註2）北朝的經濟型態，也於北魏時，由游牧經濟轉向農業經濟。（註3）至於商業活動，原本周遊天下的商賈，遭遇到戰爭的阻礙，暫時銷聲匿跡，商業也從而蕭條。（註4）至於商業活動所需的貨幣媒介，也改以絹與穀物等實物替代錢幣。（註5）

　　2. **社會結構**。就社會結構言，這段時期，社會分成許多等級，第一是士人，其中又分為世族與寒門，世族中又分為高門、甲姓、乙姓等層級；第二是平民，即百工技巧；第三是部曲與兵家（近於奴隸）；第四是僮奴。（註6）其中世家大族又是歷史的重心，在這段期間無論政治，經濟及教育上都有相當的影響力。世族的出現，不是由國家制定，而是在某些

特殊環境中自然形成的，在形成過程中，先有族姓，再分門戶，而後才有地望的觀念。(註7) 東晉以降，世家大族勢力與寒門將帥勢力，相互激盪消長。世族靠一定的門第與仕途，在政治上享有特殊地位；寒門將帥則由軍勳起家或由寒門入仕。(註8) 雖兩者同屬士人階層，但界限森嚴，且世族常壓制、歧視寒門，致使雙方在政治上屬於對立地位，尤以南朝最盛。(註9)

3. **民族交往**。就民族交往言，魏晉南北朝期間，中原漢族與臨近的少數民族間的往來接觸日漸增多，而衝突也多。晉室南遷，五胡十六國出現，可視為外族入侵中土，但也可視為民族融合的契機。匈奴劉淵起兵至北魏統一北方（304-439 A.D.），可謂民族融合的第一階段。北魏孝文帝遷都洛陽，施行漢化政策，則是第二階段的開始。(註10)

4. **文化發展**。就文化發展上，由於前述大環境的衝擊，文化也出現多彩多姿不同的風貌。首先，就學術思想言，東漢末經學衰落，代之而起的是玄學。興起的原因複雜，它與清議轉化為清談有關，亦與當時政治紊亂、刑法峻苛、士大夫動輒觸禁有關。玄學多半不是依附於經學，而是歸本於老、莊及周易，號稱三玄。(註11) 其次，除思想外，史學、文學及藝術也十分興盛。史學上，此時期除了官方修史外，私家修史風氣非常盛，其中宋范曄的《後漢書》、晉陳壽的《三國志》、北魏崔鴻的《十六國春秋》、常璩的《華陽國志》等都是重要作品。地理上，北魏酈道元的《水經注》、東魏陽衒之的《洛陽伽藍記》則是佳作。至於文學上，五言古詩、建安體詩、六朝駢文、《昭明文選》在文學發展史上都十分重要，而曹丕的《典論‧論文》及梁劉勰的《文心雕龍》則是文學批評上的經典作。在藝術上，書法方面，鍾繇、王羲之父子均是大家。繪畫方面，東晉顧愷之的《女史箴圖》、《行獵圖》都是巨作。雕塑方面，受佛教影響，許多雕塑與此有關，其中雲崗石窟、龍門石窟、敦煌千佛洞等都是不朽之作。(註12)

第三，就科學成就言，這段時期在數學、天文、農學及醫藥方面，都有重大成就。在數學上，魏晉劉徽著有《九章算術注》、《海島算經》，

其中已計算圓周率值爲 3.1416；南朝宋齊祖沖之，更算出其值應介於 3.1415926 與 3.1415927 之間。在天文曆法上，祖沖之已算出一回歸年的日數是 365.24281481 日。在農學上，東魏賈勰的《齊民要術》，是現存最古、最完整的農書。在醫藥上，東漢張仲景的《傷寒論》、《金匱要略》，皇甫謐的《針灸甲乙經》及東晉葛洪的《肘後卒救方》等，都是中醫的重要著作。另外，名醫華佗長於外科，手術前使用「麻沸散」進行麻醉。(註13)

最後，就宗教發展言，佛、道二教在社會中的影響力日增。在佛教方面，自東漢初傳入中國後，這段時期正值交流融合，至唐完成中國化。(註14)至於道教方面，也形成於東漢末，魏晉尚無統一名，直至南北朝受佛教刺激，組織才日漸嚴密，並與政治結合，至唐則備受重視。(註15)總之，雖然此段時期政治相當不安，但文化活動不僅未見中斷，反而益發活絡。

第二節 ▸▸ 九品中正制

東漢末，由於政治的紛擾不安，漢室無心亦無力維持原有的教育制度，而原有選舉制度也不易運作，因此在人才晉用的管道上，勢必要改弦更張，採取的新法，即是九品中正制，亦即九品官人法。

此制始於東漢獻帝延康元年（220 A.D.），吏部尚書陳群以爲朝廷選用不盡人才，遂請立九品官人之法。同年曹丕篡漢，自立爲帝。改行新制的表面原因，是兩漢原施行的察舉孝廉制度，是基於古人鄉舉里選的理想，其基礎須有安定的社會。然而自東漢末，兵馬倥傯，人士流徙，四方錯亂，無法考詳戶籍，以致原制難以實行。(註16)至於更深層的原因，則與世族勢力有關。由於此時世族已形成，政權的存在須得世族的支持，曹魏欲代漢起，必與世族合作，代表世族的陳群所提的辦法，正可以確保其利益。換言之，這是利益的交換與妥協。(註17)

　　九品中正制實施的方式是：首先，州置大中正，郡置小中正。大中正人選理應由本處人任諸府公卿及臺省郎吏有德才盛者擔任，故其爲中央官兼任。其次，郡中正可以各就所知管內人物的品行匯報本州大中正，大中正得據鄉評，定其品級及進退。然後，再送中央司徒處決定鄉品，鄉品決定後，再送吏郡尙書授給實官。(註18)

　　此制與原察舉制的不同有二：

　　1. 州郡察舉之權在地方官，而州大中正卻由中央官兼任，故欲求出身的士庶，在察舉制下必留在地方，但在中正制下必奔中央。

　　2. 察舉制只是士人進身的初步，與未來官職的升降與轉移無關；但在中正制下，鄉品評定後，日後官位的升降，不在服務的成績，而操於中正的品狀。(註19)

　　九品中正制原應是亂世用人的權宜之計，晉統一天下後一度想廢，而復察舉舊制，尙書僕射劉毅曾批評其制有八損，而選才時又有「人物難知」、「愛憎難防」、「情僞難明」等三難（《通典》卷一四〈選舉〉）。但世族勢力猶在、門第已成，中正之職多由著姓世族充任，此制已成維護特權的護身符，故終不能廢，結果造成「上品無寒門，下品無勢族」的流弊。(註20) 該制除了實施時出現人爲弊端外，在理論亦有爭議。亦即人品可否測量，能否等分爲九等，是有疑義的。此制至隋文帝開皇七年（587 A.D.）始廢 (註21)。

第三節 ▸▸ 學校教育

　　這一段時期由於政治的不穩定，連帶的影響到學校教育的發展，茲分魏晉、南朝及十六國、北朝等二部分加以說明。

壹 ▶ 魏晉、南朝

　　三國鼎立時，魏於文帝黃初五年（224 A.D.）立太學於洛陽，置博士，定五經課試法，置《春秋》、《穀梁博士》，後頒《正始石經》為太學教材。（註22）學生初則數百人，至太和、青龍中，人數至千數，原因弟子借入學避役，並非真心向學，（註23）成效不彰，不難推知。又地方學校，興廢無常。蜀因國不置史，狀況不詳。吳則於黃龍二年（230 A.D.），立都講祭酒，以教諸子（《三國志》卷四七〈吳書 · 吳主傳〉）。至吳主孫沐永安元年（258 A.D.），始立五經博士，令文武百官子弟入學，一歲課試，依品第給賞，惟並未落實。（註24）

　　兩晉時，值得注意的一事是國子學的設立。晉武帝初，有太學生3,000 人；泰始時，人數至 7,000 餘人，大臣請減其數。咸寧二年（276 A.D.），立國子學；四年（278 A.D.）置國子祭酒、博士、助教。惠帝元康三年（293 A.D.），明令將入學者身分限於官品第五以上，六品以下入太學。晉之所以要在太學之外，另立國子學，主要在「辨其涇渭」、「殊其士庶，異其貴賤」（註25），換言之，要區別學生身分高低，差別對待，這充分反映了當時的門第觀念。永嘉亂後，學校廢壞，東晉時，雖再興但規制均不如前。至於地方學校的開辦，主要得力於某些熱心的地方官，惟興廢無常。（註26）

　　南朝時，短短 170 年間，四易朝代，政局不穩，可見一斑。在學校教育上，除恢復設立國子學與太學並立外，另設立一些儒家以外的專門學校，則是特點，這是在東漢設鴻都門學後，再度打破了漢以來長期獨尊儒術的局面。

　　宋文帝元嘉十五年（438 A.D.），徵廬山處士雷次宗至京師，開儒學館於北郊雞籠山，置生百餘人。次年（439 A.D.），令丹陽尹何尚立玄素學，著作佐郎何承天立史學，司徒參軍謝元立文學，各收門徒，（註27）統稱四學。至明帝泰始六年（470 A.D.），立總明觀（又稱東觀），置東觀祭酒，分儒、玄、文、史四科，每科置學士 10 人。（註28）齊代宋後，沿宋制，

改總明觀。高帝建元四年（482 A.D.），詔立國學，置學生 150 人，取王公以下子孫，年 15 至 20 歲，家去都 2,000 里為限。帝崩，學廢。武帝永明三年（485 A.D.）立國學後，省總明觀，招收公卿以下子弟，名額 220 人。(註29) 梁武帝天監四年（505 A.D.），修國學，立五學館，置五經博士各一名，寒門俊才兼收，不限人數。於是命平原明山賓、吳興沈峻、建平嚴植之及會稽賀倩四人為博士，各主一館。館有數百生給其餼廩。五年（506 A.D.）置集雅館以招遠學。(註30)

　　除上述學校外，齊武帝永明九年（491 A.D.）曾議設律學助教，但未實行。至梁武帝天監四年置冑子律博士。(註31) 律學，唐宋因之。

貳 ▸ 十六國、北朝

　　十六國時期，北方的統治者多為少數民族，但其中不乏重視儒學教育者，例如：前趙匈奴人劉曜立太學、小學，後趙羯人石勒立小學、太學，前燕鮮卑人慕容廆設東庠祭酒，前秦氐人符堅廣修學宮、創太學及後秦羌人姚興則興太學及律學。(註32)

　　北朝時期，歷經北魏、東西魏、北齊與北周等朝。北魏在教育上採崇儒的政策，以加速漢化。道武帝建都平城初，即立太學，置五經博士，生員千餘人。天興二年（399 A.D.），增國子、太學生員至 3,000 人。後又祀孔子，以顏回配享，(註33) 以示崇儒尊孔。孝文帝太和十七年（493 A.D.）遷都洛陽後，更勵行漢化，禁胡服、斷北語、改漢姓。在學校方面，除設有太學、國子學（一度改為中書學）外，另增設四門小學、皇宗學、律學與算學。並自獻文帝天安初立郡縣學。(註34) 在課程內容方面，主要是學習儒家經典 (註35)。其如此崇儒尊孔的原因，主要是以此為統治工具。(註36)

　　北魏後分裂為東西魏，北齊代東魏起，它在政策上，一反以往，開始大力提倡鮮卑化，反對北魏的漢化政策。雖然，立國之初，文宣帝高洋於

天保元年（550 A.D.）詔郡國修立學舍，恐未受到重視，成效有限。惟同時又命於郡學內立孔顏廟，則是日後州學立孔顏廟之始。（註37）

　　至於北周代西魏而起，它在政策上則延續北魏的崇儒漢化政策。而且諸帝也尚儒術、重視教育。除於中央立太學外，也設立一些特別學校。如明帝時於麟趾殿集公卿以下有文學士80餘人，立麟趾學，旨在校刊經史，捃採群書。（註38）又武帝天和二年（567 A.D.），置露門學，置生72人，教皇子。（註39）

　　總之，北方的少數民族入主中土後，在文教政策上出現兩種不同的作法，一是「被同化」（如北魏的漢化），一是「同化」（如北齊的鮮卑化）。

附註

註 1　　參見劉石吉：〈導言〉，收於劉岱主編：《中國文化新論・經濟篇──民生的開拓》，頁 3；王仲犖：《魏晉南北朝史》（上），頁 497。

註 2　　同前引王仲犖書，頁 156-61。

註 3　　同前引王仲犖書，頁 485。

註 4　　參見陳國棟：〈懋遷化居──商人與商業活動〉，同註 1 引劉岱書，頁 256。

註 5　　參見陳國棟：〈通貨利商──貨幣信用〉，同前引書，頁 390。

註 6　　參見勞榦：《魏晉南北朝史》，頁 88。

註 7　　參見何啓民：〈鼎食之家──世家大族〉，收於劉岱主編：《中國文化新論・社會篇──吾土與吾民》，頁 71-2。

註 8　　同註 3 引書，頁 405-6。

註 9　　參見傅樂成：《中國通史》（上），頁 312。

註 10　 參見萬繩楠：《魏晉南北朝史論稿》，頁 219 及 327。

註 11　 參見韋政通：《中國哲學史》（上），頁 599-606；及林瑞翰：《魏晉南北朝史》，頁 789。

註 12　 同註 8 引書（下），第 11 章。

註 13　 同前引書，第 12 章。

註 14　參見錢穆：《國史大綱》（上），頁 271、281。

註 15　參見任繼愈主編：《中國道教史》。

註 16　參見錢穆：《國史大綱》（上），頁 220。

註 17　同註 8 引書，頁 131；及毛禮銳：《中國教育史》，頁 221。

註 18　同註 16 引錢穆書，頁 220-1；及鄭欽仁：〈九品官人法——六朝的選舉制度〉，收於劉岱主編：《中國文化新論・制度篇——立國的宏規》，頁 222。

註 19　同前引錢穆書，頁 221-2。

註 20　同前引書，頁 223。

註 21　同註 18 引鄭欽仁書，頁 215-6。

註 22　參見陳壽：《三國志》卷二〈魏書・文帝紀〉，頁 84。

註 23　參見馬端臨：《文獻通考》卷四十一〈學校考〉，頁 389。

註 24　同註 22 引書，卷四八〈吳書・吳主傳〉，頁 1158。

註 25　參見杜佑：《通典》卷五三〈禮〉，頁 1465。

註 26　參見孫培青：《中國教育史》，頁 232-3。

註 27　參見沈約：《宋書》卷九三〈隱逸傳〉，頁 18。高明士《唐代東亞教育圈的形成》，頁 167 以爲，到了宋文帝元嘉十九年（402 A.D.）立國子學後四學分立便取消。

註 28　同註 25 引書，頁 1466。

註 29　同註 23 引書，頁 390。

註 30　參見李延壽：《南史》卷六〈梁本紀上〉，頁 189；姚思廉：《梁書》卷四八〈儒林傳〉。

註 31　同前引書，頁 188。

註 32　同前引書，頁 43-55；及卜憲群等：《中國魏晉南北朝教育史》，頁 32-40。

註 33　同註 28 引書，卷五三〈禮〉，頁 1467。

註 34　同前引書。

註 35　參見程舜英：《魏晉南北朝教育制度史資料》，頁 100。

註 36　參見毛禮銳等：《中國教育史》，頁 220。

註 37　參見李百藥：《北齊書》卷四〈文宣帝紀〉，頁 7。

註 38　參見令狐德棻：《周書》卷四〈明帝紀〉，頁 8。

註 39　同前引書，卷五〈武帝紀〉，頁 10。

第 6 章

隋唐時期的教育

第一節 ▶▶ 時代背景

　　隋文帝開皇元年（581 A.D.）隋代北周，先統一了北方；開皇九年（589 A.D.）滅陳，分裂近 370 年的中國，復歸統一。惟隋國祚甚短，前後三帝 38 年，即由唐代之而起。唐自高祖武德元年（618 A.D.）起，至哀帝天祐四年（907 A.D.）止，享國近 290 年，然而自玄宗朝安史之亂後，國勢日衰，故眞正盛世不過其半。

　　隋唐在政治上，中央政府採三省六部制，地方則行州縣二級制，其總數較東漢多，但首長權力已較秦漢弱。（註1）

　　至於經濟上，隋承北魏均田制，並行租庸調法；唐因之，安史之亂後改兩稅法。隋國祚雖短，但國計之富足，爲前代所無。（註2）又原本中國的經濟重心在北方，魏晉南北朝時已逐漸南移，自隋起發生劇變，整個重心已移往東南，北方軍政重心所需的糧食，愈來愈依靠江淮運河，安史之亂後，此一現象更明顯。（註3）經濟實力的富足，有助於唐代文教事業的發展。經濟重心的南移逐漸使得南方成爲人文薈萃之地，南方子弟挾其經濟優勢，在科舉考試時，較北人有較好的表現。爲了弭平經濟因素對北人參加科舉時可能產生的不利影響，按地區訂定中舉人數名額，則是解決之道。

　　在社會結構上，魏晉以來形成的門第勢力，並未完全消融，繼續影響政局，科舉制度的產生，即與政府欲消除其勢力有關。最後在宗教文化

上，宗教事業發展日盛，以致佛、道、儒三者間的衝突亦日益激烈。例如：唐憲宗元和十四年（819 A.D.），帝欲迎佛骨至京師，引發佛、儒間的衝突。又如唐武宗會昌五年（845 A.D.），因帝崇道教，故下令滅佛，號稱「會昌法難」，則是佛、道間的衝突。(註4) 然而佛學的昌盛，禪宗的產生，卻爲日後宋代理學的興起奠下基礎。

第二節 ▶▶ 科舉制度

　　隋唐在選拔人才制度上與前代大有不同，即是廢九品中正制而行科舉。所謂科舉，是指設科目取士，此制始於隋煬帝大業二年（606 A.D.）設進士科。(註5) 因魏晉以來選士，除九品中正制度外，原察舉孝廉之制猶存，不過加入了考試，至隋則完全改以考試爲主。唐因隋制。唐代取士的主要途徑有三：1.由學館入仕，稱生徒，此沿漢代博士弟子員舊制；2.由鄉貢，即由州縣長官進退，此沿漢代郡國察舉孝廉舊制；3.由制舉，乃由天子自詔，此沿漢代賢良方正舊制。(註6)

　　科舉的科目甚多，有秀才、明經、俊士、進士、明法、明字、明算、一史、三史、開元禮、道舉及童子等科。(註7) 惟士族所趨嚮，只有明經及進士兩科。(註8) 其中又以進士科尤貴，且得人最盛，但也最艱難，所謂「三十老明經，五十少進士」。(註9)

　　科舉的程序，主要分爲鄉試及省試兩階段。雖然當時有殿試之名，但並無其實。所謂鄉試，是由士子懷家牒（狀）自列州縣，經州縣考選後，再按分配名額送京師參加省試。省試，又稱禮部試，原先貢舉業務是由吏部考功員外郎主掌，玄宗開元時，因其權輕，遂改令禮部侍郎一人知貢舉，禮部選士自此始。(註10)

　　唐代科舉錄取名額與分配方式，鄉試是採分郡定錄取名額，上郡三人，中郡二人，下郡一人。有才能者無常數（《通典》卷十五〈選舉〉）。

此一原則與漢代舉孝廉名額分配採分區配額制相仿，並維持至清末。省試及吏部試，則未限額數，憑才取人，擇優錄取。

　　科舉的內容，主要是以儒家經典爲主，唐太宗貞觀時曾命孔穎達撰《五經正義》，此後即以該書爲主。正經有九種，分爲大、中、小三經，大經是指《禮記》、《左傳》，中經是指《毛詩》、《周禮》及《儀禮》，小經是指《易》、《尚書》、《公羊》與《穀梁》。經之大小，取決於字數的多寡。(註11) 此外，《孝經》與《論語》則是共同必考。

　　考試的方式，分爲帖經、墨義、口義、策問及詩賦五項 (註12)。所謂帖經，「以所習經，掩其兩端，中間開唯一行，裁紙爲帖。凡帖三字，隨時增損，可否不一。」(註13) 此法如今之填充題。所謂墨義，就是就經文上下句或注釋中出題，以筆試方式進行；若以口試方式進行，則稱口義，此法如今之簡答題。策問，是指時務策，即就國家時事對策，此法如今之申論題。詩賦又稱作雜文，明經者以考經義爲主，惟進士科，則須作詩賦各一首。

　　科舉的時間，每年一次。錄取名額，太宗貞觀十八年（644 A.D.）規定：明經錄取不得超過百人，進士 20 人。(註14) 唐代 289 年間，科舉及第總數約 3 萬人，其中進士約 6,642 人。(註15)

　　不過值得注意的是，省試及第者，只是取得任官的資格，並不能直接派任，必須再通過吏部考試始可任官。吏部考試的標準，分爲身、言、書、判四項。所謂身，指體貌豐偉；言，指言辭辯正；書，指楷法遒美；判，指文理優長；四事皆可，則先德行；德均以才，才均以勞。(註16) 換言之，禮部考試著重一般學識，而吏部考試則著重爲官所需的德與才。惟吏部試較省試更爲艱辛，往往八九員爭一官。(註17) 韓愈曾因屢應吏部考試不中，而三上宰相書求仕。(註18)

　　細考唐代開科取士的主要動機有三：1. 透過公開競爭的管道，選拔民間優秀人才擔任官吏；2. 籠絡知識分子。太宗私幸長安端門，曾見新科進士綴行而出，高興的說：「天下英雄，入吾彀中矣。」(《唐摭言》卷

十五）3.藉以打擊原有的豪門士族。中唐以後，科舉取士，尤其是進士試，已成爲高門大族、官僚新貴與出身較低、家境清寒地區知識分子爭奪仕途的場所。原本高門子弟已無法靠父祖庇蔭與門第出身來取高位；且在科舉取士中已失去優勢。（註19）晚唐時牛李黨爭，可視爲代表原有士族的李德裕與代表新進士集團間的利害衝突與鬥爭。（註20）

最後關於科舉的利弊，就其利而言有二：

1.政府開放政權，使一般平民有更多機會參與政府，擴大政權的民意基礎。由於科舉應試者可以自由報名，而免除漢制選舉由地方官吏推薦的種種弊端；此外，以一客觀公平標準取士，使得社會優秀分子可以參與國政，此有助國家的團結與政權的鞏固。

2.政權公開後另一項好處，是原有門第勢力逐漸衰退，社會流動開始。例如：在唐代 1,804 名官員中，科舉出身者達 634 人，占總數的 35.1%，科舉出身成爲任官的主要途徑，此點改變了隋以前門閥世族把持朝政的格局。（註21）不過，整個《唐書》所載由考試出身的官吏數目仍不多，以進士任官者更微乎其微，因此科舉並未促成全面性的社會流動，其影響仍侷限於知識階層。（註22）

至於科舉所生的弊端，主要有三方面：一是對學校教育的影響；二是考試過程中所生的弊端；三是對士風的影響。首先，就科舉影響學校教育言，由於士人重科舉而輕學校，使得學校淪爲科舉的附庸。這可以學校的教育目的、教學內容及教育方法三方面來分析。第一，就教育目的言，學生入學不是爲了進德修業，而是爲了準備科舉，甚至只爲取得應舉的名額。第二，就教學內容言，其內容充分反映考試的內容。唐代國子學、大學、四門學的教育內容，是按九經取士的方式安排，《論語》與《孝經》也列爲必修。而律學、算學的內容，也與科舉科目相同。另外學校亦重習字、時務策及詩賦，這些也都是應考所需。第三，至於教學方法，由於科舉重帖經與墨義，因此學校亦採之，結果造成學生只重記憶而不求理解。（註23）換言之，今日考試領導教學的現象，古已有之。雖然唐玄宗時爲改變輕學校而重科舉的態度，

曾於天寶十二年（753 A.D.）下令罷鄉貢，舉人不由國子學及郡縣學者，不得舉送。惟兩年後又恢復鄉貢。（註24）

其次，就考試本身的種種弊端言，所見流弊有講關節、重門第、投詩干謁、結棚、通榜、公卷等（註25）。李肇《唐國史補》說：「造請權要，謂之關節；激揚聲價，謂之還往；……；匿名造謗，謂之無名子；……挾藏入試，謂之書策。」（註26）又校書郎王冷上宰相書說：「今之得舉者，不以親，則以勢；不以賄，則以交。」所謂「結棚」，是指應試前諸館生更相造訪，互結朋黨，以相傾奪者。（註27）而「通榜」，是指考試後，主考者竟可不問當場成績而逕自錄取一輩知名之士，甚至榜帖亦可請人代擬。至於「公卷」，是指應試者得將自己平日所作詩文先投於京師達者，如蒙朝廷先進王公大臣欣賞，可以為之延譽。（註28）

最後，就對士風的影響言，科舉促成唐代士風日漸浮薄。造成的可能原因有二：

1. 進士科的內容以賦詩為主，以致中唐以後，士子只知文學不知政事。原本重視經術的傳統漸失，故時人云：「文選熟，秀才足。文選爛，秀才半。」（註29）

2. 科舉取士重才不重德。由於士子應舉可以懷牒自進，不必經過鄉舉里選，故才重於德。當應舉舉子社會階層日益擴大，進士中，有出身縣吏、工商市井之家、僧道還俗、節鎮衙前將校之子、寒士等，（註30）而缺乏良好家風陶冶。結果中唐以後，進士及第者遊賓狎妓，習以為常。晚唐詩中風花雪月之句，不可勝數。例如：出身士族的杜牧〈遣懷〉絕句云（註31）：

　　　　落魄江湖載酒行，楚腰纖細掌中輕。
　　　　十年一覺揚州夢，贏得青樓薄倖名。

這可能是多少科場士子的寫照。

　　總之，唐朝科舉考試所出現的弊端，及對學校教育不良的影響，一直都無法解決，要到北宋時才進行改革。

第三節 ▸▸ 學校教育

壹 ▸ 隋

　　隋朝國祚雖短，但在學校教育上卻呈現時興時廢的現象。文帝初頗重文教，開皇二年（582 A.D.）底，賜國子生經明者束帛。三年（583 A.D.），下令天下勸學行禮。十一年（591 A.D.）親至國子寺，並令每歲四仲月（二、五、八、十一）上丁日釋奠先聖先師，每年行鄉飲酒禮。(註32) 隋代國子寺，已不隸太常，下有國子、太學、四門、書、算五學，各置博士、助教及學生。另立有律博士，屬大理寺。(註33) 仁壽元年（601 A.D.）下詔，國子學只留學生 70 人，至於太學、四門及州縣學並廢。究其原因，帝以為國學冑子近千數，州、縣諸生也不少，但徒有名錄，空度歲時，卻未得人才，故加簡省。七月改國子學為太學。(註34) 直至煬帝即位，才復開庠序，於是國子郡縣之學盛於開皇之初。(註35) 至於州、郡學，則每年春秋仲月釋奠，每年行鄉飲酒禮（《隋書》卷九〈禮儀志〉）。然而，後因政治腐敗，社會動盪不安，學校徒有虛名，無弘道之實。(註36)

貳 ▸ 唐

　　唐代學校教育的發展，概括而言，盛於前代，其主要特色有三：1. 學制趨於完備；2. 學校類型多樣化；3. 廟學制的普遍實施。

一、學制趨於完善

　　就學制趨於完備言，主要表現在兩方面：1. 學制規定見於功令；2. 主管教育行政機構脫離太常而單獨設立。就第一點而言，有關歷朝對學校制

度的規定，殷、周時期，以禮設之；秦、漢時期，刑法發展，以律爲國家基本法，令爲補充，故學校制度有關規定入於「功令」。晉以後，「律」爲刑罰法，「令」爲非刑罰法的行政法。至唐，制度上自教育行政組織、入學、教學、考試等規則，以及生活常規，均明白訂於「學令」中。(註37) 於是辦學均須依法行事，至清不變。

再就第二點言，學校原本由太常管轄。如漢代所設太學，是由掌管「宗教禮儀」的太常主管。北齊孝昭帝皇建元年（560 A.D.），設國子寺，可備立屬官，但仍隸太常，其下轄國子、太學及四門等三學。此處的「國子寺」，性質上是新設的教育行政機構而非學校。隋初，國子寺仍隸太常，直至文帝開皇十三年（593 A.D.），罷隸太常，並改名爲「國子學」，下轄國子、太學、四門及書、算五學。此處的「國子學」，性質上既是教育行政機構又是學校。煬帝大業三年（607 A.D.），改「國子學」爲「國子監」。唐初，恢復文帝舊制，改國子監爲國子學，又回隸太常。至太宗貞觀元年（627 A.D.），又改稱「國子監」，下轄六學二館（後詳），屬於禮部，於是其成爲統轄京師諸官學的教育行政機構。此制宋因之。學校脫離太常的獨立，象徵著教育與宗教的分離。(註38)

二、學校類型多樣化

就學校類型多樣化言，唐中央的國子監下轄國子學、太學、四門學、律學、算學及書學等六學，以及崇文館及弘文館。後增廣文館。(註39) 關於這些學校的設立背景，招收對象及性質，茲分述如後。

首先，就各類學校的設立背景言，六學中的國子學、太學及四門學，是沿用北齊及隋舊制，原已隸屬於國子寺；書學後漢已有，算學魏晉以後歸於史官；書、算兩學，文帝開皇時，則均屬於國子寺。至於律學，成於梁，隋仍屬大理寺，至唐，才改隸國子監。至於二館，則是唐新設，太宗貞觀二年（628 A.D.），在門下省置弘文館；十三年（639 A.D.）在東宮置集賢館，高宗上元三年（676 A.D.）改爲崇文館。除此之外，玄宗天寶

九年（750 A.D.）增設習進士業的廣文館，另外非國子監所轄的學校，尚有屬於祠部所轄的崇玄學及屬中書省太醫署所轄的醫學。（註40）

其次，就各類學校招收對象言，若分析學生的入學資格，則可反映出學生的社會階級與背景。六學中，國子學名額300人，招收文武三品官以上子孫、若從二品以上曾孫及勳官二品、縣公、京官四品帶三品勳封之子。太學名額500人，招收五品以上子孫、職事官五品期親、若從三品曾孫及勳官三品以上有封之子。四門學名額1,300人，其中500人招收勳官三品以上無封、四品有封及文武七品以上子；另800人則招收庶人之俊異者。律學名額50人，書學30人，算學40人，則收八品以下子及庶人之通其學者。至於二館，弘文館名額30人，崇文館20人，招收皇緦麻以上親，皇太后、皇后大功以上親，宰相及散官一品功臣身食實封者，京官職事從三品，中書黃門侍郎之子。（註41）由上所述可知，六學總額共2,210人，各學入學資格的區別不在學生的能力而在其出身背景，國子學、太學、四門學及崇文、弘文二館性質上應是貴冑子弟。而六學二館中分配給平民子弟的名額至多是910人，對大多數平民子弟而言，名額實在太少。名額的大幅增加，則要到宋以後。

至於各類官學生的待遇，有免役及給廩餼。例如：國子學、太學、四門學諸生、俊士可免課役（《新唐書》卷五一〈食貨志〉）；國子監學生、鍼生、醫生，雖未成丁，也依丁例，每人每日給米鹽。（《唐六典》卷十九〈司農寺〉）又如兩京國子監生二千餘人，弘文館、崇文館、崇玄館學生，皆廩餼之。（《舊唐書》卷二四〈禮儀志〉）

最後，就各類學校的性質言，國子學、太學及四門學均是普通性質，屬大學程度，以習儒業為主；律、書、算三學以及崇玄學與醫學，則屬專門性質。至於崇文及弘文二館，則屬貴冑學校，也以習儒業為主。

另外，除中央官學外，唐代在京師及州縣均設有地方官學，以及醫學與崇玄學。地方儒學，屬普通性質；醫學及崇玄學則屬專門性質。其細節，則略。

三、廟學制的普遍實施

就廟學制的普遍實施言，所謂「廟學制」，是指在學校內建置聖廟（孔廟），並在其內舉行學禮。(註42)

首先，就建置聖廟的沿革言，東晉武帝太元十年（385 A.D.），因謝石之議，於國子學內創建孔廟。南北朝時，北魏孝文帝太和十三年（489 A.D.），也在中書學（原稱國子學）建置孔廟；而南朝梁武帝天監四年（505 A.D.），也在國子學立孔廟，於是南北朝中央官學均已立孔廟。又北齊文宣帝天保元年（550 A.D.）令郡學立孔顏廟，則是地方官學立聖廟之始。隋承北齊制，因之。唐太宗貞觀二年，以孔子為先聖，顏子為先師，學校專祀孔顏。四年（629 A.D.），命全國州縣官學建置孔廟，(註43)於是廟學制由州郡學推廣至縣學。高宗咸亨元年（670 A.D.）重申前令，遂成定制。

其次，就行學禮的沿革言，漢代太學即行釋奠、饗射（大射）、養老、視學等禮；州縣官學則行饗射及鄉飲酒。兩晉南北朝，主要是行釋奠、養老及視學諸禮。至唐，中央只行釋奠禮，屬中祀，由皇太子主持，每年於春秋二、八月上丁日舉行，其意在表示尊師重道。主要程序是先釋奠，再講經，與前代先講經議論，再釋奠，然後宴會的程序不同。至於地方，則行釋奠及鄉飲酒，前者屬小祀。(註44)廟學制確立後，歷代因之，以迄清末。除此意義外，此制是將漢朝以來抽象的教育理想具象化，亦即將儒者所稱頌的聖賢均具象列於孔廟，透過行學禮發揮潛移默化的功能。(註45)

唐代的學校教育，自安史之亂後，日漸衰敗。主要原因有二：

1. 政治不穩定。因安史亂後，諸道用兵，最後形成藩鎮割據，中央政府力量日弱，原有制度不易持續。

2. 財政困難。原本唐代學校經費支出並無固定財源，主要來自國庫撥款、債稅收入及群臣捐輸等三方面。(註46)然而中唐以後，軍費繁浩，再加上佛教昌盛，佛寺坐耗大量人財物力，致使無餘力支持教育事業。此

種經費來源的困難，要到宋代想出學田政策後才告解決。另外還有一項原因，即是先前所提，士子主觀上重科舉而輕學校。

附註

註 1　參見錢穆：《國史大綱》（上），頁 303-4。

註 2　同前引書，頁 286。

註 3　參見全漢昇：《中國經濟史研究》，頁 267，275-6；Twitchett，緒論，《劍橋中國史》（三），〈隋唐篇〉（上），頁 27。

註 4　參見湯用彤：《隋唐及五代佛教史》，頁 35-45。

註 5　參見杜佑：《通典》卷十四〈選舉〉，頁 343；馬端臨：《文獻通考》卷二九〈選舉考〉，頁 273。

註 6　參見《新唐書》卷四四〈選舉志〉，頁 1；胡美琦：《中國教育史》，頁 261。

註 7　同前引書《新唐書》。

註 8　同註 5 引《通典》，卷一五，頁 354。

註 9　同註 5 引《文獻通考》，頁 275。

註 10　同註 8 引書，頁 356。

註 11　參見張九齡：〈唐六典〉，卷二，頁 25。

註 12　參見李弘祺〈科舉至明清的考試制度〉，收於劉岱主編：《中國文化新論‧制度篇 —— 立國的宏規》，頁 267-8。

註 13　同註 10 引書，頁 356。

註 14　參見馮小林：《中國隋唐五代教育史》，頁 140。

註 15　參見劉海峰：《唐代教育與選舉制度綜論》，頁 15-6，實際進士統計人數為 6,673 人。

註 16　同註 7 引書，卷四十五，頁 1。

註 17　同註 10 引書，頁 362。

註 18　同註 6 引胡美琦書，頁 271。

註 19　參見傅璇琮：《唐代科舉與文學》，頁 210-1。

註 20　同前引書，頁 271-2；毛禮銳等：《中國教育史》，頁 254-7。

註 21　參見劉海峰：《唐代教育與選舉制度綜論》，頁 19-20。

註 22　同註 12 引書，頁 270。

註 23　同註 20 引書，頁 263。

註 24　同註 16 引書，卷四十四，頁 6。

註 25　參見陳東原：《中國教育史》，頁 185-8。

註 26　參見尹德新主編：《歷代教育筆記資料》第一冊〈魏晉南北朝隋唐五代部分〉，頁 160。

註 27　同註 25 引書，頁 188。

註 28　參見胡美琦：《中國教育史》，頁 269。

註 29　同註 18 引書，頁 274。

註 30　參見傅璇琮：《唐代科舉與文學》，頁 195-204；吳宗國：《唐代科舉制度研究》，頁 242-8。

註 31　參見蘅塘退士編：《唐詩三百首註疏》卷六下，頁 7。

註 32　參見魏徵：《隋書》卷一〈高祖帝紀〉，頁 19，卷二，頁 7 及卷九〈禮儀志〉，頁 10。

註 33　參見魏徵：《隋書》卷二八〈百官志下〉，頁 4-5。

註 34　同前引書，卷二〈高祖帝紀〉，頁 16。

註 35　同前引書，卷七五〈儒林傳〉，頁 2-3。

註 36　同前引書，頁 3。

註 37　參見高明士：《唐代東亞教育圈的形成》，頁 131-2，186。

註 38　同前引書，頁 186-8。

註 39　同前引書，頁 179。

註 40　同註 24 引書，頁 1-2。

註 41　同前引書。

註 42　同註 39 引書，頁 188。

註 43　同前引書，頁 188-90。

註 44　同前引書，頁 205-22。

註 45　參見周愚文：《中國教育史綱》，頁 22。

註 46　參見伍振鷟：《中國大學教育發展史》，頁 94-5。

第 7 章

五代兩宋時期的教育

第一節 ▶▶ 時代背景

唐末藩鎮割據，中原殘破，統一近四百年的政府，終於覆滅，代之而起的五代十國，本為藩鎮的延續。五代均在黃河流域，十國除北漢外絕大多數在長江以南。五代前後共 54 年（907-960 A.D.），計有八姓十三君。(註1) 後周顯德七年（960 A.D.），陳橋兵變，趙匡胤黃袍加身，宋代周起；十國的統一，則要到太宗時。

在政治上，趙氏為避免重蹈唐末五代以來，禁軍驕橫、藩鎮跋扈、威逼天子之弊，因此從防弊的角度，採取「強幹弱枝」、「集權中央」、「重文輕武」等政策。由於此種防弊政治制度設計的不合理，深深影響到政府的運作及其力量的發展。在經濟上，整體重心已南移。唐中葉以前，中國經濟的支撐點偏在北方，中葉以後，已轉向南方，晚唐時，政府全仰東南財賦。宋一統天下後，國家財賦大部分偏倚在南方。在社會結構上，唐代原已日漸減弱的門第勢力，歷經唐末五代的亂局，使得原本的世族體制自根本發生動搖而終致崩潰，至宋初時，社會結構已迥異於前。至於人口數量方面，呈現穩定成長現象，人數由宋太祖時的 3,200 萬人，增至宋徽宗時的 1 億 2 千萬人。(註2)

五代宋初的科舉與教育，大抵承襲唐制。在科舉方面，五代雖短，除梁、晉各停貢二年外，其餘均每年照常舉行無間斷。科目上，明經多進士少。(註3) 至於宋初，大抵如前，不過有二點主要的改變：第一，因太

祖、太宗特重科舉，有意藉此籠絡知識分子，故採取一些獎勵措施：1. 大幅增加進士科的錄取名額，由原本的十數名，增至百名以上；2. 增加殿試一關，由皇帝親試；3. 增厚及第者的待遇，這包括及第後立刻任官，免去吏部試，提高授官等級，給貢士公券，賜進士聞喜宴、綠袍、靴、笏等。第二，科舉逐漸制度化，且防禁日趨嚴密，在程序上，考試增爲三級，分別是解（鄉）試、省試及殿試；時間改爲每三年一次。在防弊上，採取糊名彌封及謄錄，並禁止世祿子弟、有官人、主考官及舉人種種可能的舞弊行爲。(註4)

關於科舉名額與分配原則，鄉試階段，太宗時未固定名額，分區採比例制，以各地考生總額爲準，錄取十分之二，眞宗時提高至十分之四，後才固定各州軍解額。至於第二關省試，採比例制，擇優錄取，比例爲十取其二。英宗時，曾有「憑才取人」與「逐路取人」之爭，但維持「憑才取人」原則。至於殿試一直採憑才取人，擇優錄取。(註5)

至於教育方面，五代因朝代更迭頗速，以致發展有限。一般型態是，在中央官學方面，除後唐具有國子學、太學、四門學等三學的規模外，其餘各朝及列國僅設一國子學而已。至於唐代原有的崇文、弘文二館，則僅司刊校圖書。在地方官學方面，只設州縣學。至於私學方面，以私家講學及寺觀教學較盛，(註6)特別是其中書院的興起，對後世影響甚重要。

宋初，學制上仍沿唐舊制，承襲了廟學制的精神，惟國子監中，只設有國子學及太學兩校，其屋舍原爲後周國子監之地。至於地方官學，則尚無暇顧及。(註7)

五代時期，尚有一事與教育事業關係密切，值得一提的，即是印刷術的提倡。世說雕板印刷發明於唐，倡導於五代。而五代中馮道倡印《九經》，對知識傳播、思想發展，貢獻甚大。該書自後唐長興三年（932 A.D.）起，至後周廣順三年（953 A.D.）完成，前後歷四代22年。至宋更進入輝煌時代，無論在印刷技術、品質、印書的種類及數量上，均超過前代。(註8)這種條件，相當有利於文教的發展。

綜觀兩宋教育的發展，有四事值得一提：一是三次教育改革，二是州縣學的發展，三是書院的興起，四是蒙學的重視。茲分述如後。

第二節 ▶▶ 三次教育改革

科舉制度建立後，逐漸對學校教育產生了不良的影響，此事唐代已見，唐玄宗天寶時一度廢科舉，但不久又恢復；至北宋時曾針對此項缺失進行了三次改革，分別是在仁宗、神宗及徽宗三朝，惟均功敗垂成。有關情形，分述如後。

壹 ▶ 第一次改革（註9）

北宋的第一次教育改革發生於仁宗慶曆時，關鍵人物是時任參知政事的范仲淹。當時推動改革的背景是，范氏以為當時宋正面臨內憂外患，如欲圖存，必須進行政治改革；然而當要進行政改時，卻發現人才不夠。因為當時科舉所考只是記誦，錄取標準只重考試能力，而非德行及行政能力。他感嘆科舉錄取雖多，但有才識者十無一二。至於學校方面，教學效果不彰，學生入學只是寄試而已。因此認為在政改的同時，必須改革科舉與教育。他的建議見於慶曆三年（1043 A.D.）九月所上《答手詔條陳十事疏》中的「精貢舉」條。他改革的基本理念是恢復《周禮》中鄉舉里選的精神，規定士子應先入學，然後再由地方舉薦應科舉後入仕。換言之，是先入學校後應科舉。他的想法受到皇帝的重視。

改革的行動，自慶曆四年（1044 A.D.）三月正式開始，具體的措施，首先，在州郡學方面有五項：1. 令州郡興學；2. 州郡學人數達 200 人以上者，許立縣學；3. 選長吏或宿儒任教授；4. 規定士子在學聽讀日限，新參加科舉者，國子生是 500 日，州郡學生是 300 日；曾應舉者，則須

滿 100 日；5. 入州縣學者，須身家清白，品行端正無過。其次，在科舉方面有三項：1. 進士科考試，先考策論，再考詩賦，並罷帖經與墨義；2. 解試時不彌封、謄錄，以考德行；至於省試及殿試則仍保留；3. 諸科考試，罷帖經而留墨義；如欲對大義，亦可。最後，在太學方面亦有四項：1. 為太學獨立設校，校址在錫慶院舊制；2. 提供獨立辦學的經費，方式是撥給約兩百頃的學田；3. 增加太學生名額，由 30 人增至 200 人，並以收平民子弟為主；4. 取胡瑗在湖州辦學時分經義與治事二齋的辦學之法為太學法。

　　改革推動不久，即因慶曆四年六月范氏去職而告中挫。其中主要的變動有：罷聽讀日限、科舉恢復舊制及太學擴校受阻。太學新校址被收回，而須另遷他址，專撥經費收歸國子監統一管理，學生名額也減至 2、30 人。不過在地方官學的發展上卻未見停頓。

貳　第二次改革（註 10）

　　第二次改革發生於神宗熙寧期間，關鍵人物是當時的同中書門下平章事王安石。他的基本構想是，前次改革之所以未成功，主要是因為改革的人才不足。而造成人才不足的原因，則是宋朝在「教士」、「取士」、「養士」及「任士」四方面都出了問題。所謂教士之道，是指國家應設學置師，教以治國之道；取士之道，是取士必於鄉黨及庠序，且才德言行兼重；換言之，基本理念仍來自《周禮》中鄉舉里選的精神。熙寧四年（1071 A.D.）二月，他綜合群臣的意見後上奏，所提出的改革基本構想是將教士與取士二者合一，由學校來替代科舉，以培養經世致用之才。惟鑑於此一理想不是一蹴可幾，故程序上先改科舉，再逐步發展教育。

　　至於具體的改革措施，在科舉方面有三項：1. 調整科舉科目，罷明經科，令習諸科者改習進士，另置明法科；2. 改變考試方式。罷試詩賦、帖經及墨義，而改考經義、策論並加考律令；3. 規定評定標準。以王氏所撰《三經新義》及《字說》為取捨標準。

至於太學方面，則有較大幅的改革，要點有七項：

1. 實施太學三舍法。將太學分爲外、內、上三舍，學生依成績依序由外舍升內舍，再由內舍升上舍。上舍最績優者，可以授進士出身並任官。

2. 增加太學生人數。熙寧初名額爲 300 人，四年增爲上舍 100 人，內舍 200 人，外舍不限。五年（1072 A.D.），改爲上舍 100 人，內舍 200 人，外舍 700 人，共計 1,000 人。元豐二年（1079 A.D.），更增爲上舍 100 人，內舍 300 人，外舍 2,000 人，共計 2,400 人，這些名額都是給平民子弟。

3. 擴建太學學舍至 82 齋。

4. 爲提高教師素質，元豐時訂定試學官法，教師（稱爲直講）人數由 8 人增至 10 人，任期三年。

5. 改革太學課程與教材。其課程可能以《周易》、《禮記》、《周禮》、《尚書》及《詩經》爲主，教材則以國子監所印的《九經》爲準，解釋時則以王氏的《三經新義》及《字說》爲本。

6. 提高太學生的待遇。除供伙食外，尚許免徭役，並透過上舍推恩法可以不經科舉直接任官。

7. 伴隨太學的擴張而削減國子學的人數。

由於新舊黨爭，當哲宗繼位舊黨主政後，原有的改革則告中挫。科舉方面，考試方式上，又恢復考詩賦。而評斷標準上，准用古今諸儒的說法及個人意見。大學方面，則廢除上舍推恩法、試學官法，及在課程中增列《春秋》一科。

參 ▶ 第三次改革 (註 11)

第三次改革發生於徽宗崇寧時，關鍵人物是右僕射蔡京。他的改革構想，基本上承自王安石。他仍希望以學校取代科舉，亦即建立一套「由縣學升州學，州學升辟雍，辟雍升太學」的完整學制，然後再廢除科舉。

　　具體的改革措施，在學校方面有五項：1. 令州縣設學，並行三舍法；2. 建立「縣學→州學→辟雍→太學」的學制；3. 新設「八行科」，以品行作為入學的標準之一；4. 新設辟雍為太學的外學；5. 增加太學生的名額。上舍生增至 200 人，內舍生 600 人，外舍生 3,000 人，合計 3,800 人，較元豐時 2,400 人多出 1,400 人。

　　至於科舉方面，最大的變革是一度下詔廢除解試與省試，改由學校替代科舉，但終未能持續。

　　徽宗宣和三年（1121 A.D.），詔罷天下三舍法，太學雖仍施行，但名額減成 2,000 人，新設的辟雍被廢止。科舉方面，則恢復舊制。惟不久後，金人南侵，宋室被迫南渡，改革全面結束。

肆 ▸ 影響改革成敗的因素 (註 12)

　　影響改革成敗的因素，大致分為三方面：

　　1. 人的因素，此指部分朝臣反對改革，不是因為改革措施本身不當，而是因為不喜歡改革者個人個性或品德而反對，換言之，因人廢言。

　　2. 制度的因素，這反映在：(1) 宋代政治制度設計的不良，致使改革者處處被掣肘；(2) 人口的壓力大，致使無法完全取消科舉；(3) 經濟條件的不足，致使不能大幅擴增學校、學生的名額；(4) 儒家家庭倫理觀念的束縛，致使學生不能負笈遠遊。

　　3. 教育制度的社會功能因素，這指學校原有文化上的保存、傳播及創造功能，及社會上社會化、選擇及社會整合的功能，均為其他方式所替代。

　　由於整個改革缺乏其他社會制度的配合與支持，而本身的功能又被科舉或其他措施所替代，因此很難成功。其中人的因素屬偶然性因素，亦即如果換了不同的人來推動，或許有成功的機會。至於制度與教育制度的社會功能兩因素，則屬必然性因素，或結構因素，亦即在此框架制約下，任何人來推動，都難有作為，註定無法成功。

第三節 ▶▶ 州縣學的發展

　　宋代州縣學的發展，宋初太祖、太宗及眞宗三朝，並未加以重視。直至仁宗繼位後，才陸續對新設的州學賜學田、贈《九經》，慶曆四年更主動下詔命郡縣興學，至此州縣學教育才正式受到政府重視。之後歷經神宗、徽宗及高宗諸帝的推動，使得其發展能夠持續不輟，以迄宋末。有關州縣學的內部設施、實際設置的情形、修建的原因、興學的目的、經費與師資、學生與學習、辦理成效、影響發展的因素及對後世影響，將分述如後：

　　1. **內部設施**。就內部設施言，學校內部的建築可依功能分爲實質性與象徵性兩類。堂、齋、舍、閣、庫、庖、湢等設施，是具有實質性功能；廟、祠、圃、亭等，則具有象徵性功能。以上皆是基本設施，無論在江淮精華區域或海南僻隅，大體相同。(註13)

　　2. **實際設置狀況**。就實際設置狀況言，宋代至少有 271 個州（含同級的府軍監）（占 77%）及 571 個縣（占 46%）曾經設學。又全國 23 路中，平均每路應有 83% 以上的州曾設州學；平均各州應有 42% 以上的縣曾設縣學。而以上的州縣學，半數以上是設於北宋時，其中以仁宗朝最多，徽宗朝次之，神宗朝又次之。至於南宋時，則以高宗朝最多。(註14)

　　3. **修建原因**。就修建州縣學的原因言，主要有六類：(1) 帝王下詔興學，於是地方奉命行事；(2) 原有學舍隘陋，不足以容眾；(3) 原學舍地勢卑下，常困於水或圮於水；(4) 原學舍年久浸壞弗葺；(5) 原學舍焚於兵災或盜禍；(6) 原地方未設學或雖設立但規制未備。其中二、四兩項又是重要原因。不過眞正的原因有兩類，一是帝王下詔，於是地方奉命興學，這是由上而下的方式；仁宗、神宗、徽宗及高宗四朝均曾如此做，其目的在培養救國淑世的人才，以期能振衰起弊。另一類則是地方官吏主動興學，其中關鍵人物是地方的行政首長（如知州、知縣）；若其具備進士出身

者，更會如此做。究其興學的目的，主要有兩種，一是培養經世致用的人才，一是在明人倫、善風俗，其中又以後者爲重。綜觀帝王與地方官吏興學的目的，前者以治人（即「外王」）爲目的，而後者則以修己（即「內聖」）爲宗旨。兩者重點雖不同，但基本上均本於儒家思想，且特別受到《周禮‧地官》及《禮記‧學記》兩書思想的影響。(註15)

4. **經費**。就經費言，面對前代學校經費欠缺的困難，宋代是採取置學田的政策來解決，亦即撥給學校一定數量的學產，再以其收入充作學校經費。學產取得的方式，不外官撥、官買、官民合買、民買及民捐等方式。學校的經費，主要用於支應學生的廩食，其次是學舍的修葺，其他還包括支應教師的俸給與祭祀。至於在經費管理上遭遇的最大問題，則是學產常遭奸吏豪民的侵占，雖曾設法防止，並於校內立學田籍碑，但仍無法杜絕之。(註16)

5. **師資**。就師資言，宋代州縣學教師的任用方式，歷朝不同。州學方面，宋初至仁宗慶曆改革前，是以地方長吏自聘爲主。慶曆改革至英宗朝，是以地方長吏遴薦後由朝廷任命爲主。神宗朝，一是經學官考試後朝廷差派，一是由地方舉薦經國子監審核後朝廷差派。哲宗元祐時，則是以朝臣薦舉後由朝廷差派爲主。元祐以後至南宋高宗紹興初，是以學官考試後朝廷差派爲主。其後曾短暫改變，之後遂成定制。換言之，自神宗朝起，朝廷才主動設法爲州學安排師資，至於縣學，則始終委由州郡長吏負責，朝廷並不與聞(註17)。

6. **學生與學習**。就學生及其學習狀況言，州縣學主要招收身家清白的本籍平民子弟。入學方式，徽宗以後採考試入學，南宋時則於春秋各辦一次。修業年限，州學方面，如欲參加科舉者，至少滿百日；如欲入太學者，至少須待三年。至於縣學方面，介於三個月至三年間。州縣學的課程，主要以習經爲主，兼習科舉程文，而主要教材，應以國子監版的《九經》爲準。教學方式，以講述爲主，部分兼採問答。除平時教學外，考試分量頗重。另外，因沿習了唐廟學制的傳統，故學校定期舉行釋奠、鄉飲

酒等學禮。(註18)

7. **辦理成效**。就辦理成效言,若由量方面觀之,州縣學的教育機會有日漸增加且趨於普及化的傾向。例如:在學校總量上,全國 77% 以上的州曾設有州學,46% 以上的縣曾設有縣學。在學校地理分布上,州學的分布尚稱均勻,惟普及程度則有地區性差異,其中以長江以南的地區較發達。至於縣學的分布及普及程度,均呈現出地區性差異,其中仍以長江以南地區較發達。至於學生總數,約介於 16 萬 7 千至 21 萬人之間,約占總人口數的 1.3-1.7‰ 間,又約占總口數的 3.82-4.79‰ 間。至於各州縣學的人數,彼此多寡不一,無定數。(註19)

由質方面觀之,教學品質則未盡理想,不但不能達到原有目的,反而產生許多弊端。原本帝王及地方長吏興學,是希望達到「培育人才」及「明人倫」等目的,然而卻發現不但達不到這些目的,反而產生學校淪為科舉附庸的弊端。此外,還出現士子思想遭受箝制、學校成為學子聚食之地及教師士氣不振、尸位素餐等流弊。(註20)自漢以來,為了吸引鼓勵學子入官學受教,政府提供誘因,漢只免徭役,唐代增加廩膳,至宋再免除太學生的身丁錢(人頭稅),原本期望待遇改善的同時學生學習表現也提高,但結果正好相反,(註21)這恐非興學者始料所及。

8. **影響發展的因素**。就影響州縣學發展的可能因素言,大致可分為政治因素、人口因素及經濟因素三項。在政治因素方面,是指政治人物對發展的影響力,如仁宗、神宗、徽宗及高宗諸帝,以及范仲淹、王安石及蔡京等宰臣,都曾主動積極地推展州縣學。此外,也指科舉制度提供較學校寬廣且便捷的入仕管道,以致士子重科舉而輕學校。在人口因素方面,可以發現部分州縣學教育較發達的地區,特別是長江以南的地區(東南地區),正好也是宋代人口較稠密的地區。在經濟因素方面,則可發現州學教育較發達的京東西路、兩浙路、淮南東路、江南東、西路、荊湖南、北路、潼川府路、福建路及廣南東路等十路,其經濟條件均不錯,而且這些地區也正是人口數較多之處。又縣學教育較發達的兩浙路、江南東、西

路、福建路及荊湖南路等五路，也呈現類似狀況。（註22）

　　9. **對後世影響**。就宋代對後世影響言，主要表現在四方面：(1) 宋代學址多為元、明所沿用，而且自唐以來形成的廟學制傳統，仍為元、明所保持；(2) 宋所創的學田政策，元、明仍繼續採用；(3) 州縣學學生的數量，若以唐、宋、元、明四朝相比較，則呈現出日漸增加的現象，但在人口比率上甚低，則呈起伏現象，且唐約占 1.4-1.9‰，宋約占 1.3-1.77‰，元缺，明約占 0.56-1.2%；(4) 學校淪為科舉附庸的流弊，明、清猶存。（註23）

　　由於宋代州縣學教育的發展及太學的擴充，使得平民子弟接受正式官學教育的機會較唐代增多，再加以唐末五代以來門第勢力的消退，以及科舉錄取名額的大幅增加，使得受過教育的平民，更有向上競爭與流動的能力與機會，而不再似南北朝時期，教育只是少數貴冑及世族子弟的特權。（註24）

第四節 ▶▶ 書院的興起

　　書院在中國教育史上是一類很特別的教育機構，它的出現對學校類型及思想發展都有深遠的影響。本節將從書院的起源、產生原因、設置情形、教育特色及影響等五方面加以說明。

壹 ▶ 起源

　　書院之名，起於唐代，學界並無爭議。唐玄宗開元六年（718 A.D.），改乾元殿為麗正修書院；十一年（723 A.D.）於大明宮光順門外另造麗正書院；次年（724 A.D.）在京都明福門外，亦置麗正書院；十三年（725 A.D.）改麗正書院為集賢殿書院。（註25）惟清人袁枚指出，此處乃皇帝藏書修書之地，非士子肄業之所。（註26）

　　唐代除了上述官方機構用書院之名外，也出現了一些民間私人創設的書舍、書屋、書樓及書院。這些地方，除了藏書、讀書功能外，是否具有講學功能則存爭議。(註27) 書院有講學之事（具學校性質），起於何時，尚無定論，古人一般說法有三種，一說主始於唐代，朱熹採此說，並以石鼓書院爲例；一說主始於五代，並以南唐白鹿洞書院爲例；一說主始於北宋，宋人洪邁及清王夫之主之。(註28) 今人多引第二說，雖有人開始主張始於唐代，但所引論據多數後出間接史料，故暫保留其說。白鹿洞書院在江西廬山五老峰下，唐德宗貞元中，爲李渤與李涉兄弟讀書之地。因渤嘗養白鹿自娛，遂稱白鹿先生。後渤出任江州刺史，就書院地創臺榭，白鹿洞之名遂盛。南唐昇元中，因其地建學，置田給生，並命國子監九經李善道爲洞主，號稱「廬山國學」。(註29)

貳 ▶ 產生原因

　　書院之制，爲何興起於宋，兩宋原因不同。

　　就北宋而言，宋初產生的可能原因有三點：1. 世亂官學未興；2. 受到禪林精舍的影響；3.印板書發明的結果。就第一點言，如前所述，五代十國54年間，動亂不已，朝廷無力興學。宋初，文教未備，學校未及興，直到仁宗慶曆時才第一次興學，故書院的出現，是彌補這段期間官學的不足。就第二點言，有學者主張書院是受到佛教禪林制度的影響，但亦有人反對，而以爲書院是逐步由修書、讀書、而講學授徒，演變而來，與禪林制度無關，惟主前說者較多。(註30) 第三點，是指五代印刷業興起，有助圖書印製及流通（詳前）。

　　當太學及州縣學漸興後，書院相繼衰廢，至崇寧未盡廢。至於書院再興，則要到南宋時。

　　就南宋而言，產生的可能原因有四點：1. 官學的敗壞、衰落；2. 科舉制度的腐敗；3. 禁道學的反動與理學的興起；4. 印刷的發達。第一、

二點，詳見第三節。第三點，是指南宋孝宗及高宗時曾兩度禁程氏學，稱其為「道學」，後更斥為「偽學」，理學地位反因此提高，至理宗時，才弛偽黨之禁。理學有不同派別，每派均設有一批書院，且大師們也親自修復或新創書院。（註31）第四點是指，因印刷術進步，在效率及品質上都提高，各書院不僅藏書日豐，部分書院更刻印書籍。（註32）

　　除此之外，南宋末出現的原因還有兩點，一是因蒙古南侵，官方在前方設書院收容流亡士人，以昭正統；二是原本的家塾，為教育子弟參加科舉或服務地方士人，逐漸改辦成書院。（註33）

參 ▶ 設置情況

　　兩宋設置書院的總數，統計結果並不一致，孫彥民以為共計379所，其中北宋34所，南宋147所，其餘不確定年代；（註34）白新良以為北宋71所，南宋442所（其中含新建299所，復建18所，時間不詳125所）；（註35）李國鈞主張北宋140餘所，南宋256所，兩宋467所。（註36）就創設者背景言，以私辦居多，如白新良的研究指出，在400多所中，官辦不下100所，約占三分之一。（註37）就地理分布言，則主要分布於江西、浙江、福建、湖南及廣東等地。（註38）就時間言，南宋時，以理宗朝數量最多。（註39）就設置地點而言，北宋可能座落於風景名山的鄉間，但南宋時逐漸移至城市中心，而集中於主要的水陸交通幹道，或工商業中心，以利入學。（註40）

肆 ▶ 特色

　　書院教育的特色，可分從目的、組織、功能、設施、經費、學生、課程與教學、訓導及師生關係等方面加以說明。

1. 就目的言，書院教育的目的是在進德修業，知爲學之序以窮理，知修身、處事、接物之要以篤行，(註41)而非準備科舉以求功名利祿，但亦已有求功名利祿者。(註42)

2. 就組織言，書院是將以往私人講學的形式組織化。北宋時較簡略，南宋時則較周備。主持者一般稱山長，亦有稱洞主、洞正、堂長、院長、山主等，任此職者多爲大儒或大師；其他職事人員尙有副山長、講書、說書、堂錄、齋長及助教等。(註43)

3. 就主要功能言，藏書、供祀與講學是其三大事業。(註44)爲配合以上需要，書院內部設施包括祭祀設施、齋舍、講堂、藏書樓及生活設施五部分。(註45)

4. 就經費言，書院的經費主要來自私人捐贈田產、官撥田產及官捐俸祿三方面。(註46)北宋時來源較不穩，南宋時則較穩定。

5. 就學生言，書院所收的學生，以成學之士爲主；各校招收人數不一，約自數十人至數百人不等。肄業年限各院不一，肄業期間多半可享受供膳宿的待遇。(註47)

6. 就課程與教學言，書院所授內容以儒家的經典爲主，並以義理爲重；(註48)南宋之後，理學家們特重朱子集注的《四書》。(註49)書院崇尙自由講學，解經時可各抒己長，不限官方觀點。至於教學方式上，有山長或大儒講演，有大儒間的講會，如朱陸鵝湖之會，開其先河，有高第相授以及學生的自學。(註50)又其中主要是自學。(註51)

7. 在訓導上，書院多訂有學規管理學生生活。或云佛教禪林清規對書院學規有所影響(註52)。學規中又以朱熹所訂〈白鹿洞書院揭示〉最著名，且成爲後代書院學規的範本。

8. 就師生關係言，書院師生間較官學的融洽且情感深厚(註53)。

伍 ▸ 影響

宋代書院教育的興起，對後世的影響有二：一是在制度上，書院在原有官學體系外，另外建立一種民間私人性質的教育機構，既可刺激衰敗的官學，也提供學子另一項選擇；二是在思想上，書院的發展對理學的傳播有所助益。

第五節 ▸▸ 蒙學的重視

宋人對兒童重視的程度，相較之下，重於前代。這可由官方專門設置了照顧貧苦無依兒童的慈幼局、民間設有專治小兒疾病的藥舖及診所、專治小兒疾病醫書的增加、專賣小兒用品的商販匯集成行市及專畫小兒畫作的問世等等現象，得到佐證，這些都是前代所未見的。(註54)

由於兒童逐漸受到重視，連帶地也更關注兒童的教育，特別是在啟蒙階段。

如果當時的兒童想要接受教育，可以選擇進入官立小學或接受私辦教育。在官立小學方面，雖然已伴隨太學及州縣學的發展同時興起，規模制度日趨周備，且提供平民子弟受教的機會也較前代多，但是總數量仍有限，無法容納大多數的平民子弟。官立小學所收的學生，必須身家清白、品行端正；入學年齡起初以 10 歲為準，之後改為 8 歲；學校經費主要來自學產的收入；小學的課程，初以識字、習字、讀經、吟詩賦為主，之後受到科舉制度的影響，改以習字及誦經為主。(註55)

至於無法進入官立小學就讀的平民子弟，只得接受私辦的教育，其主要形式有三種：1. 由親人自教，如父教子、母教子、祖教孫、伯叔教子姪、兄教弟等等，其中又以父教子最多；2. 聘請儒者至家塾任教；3. 鄉師自設私塾收徒教導，其名稱不一，或稱私塾、書館、鄉校、村校或冬學。

這類教育，在規模制度上均不及官立小學完備。(註56)

　　接受私辦教育的兒童，主要的學習項目包括：識字、誦書、習字及作詩文等。而學習內容，則因學習目的之不同而有別；如果只求粗通文字者，主要是學習字書之類的啟蒙教材，如《千字文》、《太公家教》、《兔園冊府》、《蒙求》、《百家姓》及《三字經》等。如未來欲參加科舉考試者或有志學問者，主要是學習《孝經》、《論語》、《孟子》及《五經》。(註57)

　　兒童們的學習態度，因人而異，有人因家貧而廢學，有人反而更加勤奮；有人因家富而不知珍惜、耽於嬉戲，甚至逃學；但也有人不喜嬉戲，專心唸書；有人能讀能玩，有人廢寢忘食。至於施教者教學的狀況，如是親人自教，多半是非常認真；但若是由老師教導，則良莠不齊，差異甚大。(註58)

　　宋人教導兒童的啟蒙教材，除前述六種外，時人也新編了許多教材，如《續千文》、《三續千字文注》、《十七史蒙求》、《小學》、《童蒙須知》、《童蒙訓》、《少儀外傳》、《性理字訓》、《啟蒙初訓》、《訓蒙雅言》、《小學詩禮）及《名物蒙求》等。(註59)

　　宋代的理學家中，有些人也很關心啟蒙教育，例如：張載、程頤、程顥、呂本中、呂祖謙、朱熹、陳淳及程端蒙等人，其中又以朱子為代表。他的主要觀點有六項：1. 重胎教；2. 人自出生以至成人，無論男女都須受教；3. 兒童階段，應以掃灑應對進退之儀為首務，行有餘力，則以學文；4. 小學階段應教以「事」，大學階段則教以「理」；5. 大學小學本是一事，不可截然二分；6. 立教、明倫、敬身，是修身之本，亦是小學階段的重要內涵。(註60)

　　朱熹的訓蒙理念，影響到明清的童蒙教育，明代許多家教文獻中教育童子的主張，以朱說為主；(註61)而陸世儀、崔學古、張行簡、唐彪的訓蒙理念，在教學與管教上，採程朱一派嚴厲的態度以及約束。(註62)

　　總之，宋代是中國童蒙教育發展的轉變關鍵點。首先，在此之前，雖

有官辦小學，但規模小，且以收貴族子弟爲主；民間雖也有私辦的蒙學，但數量恐有限。自宋以後，官辦小學數量增加，並以平民爲對象，且另出現族塾、書塾、社學、義塾等學校，而私塾也大量出現。（註63）其次，宋代所編纂的童蒙教育教材，在類型、體裁上呈現多樣化，數量也大增，此外也出現討論訓蒙的文章。（註64）宋代爲何會開始重視童蒙教育，可能的原因有二：一是與科舉有關。除了宋代續設童子科外，可能因自北宋初起開始大幅增加科舉錄取名額以籠絡士子，當家族制度再興時，大家族爲了保護自身利益，會鼓勵並支助家族子弟讀書、參加科舉，故讓子弟及早受教成爲必要舉動。二是與理學家的人性觀有關，例如：張載及程朱主張理氣二元論，他們主張人性分爲天地（命）之性與氣質之性，前者屬形而上的理，是純粹至善的，後者屬形而下的氣，有清濁，是可變的，有善有惡，因此人需要及早透過教育變化氣質，養善去惡。（註65）

附註

註 1　參見錢穆：《國史大綱》（上），頁 378-83。
註 2　參見周愚文：《北宋的三次教育改革》，頁 4。
註 3　參見陳東原：《中國教育史》，頁 207。
註 4　同註 2 引書，頁 7-8。
註 5　參見周愚文：《中國教育史綱》，頁 133-5。
註 6　參見高明士：〈五代的教育〉，《大陸雜誌》第四十三卷第六期，頁 316。
註 7　同註 4 引書，頁 10-2。
註 8　參見羅樹寶編著：《中國古代印刷史》，頁 8 及頁 99-100。
註 9　同註 7 引書，第三章。
註 10　同前引書，第四章。
註 11　同前引書，第五章。
註 12　同前引書，第六章第二節。
註 13　參見周愚文：《宋代的州縣學》，頁 11 及 16。

註 14　同前引書，頁 73-4。

註 15　同前引書，頁 260。

註 16　同前引書。

註 17　同前引書。

註 18　同前引書，頁 261。

註 19　同前引書。

註 20　同前引書。

註 21　參見周愚文：《中國教育史綱》，頁 18-31。

註 22　同前引書，頁 262。

註 23　同前引書。

註 24　同前引書。

註 25　參見歐陽修：《新唐書》卷四十七〈百官志〉，頁 7-8。

註 26　參見胡美琦：《中國教育史》，頁 373。

註 27　參見李國鈞主編：《中國書院史》，頁 7-8。

註 28　同前引書，頁 9-13，惟作者認為應始於唐。

註 29　參見鄭廷鵠：《白鹿洞志》卷二，頁 164。

註 30　主張受禪林制度影響的學者，如盛朗西、陳東原、嚴耕望、孫彥民、胡美琦、張正藩、毛禮銳、孫培青等等；反對者如黃建中、陳道生及伍振鷟。

註 31　對理學的態度是先禁再支持；另同註 27 引書，頁 134-9；註 3 引書，頁 278-84；白新良：《中國古代書院發展史》，頁 16-9。

註 32　同註 27 引書，頁 139。

註 33　參見周愚文：《中國教育史綱》，頁 266。

註 34　參見孫彥民：《宋代書院制度之研究》，頁 16-7。

註 35　同註 31 引白新良書，頁 4 及 17。

註 36　同註 27 引書，頁 41 及 131。

註 37　同註 35 引書，頁 20。

註 38　同註 34 引書，頁 16；及註 36 引書，頁 131。

註 39　同註 36 引書，頁 131。

註 40　參見周愚文：《中國教育史綱》，頁 278。

註 41　參見朱熹〈白鹿洞書院揭示〉。

註 42   同註 38 引書，頁 81，引鶴山書院例。

註 43   參見楊布生等：《中國書院與傳統文化》，頁 5-7；伍振鷟：《中國大學教育發展史》，頁 127。

註 44   同註 42 引書，頁 78，此係盛朗西之說。

註 45   同註 39 引書，頁 132。

註 46   同註 43 引伍振鷟書，頁 127；及註 37 引書，頁 25。

註 47   同註 42 引書，頁 113-5。

註 48   同前引書，頁 124。

註 49   同註 43 引楊布生書，頁 15。

註 50   參見王炳照等：《簡明中國教育史》，頁 187-8。

註 51   參見毛禮銳等：《中國教育史》，頁 329。

註 52   同註 45 引書，頁 156-60；及前引書，頁 331。

註 53   同註 45 引書，頁 173。

註 54   參見周愚文：《宋代兒童的生活與教育》，頁 319。

註 55   同前引書。

註 56   同前引書。

註 57   同前引書，頁 319-20。

註 58   同前引書，頁 320。

註 59   同前引書。

註 60   同前引書，頁 320-1。

註 61   林秀環：《明代家教文獻之童蒙教育觀研究》。

註 62   陳涵郁：《晚明至清中葉訓蒙理念的探討》。

註 63   參見周愚文：《中國教育史綱》，頁 346-7。

註 64   同前引書，頁 365-72。

註 65   參見張立文：《宋明理學研究》，頁 246-8；353-8；431-4。

第 8 章

遼金元時期的教育

第一節 ▶▶ 時代背景

　　遼金元三朝都是兩宋期間曾入主中土的北方少數民族，它們先後與宋交戰，最後由元一統天下，成為第一個少數民族統治全國的朝代。

　　首先，就各朝的政治狀況言，遼立國最早，後梁末帝時（916 A.D.）北方契丹族興起，在首領耶律阿保機領導下，在今內蒙建立契丹國；後晉少帝末（947 A.D.）建國號遼，之後一度又改稱契丹，至宋英宗治平三年（1006 A.D.）再改為大遼。遼興起後，遂成為宋北方的主要外患之一，宋真宗時雙方曾有澶淵之盟，之後數度議和。遼天祚帝時，遼政已衰，金人興起，宋徽宗宣和四年（1122 A.D.），宋、金聯合攻遼，遼敗五京皆亡。遼前後共計九帝 206 年。(註1)

　　北宋末，東北女真人不堪遼天祚帝的奴役，完顏阿骨打起兵抗遼，並於徽宗政和五年（1115 A.D.）建國，國號金。宣和時金、宋滅遼後，金遂成為宋的主要外患。欽宗靖康初，金人南侵，虜走徽、欽二帝，宋室被迫南遷。宋、金數度議和，後宋與元聯手攻金，金宣宗天興三年（元太宗窩闊臺六年，1234 A.D.）蒙、宋攻金，金亡，共計九帝 109 年。(註2)

　　至於元，宋寧宗開禧二年（金章宗泰和六年，1206 A.D.）蒙古乞顏部的鐵木真統一大漠南北，被尊稱為「成吉思汗」。之後，一方面派兵西征，一方面滅乃蠻、西夏及金，成為南宋最大的威脅。宋理宗景定元年（1260 A.D.），世祖忽必烈即位，五年（1265 A.D.）定都燕京，改元為

至元。至元八年，始建國號曰元。十六年（帝昺祥興二年，1279 A.D.）滅宋，統一全國。元末天下大亂，群雄並起，順帝至正二十八年（1368 A.D.），明師北上，順帝出走，元亡。元自太祖起，至順帝止，共 15 主 162 年。(註3)

　　其次，就文化狀況言，遼、金、元三朝，均為北方少數民族，原本各自有其民族文化。在與宋接觸及入主中土後，對於漢人文化的態度並不一致。其中遼、金漢化較深，入主中原後，對漢人文化與制度皆能尊重，並有意仿效，故彼此間的衝突不大。(註4) 至於蒙古起初對中原文化不加重視，態度的改變則是自世祖起才開始效行漢法，主文治，尊孔重儒，興學明教，重用儒士，但是此法卻遭蒙古貴族反對，且部分措施仍有歧視成分，如將人民分為蒙古、色目、漢人、南人四個階級。或謂元曾實施「漢化」的教育政策(註5)，然而必須注意的是，所謂的漢化，不是要使蒙古人漢化，而是為了籠絡漢人，而對漢人施以其原來的教育措施，而蒙古人仍保留其文化；更何況此一措施，只是皇帝的想法，其他蒙古官員未必認真執行。因此，社會文化間的衝突，自然較遼、金為大，若單純只見民族融合面而忽略其中的矛盾，似嫌樂觀。總之，在文教政策上，遼、金出現被同化的情況外，仍設法保留原本文化；而蒙古則採取分離作法，各自維持其原有文化，而類似近日的隔離政策，並未強迫漢人同化。

　　至於三朝的教育狀況，茲依朝代分述如後。

第二節 ▸▸ 遼代教育

　　概括而言，遼對唐、宋的制度與文化，多方面模仿。除了文字、官制、宮室制度、服制及婚制等不同程度地考用漢人之制外，官學制度與試士科制亦如此。(註6) 茲分官學制及科舉兩方面，分述如後。

壹 ▶ 官學制度

遼的官學制度，可分為中央及地方兩個層級。概括而言，遼沿襲了唐以來的廟學制傳統，即官學中有學、有孔廟，定期行學禮，以示尊師重道。

首先，就中央官學言，太祖建國初神冊三年（918 A.D.），曾在上京設國子監，下有國子學及孔廟。（註7）太宗時，在南京設太學（註8），又稱「南京學」。道宗清寧五年（1060 A.D.），又分別於上京、東京、西京及中京同時設學，合稱「五京學」，並詔設學養士、頒經及傳疏，置博士及助教各一員。（註9）除了仿漢制興學、設廟、置官外，太祖亦命皇太子於建孔廟初春秋釋奠；（註10）並曾親自謁東平郡孔子廟（註11），以示尊孔。

其次，就地方官學言，遼的府、州、縣均有設學。如黃龍府及興中府，均設府學及博士與助教。（註12）至於州設有州學，並置博士與助教；而縣，亦有縣學，並設博士與助教。（註13）道宗時召設學養士，於是有西京學，有奉聖、歸化、雲、德弘、蔚、媯、儒八州學，各建孔子廟，頒賜五經，諸家傳疏，令博士、助教教之（《宣府鎮志》）。這些地方官學中，除了設學校外，亦設有孔廟，例如：良鄉縣在大公鼎任縣尹時，創建孔子廟。（註14）

至於宋代所興之書院，遼似未設。

貳 ▶ 科舉

對於文官的選拔，遼仿唐、宋科舉。太宗會同初，即有契丹人室昉登進士第。（註15）景宗保寧八年（976 A.D.），詔南京復禮部貢院；（註16）次年（977 A.D.）、聖宗統和二年（984 A.D.）及五年（987 A.D.）相繼開進士科取士。六年（988 A.D.），詔開貢舉，僅一人及第。（註17）此後，每歲開科，人數至多二人，直至十八年（1006 A.D.），才改為三年一試，錄取人數也有所增加。（註18）其程序上，分為鄉試、府試及省試三級；鄉中稱鄉薦，府中稱府解，省中稱及第，（註19）興宗重熙後始有殿試。考試

科目，以詩賦（詞賦）及明經爲常科，據李桂芝統計，至少開科 61 次，錄取 2,432 人。(註20)

科舉制度，是遼用來掌握漢族文人的文教政策，一方面表現出尊重中原文化，一方面又可籠絡文人。但是朝廷卻禁止本族學者、子弟參加科舉，而希望其以武事爲重。(註21)

第三節 ▶▶ 金代教育

金朝漢化的政策，較遼更進一層，特別是從金熙宗繼位後，無論在官學制度或科舉上，都仿宋制。至世宗時，社會已完全漢化了。

一、官學制度

首先，就官學制度言，亦可分爲中央及地方兩個層級，而且基本上亦承襲了廟學制的精神。

在中央官學方面，金在未興學之前，即已表現崇儒尊孔之意。熙宗天眷二年（1138 A.D.），先冊封孔子 49 代孫孔璠襲衍聖公；皇統元年（1141 A.D.）帝親祭孔廟。(註22) 至於中央官學，包括國子監、太學及女眞國子學。國子監始於海陵王天德三年（1151 A.D.），後規定學生分爲詞賦經義生百名及小學生百名，前者招收 15 歲以上的宗室及外戚皇后大功以上親、諸功臣及三品以上官兄弟子孫，後者則收 15 歲以下者；換言之，均以招收貴冑大臣子弟爲主。世宗大定六年（1166 A.D.），始置太學，起初名額 160 人；之後規定招收五品以上官之兄弟子孫 150 人，及曾得府薦及終場人 250 人，共計 400 人。之後，曾有人建議仿宋制行三舍法，但因眾人反對作罷。(註23) 至於女眞國子學，則設於大定十三年（1173 A.D.），以新進士爲教授，置策論生百人，小學生百人。(註24)

在地方官學方面，則設有府學、女眞學、節鎮學、防禦州學等。世宗

大定四年（1164 A.D.），設女眞學，遴選猛安謀克內良家子弟爲學生，學習以女眞大小字翻譯成的《尙書》爲主，人數至 3,000 人。十三年諸路設女眞府學 22 處。(註25) 關於府學，大定十六年（1176 A.D.）設，共 17 處，學生千人，最初招收曾與廷試及宗室皇家袒免以上親并得解舉人，之後增府學至 24 所，學生 905 人，遂增加五品以上官、曾任隨朝六品官之兄弟子孫及餘官之兄弟子孫經府薦者。(註26) 此外，另設有節鎭學 39 處，學生 615 人；防禦州學 21 處，學生 235 人。(註27) 金章宗泰和四年（1204 A.D.），詔命刺史州郡無宣聖廟者增修。(註28) 地方官學所授，主要是根據科舉所設經義與詞賦二科而安排，均以儒家經典爲主。(註29)

　　除了上述儒學及女眞學外，中央及地方尙設有醫學(註30)。至於書院，應未設置。

二、科舉制度

　　其次，就科舉制度言，皆沿宋、遼之制。金科舉創於太宗天會元年（1124 A.D.），初無定制、無定期、定數。五年（1128 A.D.）因河北、河東初降，職員多缺，考慮狀況後，分南北選，至海陵王時始廢。考試科目，原設經義、詞賦兩科，後改爲詞賦、經義、策試、律科及經童五科。熙宗正隆元年（1156 A.D.）每三年開科場一次。考試程序，分爲鄉試、府試、省（會）試及殿試（廷試）四級。命題範圍限五經三史正文。(註31) 總之，金代科舉仍以漢人知識分子爲主要對象，女眞人入仕另有管道。據李桂芝估計，金代約開科舉 37 次，錄取人數在 5,000-6,000 人間。(註32) 至眞世宗大定十一年（1171 A.D.）始創女眞進士科，初試策，後增試論，稱爲策論進士。(註33)

第四節 ▶▶ 元代教育

為了加強對中土的統治，元自世祖後開始採取漢法以治漢，文教政策上，採取：尊孔重儒、提倡理學、啓用儒士、興學明教、設科取士、振興書院等具體措施，試圖藉此以籠絡知識分子，茲分述如後。

一、尊孔重儒

就尊孔重儒言，自漢以降儒學因官方支持而成為學術正統，而孔子又被尊崇為代表。唐、宋以降，除受封為「至聖文宣王」外，也於官學內立廟，春秋祭祀，顯示出廟學制的傳統。因為元朝如欲收攬士子之心，必先尊孔。明人或謂蒙古將人分為十等，「有一官、二吏、三僧、四道、五兵、六農、七匠、八倡、九儒、十丐之說」，將儒生地位大大貶低，清人魏源斥為無稽。(註34) 至於其具體作法有，大宗五年（1233 A.D.）接受耶律楚材的建議，以孔子五十一世孫孔元楷襲封衍聖公，(註35) 同年整修孔廟（註36）。次年（1234 A.D.）窩闊臺占燕京後接受宣撫王楫的建議，將樞密院政為宣聖廟（孔廟），並在其旁立國子學。(註37) 世祖中統二年（1261 A.D.）六月，詔宣聖廟及所在書院有司，歲時致祭，月朔釋奠。(註38) 至元四年（1267 A.D.）春正月，敕修曲阜孔廟。(註39) 五月，敕上都重建孔廟。(註40) 成宗時有感京師久缺孔廟，大德三年（1299 A.D.）乃籌建廟學，(註41) 七年廟成 (註42)。武宗至大元年（1308 A.D.）七月，詔加號先聖為「大成至聖文宣王」。(註43) 由上所述可知，經由封孔子後裔、重修孔廟、春秋釋奠及加封孔子稱號等措施，已表現元朝尊孔之意。

二、提倡理學

就提倡理學言，如前所述，南宋時隨書院的發展，理學亦隨之而興，但只限於南方，至於北方則發展有限。俟朱熹門人謝夢先弟子趙復被俘

後，程朱之說始北傳。當元代書院逐漸恢復發展後，自有助於理學的傳播，不過元朝將儒學定爲國是，科舉取士以朱熹《貢舉私議》爲藍本，考試內容以程朱等注解的《四書》、《五經》爲主，非斯言，則罷黜。於是程朱一派的理學，變成爲官方思想。（註44）仁宗皇慶二年（1313 A.D.）六月，以許衡及先儒周敦頤、程頤、程顥、張載、邵雍、司馬光、朱熹、張栻、呂祖謙從祀孔廟。（註45）這表示了對理學家們的尊敬。

三、啓用儒士

就啓用儒士言，太宗時中書令耶律楚材建議考用儒臣，施行儒教。另亦啓用西域學者，如高智耀等。世祖時，則用南北大儒許衡、吳澄等人。（註46）

四、興學明教

就興學明教言，元代的學校，亦可分爲中央官學及地方官學兩個層級。中央官學包括國子學、蒙古國子學及回回國子學；地方官學則包括儒學、蒙古字學、社學、醫學及陰陽學。在中央官學方面，首先就國子學言，如前所述，太宗六年在燕京立孔廟及國子學，並命馮志常爲總教，命侍臣子弟18人入學。（註47）此爲建置學校之始。至世祖至元八年（1272 A.D.），拜許衡爲集賢大學士兼國子祭酒，就燕京南城舊樞密院設學。（註48）二十四年（1287 A.D.），立國子學，定其制。其職事人員，設有博士、助教、正錄之職。學習內容，先讀《孝經》、《小學》、《四書》，然後再讀《詩》、《書》、《禮記》、《周禮》、《易》及《春秋》。其學生人數，定爲200人，先命100人及20人伴讀，而100名之中，蒙古50，色目及漢人各25。直至武宗大德十年（1306 A.D.），新國子學舍成，定國子生名額蒙古、色目、漢人生員200人。（註49）爲考核成績，國子學訂有國子學貢試之法，分爲陞齋等第及私試規矩兩部分。前者是將國子學分爲六齋，東西相向，下兩齋，左曰游藝，右曰依仁，主要

學習《小學》及屬對者；中兩齋，左曰據德，右曰志道，主要學習《四書》及詩律者；上兩齋，左曰時習，右曰日新，主要學習《五經》經義及程文者。學生分齋學習，每季考其所習經書課業及品行，以次遞陞。後者詳定每季考試方式及積分之法。(註50)

其次，就蒙古國子學言，世祖至元八年正月，詔立京師蒙古國子學，招收蒙古、漢人百官及怯薛歹官員子弟，學習內容是《通鑑節要》蒙文本，學生學成驗其成效後授予官職。學生人數，初無定數，後增30員，成宗大德十年增為60員；仁宗延祐二年增設為百員，其中蒙古50人，色目20人，漢人30人。(註51)又至元十四年（1277 A.D.），始置蒙古國子監。(註52)

再次，就回回國子學言，世祖至元二十六年（1289 A.D.）八月設回回國子學，主要招收公卿大夫及富民之子，依漢人入學之制，教以「亦思替非文字」（即波斯文），以任譯史。仁宗延祐元年四月（1314 A.D.），復置回回國子監。(註53)

綜上所述，在中央，國子學由國子監管轄，而國子監隸於集賢院；(註54)蒙古國子學由蒙古國子監管轄，而回回國子學則由回回國子監管轄。

在地方官學方面，主要設有儒學、蒙古字學、社學、陰陽學及醫學。首先就儒學言，元的地方行政層級，在行省之下，設有路、府、州、縣等層級。世祖中統二年，命置諸路學校官，嚴加訓誨諸生。統一全國後至元十九年（1282 A.D.），命雲南諸路皆建學以祀先聖。二十三年（1286 A.D.）恢復江南學校舊有學田以養士。二十八年（1291 A.D.），命江南諸路學及各縣學內設小學。(註55)地方儒學的經費，仿宋制主要來自學產，師資由政府委派，由朝廷任命者稱教授，由禮部、行省及宣慰司任命者稱學正、山長、學錄、教諭。路設教授、學正、學錄各一員，散府、上、中州設教授一員，下州設學正一員，縣設教諭一員。(註56)教學內容，主要是儒家經典，以《五經》及《四書》為主，注疏以朱熹為本。除

此之外，學校延續廟學制傳統，學校內除學舍外，亦有孔廟，春秋釋奠行學禮亦是大事。成宗即位，詔典阜林廟、上都、大都諸路府州縣邑廟學、書院、贍學土地及貢士莊，以供春秋二丁、朔望祭祀，修完廟宇。自此天下郡邑廟學，無不完葺，釋奠悉照舊儀。（註 57）據統計元世祖至順帝，其設儒學學校 963 所，其中江南 665 所，北方 298 所，而成宗、仁宗及泰定帝時期發展較快。（註 58）

其次，就蒙古字學言，世祖至元六年（1269 A.D.）七月，置諸路蒙古字學。十二月，中書省定頒學制。招收對象是諸路府官子弟，上下路各二人，府、州各一人；民間子弟願充生徒者，上路 30 人，下路 25 人，可免一身雜役。學習內容為蒙文本《通鑑節要》。成宗大德五年（1301 A.D.），定生員人數，散府 20 人，上、中州 15 人、下州 10 人。又在學生員，自成宗元貞元年（1295）起，學校供其餼廩。（註 59）

第三，就社學言，世祖至元二十三年（1286 A.D.），上頒大司農卿所奏《社規》十五條，其中規定，請縣所屬村疃五十家為一社，擇高年曉農事者立為社長。又每社立一所學校，擇通曉經書者為社學師，農隙時月使子弟入學。先讀《孝經》、《小學》，次及《大學》、《論語》、《孟子》經、史，務要各知孝悌忠信，敦本抑末。如學文有成者，申覆上司照驗。其目的應不在通曉經書，而是教以人倫大義。（註 60）中央主管社學的是大司農，而地方均是地方首長。此類學校，類似宋時的冬學，由於它們更深入基層，故有助於教化的推廣。至於社學的數量，大司農曾三次呈報學校的數字是：至元二十三年是 20,166 所，二十五年（1288 A.D.）是 24,400 餘所，二十八年（1291 A.D.）是 21,300 餘所。（註 61）究竟這些數據是地方儒學校數，或是社學校數，或是兩者合計，以往多以為是儒學校數，而程方平以為是後者（註 62），如依呈報者是大司農來判斷，應是社學較可能。因為社學是由其掌管，但儒學是由提舉司管。成宗大德四年（1300 A.D.），曾下令各路於各鄉都設小學書塾（《廟學典禮》卷六），申萬里以為當為社學，而非小學。（註 63）

第四，就陰陽學言，世祖至元二十八年六月，置諸路陰陽學。對象是收腹裏（按山西、河北之地）及江南通曉陰陽之人，由各路官司選薦，每路設教授。仁宗延祐初，每路、府、州均設一員，學生若精通術數者每年考驗，果有異能，送司天臺。至於中央負責管轄陰陽學的是太史院。（註64）元代之所以廣於地方設陰陽學，主要是由於軍事、外貿和農業生產的需要。（註65）

第五，就醫學言，世祖中統二年太醫院使王猷奏陳，因醫學久廢，後進無所師授，故命副使往諸路設立醫學。每月考驗學生，依優劣定勸懲。每年教授出題，經太醫院審核後，測驗學生結果呈報送提舉司。醫學原由太醫院管理，至元九年（1272 A.D.）設醫學提舉司，掌理醫學；十三年（1276 A.D.）廢，次年（1277 A.D.）復置。（註66）

此外，元代也出現義塾，據申萬里考證，至少有 33 所，其中江南有 28 所，北方 5 所。（註67）

最後，就各類官學生待遇言，學生仍可免役、享廩饍及免稅。元平江南後，至元二十六年（1289 A.D.），准江淮等處在籍秀才準前例，除仍納商稅、地稅外，免除一切雜泛差役。又蒙古國子生、國子生、回回國子生及諸路蒙古字學生，日供廩饍。平南宋後，江南諸路儒學每日供生兩餐。又儒戶及秀才可免丁稅。（註68）

五、設科取士

就設科取士言，元立國以來，並未立刻施行科舉，而歷經相當時間的猶豫後，才遲遲決定仿唐、宋開科取士。元自太宗取中原後，曾從耶律楚材之請，用儒術選士。九年詔以策論、經義及詞賦分為三科取士，後以非便，事復中止。此後雖有朝臣及知識分子建議，但均未獲採行，直至仁宗皇慶二年才下詔行科舉，並頒行科試條例。（註69）此距上次開科已有 76 年之久，對於等候已久的儒生是一項佳音。在這一段未行科舉期間，朝廷則是採取徵聘、訪求隱逸、歲貢等方式來晉用人才。（註70）

　　仁宗時制定的科舉制度大要是：1.每三年開科一次；2.程序分爲鄉試、會試及御試三階段；3.應舉人須25歲以上，由本籍貫官司推舉，有人保舉；4.考試場次，蒙古人與色目人同試兩場，第一場經問五條，第二場策一道；漢人與南人同試三場，第一場明經經疑二問，第二場古賦、詔誥、章表內科一道，第三場策一道；5.出題範圍，經書方面，《四書》用朱熹章句集注，《詩》用朱熹集傳，《尚書》用蔡沈集傳，《周易》用程朱說，以上三經可兼用古注疏，至於《春秋》可用三傳及胡安國傳，《禮記》用古注疏；6.放榜時，蒙古與色目人一榜，稱右榜；漢人與南人一榜，稱左榜。分別錄取，右榜重於左榜；7.所開科目，只有進士一科。第一名，賜進士及第，從六品；第二名以下及第，第二甲，皆正七品；第三甲以下，皆正八品，兩榜並同；8.考試時，採彌封與謄錄以防作弊；9.鄉試名額總計300名，蒙古、色目、漢人、南人各75名；會試名額總計100名，四類人分卷各取25名；10.對應考資格的消極限制是，倡優之家及患廢疾，若犯十惡奸盜之人，不許應試。（註71）至於其他種種防弊措施，此不贅述。

　　科舉取士自次年（延祐元年，1314 A.D.）起，至順帝至正二十六年最後一次廷試止，共舉行了16次，計錄取進士（含進士及第、進士出身及同進士出身）1,139人。（註72）然而，經由科舉考試而入仕者，不到元代文官總額的3%。（註73）由此可知朝廷對科舉不重視的程度。此外，學校與科舉間的關係，宋代試圖將兩者合一，但張浦卻指出元代是：「學者不必用，用者不必學。學校、科舉猶然兩途耳。」（註74）

　　由於元代科舉，無論考試場次、方式、名額分配、放榜，都刻意將蒙古人及色目人，與漢人及南人作區分，因此常被今人批評爲民族歧視。（註75）但亦有人以爲此種批評不盡中肯（註76）。

六、振興書院

　　就振興書院言，宋、元之際，原本南宋時蓬勃發展的書院，或毀于兵

爨，或因院產爲寺院、豪右侵奪而陷入困境。然歷經元朝，又重新恢復。具體數量說法不一，曹松葉說，元代新建 143 所，復建 65 所，改建 19 所，合計 227 所；丁益吾則說，有 296 所；（註 77）白新良則說，新建 282 所，修復 124 所，合計 406 所。（註 78）

　　對於書院的態度，有人以爲元朝廷是採取「保護、積極創辦、鼓勵發展、加強控制」的政策（註 79）。太宗八年（1236 A.D.）行中書省事楊惟中伐宋時，即蒐集大量宋儒著作送燕京，並立周敦頤祠，建太極書院，延趙復講學其中。這是元代所建第一所書院。（註 80）

　　世祖中統二年六月，初入中原，詔：「宣聖廟及管內書院，有司歲時致祭，月朔釋奠，禁諸官員、使臣軍馬無得侵擾褻瀆，違者加罪。」（註 81）至元二十八年統一全國後，規定江南諸路，「凡先儒過化之地，名賢經行之所，與好事之家出錢粟瞻學者，並立爲書院。」（註 82）於是書院得到發展，不過元朝廷有意逐步讓其官學化。採取的方式是，一方面由朝廷派任山長、選任主講，一方面撥給學田，補助經費，並設有直學掌理。（註 83）元朝對不合己意書院所採釜底抽薪的柔性作法，似較日後明代所用大加破壞的強硬作法高明。

　　元代的書院，有官辦，有私辦，在白新良統計的 400 多所中，除 80 餘所是官辦外，其餘均爲私辦。私辦書院者，除學者外，大都是地方紳耆及致仕官吏。至於地理分布上，北方書院約占五分之一強，其餘則在長江流域及以南地區。（註 84）徐梓認爲書院的官學化，從根本上傷害了書院的傳統和精神，另外也使原有研究性淡化而突出教學機構的性質。（註 85）

　　至於書院的教學，是以程朱理學爲基本內容，《四書》、《五經》也以程朱注疏爲主，如此一來，固然使得程朱之學得已發展，但也因其範圍與科舉考試的內容相一致，結果無形中使書院再次淪爲科舉附庸，讀書人的思想受到箝制。這或是朝廷所望，但卻違背宋代創設書院、追求講學自由的初衷。

附註

註 1　參見陳致平：《中華通史》（六），第五編第一章。

註 2　同前引書，第一章第七節，及第二章。

註 3　同前引書（八），第六篇第一、第五章。

註 4　參見程方平：《遼金元教育史》，頁 4-7；喬衛平：《中國宋遼金夏教育史》，
　　　頁 4-5；黎傑：《元史》，頁 61。

註 5　參見李國鈞：《中國書院史》，頁 396-409；歐陽周：《中國元代教育史》，
　　　頁 1-11。

註 6　同註 4 引喬衛平書，頁 149。

註 7　參見脫脫：《遼史》卷三七〈地理志〉，頁 5。

註 8　同前引書，卷四八〈百官志〉，頁 5。

註 9　同前引書。

註 10　參見王圻：《續文獻通考》卷四八〈學校考〉，頁 3222。

註 11　同註 9 引書，卷二〈太祖本紀〉，頁 1，時在神冊四年（919），夏八月丁酉。

註 12　同註 8 引書，頁 9。

註 13　同前引書，頁 13-5。

註 14　同前引書，頁 16。

註 15　同前引書，卷七十九〈列傳〉，頁 1。

註 16　同前引書，卷八〈景宗本紀〉，頁 5。

註 17　同註 10 引書，卷三四〈選舉考〉。

註 18　同註 16 引書，卷十三及十四〈聖宗本紀〉。

註 19　參見《契丹國志》卷二三〈試士科制〉。

註 20　參見李桂芝：《遼金科舉研究》，頁 7-8，25-7。

註 21　同前引書，頁 57-8。

註 22　參見脫脫：《金史》卷四〈熙宗本紀〉，頁 6-7。

註 23　同前引書，卷五一〈選舉志〉，頁 2-3。

註 24　同前引書，頁 5。

註 25　同前引書。

註 26　同前引書，頁 2 及 5。

註 27　同註 25 引書。

註 28　同前引書，卷十二〈章宗本紀〉，頁 1。

註 29　同註 6 引書，頁 161。

註 30　同前引書，頁 162。

註 31　同註 27 引書，頁 2 及 6。

註 32　同註 20 引書，頁 189-91。

註 33　同註 31 引書，頁 2。

註 34　參見魏源：《元史新編》卷八十〈選舉志〉，頁 1。又陶宗儀：《南村輟耕錄》的說法是「五醫、六工、七獵、八民」。

註 35　參見宋濂：《元史》卷二〈太宗本紀〉，頁 3。孫名《元史》作元措，應爲元楷。

註 36　同前引書，頁 4。

註 37　參見宋濂：《元史》卷八十一〈選舉志〉，頁 15 及 18。

註 38　同前引書，卷二十七〈禮志〉，頁 1901。

註 39　同註 36 引書，卷六〈世祖本紀〉，頁 9。

註 40　同前引書，頁 10。

註 41　參見畢沅：《續資治通鑑》卷一七六，頁 5262。

註 42　同前引書，頁 5298，惟《元史‧祭祀志》說在十年應指學舍。

註 43　同註 38 引書，頁 1892。

註 44　參見歐陽周：《中國元代教育史》，頁 25-9。

註 45　同註 43 引書。

註 46　同註 5 李國鈞引書，頁 398-405。

註 47　同註 37 引書。

註 48　同註 43 引書，卷一七九，頁 4901。

註 49　參見熊承滌：《中國古代教育史料繫年》，頁 604，原國子監有官署無學舍，武宗時先修廟，並在西廟建學；註 37 引書，卷二一〈成宗本紀〉，頁 27。

註 50　同註 47 引書，頁 15-7。

註 51　同前引書，頁 13-4。

註 52　同前引書，卷八七〈百官志〉，頁 5。

註 53　同註 51 前引書，頁 14。

註 54　參見柯劭忞：《新元史》卷六四〈選舉志〉，頁 4。

註 55　同註 53 引書，頁 19。

註 56　同前引書。

註 57　同註 38 引書。

註 58　參見申萬里：《元代教育研究》，頁 76-7。

註 59　同註 55 引書，頁 14。惟《新元史》卷六四〈選舉志〉記載，增名額事在大德六年，供餼廩則自元貞二年起。

註 60　同註 54 引書，卷六九〈食貨志〉，頁 10-2；方齡貴校注：《通制條格校注》卷十六〈田令〉，頁 461。

註 61　同前引書，卷十四～六〈世祖本紀〉，頁 294、318 及 354。

註 62　同註 32 引書，頁 21。陳高華亦如此主張，見申萬里：《元代教育研究》，頁 90。

註 63　同註 59 引書，頁 21。

註 64　參見申萬里：《元代教育研究》，頁 91。

註 65　同註 44 引書，頁 47。

註 66　同註 61 引書，卷八八〈百官志〉，頁 5-6。

註 67　參見申萬里：《元代教育研究》，頁 95。

註 68　參見周愚文：《中國教育史綱》，頁 29-31。

註 69　同註 66 引書，卷八一〈選舉志〉，頁 2-4。

註 70　同註 65 引書；劉虹：《中國選士制度史），頁 301-2。

註 71　同註 69 引書，頁 4-8。

註 72　同註 65 引書，頁 108。另註 70 引書，頁 309，劉虹的統計則是 1,133 人。

註 73　同註 65 引書，頁 92。

註 74　參見陳邦瞻：《元史紀事本末》卷八〈學校科舉之制〉，頁 48。

註 75　同註 73 引書，頁 110；註 70 引劉虹書，頁 311。

註 76　參見謝青：《中國考試制度史》，頁 200-1。

註 77　同註 46 引書，頁 409，又作者預估元代數量近千所，因未列證據，故不取。

註 78　參見白新良：《中國古代書院發展史》，頁 37。

註 79　同註 77 引書，頁 405-8。

註 80　同前引書，頁 406。

註 81   同註 35 引書，卷四，頁 14。

註 82   同註 71 引書，頁 19。

註 83   同註 80 引書，頁 415-6；註 73 引書，頁 88。

註 84   同註 78 引書，頁 39 及 37。

註 85   參見徐梓：《元代書院研究》，頁 130、135。

第 9 章

明時期的教育

第一節 ▸▸ 時代背景

太祖洪武元年（1368 A.D.）建國號明，代元而起，成為中國歷史上第二位平民出身的皇帝。明享國自太祖朝起，至明思宗崇禎十七年（1644 A.D.）年止，共 16 帝 277 年。（註1）

太祖建國之初，政治制度大抵承襲宋、元舊制，亦設中書省及左右丞相。惟自洪武十三年（1380 A.D.）宰相胡惟庸謀反被誅後，遂罷丞相，撤銷中書省，由天子直轄六部，形成了絕對君主獨裁。雖後有大學士襄理文墨，備左右顧問，永樂時更形成內閣，但大權仍在皇帝一人之手，獨裁精神未變。若皇帝精明幹練尚有可為，否則，勢不可久。然事實上，明中葉以後，政治敗壞，權相閹宦亂政，多肇因於此。太祖除廢相外，對於士大夫則威之以嚴刑峻罰，鞭笞捶楚，十分平常；更對大臣施以廷杖，濫殺濫刑，史所未見。此外，八股文與文字獄，箝制了知識分子的思想。

然而太祖卻又重視教育，廣設學校，實行科舉。造成此種矛盾現象的可能解釋是，一方面是因其出身寒微，面對士大夫時難免自卑，另一方面又深知治國必須起用儒士，於是一方面加意培養，一方面卻設法削去權任，殺其氣燄，（註2）使士大夫絕對服從，不敢有貳心。這種情結在在反映在對學校生員及科舉士子軟硬兼施的兩面手法上。（後詳）

明自成祖遷都北京後，整個政治重心移往河北，但經濟卻須仰仗南方。（註3）糧食方面，北糧只及南糧的五分之一，整個中央幾乎全仰給於

南方。(註4)明代民生安定富裕的年代，是成祖到景宗之時，此後國勢日衰。(註5)

　　明代選拔人才的主要途徑有四：1.學校；2.科目（舉）；3.薦舉；4.銓選。其中科舉最盛，卿相皆由此出；學校則儲才以應科舉，雖居次，但「科舉必由學校」；至於薦舉，盛於開國初，後科舉盛而罷。(註6)以下先說明學校教育，再說明科舉制度。

第二節 ▸▸ 學校教育

　　明代的學校制度，大體可分為中央官學與地方學校兩種層級。中央官學包括國子監、武學與宗學，而地方學校，則包括府州縣儒學、社學、書院、醫學、陰陽學及武學等，本節只專述國子監、地方儒學、社學及書院，餘從略。

壹 ▸ 中央官學──國子監

　　在明以前，宋、元國子監管轄多種學校，然至明代主要是國子監，它即是學校，亦是教育行政機構；原先所稱國子學、太學、國子監，在此時都同指一事，即國子監。太祖稱帝前，即先改應天府學為國子學，洪武十五年（1382 A.D.）新建國子監成，改學為監。(註7)

　　明國子監共有三處，分為南京、中都及北京國子監。洪武八年（1375 A.D.）於中都（安徽鳳陽）設中都國子學，十五年改中都國子監，二十六年（1393 A.D.）廢，師生併入南京國子監。又成祖永樂元年（1403 A.D.），改北平府學為北京國子監，永樂十八年（1420 A.D.）遷都後，則以原京師國子監為南京國子監，此後太學生有南北監之分。(註8)

一、行廟學制

明代官學仍承襲了廟學制的精神，保留有廟有學、從祀、行學禮等特色。洪武元年，詔以太牢祀孔子於國學。又定制，每歲仲春秋上丁日，皇帝降香，遣官祀於國學。十五年新建太學成，孔廟在學東，帝親往釋奠。（註9）與前代不同的是，嘉靖時改定孔子，將原稱「大成至聖文宣王」，改為「至聖先師孔子」，不再稱王；神主用木製去塑像；祀宇稱廟，不稱殿。另外，將宋、元、明儒列入從祀。（註10）惟洪武時曾一度因孟子「民貴君輕」之說罷其配享，後又恢復。（註11）

二、學生來源

國子監的學生來源有四：分別是舉監、貢監、廕監及例監。

1. 舉監，是收會試落第舉人中優秀者，此制始於永樂時。（註12）

2. 貢監，此又可分為歲貢、選貢、恩貢及納貢四種。所謂歲貢，是指由地方官學中挑選生員送入國學，由於各學每歲貢一人，故稱歲制。此制自洪武十六年（1383 A.D.）始，惟其例屢變。弘治、嘉靖時，定為府學歲二人，州學二歲三人，縣學歲一人，遂為永制。（註13）所謂選貢，是指在各學歲貢之外，不分稟膳、增廣生員，每三、五年，挑選學行兼優者充貢，總計五、六百人。此制始於孝宗弘治時，選貢所選多英才，無論入監課試或撥歷諸司事，均有良好表現，萬曆時一度廢，崇禎時又重行之。所謂恩貢，是指當國家有慶典或登極詔書時，以當歲貢者充之。（註14）所謂納貢，是指士子捐納一定數額的金錢後，便得以入國子監就讀，能靠此途入學的多半應是商人之子。這在前代是未見的，此事反映了社會中傳統士農工商觀點的轉變，「四民不分」或「四民相混」的觀點，已出現於明代，商人的地位已提高，而與士同歸一類，農工則降至最底層。（註15）納貢之途屢禁不絕，至明末監生中，70% 為捐鈔入監者。（註16）

3. 廕監，是指子廕之監。明初沿用前代任子之法，文官一至七品，皆得廕一子世襲其祿。後限制爲在京三品以上方得請廕，稱爲官生；若出自特恩者，不限官品，稱爲恩生，或授予職事，或送國子監讀書。恩生始於建元初，（註17）此制旨在保障官宦子弟。

4. 例監，起於景宗景泰元年（1450 A.D.），因邊事緊張，令天下納粟、納馬者入監讀書，限千人止。行四年而罷。此制原爲特例，然憲宗成化二年（1466 A.D.），南京大飢，又開其例。以後遇事又多援典例，終不能停止，故稱例監。其事近於納貢，惟納貢較例監稍優。（註18）此制獲益者，仍以商賈之子居多。

由上所述可知，明代對於國子監學生入學資格的規定，不似唐、宋以學生家長的官品級來區別，此點有利平民子弟入學。

國子監除了上述學生外，尚有夷生，如暹羅、日本、琉球等國，曾派官生入監讀書。（註19）

國子監生的人數，以南監爲例，洪武三十年（1397 A.D.）僅1,829人，永樂三年（1405 A.D.）3,050人，七年（1409 A.D.）6,198人，二十年（1422 A.D.）9,972人。（註20）由此可知人數不斷增加，若加上北監人數，將逾萬人。

三、教育內容

國子監的教育內容，主要包括《四書》本經、劉向《說苑》、律令、書、數及《御製大誥》（註21）。觀此內容，可推知太祖頗重其實用性。之後，又陸續加入《爲善陰騭》、《孝順事實》、《御制敬一箴》及《心箴》等書（註22），這些應在陶冶品德及思想。其教學方式，主要有會講、復講、背書、輪課。而考查成績，則有六堂積分法。所謂六堂，是指國子監設有率性、修道、誠心、正義、崇志及廣業六堂。凡通《四書》而未通經者，居正義、崇志、廣業；一年半以上，文理條暢，升修道、誠心。又一年半，經史畢通，文理俱優者，乃升入率性。入率性者，開始積分；歲

內積滿八分者為及格，與出身；不及格者，仍留堂肄業。（註23）

國子監的教育，有一特色為前代所無，即監生歷事，亦即選派監生到六部去學習吏事，培養行政能力，以俾未來任官所需。此事始於洪武五年（1372 A.D.），其制可分為正歷 194 名，雜歷 134 名；長差 240 名，短差 535 名。原先生員須在監十餘年，始得撥歷諸司，歷事三月，然後返監再留一年，才送吏部銓選。但後因監生積滯者多，遂議減少在監年限，而改成每歲揀選，優者即撥，甚至有未滿一年者。（註24）

監生的年齡，一般在 15 至 55 歲間，且身體要健康，相貌要端正。（註25）

國子監生的待遇，在太祖對儒生既疑又愛的矛盾情結下，採取了「胡蘿蔔與棍子」的兩手策略，即一方面給予優厚的待遇利誘之，另一方面卻訂出嚴格的監規束縛之。

四、學生待遇

在學生待遇方面，明國子監生享有廩餼、免役及免賦稅的特權，福利遠優於前後各朝。首先，在給廩餼上，對監生厚給廩餼，歲時賜布帛文綺，襲衣巾韡，正月諸節命皆賞節錢。除此之外，恩賜也及於家人。如孝慈皇后為體恤已婚者，在京師置紅倉二十餘舍，養諸生的妻子。歷事生未娶者，賜錢婚聘，及女衣二襲，月米二石。諸生返鄉省親，有道里費。（註26）其次，在免役上，除監生本人可免役外，英宗正統十年（1445 A.D.）免其家二丁差役。（註27）至於稟膳的具體狀況是，無家小者，三至十月，每日三餐，日給饌米一升，每月除朔望，該二斗八升；十一月至次年二月，每日二餐，日給米八合五勺，每月除朔望，該二斗三升八合；另有副食。至於有家小者，三至十月，日給米二升二合六勺；十一至二月，日給米一升九合二勺三抄七撮。（註28）復次，在免賦稅上，嘉靖二十四年（1545 A.D.）准許國子監生及州縣學生員免兩丁丁糧各二石。（《大明會典》卷二十戶部・戶口）

五、管理

在管理方面，則訂定嚴格的監規，且屢次更定。洪武十五年五月先頒學規九條，同年又訂監規十二條。其中第二條規定：「敢有毀辱師長，及生事告訐者，即係干名犯義，有傷風化，定將犯人杖一百，發雲南地面充軍。」第三條規定，監生只得於本堂肄業，若往來別堂，交結爲非，則由繩愆廳究察，嚴加治罪。另外擅入廚房，議論飲食美惡；堂宇宿舍，應用什物，有毀汙作踐者；擅帶家人傭僕等，都要受罰。十六年（1383 A.D.）又頒監規八條。二十年（1388 A.D.），釐定監規二十七條。（註29）同年所立聖旨碑規定：「敢有抗拒不服撒潑皮犯學規的，…… 恁呵也不饒，全家都發向煙瘴地面去，或充軍，或充吏。……」（註30）除了訂定監規外，國子監內設有繩愆廳，置監丞一人，負責糾舉懲治生員有戾規矩、課業不精及廩膳不潔者。（註31）洪武二十七年（1394 A.D.），國子監生趙麟出帖抗議監生受虐待事，本應只處杖一百、充軍雲南，結果被太祖處死，且梟首示眾，以儆效尤，其竿立監百餘年後才撤除，（註32）其殘酷可見一斑。又英宗正統五年（1440 A.D.）五月，國子監司業因監生聶琮違規，杖之致死。（《英宗實錄》卷六七）

監生的出路主要有二途：一是直接授官入仕，一是參加科舉考試。就前者言，洪武時，即曾派監生出任四方大吏或臺諫之職，不過通常是擔任府、州、縣六品以下官。（註33）

貳 ▶ 地方學校

明代的地方學校，主要有儒學、社學及書院，茲分述如後。

一、儒學

首先，就儒學而言，概言之，各府、州、縣及衛所均設有儒學。太祖洪武二年（1396 A.D.），即令郡縣皆立學校，延師儒，授生徒。（註34）

選民間俊秀子弟入學，但娼優、隸、卒子弟不許入（《禮部志稿》卷七十）。由於承襲了廟學制的傳統，學校亦舉行釋奠、釋菜、鄉飲酒等學禮。洪武十五年，詔天下通祀孔子，並頒釋奠儀注。規定每歲春秋仲月上丁日行事。(註35) 神宗萬曆二十三年（1595 A.D.），規定京府及附府縣學行釋菜禮。(註36) 又洪武十六年，令府、州、縣每年正月十五日及十月一日，於儒學行鄉飲酒禮。（《大明會典》卷七八〈學校〉）在師資上，府設教授、州設學正、縣設教諭，各一員；另俱設訓導，府四、州三、縣二。在學生方面，依學生身分分爲三類：廩膳生、增廣生及附學生。原先規定的名額是：府學 40 人，州學 30 人，縣學 20 人。因學校供廩食，故稱廩膳生。後人數增多，宣宗宣德中，定增廣之額：在京府學 60 人，在外府學 40 人，州學 30 人，縣學 20 人，所增生員稱增廣生。之後，人才愈多，又於額外增取，附於諸生之末，稱爲附學生。凡初入學者，稱附學生。而廩膳生及增廣生，則依在學期間歲考及科考兩試成績高低來決定。士子未入學者，通稱爲童生。(註37)

　　對於學生的待遇方面，原則上如同監生採兩手策略，一方面厚給廩食，一方面嚴加管教。儒學生員，洪武初，月給食米六斗（後改日一升），有司給魚肉。(註38) 生員除本身可免役外，家中亦有二丁可免役。(註39) 至於管理，洪武十五年禮部增訂學規，詔頒禁例十二條於天下學校，鐫於臥碑，置於明倫堂之左，其不遵者以違制論。其中，第一條規定：生員「若非大事，含情忍性，毋輕至於公門」；第三條規定：「軍民一切利病，並不許生員建言。」(註40)

　　儒學的教育內容，起初規定學生專治一經，以禮、樂、射、御、書、數設科分教。(註41) 洪武二十五年（1392 A.D.），改變設科分教作法，而要求生員兼習禮、樂、書、數四科。(註42) 此外，也命生員須熟讀大誥律令（《大明會典》卷七八〈學校〉）。

　　關於生員的出路有三：上者，科舉中式；次者，廩生，年久充歲貢或選貢，升入國子監；下者，累試不中，年踰五十，願告退閒者，給與冠帶，

仍免其役。(註43)

　　至於明代儒學的數量，有人估計，若將府、州、縣及衞學合併計算，應有 1,743 所，(註44) 此較宋朝爲多。而學生數約在 55,240-66,860 人間 (註45)。

二、社學

　　其次，就社學言，此類學校起於元，明因之。洪武八年（1375 A.D.），命天下立社學，延師以教民間子弟。主要學習內容是《御製大誥》及朝廷詔令，旨在發揚教化。之後，十三年罷，十六年又詔民間立社學，有司不得干預。孝宗弘治十七年（1504 A.D.），詔令府、州、縣建立社學，規定民間幼童 15 歲以下送入讀書，講習冠、婚、喪、祭之禮。但其法久廢，漸漸不行。(註46) 社學具體設置的狀況，根據丁淑萍的研究，社學具有「準官學」性質，設置目的有三項：教化百姓、啓迪童蒙及爲進入官學作準備。可考的總數爲 11,967 所，主要以南直隸、浙江、廣東、福建及北直隸最多，可考的資料中 2,890 所位於城，7,290 所位於鄉，主要設於洪武朝（占 62%）。(註47)

三、書院

　　最後，就書院言，書院在元代已呈現逐漸官學化的趨勢，至明更明顯。惟明代的發展，也數廢數興，大致可分爲四個階段：1. 明初期，指洪武至宣德間，因宣帝強力壓制而極爲沉寂；2. 初步恢復與發展期，指正統至弘治間，因官學腐敗而漸興；3. 中葉期，指正德到萬曆間，因王陽明及湛若水學說的傳播而快速發展；4. 明末期，因政局動盪而急劇衰落。(註48)

　　有關書院具體設置的數量與性質，曹松葉以爲有 1,239 所，其中 828 所是官辦，184 所是民辦；高烽煜以爲應達 1,500 餘所，(註49) 而白新良則以爲有 1,962 所，其中新建 1,707 所，修復 255 所；且設立時間上，主要是介於成化與萬曆間，約占總數的 64.79%。(註50) 究其原因，一是因

官學日益敗壞，淪爲科舉附庸，一是因王陽明、湛若水於書院講學，傳播心學。(註51) 又陳谷嘉、鄧洪波指出，1,699 所書院中，官辦 972 所（占 57.21%），民辦 507 所（占 29.84%），分布地點以江西最多，浙江次之，廣東再次之。顯然官辦書院已超過一半。(註52)

在明代書院的發展過程中，曾經歷過四次禁毀，第一次是世宗嘉靖十六年（1537 A.D.）下令禁書院；第二次是次年（1538 A.D.）下令限制私設書院；第三次是神宗萬曆七年（1579 A.D.），張居正爲整頓學校教育下令禁書院；第四次是熹宗天啓五年（1625 A.D.），宦官魏忠賢爲打擊東林黨人，下令禁毀天下書院。(註53) 四次的禁毀，對書院教育的發展影響甚大。

書院教育的主要內容概括而言，初期英宗正統以前，是以程朱理學爲主；中期正統以後，改以陸王心學爲主；晚期則以東林實學爲主。(註54)

第三節 ▸▸ 科舉制度

明代入仕管道，如前所述，以科舉爲之。太祖洪武初科舉興廢不定，直至洪武十七年（1384 A.D.），始定科舉之式，頒行各省，永爲定制。(註55) 大體而言，明代科舉，沿唐、宋之舊，惟更加制度化。

考試的時間，三年一次，成爲定制。考試的程序，分爲鄉試、會試及廷試三階段。諸生試於直省（南北京及各布政司所在），稱爲鄉試；中式者，稱舉人。次年舉人試於京師，稱爲會試；中式者，稱貢士。貢士天子親策於廷，稱爲廷試或殿試。未中式者，另列於副榜，不能參加殿試，而由吏部直接授職，或送國子監讀書。不過在鄉試之前，士子須先經過小考或稱郡考，取得參加鄉試的資格。考試具體的日期，凡子、午、卯、酉年舉行鄉試，辰、戌、丑、未年舉行會試。鄉試於八月舉行，會試於次年二月舉行，廷試則於三月朔。考試的場次，鄉試與會試都是考三場，而廷

試只有一場。考試的範圍與方式，規定專取《四書》及《易》、《書》、《詩》、《春秋》及《禮記》五經命題。初辦科舉時，初場試經義二道、《四書》義一道，第二場試論一道，第三場試策一道。中式後十日，試騎、射、書、算、律五事。十七年頒定式後，初場試《四書》義三五道、經義四道。《四書》主朱子《集注》，《易》主程《傳》及朱子《本義》，《書》主蔡沈《傳》及古注疏，《詩》主朱子《集傳》，《春秋》用《三傳》及胡安國、張洽《傳》，《禮記》用古注疏。至永樂十五年（1417 A.D.），頒《四書五經大全》，廢注疏不用。至於第二場，試論一道，判五道，詔、誥、表內科一道。第三場試經史時務第五道。（註56）雖然鄉、會試分爲三場，但考試時，主司只重首場，輕二、三場；若首場卷子未能中式，二、三場則不看（《日知錄》卷十六〈三場〉）。於是，中式與否，在於首場所考的八股文，而此點正是明代科舉的特點之一。明朝規定試經義須用八股文，所謂八股文，股是對偶，是一種文體，略仿宋王安石作的經義，然須代古人語氣爲之，體用排偶，稱爲八股，又稱制義。（註57）八股文一般可分爲六段，第一段爲承破；第二段爲小講，用首二比；第三段爲提比，用三四比；第四段爲中比，用五六比：第五、第六段爲束比，用小二比以結之。（註58）

科舉錄取的名額，鄉試方面，洪武時不拘額數，依實充貢。仁宗洪熙元年（1425 A.D.）始有定額，其後漸增。英宗正統間，南北直隸定以百名，江西65名，他省依次減5名，至雲南20名爲最少。後再增。換言之，是採取分省定配額。會試方面，國初無定，少則數十名，多則數百名。至憲宗成化時，定爲300名。又原先會試取士，不分南北，混合錄取，但因洪武三十年，主考只取南士，帝怒，再閱，皆取北士。永樂期間，未曾分地而取。直到仁宗洪熙元年，始定取士名額，分南北卷，南人十分之六，北人十分之四。宣德、正統間，分爲南、北、中卷，以百人爲準，南取55名，北取35名，中取10名。之後，又改爲南北卷。（註59）換言之，第二關由擇優錄取改爲分大區定配額。明代之所以要將地域因素納入考量，希望藉

此籠絡北方士人。無怪於顧炎武說：「此調停之術，而非造就之方。」（《日知錄》卷七〈北卷〉）鄉、會試名額的計算，與各地人口密度、文化高下及經濟繁榮的情形皆有關係。(註60) 至於第三關殿試，則一直維持擇優錄取。

應考的資格，凡國子生及府、州、縣學之學成者，儒之未仕者，官之未入流者，皆可應試，考生稱爲舉人。但是學校訓導、罷閒官吏、倡優之家、居父母喪者，皆不許入試。(註61) 前代舉子應試，不必先入學校聽讀；但自明起，科舉必由學校，(註62) 宋人范仲淹「先學校後科舉」的理念（詳第7章），至此得以落實，然而結果卻非范氏所預期的。

科舉的名次，分爲一、二、三甲。一甲三人，依序是狀元、榜眼、探花，賜進士及第。二甲若干人，賜進士出身。三甲若干人，賜同進士出身。一般稱鄉試第一名爲解元，會試第一名爲會元，二、三甲第一名爲傳臚。(註63)

科舉取士的優點，是讓貧寒子弟有入仕的機會。雖然有人指出，宋代貧寒子弟應試者眾，且登第比例甚高，至明、清則發現有下降趨勢，但是明代進士來自貧寒家庭的比率，平均約占50%，(註64) 仍表示有助於貧寒子弟向上流動。

至於科舉的缺點，包括考試時出現的舞弊現象，以及其所產生的不良影響。就舞弊現象而言，因科舉是入仕的主要管道，亦是利害關鍵所在，以致有人爲求中舉而不擇手段。雖然明代沿前代彌封謄錄之法，並專設貢院，但無法防禁種種弊端，常見之弊有：關節、懷挾、擬題、傳遞、割卷、換卷、饗題、請代、改名冒籍、攻訐考官等等。(註65)

至於產生的不良影響有三：

1. 八股之弊，箝制思想、禁錮人心，顧炎武曾批評：「八股之害等於焚書，而敗壞人材，有甚於咸陽之郊。」(註66)

2. 士子只重科舉，不重學校，學校淪爲科舉附庸。由於明代入仕以科舉爲重，非科舉不入進士。英宗天順以後，非進士不入翰林，非翰林不

入內閣。明代宰輔 170 餘人，由翰林者十居其九。(註67) 因此造成生員無心學校教育，而一心舉業。

　　3. 士子只知程墨房稿，不知六經大義。由於科舉只重八股，因此士子專習八股；於是坊間出現專供士子背誦的程文或坊刻，如今日之參考書、模擬試題。主要坊刻有四種：1. 程墨，即三場主司及士子之文；2. 房稿，即十八進士之作；3. 行卷，即舉人之作；4. 社稿，即諸生會課之作。(註68) 上述種種缺失，迄清猶存。

　　總之，北宋時為了矯正唐代以來學校淪為科舉附庸的流弊，企圖透過士子「聽讀日限」的規定，來達到「先學校後科舉」的改革目標，但未成功。反而到了明代規定「科舉必由學校」，實現了宋人的改革目標，但豈知如此一來學校更成為科舉附庸，直至清末未變。

附註

註 1　參見錢穆：《國史大綱》（下），頁 498-504。
註 2　同前引書，頁 513。
註 3　參見陳致平：《中華通史》（十），頁 236。
註 4　同註 2 引書，頁 538。
註 5　同註 3 引書，頁 236-7。
註 6　參見張廷玉：《明史》卷六九〈選舉志〉，頁 1675。
註 7　同前引書，頁 1676；及卷一〈太祖本紀〉，頁 12。
註 8　同註 6 引書，頁 1678。
註 9　同前引書，卷五十〈禮志〉，頁 1296-7。
註 10　同前引書，頁 1298-9。
註 11　同前引書，頁 1296，時在洪武五年。
註 12　同註 8 引書，頁 1679。
註 13　同前引書，頁 1680-1。
註 14　同前引書，頁 1681。

註 15　參見余英時：《中國近世宗教倫理與商人精神》，頁 104-11。

註 16　參見張建仁：《明代教育管理制度研究》，頁 125。

註 17　同註 14 引書，頁 1682。

註 18　同前引書，頁 1682-3。

註 19　同前引書，頁 1677。

註 20　參見張建仁：《明代教育管理制度研究》，頁 32。

註 21　同註 19 引書，頁 1677。

註 22　同註 20 引書，頁 89。

註 23　同註 21 引書，頁 1676 及 1678。

註 24　同前引書，頁 1683-5。

註 25　同註 22 引書，頁 121。

註 26　同註 24 引書，頁 1676。

註 27　參見李東陽：《大明會典》卷二二〇〈國子監〉，頁 15。

註 28　同前引書，頁 119，原書引自《皇明太學志》卷二；註 27 引書，頁 13。

註 29　同註 27 引書，頁 1-10。

註 30　參見熊承滌：《中國古代教育史料繫年》，頁 665 引《南雍志》。

註 31　同註 25 引書，頁 70。

註 32　參見尹選波：《中國明代教育史》，頁 54。

註 33　同註 26 引書，頁 1678-9。

註 34　同前引書，頁 1686。

註 35　同註 11 引書，頁 1297。

註 36　同前引書，頁 1301。

註 37　同註 34 引書，頁 1686-7。

註 38　同前引書，頁 1686。

註 39　同註 29 引書，卷七八〈學校〉，頁 1。

註 40　同前引書，頁 5-7。

註 41　同註 38 引書。

註 42　同註 32 引書，頁 34-5。

註 43　同註 41 引書，頁 1688-9。

註 44　同註 42 引書，頁 16。又吳宣德估算，府州縣學及其他合計約 1,503 所。

參見吳宣德：《中國教育制度通史》（第四卷），頁 173-74。

註 45　張建仁推估 55,240 人，筆者爲 64,440 人，吳宣德爲 66,860 人，參見周愚文：《中國教育史綱》，頁 44。

註 46　同註 42 引書，頁 1690；註 41 引書，頁 22-3。

註 47　參見丁淑萍：《明代社學之研究》，頁 171-5。

註 48　參見白新良：《中國古代書院發展史》，頁 55。

註 49　同註 47 引書，頁 555。

註 50　同註 48 引書，頁 107。

註 51　同註 44 引書，頁 150-2。

註 52　參見陳谷嘉、鄧洪波：《中國書院制度研究》，頁 356-7。

註 53　同註 51 引書，頁 159；註 48 引書，頁 538-9。

註 54　同前註 51 引書，頁 161。

註 55　同註 46 引書，卷七十〈選舉志〉，頁 1696。

註 56　同前引書，頁 1693-4。

註 57　同前引書，頁 1693。

註 58　參見陳東原：《中國教育史》，頁 334。

註 59　同註 56 引書，頁 1697。

註 60　參見張治安：《明代政治制度研究》，頁 141。

註 61　同註 59 引書，頁 1694。

註 62　同前引書，卷六九，頁 1675。

註 63　同註 61 引書，頁 1693。

註 64　參見李弘祺：〈科舉——隋唐至明清的考試制度〉，收於鄭欽仁主編：《立國的宏規——中國文化新論・制度篇》，頁 289-90。

註 65　同註 54 引書，頁 132-7；註 60 引書，頁 345-8。

註 66　參見顧炎武：《原抄本日知錄》卷十六〈擬題〉，頁 477。

註 67　同註 62 引書，頁 1702。

註 68　同註 66 引書。

第 10 章

盛清時期的教育

第一節 ▸▸ 時代背景

滿清發源於東北建州女眞族，明神宗萬曆四十四年（1616 A.D.）太祖努爾哈赤建號天命，自稱後金汗國。（註1）太宗天聰十年（1638 A.D.），改國號爲大清。此際流寇已起，思宗崇禎十七年（1644 A.D.），李自成陷北京，同年世祖入關，代明而起。清自世祖起，至宣統三年（1911 A.D.）幼帝遜位止，共 10 主 268 年。（註2）滿清是中國歷史上第二個由少數民族入主中原所建立的統一王朝。世祖時尚未統一全國，直至聖祖康熙二十年（1681 A.D.）平定三藩亂後始告一統。清朝國勢，康、雍、乾三朝是盛世，嘉慶以後，便江河日下，以迄清末。

清朝在政治上，多沿明舊制，朝廷不設宰相，由大學士襄理國事，以利君主獨裁。雍正後設軍機處，內閣日輕。官員的任命，則沿元制，滿、漢分別，惟滿臣多具實權。（註3）

由於滿清是以少數民族入主中原，因此在治術上兼採懷柔與高壓的兩手策略，亦即一方面沿明制開科場、設制科及興文教，以籠絡前朝遺臣及一般士子之心；另一方面則屢興文字獄及嚴懲科舉舞弊案（場屋案）以整肅異己，箝制思想。

在此種政治背景下，清朝的文教狀況，可分爲學校教育、科舉制度及言行控制三方面來說明。

第二節 ▶▶ 學校教育

　　清代的學校，如依所在地分，可分為中央官學及地方學校兩個層級，茲分述如後。

壹 ▶ 中央官學

　　清代的中央官學，包括有國學、算學、八旗官學、宗學、覺羅學、景山官學及咸安宮學等。其中除國學及算學外，其餘均是專為八旗子弟所設的貴冑之學。又在管理上，國學、八旗官學及算學隸屬國子監；而宗學及覺羅學隸屬宗人府；景山官學及咸安宮學隸屬內務府。(註4) 以下將專述國學部分。

　　國學，舊稱國子學、太學或國子監，清代正式名稱是國子監；元、明以前三者或不同，但至明三者已同指一事。國子監既是學校，又是行政機關。清國子監，大抵沿明舊制，初仍設南北兩監，順治七年（1650 A.D.）裁南監，改為江寧府學。(註5) 另其亦承襲廟學制的傳統，國子監內，有廟、有學，廟左（東）學右（西）。世祖初定中原，即以京師國子監為太學，立文廟。(註6) 另外，亦定期舉行釋奠及釋菜等學禮。在釋奠禮方面，皇帝嘗親自釋奠孔廟，並命春秋按時舉行，初以中祀，光緒末升為大祀。(註7) 至於釋菜禮，則於每月朔望、先師誕辰及新科進士謁廟時舉行。(註8) 不僅如此，又將宋、元、明諸儒，列入從祀。而且為尊孔子，順治二年（1645 A.D.），將孔子定稱為「大成至聖文宣先師孔子」，十四年（1657 A.D.）改稱「至聖先師」。聖祖康熙二十二年（1683 A.D.），御書「萬世師表」額懸大成殿，並頒直省學宮。(註9) 總之，清之所以如此尊孔崇儒，甚至超過明朝，其籠絡漢人知識分子之心，不言可喻。

　　國學內設有率性、修道、誠心、正義、崇志及廣業六齋堂。六堂肄

業，分內外班。初內班150名，每堂25名；外班120名，每堂20名，後名額有增減。國學的學生來源，主要分爲貢生與監生兩大類。貢生分爲歲貢、恩貢、拔貢、優貢、副貢及例貢六種；監生則分爲恩監、廕監、優監及例監四種，兩類合稱爲國子監生。（註10）貢生中所謂歲貢，是指每年選府、州、縣學中年資較深的廩膳生，依次貢入國學。順治二年定額，府學每歲貢一人，州學三歲二人，縣學二歲一人，一正貢、二陪貢。之後，有所增減。所謂恩貢，是指國家有慶典或登極詔書，以當貢者充之。是以本年正貢作恩貢，次貢作歲貢，此例自順治元年始。所謂拔貢，是指不論年資，選拔生員中文行兼優者送入國學。世宗時六年一次，後改爲十二年一次。所謂副貢，是指鄉試入副榜的增生、附生准貢入國學，此例自順治二年始。所謂優貢，是指每三年，各省學正選學中優行者貢入國學，此與拔貢並重。所謂例貢，是指廩、增、附生援例報捐貢生者。以上恩、拔、副、歲、優，時稱「五貢」。由以上五途者稱爲正途。至於監生，所謂恩監，初由八旗漢文官學生及算學滿、漢肄業生考取，後又增加臨雍觀禮聖賢後裔，由武生、奉祀生、俊秀入監者。所謂廕監，又分爲恩廕及難廕兩種。恩廕，是指恩詔滿、漢高品級的文武官員，可廕一子入監。難廕，是指滿、漢三品以上官，三年任滿，勤事以死志，可廕一子入監。此例自順治四年（1647 A.D.）始。所謂例監，是指由俊秀生員援例報捐監生者，凡是欲由捐納獲官者，必先取得例監生身分。（註11）在各類國子監生中，以例監方式人數極多，日後士風敗壞，與此有關。

　　國子監生的待遇，依例由戶部供給膏火。六堂內班肄業生，每月給膏火銀一兩；外班肄業生，每月給膏火銀二錢。另外課試優者有獎賞，丁憂病故者，有賙助。（註12）國子監生須坐監（在學），時間依類別不同而有別，恩貢最短，6個月；例監最長，36個月。（註13）國子監生及州縣生員，本人均可免除徭役。（《清史稿校註》卷一一三〈選舉志〉）

　　國子監原定有課士之法，每月朔望釋奠畢，博士廳集諸生，講解經義。而助教、學正、學錄，也應定時講書。然後由司業月課、祭酒季考，

第其優劣，年終以定獎懲。(註14) 但日後受科舉影響，規定多成具文。又清初亦仿明例，行監生積分、歷事之制，順治十七年（1660 A.D.）奏停積分，後遂不復行；康熙初，奏停撥歷，期滿由吏部考試派用。(註15)

國子監生的出路，主要有二，順治時曾可直接經由廷試而授官任職(註16)。另一途則為參加科舉入仕。此外，尚可經任子、官生、優秀或捐納等方式入仕 (註17)。

國子監的經費，主要來自政府每年所撥經費，而非宋、元時學田的收入。康熙六十一年（1722 A.D.），令戶部每歲支國學賞銀 6,000 兩，以供諸生餼廩，於是諸生衣食膏火充裕，且尚有餘資以備不時之需。(註18)

貳 ▸ 地方學校

清代行政區劃分，採省、府、縣三級制，此外並設州和廳。

清代的地方學校，主要有府、州、縣的儒學、書院、社學及義學。

一、儒學

首先，就儒學言，各府、州、縣均設有儒學，每學均設教官，府設教授、州設學正、縣設教諭，以上均各一人，另皆設訓導一人。儒學之學生稱為生員，分為廩膳生，增廣生及附生。初入學者稱附學生員，至於廩、增二生，則以歲試、科試等第高者補充。生員的名額，順治四年（1648 A.D.）規定，依各地人文多寡，分為大、中、小學。大學 40 名，中學 30 名，小學 20 名；又直省各學廩膳生、增廣生的名額，府學各 40 名，州學各 30 名，縣學各 20 名，衛學各 10 名。之後，名額迭有增減。(註19)

儒學生員入學，須經考試，一般稱為「童試」，未入學前稱為童生。參加童試者的資格，必須是本籍、身家清白、非倡優皂隸之子孫且未居父母喪。(註20) 一般屬士農子弟，較符合前項條件。不過由於商人地位自明以來日漸提高，於是童試時出現商籍與竈籍的規定，這些名額是專門

提供給直隸、浙江、山東、山西、廣東、四川等地的商人子弟。（註21）
童試分爲三階段，第一關是縣試，多在二月舉行，通常由各地知縣主持，
考試一般分五場（或有增減）。第一場爲正場，試《四書》文二篇（即八
股文），五言六韻試帖詩一首，本場錄取從寬，取者准考府試，更於第二
場以下是否續考，聽憑自願；第二場是招覆，或稱初覆。試《四書》文一
篇，《性理》論或《孝經》論一篇，默寫《聖諭廣訓》約百字；第三場，
再覆；第四、五場連覆。第二關是府試。縣試考後，續考府試。府試多在
四月，由轄本縣的知府主持。考試雖分二場，但第一場爲正場，錄取者即
可應考院試，不願續考第二場者聽其便。第三關是院試，由各省學政主
持，是童試中最重要的一關。院試是配合學政到任後，所主持的歲試與科
試同時舉行。院試分三場，第一場是正場，試《四書》文兩篇、五言六韻
試帖詩一首；第二場是招覆，或稱提覆，此場關係去留；第三場是覆試，
亦稱大覆，試《四書》、《五經》文各一篇，五言六韻詩一首，並默《聖
諭廣訓》一、二百字，此場只是例行故事而已。考試後，依成績將中式童
生分發至地方儒學中，稱爲「入泮」。此時，身分由童生變成附生，俗稱
秀才。（註22）總之，童試雖是儒學的入學考試，但卻也是未來參加正式科
舉的第一關資格考試，而且在鄉里的社會地位也已提高。

　　生員入學後，初依規定有月課季考，學生若託故不列，嚴加懲治。內
容除《四書》文外，兼試策論，另亦要學習大清律刑名、錢穀等實務。又
學校定有《六等黜陟法》，以決定生員的身分。但在嘉慶時，月課漸不行，
雖曾多次詔令整頓，但似無效。所選教官，多不稱職，有師生之名，無訓
誨之實。（註23）

　　生員的待遇，順治九年（1652 A.D.）的《臥碑》中規定，生員免其
丁糧（即丁稅），厚以廩膳，各衙門官以禮相待。（註24）其中廩膳，只有
廩膳生及增廣生有，附學生則無。除了上述三項優待外，另免諸生差徭。
又諸生違犯禁令，小者府、州、縣由教官責懲，大者申學政，黜革生員身
分後治罪，地方官不得擅責。（註25）換言之，因生員的身分介於官員與庶

民之間，其待遇自比一般庶民高。此一待遇爲歷代所無。

地方儒學生員的主要出處，一是以貢生名義，經由五貢的方式升入國子監；另一則是參加鄉試中式爲舉人。(註26)

清代地方儒學的數量，根據《欽定學政全書》卷二八〈磨勘事例〉載，嘉慶八年（1803）估計約有 1,700 餘所，數量與明代相近。學校的經費，主要來自學田。雍正二年（1724）對天下學田、租銀及米做了全面統計，約有學田 3,886 頃，征租銀 23,458 兩，糧 15,745 石，錢 62,460 文。(註27)

雖然地方儒學規制日漸完備，學生待遇也不錯，但受到科舉制度的影響，學校淪爲逐利之地，不再有講學課考之事，生員只是每月按時到學聽教官宣讀《訓飭士子文》及祭祀而已。(註28)

二、書院

其次，就書院言，清廷對書院的態度是先禁限後發展。世祖順治九年尚未統一南北前，宣諭不許別創書院，群聚徒黨，空談廢業。(註29) 其目的不在禁毀天下書院，而是在箝制輿論，以防明末東林書院諷議朝政之失。(註30) 之後，部分書院改辦成義學或社學。(註31) 直到雍正十一年（1733 A.D.），才詔令督撫於直省省會所在地設立書院，共 22 所，並撥帑金 1,000 兩以資師生膏火。(註32) 此後，府、州、縣次第建立，並延聘經明行修之士爲院長。(註33) 依今人統計，清代共有書院 4,365 所，其中新建者 3,757 所，修復者 608 所；又歷朝中，以乾隆朝最多。(註34) 另有人統計，清代 3,868 所書院中，官辦有 2,190 所，占總數 56.61%。(註35) 換言之，官辦書院已過半。

書院的形式，康熙以前，尚有講學式書院，但已出現考課式書院；自雍正以後，則以考課式爲主；(註36) 至晚清，則又出現教學式書院。(註37) 與此變化相一致的，清代書院也出現官學化與科舉化的現象，此使其逐漸喪失自由講學與議論朝政的傳統。(註38) 官學化，主要表現在官府掌控書院教職人員的聘任權，以及掌握與干涉書院的經濟與田產上，(註39) 換言之，

官府掌控了人事與經費權。至於科舉化，由於地方官學陷入停滯與癱瘓狀態，書院取代了儒學的教育責任。不過，由於科舉的影響，因此考課式的書院應運而生，且變成多數。（註40）

　　書院的考課，一般每月有三次，兩次為師課，一次為官課。師課由院長出題，官課省城由督、撫、道臺，省外由府、州、廳縣官主持。（註41）考課成績的好壞，與生童的膏火獎賞有關。（註42）結果學生入書院不是為了求學問，而是為了準備科舉考試，甚至只為膏火銀。

　　書院的學生，分為生與童，「生」指貢生、廩生、增生、附生、監生；「童」指未入學者。課程教授、膏火分配各不相同，年齡皆無限制。學額則依各書院的膏火經費情形而定，分為正課（又名內課）、外課及附課三種，每種又分為生、童兩級。正課生額固定，外課及附課生名額依應考人數多寡而定。正課生的待遇，是每月給膏火費一兩數錢，外課膏火略減。（註43）

　　清代書院的學術思想，雖均以學習儒家經典為主，方向卻歷經數變。明末學術思想，由陸王心學，轉向東林實學。清初，程朱理學又重新抬頭，這與科舉著重八股及考課式書院的興起有關。然而到了乾隆時期，由於皇帝厭棄程朱理學而較好博習經史者，故重點也轉向研經治史，博習詞章。嘉、道、咸時期，書院呈現出三種類型，一是講授漢學、博習經史詞章為主者，代表人物如阮元；一是講授程朱理學者，代表人物如姚鼐；一是提倡通經致用者，代表人物如李兆洛、龔自珍。（註44）

　　總之，清代書院的設立，原在輔學校所不及。當儒學寖衰，教官不舉其職，造士育才，獨在書院。（註45）然至道光時，連唯一能育才的書院，也廢弛者多，整頓者少，原因之一是院長尸位素餐，教職所任非人。（註46）

三、社學與義學

　　最後，就社學與義學言，社學之設，元代即有。順治九年，准每鄉置

社學一區，選通曉文義、行誼謹厚者擔任社師，免其差役，量給廩餼養贍。（註47）設立的原因，是因為州、縣學多設於城市，鄉民子弟因路遠不能到學，故設社學以教鄉民。（註48）此時，如前所述，有一批書院改辦成社學。（註49）康熙時，因社學多冒濫，詔令提學嚴行查革。（註50）雍正元年（1723 A.D.），准州、縣於大鄉鉅堡，各置社學。凡近鄉子弟年12以上，20以內，有志學文者，皆令入學肄業。（註51）

　　至於義學，是指以公款或私款辦理教導貧家子弟的學校，又稱義塾，性質上屬啟蒙教育。康熙四十一年（1702 A.D.），准京城崇文門外設立義學，並由府、縣按月支給廩餼。（註52）五十二年（1713 A.D.），令各省、府、州、縣，多立義學，延請名師，聚集孤寒生童，勵志讀書。（註53）雍正初，命各省現任官員，將自立生祠書院改為義學，延師授徒，以廣文教。（註54）義學所收對象，除以貧家子弟外，也廣設於邊疆或偏僻地區，以教化苗、蠻、黎、猺等少數民族的俊秀子弟。（註55）

第三節 ▶▶ 科舉制度

　　滿清入關後，為籠絡漢人，順治元年先訂科舉年分，次年定鄉試科額。平定江南後，依大臣之請即辦鄉試取士，並頒科舉條制。三年（1646 A.D.），首次舉行廷試。（註56）

　　清代科舉，大抵承明制。科舉時間，每三年一次考試程序，分為鄉試、會試及殿試（廷試）三階段。凡子、午、卯、酉年舉行鄉試，辰、戌、丑、未年舉行會試。考期鄉試於八月舉行，會試則於翌年二月舉行，乾隆起改為三月。殿試則於三月，後亦連帶改成四月。考試的場次，鄉、會試均各考三場，殿試一場。考試方式，承明制仍用八股文。鄉、會試第一場，考《四書》三題、《五經》各四題，士子各占一經。《四書》主朱熹《集注》，《易》主程《傳》、朱子《本義》，《書》主蔡《傳》，《詩》主朱子《集傳》，

《春秋》主胡安國《傳》，《禮記》主陳澔《集說》，後《春秋》以《左傳》本事爲文，多用《公羊》、《穀梁》。第一場即是考八股文；第二場，則考論一道、判五道，詔、誥、表內科一道；第三場，考經史時務策五道。殿試則制策，(註57) 雖康熙曾一度廢八股，但只行兩科即罷。(註58) 至於每篇字數，初場文原論每篇 550 字，乾隆四十三年（1778 A.D.）始定鄉、會試每篇以 700 字爲準，違者不錄。(註59)

應鄉試者的資格，必須身家清白，凡倡優隸卓之家，與居父母喪者，不得參加。地方儒學生員，須經過學政歲試及科試考選；而國子監生，則由本監官考選。(註60)

科舉的錄取，中鄉試者稱舉人，第一名稱解元；中會試者，稱貢生，第一名稱會元；中殿試者，稱進士；分爲三甲，一甲三人，依序是狀元、榜眼、探花，賜進士及第；二甲若干人，賜進士出身，第一名稱傳臚；三甲若干人，賜同進士出身。(註61)

雍正三年（1725 A.D.）起，殿試後三天，增設朝考，旨在挑選翰林院庶吉士。朝考後，依成績授官。前列者用庶吉士，次者則依次分派任六部主事、內閣中書、知縣等職。(註62)

清代科舉流程圖，請參見圖 10.1。

考試錄取的名額，鄉試採分省定額，順治初定額從寬，以收士心，分經取中。至乾隆時，確定順天南北皿各 36 名，中皿 20 取 1 名，貝字 100 取 2 名，夾、旦各百取 4，江南上江 45，下江 69，浙江、江西各 94，福建 85、廣東 72、河南 71、山東 69、陝西 61，山西、四川皆 60，雲南 54，湖北 48，湖南、廣西皆 45，貴州 36。咸、同間，曾依各省捐輸軍餉增廣名額。(註63) 鄉試名額的多寡，取決於各省文風的高下、人口的多寡及丁賦的輕重。(註64)

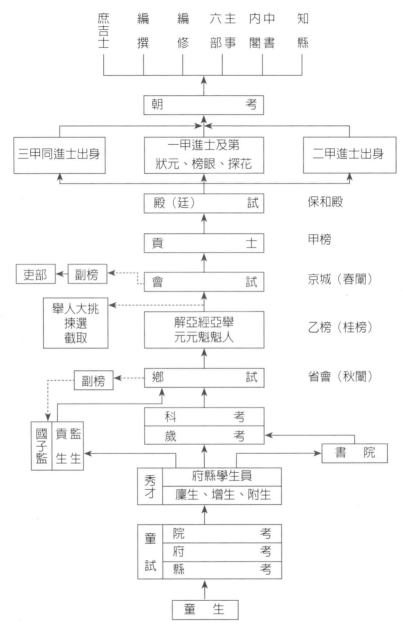

圖 10.1　清代科舉流程圖

資料來源：參考商衍鎏：《清代科舉考試述錄》，頁 39 圖修正。

　　至於會試，則無定額。後改分省錄取，按應試人數多寡，欽定中額，平均每科約三百數十名，少或百數十名。(註65) 今人統計，清會試共 112 科，共錄取 26,391 名，平均每科約 236 人。(註66) 殿試時，基本上不再黜落，採擇優錄取。

　　清代科舉，錄取時除了正榜外，鄉、會試尚有副榜。會試中副榜者免廷試，直接送吏部授職。(註67) 鄉試中副榜者，則送國子監讀書，稱副貢。另外，對於落第之人，亦有安排。會試落第舉人，仍有三種入仕途徑，為揀選、大挑及截取。(註68) 清初舊例，舉人參加會試，三科（次）不中，准其揀選知縣；至於就教職者，不拘年分。又乾隆十七年（1752 A.D.）定大挑制，每六年一次，應選資格初為經過會試正科四科的落第舉人。嘉慶時改為三科。另舉人中式三科後，有截取之例，由本省督撫送吏部候選。(註69)

　　總之，清廷對於中舉者，給予功名利祿；對於落第者，也安排出路。如此一來，士子便會專心學業，無心亦無力謀反。其籠絡士子之心，十分明顯。

　　雖然科舉對士子而言是一條光明之路，但卻也艱辛異常。例如：鄉、會試時間，前後長達九天，應考時，考生食宿都侷限在狹隘的考房中。八月鄉試時，江南燠熱，辛苦之狀，不難想像。或云：「三場辛苦磨成鬼，兩字功名誤煞人。」(註70) 頗能道出其中的辛酸。考試時除了身體的煎熬外，心理的壓力也很大。考生除了擔心中與不中外，尚須處處注意不要違背繁多的禁例，以免被取消資格。禁例中，例如：試卷題字錯落，真草不全，越幅曳白，塗抹，汙染太甚，二場表失年號，三場策題訛字，行文不避廟諱、御名、至聖先師諱等等，均屬違規，不錄取。(註71) 總之，這種身心雙重的煎熬，消磨了多少士子的意志與精力。

　　科舉攸關仕途，然僧多粥少，故競爭激烈，不肖之徒為求中舉，不惜營私舞弊。常見之弊者：懷挾、冒考、槍替、冒籍、關節等，而舞弊多出現於鄉試時。(註72) 清廷對科場審查處十分嚴屬，涉案人員常處以極刑，

甚至株連家人，但屢禁不止。清史上著名的科場案有三：順治丁酉科、康熙辛卯科及咸豐戊午科，每案均株連甚廣。(註73)

最後，中國自隋開科取士以來，至清前後逾千年，但並非連續不斷，在此期間，曾歷經四次停廢，如前述在唐玄宗天寶年間、北宋進行三次教育改革時、元太宗時及明太祖洪武初，朝廷都曾一度停廢科舉，但之後卻都陸續恢復，直到清末才真正廢止（詳下章）。(註74)

但是實施至宋朝時開始出現結構性的問題。首先，是科舉報考人數與實際錄取人數間嚴重失衡，報考人數多但錄取人數少，宋朝雖採取了明訂解試解額、小幅增加解試與省試錄取名額、拉長開考週期、增加殿試，以及提供解試與省試落地者疏散管道等策略，但效果有限，都只是治標不治本，失衡問題延續到明、清。(註75) 明、清兩朝所採取的策略有：數次全國性增加名額、小幅局部增加鄉試額、固定考試週期，增加考試層級與次數，以及提供鄉試與會試落第舉人疏散管道等，但仍是治標不治本，朝廷只能兩害相權取其輕。(註76)

其次，是培養的官學生人數與可任官職缺間的人力供需失調。絕大多數學子讀書的目的都是求取功名，希望有朝一日金榜題名，入朝為官。但至清朝時，儘管冗官已多，但是仕途仍是一官難求、僧多粥少，擁擠不堪。筆者曾粗估清朝整個公部門容納人員的總量不超過10萬人（這包括268年間科舉所錄取的2.6-2.7萬人，內外文職官員約2萬人，各級儒學的教官約3千人，國子監的五貢生約36,200-39,900人，以及各級衙門所聘幕府／師爺約7,500人）；但卻面對欲擠入官場的50萬生員，明顯供不應求，有40萬人注定一生無望。(註77) 在當時以農業為主的經濟結構下，朝廷在制度面為這些士子安排出路，而這些只會應考而身無長技的人也不易轉業，如此出現今日所謂「結構性失業」而無解。

有關清朝科舉制度的利弊分析，後詳。

第四節 ▶▶ 言行控制

　　雖然清廷一方面廣設學校、厚給生員待遇；大開科舉，授予舉子功名，試圖藉此以牢籠之；但另一方面卻屢興文字獄、科場案，對違法犯禁者處以刑戮；又訂定種種學規來管束士子言行，使其不敢違法犯禁。這種恩威並濟、賞罰並施的兩面手法，與明代如出一轍。只是滿清以少數民族入主中土，時時須防止漢人反叛，故其用心尤切。

　　世祖順治九年即仿明太祖例，刊立《臥碑》八條於各直省儒學明倫堂之左，曉示生員。八條中，首條教孝，次條教忠。又告誡生員不可干求長官，交結勢要；不可輕入官衙，代人訴訟。更重要的是第七條：「軍民一切利病，不許生員上書陳言。如有一言見白，以違制論，黜革治罪。」第八條：「生員不許糾黨多人，立盟結社，把持官府，武斷鄉曲；所做文字，不許妄行刊刻，違者聽提調官治罪。」（註78）觀其目的，旨在箝制言論，防止結黨。

　　聖祖康熙三十九年（1699 A.D.），頒上諭十六條，發直省學宮，每月朔望，令儒學教官集合生員宣讀訓飭；如有不遵者，從重治罪。（註79）雍正二年（1724 A.D.），前述上諭，演成《聖諭廣訓》十六條，其旨在告誡士子，要安分守己，為地方表率，不要犯上作亂。（註80）三年（1725 A.D.），將《聖諭廣訓》及《御製朋黨論》頒各省學政刊印，再送各學令司鐸之人每月朔望宣誦。（註81）同年規定，凡童生參加縣府試時，不能背錄《聖諭廣訓》者，不准錄取。（註82）

　　又康熙四十一年（1701 A.D.）又製《訓飭士子文》，頒石國學及頒行各直省各學。其中告誡士子，為學勿雜荒誕之談，為文勿事浮華；於行禁止：「蜚語流言，挾制官長」；「隱糧包訟，出入公門」；「唆撥奸猾，欺孤凌弱」；「招呼朋類，結社要盟」。又應舉時，不得「標榜虛名，暗通聲氣」；「寅緣詭遇，罔顧身家」；「改竄鄉貫，希圖進取」

等。（註83）

　　雍正七年（1729 A.D.），令各省督撫轉飭地方官，將《臥碑》及《訓飭士子文》裝潢成帙，藏於尊經閣，遇督撫到任及學政到任，案臨開考，於袛謁先師之日，由教官向諸生宣讀。（註84）

　　乾隆五年（1740 A.D.），頒《太學訓飭士子文》，勒石國學。十年（1745 A.D.），頒行天下學校，命教官與《聖諭廣訓》、《御製朋黨論》，於每月朔望一併宣講。（註85）

　　以上種種規定與措施，表面上是要求敦品勵學，爲鄉里表率，但深層上卻有箝制士子言行思想的深意在。

附註

註 1　　參見孟森：《明清史講義》，頁 380-1；錢穆：《國史大綱》（下），頁 620。

註 2　　同前引錢穆者，頁 631。

註 3　　同前引書，頁 634。

註 4　　參見清史稿校註編纂小組：《清史稿校註》卷一一三〈選舉志〉，頁 3136，3144-8。

註 5　　同前引書，頁 3148。

註 6　　同前引書，卷九十一〈禮志〉，頁 2743。

註 7　　同前引書，頁 2745。

註 8　　參見崑岡：《大清會典》卷七六，頁 1-3。

註 9　　同註 7 引書，頁 2743-4。

註 10　同註 4 引書，頁 3135-6。

註 11　同前引書，頁 3142-4。《國子監則例》卷三十規定：生員捐監生的價格是銀 108 兩，捐貢生爲 144 兩，由俊秀（無生員身分平民）同時捐監生及貢生爲 252 兩。

註 12　同註 8 引書，頁 15。

註 13　同註 11 引書，頁 3138。

註 14　同前引書，頁 3137。

註 15　同前引書，頁 3137-8。

註 16　參見稽璜：《清朝文獻通考》卷六五〈學校考），頁 5454-7。

註 17　參見劉秀生：《中國清代教育史》，頁 13-4。

註 18　同註 16 引書，卷六六，頁 5466。

註 19　同註 15 引書，頁 3148-9；註 8 引書，卷三一，頁 370。

註 20　參見商衍鎏：《清代科舉考試述錄》，頁 4。

註 21　參見崑岡：《大清會典事例》卷三八一〈禮部‧學校〉，頁 1-2。

註 22　同註 20 引書，頁 3-6，10-3，16。

註 23　同註 19 引書，頁 3149-50。

註 24　同註 21 引書，卷三八九〈禮部‧學校〉，頁 1。

註 25　同註 23 引書，頁 3151。

註 26　參見王德昭：《清代科舉制度研究》，頁 91-2。

註 27　參見馬鏞：《中國教育制度通史》第五卷，頁 194。

註 28　參見李國鈞：《中國書院史》，頁 801。

註 29　參見《大清會典事例》卷三九五。

註 30　同註 28 引書，頁 775-7。

註 31　參見白新良：《中國古代書院發展史》，頁 153，156。

註 32　同註 21 引書，卷三九五〈禮部‧學校〉，頁 1-2。

註 33　同註 25 引書，頁 3152。

註 34　同註 31 引書，頁 271。

註 35　參見周愚文：《中國教育史綱》，頁 285。

註 36　同註 31 引書，頁 152-3。

註 37　同註 28 引書，頁 816。

註 38　同前引書，頁 805。

註 39　同前引書，頁 805-12。

註 40　同前引書，頁 814-5。

註 41　同註 20 引書，頁 224。

註 42　同註 40 引書，頁 820。

註 43　同註 41 引書，頁 223-4。

註 44　同註 31 引書，頁 192，195，202-9。

註 45　同註 33 引書。

註 46　同註 32 引書，頁 9，見道光二年上諭。

註 47　同前引書，卷三九六〈禮部‧學校〉，頁 1。

註 48　同註 26 引書，頁 100。

註 49　同註 44 引書，頁 123。

註 50　同註 47 引書。

註 51　同前引書，頁 2-3。

註 52　同前引書，頁 1。

註 53　同前引書，頁 2。

註 54　同前引書。

註 55　同註 33 引書。

註 56　參見熊承滌編：《中國古代教育史料繫年》，頁 746。

註 57　同註 55 引書，卷一一五，頁 3171。

註 58　同註一二，卷三三，頁 18。

註 59　同註 57 引書，頁 3174。

註 60　同前引書，頁 3171-2。

註 61　同前引書，頁 3171。

註 62　同註 43，頁 125，127。

註 63　同註 61 引書，頁 3178-9。

註 64　同註 62 引書，頁 76。

註 65　同註 63 引書，頁 3180。

註 66　同註 64 引書，頁 152-3。

註 67　同註 65 引書，頁 3180。

註 68　同前引書，卷一一三，頁 3142。

註 69　同註 66 引書，頁 94-6。

註 70　參見劉兆璸：《清代科舉》，頁 43。

註 71　同註 67 引書，頁 3172。

註 72　同註 48 引書，頁 134-6。

註 73　參見王道成：《科舉史話》，頁 121-38。

註 74　周愚文：〈中國歷代停廢科舉制度的探討〉，收於李弘祺編：《中國與東亞

的教育傳統（一）中國的教育與科舉》，頁 119-1530。

註 75　周愚文：〈宋代科舉報考人數與錄取人數失衡問題因應對策之分析〉，《教育研究集刊》，第 53 輯 3 期，頁 105-38。

註 76　周愚文：〈明清科舉考生數與錄取人數失衡問題因應對策之分析〉，《教育學刊》，42 期，頁 39-74。

註 77　周愚文：《中國教育史綱》，頁 36-7。

註 78　同註 54 引書，卷三八九〈禮部·學校〉，頁 1-2。

註 79　同前引書，頁 2。

註 80　參見陳東原：《中國教育史》，頁 418-9。

註 81　同註 78 引書，頁 4。

註 82　同註 16 引書，卷七十〈學校考〉，頁 5498。

註 83　同註 81 引書，頁 3。

註 84　同前引書，頁 8-9。

註 85　同前引書，頁 9-11。

第 11 章

晚清時期的教育

第一節 ▶▶ 時代背景

　　滿清國勢至乾隆朝達到頂峰，之後便逐漸中衰。嘉慶時內亂紛起，至道光時外患踵至。道光二十年（1840 A.D.）中英鴉片戰爭爆發，中國戰敗。二十二年（1842 A.D.），中、英簽定《南京條約》，滿清被迫割地賠款。面對外國列強的挑戰，清廷並未立刻做出回應，遲至咸豐十年底（1861 A.D.）才設立「總理各國通商事務衙門」（簡稱總理衙門），專辦外交；又開展洋務運動，又稱「自強運動」，進行改革，洋務運動前後約30 年。迄光緒二十年（1894 A.D.）中日甲午一戰，中國慘敗，多年洋務運動整軍經武的心血，卻不堪一擊。之後，列強交侵，中國面臨被瓜分的危機。光緒親政後，有志圖強，起用康有為、梁啟超等人，光緒二十四年（1898 A.D.）時試圖變法維新，救亡圖存。然而百日維新，只是曇花一現；戊戌政變的結果，竟是「六君子」的見戮與光緒的瀛臺泣血。光緒二十六年（1900 A.D.）義和團亂起，八國聯軍陷北京，光緒二十七年（1901 A.D.）議和成，中外簽定《辛丑北京和約》。此刻慈禧雖已悔悟下詔變法，做大幅的改革，但為時已晚。宣統三年（1911 A.D.），武昌革命事起，幼帝被迫遜位，268 年的滿清皇朝，終於結束。

　　晚清時期的教育，大體歷經三階段的改革：一是洋務運動時期，二是戊戌維新運動時期，三是辛丑議和後新政時期，各時期狀況，茲分述如後。

第二節 ▶▶ 洋務運動時期

　　既然道光二十年外來挑戰就已出現，爲何清廷遲至咸豐十年才有所回應，前後足足晚了 20 年。究其原因，應是時局使然。因爲當時中國內亂外患不斷，清廷全力應付尙且不逮，遑論有餘力從事大幅改革。當時內有洪楊太平軍之亂、捻亂、雲南及陝甘回變，外有英法聯軍。內外交逼，兵連禍結，舉國動盪。英法聯軍後，由於再次受到洋人船堅炮利的刺激，清廷才有意推動洋務運動，以求富強。整個運動基本理念，即是魏源所主張的「師夷長技以制夷」（註1），而重心是放在軍事科技上，但教育事業的改革也是其中重要的部分，而且中國近代西式新教育即萌芽於此時期。

　　這一段時期朝廷教育事業改革的主要方向有二：一方面在國內嘗試辦理西式的學堂，間接學習西方的科技，另一方面則選派學生出洋留學，直接到外國學習其長處，茲依序說明如後。

壹 ▶ 興辦西式學堂

　　洋務運動時期教育改革的重點之一，即在本國境內試辦西式的新學堂，依這些學堂的性質，大致可分成三大類：1. 外國語學堂；2. 技術學堂；3. 軍事學堂。

一、外國語學堂

　　就外國語學堂言，主要有京師同文館、上海廣方言館及廣州同文館。最先設立的是京師同文館，設於同治元年（1862 A.D.）七月，設立的原因是咸豐末成立總理衙門以統籌外交事務，恭親王奕訢深感缺乏通曉外語人才，遂奏請設館，以培養外交與翻譯人才。學堂招收的對象，主要由八旗滿、蒙、漢閑散官內，選資質聰慧、習清文、年 15 歲上下者。名額初

以 10 名為限，後增至 24 名，最多曾至 120 名。學生在學，免費供茶水、飲食、住宿及書籍，每月有膏火；月課、季考優者有獎勵。學堂經費主要來自南北海關船鈔，而非戶部撥款。(註2) 學堂初設英文館、法文館及俄文館，後再陸續增設天文算學館、德文館及東（日）文館。(註3) 其學制可分為八年制（由原文習諸學）及五年制（藉譯本習諸學），內容除外語及漢文經學外，尚包括西方的自然科學、數學及法政經濟。(註4) 學堂師資，除漢文教習外多由外人擔任，惟算學館的李善蘭等三人算是罕例。學堂的監察官是英人赫德（Robert Hart, 1835-1911），而總教習是美人丁韙良（W. A. P. Martin, 1827-1916）。(註5) 創設新式學堂，朝野之士不盡然完全贊同，當同治六年（1867 A.D.）要增設天文算學館時，大學士倭仁及山東道監察御史張盛藻就極力反對。(註6)

　　同治二年（1863 A.D.）二月，依江蘇巡撫李鴻章之請，仿同文館之例，於上海設立廣方言館。招收對象以近郡年 14 以下聰穎的文童為主，名額 40 名。學生在學有膏火，館內設有英文、算學、德文、法文等科。課程內容除外國語文外，尚須學習中學（經學、史學、算學、詞章）、自然科學與實學。修業至少 3 年，所需經費由江海關船鈔支撥。(註7)

　　當上諭准上海設廣方言館的同時，也命廣州援例辦理。學生名額 20 名，其中旗人 16 名，漢人 4 名，年紀在 20 以下、14 以上。修業至少 3 年，經費主要來自粵海關。(註8)

　　上述外語學堂對於晚清的政治外交與教育都有影響。外交上，清末民初許多外交使節是出自同文館。而教育上，外語學堂是新式學堂之始，所授除西語文外，也引入近代科技，並大量翻譯西書，介紹西學，同時亦為日後其他新式學堂培養了不少師資。(註9)

二、技術學堂

　　就技術學堂言，最早創立的是船政學堂。這是同治五年（1866 A.D.）五月已離任的閩浙總督左宗棠，建議於福州馬尾船政局內創設，又稱求是

堂藝局。其目的在培養駕駛與造船人才。招收對象是本地 10 餘歲資性聰穎、粗通文字子弟。(註 10) 學生名額初 60 名，後增至 140 名。學堂內部分為前後兩學堂；前學堂為製造學堂，學制 5 年，習法語；後學堂為駕駛學堂，學制亦 5 年，習英語。該學堂培養出不少海軍科技人才，清末民初海軍人才多半由此出身。(註 11)

其他類似學堂尚有福州電氣學塾（1876 A.D.）、天津電報學堂（1880 A.D.）、上海電報學堂（1882 A.D.）、北洋醫學堂（1893 A.D.）等等，不一一贅述。

三、軍事學堂

就軍事學堂言，最先設立的是光緒六年（1880 A.D.）北洋大臣李鴻章奏請創設的天津水師學堂。次年招生，其制仿船政學堂，分駕駛、管輪兩科，旨在培養海軍人才。招收對象是天津本籍或鄰縣，13 歲以上，17 歲以下良家子弟，名額 60 名。學生在學除供飲食外，月給贍銀。學堂修業 5 年，經費由海防經費下開支。(註 12) 之後，又陸續創辦多所水師學堂，如廣東水陸師學堂（1887 A.D.）、江南水師學堂（1890 A.D.）等等。

至於陸軍方面，光緒十一年（1885 A.D.）依李鴻章之請，首創設天津武備學堂，學生選自北洋各營弁兵，人數 280 名，仿德陸軍建制，經費亦由海防項下開支。(註 13) 日後北洋軍閥多半由此出身。之後各省也仿其例設立類似學堂，如直隸武備學堂、湖北武備學堂等等。

綜觀這段時期新設的各類學堂，可發現具有以下特微：

1. 就學制建立言，這些學堂的設立，充其量都只是個別、獨立的教育機構，尚未形成一套制度。而且這些學堂，都是橫斷式的由西方移植到中國，在制度上缺乏縱向的銜接與橫向的聯繫。

2. 就三級教育層次言，這些學堂近於中等學校層次，然而下無初等小學為基礎，上又缺乏高等學校予以銜接。而且由於缺乏下級學校教育的基礎，以致部分學校的程度，可能只有初等小學的程度。

3. 就學校性質言，由名稱觀之，三類學堂在性質上，均屬專門學校；然而依其教育內容觀之，則近於普通學校，因為課程中語文（中外語文）、數學及自然科學所占比重均不少。

4. 就招收對象言，在年齡上，三類學掌所收者，多以13、4歲的青少年為主，相當於西方的中學階段；在背景上，外語學堂是以八旗子弟優先，其次才考慮漢人；至於其他兩類學堂，似未刻意區別滿、漢。又雖希望招收聰穎且身分清白的子弟，但在科舉仍存在的情況下，真正縉紳之家的優秀子弟，仍以科舉為正途，而不願貿然入學，故所收應屬清貧子弟居多。

5. 就經費來源，外語學堂主要來自海關船鈔（船的噸稅），惟其收入，多操控於外人之手。船政學堂，主要來自閩海關及福建釐稅。（註14）軍事學堂，主要來自海防經費。然而每年經費的多寡，易隨軍情的鬆緊而起伏。換言之，所需經費均屬專款，而非來自戶部經常撥款。

6. 就學生待遇言，為吸引優秀學生入學，這些學堂除供食宿外，亦給膏火，課考優者有獎賞，學成優者安排出路。

總之，雖然洋務運動時期嘗試興辦了一些西式新學堂，但其數量與原有傳統學校相比，仍十分有限，既無法撼動也無法替代之。原有的教育制度與科舉制度仍繼續運作，平行發展，彼此既不銜接，也無法轉換。以致至甲午戰爭時，新式學堂雖興辦了近30年，但成效仍有限。日後，為求更大的效果，就必須對整個傳統制度作更大幅度的改革。

貳 ▶ 派生出洋留學

此段時期改革的第二個方向，是選派學生出洋留學。依留學的地區劃分，可分為留美、留歐與留日。依留學生的年齡劃分，又可分為幼童與青年兩類。依派遣時間分，可以光緒二十年為分界，分為兩個階段。茲依地區別加以說明。

一、留美

首先，就留美言，最早之議，起於容閎。他是廣東人，少年隨傳教士負笈美國，是最早畢業於耶魯大學的華人。學成返國，因緣際會得曾國藩賞識，遂藉曾之力，同治十年（1871 A.D.）七月奏請選派幼童赴美。他的計畫是於上海、寧波、福建、廣東等地，挑選年 13 至 20 歲間、身家清白的幼童，每年 30 名，4 年共 120 名，赴美留學 15 年，返國後則委以職務，所需經費共須 120 萬兩，由江海關洋稅下支出。(註15) 上依所請，自十一年（1872 A.D.）起，分四批派出。所派學童的資格，依年齡分，最小的10 歲，最大的 16 歲，平均 12 歲半；依籍貫分，廣東最多，江蘇居次，浙江第三。(註16) 依家世分，則以商人及貧苦人家子弟居多，其中並無滿清貴冑子弟，此因風氣未開，仕宦之家多不願赴。此一計畫，後因留美事務所主事者間的人事紛爭，而告夭折，四批學生於光緒七年（1881 A.D.）被迫撤回，真正返國者共 94 名，其中已有大學畢業及肄業者。(註17)返國初未受到禮遇與重視，但日後成就多不凡，選派幼童出國留學的方式，至此告終。此後官方所派者，均以青年或成人為主。

二、留歐

其次，就留歐言，早期留歐之議，起於同治十二年（1873 A.D.），沈葆楨奏請派福建船政學堂學生赴英、法學習駕駛、造船，惟因日本攻臺事件未定。(註18) 光緒元年（1895 A.D.）三月沈葆楨趁船政局技術監督法人日意格（P. M. Giquel, 1835-1886）返歐之便，選派學堂學生 5 人同赴英、法參觀學習。(註19) 二年（1876 A.D.）李鴻章趁德克鹿卜炮廠人員回國之便，奏請派武弁卜長勝等 7 人赴德學習。(註20) 同年十一月李鴻章等再次奏請派閩廠學生出洋學習，其中製造學生 14 名，製造藝徒 4 名，赴法學製造；駕駛學生 12 名，赴英學駕駛。留學期限均 3 年。(註21) 上准其請，自三年（1877 A.D.）派出第一批後，再於七年、十二年（1886

A.D.）及二十三年（1897 A.D.），分別派出，總計四批，後因造船廠財力日絀而停止。（註22）第一批留歐生於光緒六年前後學成返國，最後一批於二十六年因經費困難撤回。（註23）所選學生平均年齡約 20 歲（註24）。據統計同治十一年至光緒二十年間，派至西歐學生共 72 名。（註25）

　　以上是光緒二十年以前的狀況。這一段期間，由於風氣未開，國人對洋人的觀感不是陌生，便是仇視，因此朝野人士對留學教育不盡然支持，而普通士庶之家也多不願讓子弟出洋冒險。首批留美幼童招不足額須至粵港招募；而閩廠學生多選自在香港肄業多年者，（註26）都反映了此一現象。此外，科舉猶在，仕途明確，子弟按部就班，功名可待；反觀出洋留學，福禍未卜，歸期不定，功名無著，又是促使中上人家不願輕易嘗試的原因。總之，在這段時期，在一般人眼中，並未將留學當成一種特權，反而視為畏途，不願冒險。此與第二階段將其視為權利，人人爭取的情況完全不同。此點後詳。

　　整體而言，這兩方面的改革，本質上並未撼動原有的教育制度與科舉制度，因此仍無法引起社會結構全面性的改變，但其對舊有體制所造成的衝擊，則不容忽視。

第三節 ▶▶ 戊戌維新運動時期

　　中日甲午戰後，康、梁倡議變法，獲得光緒帝支持。於是帝於二十四年（1898 A.D.）四月下詔，然至八月初突然發生政變，致使維新運動中斷，前後僅百日，史稱「百日維新」。教育與科舉的改革，是其中重要的一環；許多有關主張與措施，改革之前即已出現；維新雖然失敗，但這些並未終止。

壹 ▶ 早期的改革主張

　　直接影響維新運動教育改革的有 5 人，分別是馮桂芬，鄭觀應、李端棻、康有為與梁啟超。許多措施，分別出自這五個人的構想。

　　就馮桂芬言，他出身進士，李鴻章幕僚，所作《校邠廬抗議》，變法時光緒下令印千冊送京官，其中〈採西學議〉主張學習自然科學、工農生產技術與教育，並於上海、廣東設翻譯公所；(註27)〈改科舉議〉則主張廢八股、重經學、廢朝考。(註28)

　　就鄭觀應言，他出身商人，所著《盛世危言》，變法時光緒亦下令印二千冊送大臣，其主張有三：1. 變科舉；2. 興學校；3. 重身教。其中興學校一項，建議改原州縣、省會及京師學宮及書院為小學、中學及大學，並介紹西方學制。(註29)

　　就李端棻言，他出身進士，任刑部左侍郎，指出興辦新式學堂 20 年，卻未盡教之之道，原因有五：1. 雖學西語言，卻未習富強治國之要；2. 格物製造之學，不重專門；3. 各學不求實踐實驗，紙上空談；4. 利祿之路，不出學校；5. 學校數量少，獨木不能撐巨廈。他具體的建議是：自京師及各省、府、州、縣皆設學堂。府、州縣學，選年 12 至 20 歲俊秀子弟入學，修業 3 年；省學，選 25 歲以下諸生，修業 3 年；京師大學，選 30 歲以下貢監生，修業 3 年。另應設藏書樓、創儀器院，開課書局及選派遊歷，以輔學校之效。(註30)

　　就康有為言，他舉人出身，在科舉上，主張變科舉、廢八股，改試策論；(註31) 在學校上，主張廣開學校、鄉立小學、縣立中學、省會立專門高等學及大學，並成立京師大學。另建議改省書院為中學堂，鄉淫祠為小學堂。(註32)

　　最後，就梁啟超言，康有為門人，他在〈學校總論〉中指出，西學不興，其害小；中學不興，其害大；又新式學堂不能得異才，是因其言藝多，言政與教少；又言藝者，不過語言文字之淺，兵學之末，不務其大本。其

病根有三：1.科舉不改，就學乏才；2.師範不立，教習非人；3.專門不分，致精無自。改革學校之議所以不行，導因於朝廷不重視，不願措籌經費支持。具體的建議是仿西人按人口1%的比率招收學生受教。(註33)另外在〈論科舉〉中，則點出數十年來無法從外語學堂及留洋生中獲得人才，主因在政府未重用他們，只是教而不用。針對科舉改革，他提出上中下三策：上策，合科舉於學校；中策，若兩者不可合，則多設諸科；下策，則只對科舉略作改變。(註34)

以上諸人的主張，戊戌維新運動時，多半被採行。

貳 ▶ 增辦新式學堂

除了原有三類的西式學堂外，在此時期前也出現一些新設的學堂。其中較有名的，如康有為於光緒十七年（1891 A.D.）在廣州長興里所設萬木草堂(註35)；湖廣總督張之洞於十九年（1893 A.D.）在湖北武昌所辦自強學堂(註36)；天津海關道盛宣懷於二十一年（1895 A.D.）在天津所設中西學堂(註37)，二十二年（1896 A.D.）在上海所辦南洋公學(註38)，以及湖南巡撫陳寶箴等於二十三年，在湖南所設時務學堂等。(註39)以上學堂在學制上，已出現多重層級；在課程內容上，也試圖兼顧中西。張之洞「中體西用」的理念，正可以為其代表。

參 ▶ 百日維新

百日維新時期的改革，可分為學校與科舉兩方面加以說明。

首先，就學校方面言，主要措施有二：1.設立京師大學堂；2.將各級書院改辦成各級學堂。

早在前述李端棻奏摺中即有設京師大學堂之議。二十四年（1898 A.D.）四月上諭興辦，五月核准章程。其中規定，招收對象有兩類，一

是翰林院編檢、各部院司員、大門侍衛、候補候選道府州縣以上及大員子弟、八旗世職各省武職後裔；一是各省中學堂學成有文憑者。課程內容，分為溥通學 10 門，全部須於 3 年內修畢；語言文字學 5 種，擇一與溥通學一併修習；專門學 10 種，俟修畢溥通學後，擇 1、2 門修習。學生名額 500 人，其中溥通學 300 名，為二班，專門學 200 名為頭班。又學生在學每月有膏火，分六級，最少 4 兩，最多 20 兩。大學畢業，給進士，引見授官。(註40) 京師大學堂為日後北大的前身。

另外五月同時也命令將各省府廳州縣現有大小書院，一律改為兼習中學西學的學堂，省會大書院為高等學，郡城書院為中等學，州縣書院為小學。(註41)

其次，就科舉方面言，二十四年正月上准議開設經濟特科，分內政、外交、理財、經武、格物、考工等六科。(註42) 五月，依康氏之請，命自下科起，童試、鄉、會試時廢八股文，一律改試策論。(註43) 又規定以後一切考試，均不用五言八韻詩。(註44) 六月規定以後一切考試，均以講求實學實考為主，不得以楷法優劣定高下。(註45) 七月，廢朝考。(註46)

綜合維新運動時期的改革措施，可以歸納出以下五點特徵：第一，已由原先少數個別、獨立教育機構的設立，朝向普設各級學堂，已含有普及教育的理念。第二，已由原單一層級的學校，朝向多層級的學校。例如：在維新運動之前，新設的天津中西學堂，即分為頭等與二等學堂（各修學 4 年）；上海南洋公學，則分為外院，中院與上院（各修業 4 年）。又《京師大學堂章程》亦訂有大、中、小學。雖然此刻尚未冠以「學制」之名，但已具三級學制的雛形。壬寅學制的擬訂，部分是建基於此經驗上。第三，就課程內容言，已由原先的西文（言）、西藝教育，轉向西學、西政的教育；由初期偏重西學，轉向中西兼重，中體西用。第四，經濟特科的設立，已為進入新式學堂的學生打開入仕之途，提供學子一項誘因。第五，科舉制度改革的幅度有限，側重於考試科目、方式、內容的改變，並未完全廢止。因此，這只達到梁氏所說的中策。

第四節 ▶▶ 辛丑議和以後新政時期

　　庚子事變後，光緒二十七年（1901 A.D.）七月，滿清與列強簽訂辛丑和約。在此之前，慈禧太后於出走西安途中，已有悔意，改行新政。於是二十七年，下詔變法。政治上，一方面改革行政制度，一方面預備立憲；軍事上，試圖一方面改組腐敗的八旗與綠營，一方面建立新軍。財政上，統一貨幣與度量衡，並集權中央。(註47) 至於教育與科舉，亦有大幅的變革，主要有四項：1. 建立西式學制；2. 廢止科舉制度；3. 建構新教育行政制度；4. 推動留學教育。茲分述如後。

壹 ▶ 建立西式學制

　　晚清朝廷正式頒定的學制有兩個，一是「壬寅學制」，一是「癸卯學制」。

一、壬寅學制

　　就「壬寅學制」言，光緒二十八年（1902 A.D.）七月，京師大學堂管學大臣張百熙奏陳所擬學堂章程，奉准頒行，史稱《欽定學堂章程》，其中包括《欽定京師大學堂章程》、《欽定考選入學章程》、《欽定高等學堂章程》、《欽定中學堂章程》、《欽定小學堂章程》及《欽定蒙學堂章程》等六種。學制分為三段七級，第一段為初等教育，計 10 年，分三級，即蒙學堂 4 年，尋常小學堂 3 年，高等小學堂 3 年。第二段為中等教育，計 4 年，僅有中學堂一級。第三段為高等教育，分三級，即高等學堂或大學預科 3 年，大學堂 3 年，大學院無定期。兒童 6 歲入蒙學堂，至大學堂畢業，至少須 20 年。另外有仕學館、師範學堂、師範館，簡易、中等及高等實業學堂，與前述普通教育體系平行。(註48) 學制系統簡圖如圖 11.1。

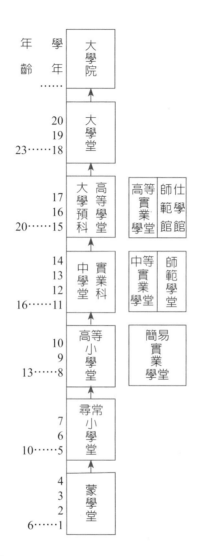

圖 11.1　壬寅學制系統
資料來源：教育部：《第三次中國教育年鑑》，頁 31。
說明：章程計齡是採虛歲。

　　該章程出於張氏門人沈兆祉之手。此制雖說擷取歐、美、日諸邦成法，但實以日本為主。學制頒行未及二年，旋即又廢止。究其原因是朝廷守舊勢力對新學制已有不滿，當實行後各地所起學潮，管學大臣張百熙又

無法妥善處理，於是朝廷加派滿人榮慶爲管學大臣，以箝制張氏。榮慶不斷擴權，架空張氏，並趁鄂督張之洞入覲之機，奏以張之洞改訂學堂章程。(註49) 於是次年五月，上命張之洞、張百熙及榮慶共同修訂現行章程。十一月奏陳修訂後章程，同月奉上諭頒行，即「癸卯學制」，所頒章程稱爲《奏定學堂章程》。(註50)

二、癸卯學制

就「癸卯學制」言，所依據的《奏定學堂章程》，共包括《奏定初等小學堂章程》在內的近20個章程，雖說章程是三人共同具名，但主事者是張之洞，而張氏背後眞正草擬者，則是湖北黃陂陳毅，他是附生，兩湖書院優等學生，光緒二十七年十一月隨羅振玉訪問日本二個月，返回後獲派湖北師範學堂堂長。(註51)

此次學制的起草，不是憑空構想，而是參考過去所累積許多辦理各級各類學堂的經驗、譯介的西方學制，以及先前頒行的《京師大學堂章程》及《欽定學堂章程》。(註52)

「癸卯學制」亦分爲三段七級。第一段爲初等教育計13年，分三級，即蒙養院4年，初等小學5年，高等小學4年。第二段爲中等教育，計5年，僅有中學堂一級。第三段爲高等教育，計11至12年，分3級，即高等學堂（或大學預科）3年，分科大學堂3至4年，通儒院5年。學童7歲入小學堂，至通儒院畢業共26年。與普通教育體系平行的，尚有實業學堂體系與師範學堂體系。(註53) 學制系統簡圖，如圖11.2。

雖然癸卯學制經過修訂，但是類似的缺點仍在，主要缺失有三：

1. 制度基本上仍是模仿抄襲，直接取法日本，間接參考歐美，橫斷式的將外國制度全盤地移植到中國，而未考慮本國的背景與條件，以致理想雖高，但落實不易。

2. 整個學制年限太長，從入小學至大學畢業，至少要20年，較壬寅學制的16年更長。依當時的整體經濟條件，政府應無力支撐如此長期的

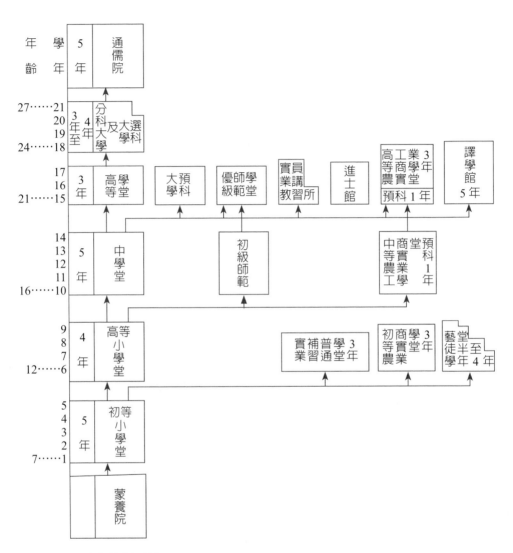

圖 11.2　癸卯學制系統

資料來源：教育部：《第三次中國教育年鑑》，頁 320。

學制。對於中下階層的子弟，更不易承擔長期的支出。因此修業年限的延長，不必然意謂素質的提高，可能反而導致經濟負擔加重及平民子弟不願入學的問題。

　　3. 女子教育的忽略。原先這兩個學制並未特別改進以往女子教育機會遭剝奪的缺失，直至光緒三十三年（1907 A.D.）正月，學部頒布《女子師範學堂章程》與《女子小學堂章程》後，女子教育才取得合法的地位。（註54）

　　學制頒行後，具體辦學的狀況，可由統計數字略窺一二。概括而言，在數量上較以往增加，但在素質上未必盡如人意。由表 11.1 及 11.2 中可以看出幾點：1. 中小學無論在學校數量及學生總數上，都呈逐年增加的現象；2. 每所中小學的規模都不大；小學畢業生升入中學的機會是 3.3% 左右；小學生約占當時人口總數的 2‰ 至 3.6‰ 間，中學生約占萬分之一不到，（註55）換言之，全國未入學的兒童仍居大多數。

➲ 表 11.1　晚清小學堂統計表

年份	初、高等小學堂			半日學堂		
	校數	學生數	每校平均人數	校數	學生數	每校平均人數
光緒 33 年（1907）	40,310	895,471	26.6	614	18,222	29.7
光緒 34 年（1908）	40,310	1,153,780	28.6	728	22,813	31.3
宣統元年　（1909）	50,301	1,489,443	29.6	975	25,545	26.2

資料來源：李桂林等主編：《中國近代教育史資料匯編 · 普通教育》，頁 85-9。

➲ 表 11.2　晚清中學堂統計表

年份	校數	學生數	每校平均人數
光緒 33 年（1907）	419	31,682	75.6
光緒 34 年（1908）	440	36,364	82.7
宣統元年　（1909）	460	40,468	88

資料來源：同表 11.2，頁 305。

貳 ▸ 廢止科舉制度

原本朝野對科舉缺失的批評已多，當新學制頒行後，改革科舉的需求便日益急迫，這段期間的改革歷經二個階段，首先是主張逐步遞減科舉人數，至減盡止。之後，則是主張立刻廢止科舉。

首先，就遞減科舉人數言，許多封疆大吏持此主張。光緒二十九年二月，袁世凱、張之洞奏請遞減科舉。因為不入學堂者，亦能得科舉；入學堂者，反不能驟得。如此，誰肯捨近求遠，避易求難。具體的作法是：萬壽恩科後，將各項考試錄取名額預估均分，按年遞減。惟上未回應。(註56) 同年十一月，張百熙等奏呈新學堂章程時，亦請遞減科舉。他們指出，民間不願捐款興學，因科舉未停，遂以為朝廷未專重學堂；士子因有科舉退路，故不肯專心向學，不守學規。改革之道是：自丙午科（光緒三十二年，1906 A.D.）起，每科遞減中額三分之一，至壬子科（1912 A.D.）減盡，前後須 10 年。(註57) 同日上諭，同意照其所陳，逐漸每科遞減。(註58)

其次，就直接廢止科舉言，當遞減科舉之法尚未施行前，三十一年（1905 A.D.）袁世凱等封疆大吏再次奏陳，請立刻停止科舉以廣學校。上諭自丙午科起，所有鄉、會試一律停止，各省歲、科考試亦即停止，原有舉人、貢生、生員分別安排出路。(註59) 於是實施逾千年的科舉制度，至光緒三十二年正式告終。

參 ▸ 建構新的教育行政制度

清朝原有的教育行政制度，大抵沿明制，分為中央與地方兩個層級。

一、中央層級

就中央層級言，中央主管教育行政機關，是禮部。禮部依法掌「五禮

秩序，典領學校貢舉，以布邦教」。首長爲尚書，滿、漢各一人。（註60）禮部所轄的學校，包括京師國子監內的各學，以及各地方學校。國子監首長初爲祭酒，雍正三年改管理監事大臣，下轄國學、八旗官學、算學、俄羅斯學館及琉球學館等設京師的學校。（註61）至於地方學校與國子監之間，並無相互隸屬的關係。

　　洋務運動時期，雖設立各類新式學堂，但並未將這些學堂納入禮部管轄，亦未另增設專管機構來負責，而是分由設立機關或官員管轄。例如：京師同文館，歸總理衙門管轄；上海廣方言館與廣州同文館，則分由該地巡撫、將軍管理；福州船政學堂，由總理船政大臣管理；天津水師學堂，則由北洋大臣管理。換言之，尚未建立一套完整的行政管理制度。

　　制度的改變，是自二十四年設京師大學堂起。當時負責籌辦大學堂的，不是禮部或國子監，而是總理衙門。依法京師大學堂兼具學校與教育行政機關雙重身分，各省學堂皆歸其統轄，（註62）其首長是管學大臣（註63）。此刻，清朝已出現兩套平行的教育行政制度，一是傳統制度，以禮部爲首，管轄傳統各學；一是新制度，以京師大學堂爲首，管理各地新式學堂。由於京師大學堂雙重性質有所不便，因此二十九年張之洞奏請專設總理學務大臣，京師大學堂校務則另設總監督負責。《奏定學務綱要》中也有是議。於是上諭改管學大臣爲學務大臣，並命孫家鼐擔任，負責管理各地的新式學堂。（註64）

　　庚子事變後，慈禧下詔變法，二十七年三月，設政務處爲統籌變法維新的機關。（註65）三十一年九月，政務處與學務大臣因各省學堂次第興辦，必須有專責機構，遂會奏設學部，其制仿日本文部省成規，統轄全國學務，並因科舉已廢，建議裁撤禮部，將國子監併入學部；至於禮部應辦典禮，責成太常寺及鴻臚寺辦理。十一月，上諭准設學部，並允將國子監併入，惟保留禮部。三十二年，頒定《學部官制》，規定學部管理全國教育學藝事務。（註66）於是學部已逐漸成爲新的中央最高教育行政機關。然而原有禮部仍在，雙方行政權責每多重疊，於是摩擦不可避免，

執行公務諸多不便。(註67) 於是，同年朝廷釐訂兩部辦事界限，原行科舉前的貢士、舉人、貢生、生員及監生有關考試、引見、解卷行以及改籍、改名、就職、報捐事宜等由禮部管理；由學堂出身的進士、舉人、貢生及生員、出洋游學畢業生以及學部領照的監生的類似事宜，均歸學部管理。(註68) 這種雙軌並行的作法，持續至清亡。

二、地方層級

　　就地方層級言，清朝的地方行政分爲行省、府（州）及縣三級。在省級方面，清初沿明舊制，各省設提學道。雍正四年（1726 A.D.）廢學道，全部稱「提督學院」，官名是「欽命提督某省學政」（簡稱學政），各省一人，掌學校政令，歲、科兩試。巡邏所到省分，考察師儒優劣、生員勤惰，另舉凡興革意見，會總督巡撫行之。(註69) 此有觀風俗得失之意。換言之，學政是一省最高教育行政官員，有權直接管理所轄地方學校與師生及貢舉事務，以及督導省以下地方長官辦理文教事務。雖然省級首長有總督與巡撫，學政的官品不及其高，但卻非兩者下屬，且互不隸屬，而是相互牽制，學政是向禮部負責。此外必須注意的是，學政不是常設官員，而是遇到子、卯、午、酉等鄉試年，八月欽命派任，年終前到任，各省學政多駐省城。雖所駐也有衙門供他辦公，但不能算是常設的省級教育行政機關，他也無固定的部屬供差遣。

　　此項制度，自光緒二十九年十一月頒行《奏定學務綱要》後，開始變化。《綱要》中提及，應於省城各設學務處一所，由督撫選派通曉教育者總理全省學務。(註70) 於是同年直隸設學校司（後改學務處），主其事者稱督辦，其事由總督統轄。(註71) 次年，湖北學務處、江西學務處、浙江學務處相繼設立。(註72) 於是一省中同時出現學政及學務處督辦兩位主管教育行政的官員，此種雙頭馬車的現象，很快得到解決。三十一年詔罷科舉後，學部遂奏請裁撤學政，各省設提學使司，置提學使一員，統轄全省地方學務，其任免雖由學部，但卻是督撫的屬官，須受其節制，並

於省會所在地設學務公所，爲其辦公官署。公所內分設總務、普通、專門、實業、會計、圖書六課辦事。同年三月准奏。(註73) 此後，提學使司成爲一省最高教育行政機關，地方學務全歸提學使管轄，原先的學政與學務處一併裁撤。變動後省級提學使司與中央學部的關係是，首長的人事任免考核取決於學部，但業務不受其直接指揮，而須透過地方首長督撫。(註74) 如此一來，學部初設時可直接指揮各省學堂的情形已不再。

　　在州、縣級方面，原先清朝雖在省以下府（州）及縣級設立學校，學內置有教官（詳前章），但並未在州、縣級設置相應的官員專司教育；學校既有學政管理，又有同級地方首長（知州或知縣）督導，於是雙重領導的現象便出現。

　　然而這種制度自光緒三十二年起開始改變。學部所奏《各省學務詳細官制》規定，各廳、州、縣設勸學所，置縣視學一人兼充學務總董，由提學使派任；常駐各廳、州、縣城，由地方官監督辦理學務。又同年學部《奏定勸學所章程》規定，各廳、州、縣於本城設公所一處，稱勸學所，爲全境學務的總匯，所內一切事宜由地方官監督。勸學所設總董一員，綜合各區事務；境內設各學區，每區設勸學員。(註75) 如此一來，地方專設的教育行政機關，已由原先的省級，深入到縣級。這反映了朝廷更普及教育的意向。

　　宣統二年（1910 A.D.）學部奏頒《改訂勸學所章程》，其中規定：未實行地方自治前，地方學務由勸學所代行。各勸學所總董，改稱勸學員長，仍保留各區勸學員，勸學員長及勸學員均由地方長官遴選，由提學使派充。(註76) 三年（1911 A.D.）資政院、學部會奏《地方學務章程》規定：地方學務由府、州、廳、縣及城鎮鄉自治機關辦理，並設學務專員專責之。(註77) 惟公布不久後清亡。

三、變化要點

　　綜上所述，這段時期教育行政制度的變化要點如後。

　　就中央層級言，最高主管教育行政機關，由禮部改爲學部。在學部設立前，其間主管學務官員歷經管學大臣、總理學務大臣、學務大臣及尚書等變化。中央與地方的關係，原先禮部可直接指揮各省的學政，學部可直接指揮各級各類學堂；後來則必須透過地方首長督撫間接指揮提學使。

　　就地方層級言，原先只設有省級專管教育行政官員學政，但無常設機關，後逐漸向下延伸至州、縣層級（設立勸學所），均設有專司學務的教育行政機關。原本省級主管官員爲學政，後又出現管理新式學堂的學務處督辦，最後省級機關改爲提學使司，主管官員改爲提學使。又其地位，原本與地方首長督撫平行，後降爲督撫屬官，受其節制。在管理體系上，原本省級學政只受禮部指揮，不受督撫節制，是一元領導方式；但改爲提學使後，直接受督撫節制，卻又間接受學部監督考核，變成二元領導方式。至於州、縣級教育行政機關亦然，勸學所既受地方官監督，又受提學使指揮。這種制度上的二元領導方式，已呈現出日後教育行政事務，究竟屬於普通行政或專業行政的爭議。有關清代教育行政制度簡圖，如圖 11.3；教育行政制度變遷簡圖，如圖 11.4。

一、傳統

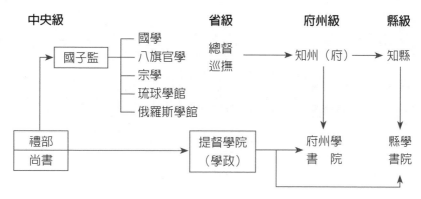

二、晚清（1905 年以後）

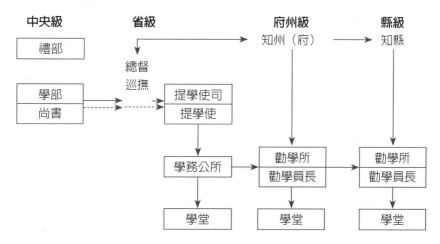

說明：

1. ☐ 表示教育行政機關或官員

2. ➔ 表示直接指揮，-->➔ 表示間接指揮。

圖 11.3　清代教育行政制度簡圖

一、中央級

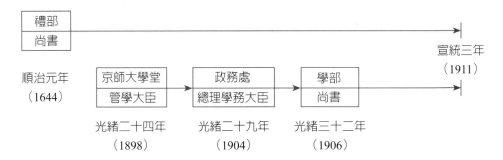

二、省級

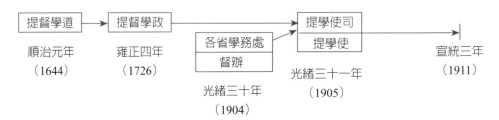

說明：
機關名稱
首長名銜

圖 11.4　清代教育行政制度變遷簡圖

肆 ▶ 推動留學教育

光緒二十年以後，留學教育的發展進入第二階段，朝野態度轉趨積極。有人統計，清末留學生人數，甲午之前僅 200 餘人，之後則多達 4,200 人。(註78) 此或可說明轉變的程度。關於這段期間的狀況，可從留學生的派遣、管理及獎勵三方面加以說明。

一、留學生的派遣

首先，就留學生的派遣言，依前往地區分，主要是日本、歐洲與美國，其中又以日本為主。

就留日言，派遣學生留日，始於光緒二十二年，但屬非正式派遣。二十四年訂定正式章程後，留日生絡繹不絕，有中央派遣者，有地方派遣者，有自費者。(註79) 據統計，自二十七年至三十二年間，留日生達萬餘人。促成大量留日的原因，除了路近、文同、時短、費省外，封疆大吏如湖廣總督張之洞、兩江總督劉坤一等人的提倡，亦是重要因素。(註80) 由於人數膨脹太快，素質參差不齊，學部遂於三十二年通令各省限制留學生資格。此後人數遂大減。(註81)

就留歐言，自閩廠生留歐中止後，光緒二十五年（1899 A.D.）總理衙門曾有派生出洋習農、工、商之議，但因庚子之亂未實行。二十八年九月上諭各省督撫籌款選派學生去歐、美求學。之後，部分督撫即派學生赴歐。三十年外務部與學務大臣共擬《游學西洋簡明章程》，鼓勵游學西洋。(註82) 於是留歐之風再起。

至於留美，光緒三十四年（1908 A.D.）美國會通過退還部分庚子賠款，此項經費則用來選派學生赴美游學。自宣統元年起至三年止，三年共選派了 179 人。三年並成立清華學校為預備學校。(註83) 留美之風自此始。

二、留學生的管理

其次，就留學生的管理言，原先留學生多由駐外使臣兼管，由於第二階段留學生人數大增，遂有設置專人管理之議。光緒二十八年首先於日本設立留學生監督處。之後，三十三年（1907 A.D.）增設游歐學生監督。(註84)除設專人管理外，另亦訂定管理辦法。光緒二十九年張之洞奏飭訂定《鼓勵游學生章程》與《自行酌辦立案章程》，作爲管理留學生的準則。(註85)之後，三十二年另訂定《管理游學日本學生章程》。(註86)至於留歐部分，初未專定章程，只列於游歐學生監督職掌下。至宣統二年始頒《管理歐洲游學生監督處章程》，其中列有「管理規條」專節。(註87)

三、留學生的獎勵

最後，就留學生的獎勵言，早期游學雖訂有辦法，但均爲個案，並未制度化。光緒二十九年張之洞除訂上述約束留學生辦法外，亦訂《鼓勵畢業生章程》，對於學成者不同出身，並給予相當官職，(註88)不過對象限於留日生。因游學返國者日久，三十二年學部頒布《奏定考驗游學畢業生章程》，及格者只有出身，而不授官。(註89)於是考試只是資格考試，而與任用分開。至於任用，三十三年另訂頒《游學畢業生廷試錄用章程》，規定通過學部考驗的留學生，須再經廷試，始得授官職。(註90)這反映了留學生愈來愈多，必須透過篩選，始得授官不再是通通有賞。

除了上述情形外，綜觀第二階段的留學教育與前一時期相比，呈現出一些不同處：

1. 在身分背景上，原先留學生多來自中下家庭，但此刻已有轉變；不只如此，清廷尚定有辦法，專讓貴冑子弟出國留學及職官出洋游歷。(註91)

2. 在態度上，原本被視爲畏途的留學，此刻卻被視爲入仕的終南捷徑，人人欲爭取之。

3. 在性別上，原先只有男子留學，此刻女子亦可出洋，且以留日居多。(註92)

4. 在思想上，同治末至光緒二十九年間，留學側重軍備；二十九年至三十四年，側重西政；三十四年以後重西藝。(註93)

最後，若分析留學生的籍貫，則發現以江蘇、廣東兩省最多，江南較江北多，沿海較內陸多。此點反映了當時中國各地受西方影響程度的強弱。(註94)

至於留學教育的成敗功過，爭議很大，此不深談，另文再詳。

附註

註 1　參見魏源：《海國圖志》，〈籌海篇三議戰〉，收於璩鑫圭主編：《中國近代教育史資料・鴉片戰爭時期教育》，頁 429。

註 2　參見奕訢奏摺，收於朱有瓛主編：《中國近代學制史料》第一輯上冊，頁 6-9。

註 3　參見王炳照主編：《中國近代教育史》，頁 56。

註 4　同註 2 引書，頁 71-3，此指光緒二年（1876）公布的課程表。

註 5　同註 3 引書，頁 58。

註 6　參見張盛藻及倭仁奏摺，收於陳學恂主編：《中國近代教育史教學參考資料》（上冊），頁 186-95。

註 7　參見李鴻章奏章，同註 2 引書，頁 214-9。

註 8　參見毛鴻廣奏摺，同註 2 引書，頁 258-61。

註 9　同註 5 引書，頁 60；蘇精：《清季同文館及其師生》，頁 137-67。

註 10　參見左宗棠撰，當時左已調陝甘總督，同註 8 引書，頁 353-6。

註 11　參見清史稿校註編纂小組：《清史稿校註》卷一一四〈選舉志〉，頁 3154。

註 12　參見李鴻章奏片，同註 10 引書，頁 83-4。

註 13　參見李鴻章奏摺，全同前書，頁 533-5。

註 14　參見左宗棠奏摺，同註 10 引書，頁 330。

註 15　參見曾國藩等奏摺，收於陳學恂籌編：《中國近代教育史資料匯編・留學教育》，頁 86-92。

註 16　參見高宗魯譯述：《中國幼童留美史》，頁 31-2 所附年齡分配表及籍貫分

配表。

註 17　參見李志剛:《容閎與近代中國》,頁 114-9;註 5 引書,頁 73-5。

註 18　參見沈葆楨奏摺,同註 15 引書,頁 255。

註 19　參見沈葆楨等奏摺,同前引書,頁 229。

註 20　參見李鴻章奏片,同註 6 引書,頁 151-2。

註 21　參見李鴻章等奏摺,同前引書,頁 152-60。

註 22　參見汪一駒:《中國知識分子與西方》,頁 37-41。

註 23　同註 5 引書,頁 78-9。

註 24　參見王炳照等:《中國近代教育史》,頁 79。

註 25　參見陳瓊璀:《清季留學政策初探》,頁 80。

註 26　同前引書,頁 60-1。

註 27　參見馮桂芬:〈採西學議〉,收於舒新城主編:《中國近代教育史資料》
　　　　(下),頁 894-9。

註 28　參見馮桂芬:〈改科舉議〉,同前引書,頁 891-3。

註 29　參見鄭觀應:〈考試〉與〈學校〉,同前引書,頁 897-905。

註 30　參見李端棻:〈奏請推廣學校摺〉,收於湯志鈞等:《中國近代教育史資料
　　　　匯編‧戊戌時期教育》,頁 116-21。

註 31　參見康有爲奏摺,同前引書,頁 37-40。

註 32　參見康有爲:〈請開學校摺〉,同前引書,頁 50-2。

註 33　參見梁文,同前引書,頁 2-9。

註 34　參見梁文,同前引書,頁 9-12。

註 35　參見梁啓超:〈南海康先生傳〉,收於舒新城:《中國近代教育史料》,頁
　　　　234-80。

註 36　參見張之洞奏片,同註 4 引書,頁 306-9。

註 37　參見盛宣懷稟,同註 35 引書,頁 136-41。

註 38　參見盛宣懷奏摺,同前引書,頁 151-5。

註 39　參見陳寶箴招生告示,同前引書,頁 146-7。

註 40　參見〈總理衙門籌議京師大學堂章程〉,同註 3。引書,頁 125-36。

註 41　參見 5 月 22 日上諭,同前引書,頁 55-6。

註 42　參見總理衙門、禮部奏摺,同前引書,頁 31-2。

註 43　參見 5 月 5 日上諭，同前引書，頁 47。

註 44　參見 5 月 18 日上諭，同前引書，頁 48。

註 45　參見 6 月 1 日上諭，同前引書，頁 48-9。

註 46　參見 7 月 3 日上諭，同前引書，頁 57。

註 47　參見費正清主編：《劍橋中國史》第十一冊〈晚清篇 1800-1911〉（下），
　　　　第七章。

註 48　參見張百熙奏摺，收於璩鑫圭主編：《中國近代教育史資料匯編・學制演
　　　　變》，頁 233-87。

註 49　同註 24 引書，頁 176-8。

註 50　參見張百熙等奏摺，同註 48 引書，頁 287-91。

註 51　參見周愚文，〈羅振玉日本教育考察與晚清學制制定的關係〉，《教育研究
　　　　集刊》，61 輯，第一期，2015，頁 1-33。

註 52　同註 49 引書，頁 172。

註 53　同註 50 引書，頁 291-523。

註 54　同前引書，頁 574-94。

註 55　人口總數，依道光二十八年（1848 A.D.）4 億 2,670 萬人爲準，除以中小
　　　　學生總數，可得概數。參見趙岡、陳鍾毅：《中國土地制度史》，頁 146。

註 56　參見袁、張二氏奏摺，同註 48 引書，頁 523-6。

註 57　參見張百熙等奏摺，同前引書，頁 527-9。

註 58　參見 11 月 26 日上諭，同前引書，頁 291。

註 59　參見袁世凱等奏摺，同前引書，頁 530-3。

註 60　參見清史稿校註小組：《清史稿校註》卷一二一〈職官志〉，頁 3267。

註 61　同前引書，卷一二二，頁 3297。

註 62　同註 30 引書，頁 125-6。

註 63　參見朱有瓛等主編：《中國近代教育史資料匯編・教育行政機構及教育團
　　　　體》，頁 5。

註 64　同前引書，頁 7-8。

註 65　參見陳致平：《中華通史》（十一），頁 456。

註 66　同註 64 引書，頁 10，17。

註 67　參見雷國鼎：《中國近代教育行政制度史》，頁 17。

註 68　同註 66 引書，頁 10-1。

註 69　同註 60 引書，卷一二三，頁 3319-20。

註 70　同註 48 引書，頁 507。

註 71　同註 66 引書，頁 30-1。

註 72　同前引書，頁 36-8。

註 73　同前引書，頁 39-40。

註 74　同前引書，頁 45。

註 75　同前引書，頁 60。

註 76　同註 67 引書，頁 156。

註 77　同註 75 引書，頁 82。

註 78　同註 25 引書，頁 46 陳引王惠姬的統計。

註 79　同前引書，頁 65。

註 80　參見舒新城：《近代中國留學史》，頁 46-52。

註 81　同前引書，頁 55。

註 82　同前引書，頁 28-41。

註 83　同前引書，頁 72-9。

註 84　同註 78 引書，頁 123，129。

註 85　同註 83 引書，頁 154。

註 86　同註 15 引書，頁 385-9。

註 87　同前引書，頁 304-5。

註 88　同註 6 引書，頁 705-6。

註 89　同註 87 引書，頁 6l-2。

註 90　同前引書，頁 66-9。

註 91　同前引書，頁 21，31。

註 92　同註 83 引書，頁 129-32。

註 93　同前引書，頁 195-205。

註 94　同註 84 引書，頁 88。

第 12 章

總　結

　　經由以上各章的探討，可以歸納出若干中國傳統教育制度演變的特徵，茲分述如後。

　　1. 就**教育型態**言，由三代以前的非正規教育，逐步朝向正規教育；由個別學校的設立，逐漸形成制度，分為中央與地方學校兩個層級，清末更改建構西式的三級學制。

　　然而必須注意的是，教育型態的轉變，未必表示教育事業的日益進步。因為當學校教育日趨制度化後，連帶可能產生的是制度僵化與缺乏彈性的問題。又當教育重心過度依賴以學校教育的正規教育時，原有的家庭、家族、鄉里的非正規教育功能卻日漸萎縮，此點未必有利於教育事業的整體發展。

　　2. 就**教育與宗教及政治的關係**，上古以來三者關係密切，但自漢以降，在內容上，教育與宗教分離；自隋唐起，在行政管理上，學校脫離太常，改隸禮部。象徵教育與宗教脫離，但政治與教育則始終糾結不清。

　　究竟教育制度與政治制度及政治勢力之間，能否劃清界限，雙方或應保持某種關係，仍無定論。

　　3. 就**學校特質**言，自唐以降，官學形成了廟學制，亦即各級官學內，設有學宮及孔廟，學校內師生按時舉行學禮，以示尊師重道；另有從祀制，以示敬賢。總之，其制旨在尊孔崇儒。

　　然而歷代君主的內心是否真如表面所為，誠心尊孔崇儒、尊重道術，則仍有疑問。事實上，治國時，陽儒陰法者有之；以尊孔崇儒籠絡人心，箝制思想者，亦有之。故詮釋此一現象時，必須更小心。

　　4. 就**人才選用**言，學校旨在培養人才，但歷代選用人才各有其法，未必盡由學校。三代講求鄉舉里選，春秋戰國是毛遂自薦，西漢採郡國察舉，魏晉南北朝行九品中正，隋唐以降至清末，則以科舉取士。概括而言，歷代重視人才的選拔晉用勝於人才的培養。至於先培養，再任用則是現代之事。

　　基於此一事實，當吾人研究歷代教育時，不宜將學校教育的地位與重要性過度誇大，而必須放在國家整體用人政策下來考量。

　　5. 就**科舉制度**言，此制施行近 1,300 年，利弊互見，其利在提供平民子弟入仕的機會，進而打破傳統門第，有助小幅社會流動；其弊在箝制士子思想，考試領導教學，使學校淪為科舉的附庸。期間唐、宋、元、明四朝都曾一度停廢，但卻再恢復，直到清末廢除科舉時，人多稱慶，以為千年枷鎖已除。

　　然而，日後公務人員考試制度及各級學校聯考出現後，人們多以為是科舉遺毒的再現，亟欲去之而後快。不過吾人必須反省的是，為什麼類似的制度會再現。合理的解釋之一是，社會雖有改變，但社會中不公平、不正義之事仍多，因此對公平的精神仍有所期待，而科舉制度正是反映公平的精神，於是自然會再現。

　　6. 就**官學教學成效**言，原本官學是學子講學游習之地，自漢起即提供免徭役、廩餼（梁）、丁稅（宋）等誘因，期使學生安心向學；但自宋以降，當學校規制日漸完善，學生待遇日漸提高時，學校卻淪為士子寄食之地，無講學課考之實。此點促使吾人重新反省官辦教育的角色。官辦教育或許可以提供較多的受教機會，解決學校數量不足的問題，但卻不必然保證教育素質的相對提高。甚至，反而日益低落。

7. 就**書院教育**言，此制興於宋，起初是私辦性質。原本特色之一即是在「學以爲己」及追求講學自由，以彌補官學與科舉之弊。但自元以降，逐步官學化，明代官辦書院超過一半，至清已失去原有特色，而淪爲預備科考之地。

書院教育的官學化與異化，是令人惋惜之事。又當清末引進西式學制後，原有私人辦學形式與辦學精神已不復存。然而當今日新式的學校教育日漸只重教書，不見教人時，是否應恢復書院式的教育，值得吾人考慮。

8. 就**學校經費來源**言，原先歷代學校的經費，並無穩定來源，常隨主政者主觀的好惡，與國家經濟的榮枯，而起伏不定。惟自北宋採行學田（產）政策後，基本上解決了此一問題，並爲元、明、清所沿用。此法除儒學外，書院亦採用之。

9. 就**學校課程內容**言，自漢武帝獨尊儒術、罷黜百家後，官學教育的內容始終以儒學爲主。雖然釋、道兩家在民間影響力甚巨，但始終無法在學校中取得正統地位。又雖然魏晉南北朝一度設立文、史、道、陰陽等學，後代也有算學、醫學、律學、畫學、書學、道學、武學等，但都只是旁支，儒學始終爲主流。又在各派儒家思想中，自元以降，由於政治力量的干預，程朱理學成爲正統；官學所教，科舉所考，均以程朱學說爲主。清末實施新教育後，在「中體西用」的政策下，雖然形式上經學仍可保留在學校課程內，但實質上，其重要性是否被放在「體」的位置上，就值得商榷。

傳統太重中學，以致清末出現偏向西學的反動。然而，清末迄今，大力倡導西學、忽略中學後，是否會出現另一次反動，則待觀察。

10. 就**受教者的性別**言，傳統正式的學校教育，是以男性爲主，科舉取才也如此，女子雖可讀書識字，但卻以非正規的家庭教育爲主。女子開始入學受教，則是晚清之事。但必須注意的是，當時兩性的教育機會，並不盡然相等，無論在學校的類型、修業年限的長短及未來升學的管道上，都存在著性別上的差異。這種種差別的消弭，則要到20世紀以後。不過，

整體上，兩性教育機會差距的日趨縮小，應可視為教育的進步。

11. 就**受教者的家世背景**言，三代以貴胄子弟為主，惟極少數庶民之俊秀仍有機會。春秋戰國時，私人講學興起，機會對平民開放。兩漢時，一度擴及平民子弟。惟至魏晉南北朝時，機會又逐漸緊縮限於名門士族子弟。隋唐時，中央官學則依父祖官品高低，學生入不同學校，仍以名門士族子弟為主。自宋、元以降，因一方面太學日漸平民化，一方面州、縣學日漸擴張，平民子弟受教機會才日漸擴增。然而平民子弟中，並非人人可受教，原本只限於四民中身家清白的士農子弟，至於工商雜類、倡優皁隸之子是不行的。惟自明、清以降，商人地位日漸提高後，清已專門提供名額給商人子弟。總之，有教無類的理想，在清朝前並未具體實現。因此當吾人在誇讚傳統學校制度日趨完備時，不可忽略了其在對象上的缺陷。不過，若因此而苛責古人，則有欠公允。畢竟「教育機會均等」的觀念，是20世紀後期才出現的，且評斷標準也不斷在改變。

12. 就**教育普及程度**言，過去能夠接受官辦教育的人數，占總人口比率始終很低，唐、宋、元、明，平均約在1‰至2‰之間。雖然晚清建立新學制、普設學堂後，狀況有所改善，但此率仍未大幅提高。普遍就學，則是現代實施強迫性義務教育以後的事。換言之，過去的學校教育是一種菁英教育，而非普及教育。至於絕大多數的人，不是未受教育，就是只能接受各式各類的私辦教育，或非正規教育。若吾人將教育史的研究焦點完全集中在學校（特別是官學）上，則可能會遺漏了許多史實。

又若因當時就學人數比例甚低，教育未普及，則苛責古代教育落伍、不公平，則可能亦欠公允。因為普及教育的實施，受經濟因素的影響甚巨，必須要有足夠的國家財力及個人家族經濟能力來支應，否則國家與個人，可能未蒙其利，反而先受其害。而且如前所述，若盲目地擴充官學的數量，不必然保證素質的提高。

　　總之，綜觀上述變遷，吾人不敢武斷地斷言，整個中國教育事業幾千年的發展過程，由傳統到現代，是一條直線進步的過程。換言之，後代教育必然較前代教育好，現代新式教育必然較傳統舊式教育進步。結論中的教育型態、官學教育成效及書院教育等的變遷，都促使吾人對前述主張提出質疑。

　　因此，當吾人在改革當前教育、規劃未來發展時，仍須時時不忘以古爲鑑。畢竟，古未必不如今，今未必優於古。

西洋教育史

HISTORY OF WESTERN EDUCATION

第 1 章

希臘教育

第一節 ▶▶ 希臘社會與教育

壹 ▶ 希臘社會

希臘是一個半島，它由北而向南伸入地中海。希臘半島的東邊接近土耳其，南邊與埃及遙遙相對，西邊隔著埃得利亞海（Adriatic）及地中海與義大利半島相望。由於希臘半島海岸線曲折而長，南部沿海小島林立，海岸線彎彎曲曲，半島山脈走向由北而南，小平原眾多，形成了希臘城邦（City-States）崛起的絕佳地理條件。一般而言，由內陸至海岸線平均都不算長，成為希臘人向小亞細亞及地中海各地殖民的優良條件。希臘半島內陸並無大山；丘陵、小谷甚多。地理環境堪稱為一座學校，這是教育史學者讚賞希臘地理環境之語。

希臘文化深受腓尼基文化與埃及文化的影響。以希臘文字而言，希臘人接受了由腓尼基人所發明的拼音字母，但是卻是由埃及人傳播給希臘人的。埃及人所使用的拼音字母共有 21 個，沒有母音，只有子音。埃及人在文字書寫上是由右至左。希臘人則另外補上母音，將文字書寫的方向改為由左至右。西元前 700 年前，希臘文字通行西方各地，成為日後眾多歐洲文字的始源。希臘文化被認為是西方文化的根源，舉凡希臘文化中的科學、數學、天文學、文學、哲學、政治學、倫理學，以至雕刻、建築、醫學等，莫不影響於西方學術思想的發展。尤其值得人們注意的是呈現於今

且西方民主政治思想及其制度的淵源，也是可以溯源於希臘的文化。

一、民族來源

　　希臘人屬於印歐民族，西元前 1200 年後由北方達奴貝（the Danube）地區移居南方，到達希臘半島而定居。至於希臘人祖先的確實來源則不易得知。但是希臘文化顯示了海島貿易的特色，證明了希臘人祖先與海上活動的密切關聯。

二、城邦制度

　　希臘半島眾多小平原是 Polis（城邦）出現的絕佳條件。在西元前 1200 至 700 年間，希臘半島已有定居的民族。他們在貴族統治的制度下，逐漸發展成統治階級。城邦人口不多，約 10 至 20 萬人。統治階級多不必操勞於手工活動，勞動事務則全由奴隸階級擔任。

三、社會型態

　　希臘當時境內約有 60 餘個城邦，其中著名的有斯巴達（Sparta）及雅典（Athens）。斯巴達社會分成三個階級：斯巴達公民具有統治權，男性多為戰士；彼銳奧西（Perioeci）具有經濟地位，但卻無政治權利；奴隸（Helots），多為戰敗被俘者，奴隸為世襲制。斯巴達人口中，公民為數不多，絕大部分人口為奴隸。雅典社會亦有奴隸制度。雅典城邦由國王、軍事領袖、行政官吏構成為統治階級。行政官吏受命於元老院（Council of Elders），元老出身於貴族，不僅有政治地位亦有經濟勢力。公民階級則多由小地主、工藝人員構成。另外，則為奴隸；每一貴族家庭至少養有 10 餘位奴隸，操勞於家務。值得注意的是，斯巴達實施專制制度，雅典公民階級則採取較為平等的民主政治制度。西元前 502 年時，克萊色恩斯王（Cleisthenes）對於許多重大政治、經濟、軍事事務之決定，多採民主方式為之。

四、多神宗教

希臘人在宗教信仰上採取多神論，有管人間感情的愛神，有管人們飲酒的酒神，有花神，有太陽神等。神亦具有人們一些特性，諸如妒嫉、爭鬥、情愛等。希臘人的神與人的關係甚為密切。

五、勞心勞力

由於文化的發展與社會的進步，西元前 4 世紀的希臘文化，顯然已經有了勞心的博雅藝能（liberal arts）與勞力的實用藝能（practical arts）之分。貴族統治者多偏重勞心的博雅藝能的學習與享用；而被統治者、勞力者，則多習實用藝能。勞心階級學習的是文學、修辭、文法、邏輯、算術等，而勞力階級則學習實用的農事、木工、金工、泥水工、造船、造屋等藝能。

六、哲學思想

希臘文化對西方世界的貢獻，真是難以估量。就以哲學而論，希臘人在蘇格拉底（Socrates, 470-399 B.C.）以前，哲學家多集中於宇宙形成理論中成分問題的討論，例如：阿那西孟斯（Anaximenes）認為宇宙基本因素為氣，赫銳克里特斯（Heraclitus）認為是水。但是，蘇格拉底則將哲學問題與人的問題相連結，使哲學討論的問題偏向於知識、道德、社會正義、靈魂等，因而有人說蘇格拉底將哲學從天上帶到人間。自蘇格拉底以後，希臘哲學家柏拉圖（Plato, 427-347 B.C.）創立觀念論（Idealism）；亞里斯多德（Aristotle, 384-322 B.C.）創立唯實論（Realism），影響了西方哲學思想幾達 2,000 餘年之久。

七、科學思想

希臘民族是崇尚理性的一支民族。希臘人相信宇宙之中，到處都充滿了理則（Logos）；顯然，他們相信自然界是一個有理、有則的存在體。

希臘人對自然界及人事界的問題，多會以理智的方式去面對而不只是依照傳統、習俗或神祕方式去處理。職是之故，希臘文化中的科學思想甚為顯著，例如：希臘哲人討論到宇宙構成元素時，就有人主張是原子（atom）。因此，原子的初期概念，也是希臘文化的貢獻。

八、藝術成就

希臘雅典人的藝術成就至為驚人。他們發展了優美的舞蹈，隨著戲劇的情節而有歌、有舞。為了表演的需要，他們興建了露天舞臺，不但觀賞方便而且音效極佳。希臘人的雕刻、神殿的建築，均能表現藝術的才華與高超的技藝，實足以證明希臘民族不止於外來文化的模仿，而有著深厚的文化創造力。

九、文學貢獻

希臘人在文學上的貢獻，也是令人驚嘆的。希臘人有著著名的史詩，荷馬（Homer，西元前9世紀人）所著的《伊里亞得》（*Iliad*）及《奧得塞》（*Odyssey*），幾乎成為希臘歷史與文學的結晶品。希臘人的神話、戲劇、修辭，皆為西方文學的發展，奠立了一個開創的基石。

貳 ▶ 希臘教育

一、斯巴達的教育

斯巴達城邦地居希臘半島南方，屬於波羅龐尼西（Peloponneese）半島上。斯巴達城邦的政治制度屬於貴族軍事獨裁制。國內公民係由自由民組成，奴隸則被排除在外。斯巴達城邦行政官吏稱埃弗爾（ephors），通常負有教育方面的權力。斯巴達城邦屬行優生制度，嬰兒出生之後，凡屬自由民者皆須經由行政官員的檢查，體格健全而無缺陷者，始被准許撫養長大；若遇到肢體不健全的嬰兒，則須棄養之，或交由奴隸家庭養育，或

棄之於荒郊野外，任其自生自滅。所有斯巴達自由民的嬰兒，都被視爲國家所有，不許認爲是父母私有。因此，兒童的教育，在斯巴達城邦，就被認爲是國家行政事務的一部分了。經由埃弗爾認可的合格嬰兒，即交給父母抱回家中養育，一直到嬰兒長大至 7 歲時，始正式接受國家的教育。

　　7 歲的男性兒童，通常須進入類似軍營的教育場所，接受爲期 11 年的軍事訓練及教育。住在軍營式學校的兒童，過著軍隊般的生活。兒童都依照管理需要而編組成小隊，分別由具有軍人資格的成人爲之負責教導與管理。軍事教官兼教師稱爲派都那默斯（paidonomus），負有教學、訓練、管理與處罰的責任。兒童在軍營式學校所接受的訓練，多爲軍事方面的，甚少涉及智育方面，例如：文字、數學等知識的教學。軍營式學校重視的是軍事技能的練習、軍事智能的具備、強健體格的鍛鍊、軍人武德的培養等。道德方面強調的則是服從、吃苦耐勞、勇敢、機警。因此，訓練過程中，甚至讓兒童去偷竊，但是不准被發現，有失誤、偷竊失敗是會處以懲罰的。18 歲時，軍營式學校訓練告一段落，這些青年即被分發至軍事單位，給予 2 年的軍事訓練。這 2 年完全在軍營度過，見習軍隊生活，學習軍事技能。20 歲時，斯巴達青年正式服役於軍中，直到 30 歲時爲止。30 歲時，男子服役告一段落，成爲正規的公民，享有娶妻、生育子女及管理奴隸的權利。斯巴達男子娶妻生育子女，並不是爲了自己而是爲了國家的發展；個人可以說是國家的財富；個人生活的目的，也完全是配合國家的需要。希臘哲學家亞里斯多德曾經批評斯巴達人的生活理想，只是戰爭與占有而已。國家的價值永遠高過於個人的價值，此時他不僅是一位公民而且身兼教育兒童與青年的責任。斯巴達城邦的女性兒童，年齡到達 7 歲時，並不像男性兒童進入軍營式學校接受訓練，但是，女性兒童從 7 歲起，也接受組織性的訓練，不過，多是體能方面的鍛鍊，其目的即在培養健壯的婦女以爲國家養育健壯的下一代。另外，女孩也接受訓練以爲操勞家務、教導管理及支配奴隸的技巧。比較而言，斯巴達婦女享有較高的社會地位。不過，斯巴達婦女也和男人一樣，都被視爲國家大機器中的一個

小鏍絲釘而已。

　　女子教育內容也是沒有智育的實施，她們學習舞蹈、歌唱、行軍，參與宗教慶典活動。這一切訓練都是在家庭生活當中，集體而組織性地加以實施，並不須進入一定的訓練場所。

二、雅典的教育

　　雅典城邦地處希臘的阿梯卡（Attica）半島，在阿梯卡地區雅典是較大的一個城邦。西元前第 5 世紀，雅典城邦估計有 20 萬人，其中 8 萬人是奴隸，2 萬人是勞工，其餘爲自由民。(註1) 一般而言，學校教育主要爲貴族子弟而設，奴隸子弟則沿襲父親的工作，工藝匠徒則以技藝之學習爲主，也是屬於父傳子，子傳孫的職業繼承。希臘文「學校」一辭即休閒之意，其意即學校爲有閒人士進入的場所。一般雅典貴族家庭的兒童，有專門陪送孩子上學的教僕（pedagogue），平時要護送幼兒就讀。由於兒童年歲小，與教僕長相在一起，耳濡目染之下，教僕對兒童的影響至爲明顯。教僕主要由奴隸中稍具學識、爲人端正，深得主人信任者擔任。雅典城邦由於政治制度較爲傾向民主，不像斯巴達的專制與獨裁，故其教育制度採取私人經營方式，政府未加任何干預，家長須支付學費爲子女的教育負責。一般雅典自由民兒童年滿 7 歲時，即須入學就讀；女性兒童則待在家裡，接受家長的教導而無須入學就讀。雅典學校通常分爲三種類型：即音樂學校、文字學校及體操學校。

　　1. 音樂學校：兒童進入音樂學校須學習詩及七弦琴的彈奏，詩是在演奏七弦琴時伴唱用的，七弦琴幾乎是雅典城邦自由民必具的藝能。教授音樂的教師，稱之爲 Citharist。音樂學校多在上午開課；音樂學校與文字學校採間隔上課；下午兒童則進入體操學校，學習體能鍛鍊及儀態。

　　2. 文字學校：文字學校是雅典城邦兒童實施智育的所在。文字學校教師稱爲文法師（Grammatist）。兒童學習讀、寫、算基本文化能力。他們先從熟悉字母、背誦句子、了解韻母、唱詠詩句學起。由於希臘文句是

先由教師口授，學生書寫於臘板之上，然後逐一背誦；字句字母連貫成行，因此，兒童須先行學會分句，然後始能了解到文句的涵義。文字學校的文法師，也教授伊索（Aesop）寓言。年歲大些的青少年則學荷馬的《史詩》、《伊里亞得》及《奧得塞》。另外，學生尚學習赫西奧（Hesiod，西元前 8 世紀的人）的著作，如《工作與日子》（*Work and Days*）。文字學校學生用來書寫的工具是臘板或紙草。背誦是文字教學重要的活動之一。

3. 體操學校：雅典兒童在體操學校接受教育，主要目的是培養健全的體格、端莊的儀態及優雅的姿勢。體操學校由體育教師（paedotribe）負責教導。實施體操教學的地方稱之爲體育館（palaestra）。體操學校教授的內容計有體操、跑、跳、擲、游泳、摔角、坐及立姿與走姿等。體操學校也指導學生技巧地控制個人身體的一些動作，使之顯得優美而典雅。

雅典教育制度較爲著重個人均衡的發展；教育的實施兼顧到德、智、體、美、群育的均衡發展。雅典教育注意到教育應如何使個人的能力妥善地發展，以適應將來社會公民生活的需求。教育的理想是要藉由個人的奉獻而促進社會的全體福祉。因此，雅典城邦對西方文明的貢獻，不是其他任何城邦所能匹敵的。

4. 軍事訓練：在雅典公民培養的過程中，西元前第 5 世紀以前，凡是自由民的子弟，在完成了前述的文字教育、音樂教育及體操教育之後，從 18 歲至 20 歲的青年男子，尚須接受爲期 2 年的軍事訓練，始克完成公民養育的歷程。在 2 年的軍事訓練期間，他們所接受的訓練，主爲體能的鍛鍊與軍事技巧的熟悉。在體能訓練方面，因爲五項運動（pentathlon）是奧林匹克（Olympic）競賽中的主要競技項目，因此，對於跑、跳、擲、投及摔跤競賽，至爲重視。軍事技巧方面，18 歲以上的青年們，在訓練期間，學習軍事方面攻擊及防禦的技巧，認識雅典各地的地理狀況，同時，各就所長，或習陸軍技巧，或習騎兵技巧，或習航海技巧。年滿 20 歲時，即爲雅典成熟的公民，責任加重，不僅完全投入公民的事務行列，就是軍事事務方面，他也是一位合格的戰鬥武士。

5. 遊歷教師：西元前第 5 世紀至第 9 世紀，由於雅典城邦在文化、經濟、政治、社會、教育等方面的變遷，出現了一批來自各地的所謂詭辯學者（sophists）。他們遊歷各地，以教授學識謀求生計問題的解決。這些詭辯學者，由於周遊各地，有著豐富的生活經驗，了解各地的民情風俗，思想上自然較為突出；加以他們多是能言善道的辯士，因此，到西元前第 5 至第 3 世紀，造成雅典城邦的一些思想上的衝擊。詭辯學者多來自小亞細亞（Asia Minor）及愛琴海群島一帶。由於雅典城邦生活素質優於其他城邦，再加以民主政治氣氛較濃，學術昌明，故能吸引各地的辯士，來雅典從事非正規的教學活動。詭辯學者具有教育的功能，因為他們招收門徒，以相互簽訂合約的方式，約定師生關係。他們教學內容多侷限在修辭、文法及法庭辯護的技巧上，對於合約以外的學習內容，他們則不予涉及。這些詭辯學者可以說是以販賣知識為能事，除了約定的項目他會遵守合約給予教導外，其他項目則不是他們所要教導的。詭辯學者來去自如，沒有固定的教學場所，沒有固定的學習費用，完全由教者與學者就學習項目、學習時間，分別加以訂定。

蘇格拉底亦有教育史學者認為他也是一位詭辯學者。不過，蘇格拉底教學對象極為廣泛，教學內容極為遼闊，不規定學費標準，有的學生送實惠禮物，他也會欣然接受。蘇格拉底也算是一位街頭教師，只要學生提出問題，他都願意給予解答，哪怕沒有奉上任何費用，亦在所不計。

詭辯學者多半自詡可以教任何人想要知道的任何事，不過，他們還是以法庭辯護、運用說話技巧、了解修辭與文法為主。由於他們思想突出，往往成為雅典城邦舊有傳統思想的破壞者，因而引發了人們的側目，尤其是他們對雅典城邦的政治、宗教、價值系統，提出不同的意見或論點時為然。這就是為什麼蘇格拉底最後被判以極刑；而他的一些論點，如宗教方面的，竟會受到批評的原因亦在此。

第二節 ▸▸ 希臘教育思想

　　希臘教育思想的豐富，實肇因於希臘哲學思想的發達及學術思想的鼎盛。自蘇格拉底以後，由於希臘哲學的探討，偏重於人的問題而不再是宇宙構成基本元素的探討，因而，對於人性問題、知識問題、道德問題、社會問題、政治問題等，都提出了不少的探討。教育既然是社會現象之一，舉凡與人，與社會，與文化相關的問題，都與教育有所關聯。

壹 ▸ 蘇格拉底

　　蘇格拉底是一位詭辯學者，也是一位街頭教師。他所收的學生，有富有的貴族家庭成員，也有平民子弟。由於他對真理的執著，思想信念的堅持，道德規範的信守不渝，因此，蘇格拉底成為西方世界人們所極力推崇的一代宗師。蘇格拉底的重要性即在於：

　　就哲學史而言，蘇格拉底以前的哲人，多偏向物質世界問題的探討；蘇格拉底以後的哲人，則取向於人類世界問題的探討。

　　就教育對象而言，蘇格拉底可以說是一位有教無類的教育家，一些沒辦法繳交學費的學生，奉獻些實物，照樣可以討教各項問題。

　　就道德實踐而言，蘇格拉底是一位知善而行善，知惡而避惡的道德實踐家。他不贊成將道德僅僅視為口頭上說說而已的事，道德的實踐是道德完成的條件之一。

　　就法律而言，蘇格拉底因教誨雅典青年說太陽是石頭此類的說法，而被認為是破壞雅典人的宗教傳統，因此被判死刑，必須服毒自盡。蘇格拉底在可以逃脫的情形下，信守法律的裁決而寧願接受法律的不當判決，其守「法」的精神，誠為人們所尊敬。

　　就為學的態度而言，蘇格拉底是一位有智慧但是絕不自負與自滿的

人。他的謙虛，他的虛心態度，使他從不以有智而自詡聰明過人。他以愛智的態度，勉勵學生治學時要孜孜不倦，認識自我。

就作為一位教育家而言，蘇格拉底以不收取費用而只收取禮物作為他施教的報酬，開創了西方第一位有教無類的教育家。他利用師生對談的教學方式，對於社會正義、真、善、美的問題，提出個人看法，委實引發了當時街頭教師及雅典城邦眾人的注意。尤其是他高足甚多，柏拉圖、芝諾芬（Xenophon, 434-355 B.C.）、亞利斯多芬士（Aristophanes, 448-380 B.C.）都是蘇格拉底的學生。他們都有作品描述蘇格拉底的思想與事蹟，使蘇格拉底的思想得以流傳下來。

無可否認的，蘇格拉底是一位哲學家、教育家，但是，蘇格拉底並沒有自己寫的著作流傳下來。因此，研究蘇格拉底的思想及了解蘇格拉底的教育見解，都得借重於他的弟子，例如：柏拉圖、芝諾芬及亞利斯多芬士的著作。由於蘇氏弟子記載的內容不盡完全相同，在研究蘇格拉底思想時，其困難就在所難免。

蘇格拉底是一位反對將感覺判斷當作知識判斷的學者。他反對當時的一些詭辯學者主張真偽的判斷要訴諸於人的知覺。這些強調知識經驗條件的學者，對於人們的知覺作用深信不疑，這也就是說他們相信自己所見所聞得出判斷的正確性。蘇格拉底是一位強調理性作用的哲學家，他主張人們理性作用下所形成的概念，才真正是知識的條件。知識判斷的條件，不能以感官知覺為準，知識判斷的依據應該是概念。事物的「概念」，才具有確定性與穩定性；對事物的「知覺」，則欠缺確定性及穩定性。以人們所認識的月亮來說，人們不同時間所看到的月亮，其形狀會有不同的變化。有時月亮會圓，有時月亮會缺，你總不能以你當時知覺上所認知的月亮為準吧？人們對月亮的概念則是確定而穩當的；不因月亮的盈虧而發生認知概念上的變化。因而，蘇格拉底重視的是概念而不是知覺。

蘇格拉底是一位主張知識即道德的學者。當時一些詭辯學者鼓吹人為萬物的尺度，每一個人都是知識真偽、道德善惡的判斷者。個人認為的

眞，就是眞；個人認爲的僞，就是僞；個人認爲的善，就是善；個人認爲的惡就是惡。眞僞、善惡，因而沒有所謂客觀的知識判斷條件與公認的道德判斷依據。這不僅會造成認知上的混淆，也會形成道德規範上的混淆。蘇格拉底強調道德的判斷，知識是很重要的一個因素。人們唯有眞正認識到善，才會去實踐善；人們之所以爲惡，基本上是因爲知識的不足，認知的不夠。蘇格拉底提出「知識即德性」（Knowledge is virtue），不是沒有道理的。

蘇格拉底極力推崇神廟裡的箴言，即「認識自己」。蘇格拉底很謙虛，他從不認爲自己是智者（詭辯學者一詞，希臘文爲智者）。他自認爲是一個愛智者（philosopher）。他曾經在雅典城邦就一般人及一些自認爲是智者的人，一一作了訪談。蘇拉格底依據他訪談的結果，不認爲這些自以爲智者的智者是眞正的智者。蘇格拉底以「認識自己」的箴言，告誡青年們，不要自狂，不要自大，更不要自負。因爲，當一個人對自己都認識不清的時候，也就失去了智慧。因爲，作爲一個永不休止追求智慧的人，才會虛心地去認識自己。

蘇格拉底在教學時，與人辯論時，往往喜歡運用蘇格拉底法（Socratic Method）。蘇格拉底法亦稱產婆法，其主要的論點是認爲知識不是給予的而是引出的，就像婦人生產一樣，知識是自我運用思考而後形成的。婦人的嬰兒並不是產婆給予的——有如教師；同樣的道理，學生的知識也不是教師給予的，而是學生運用思考自我形成的。蘇格拉底主張知識是在認識過程中，自我漸漸形成的，這是經由教師的協助而由學生自行獲致的認識結果。因此，蘇格拉底在教學活動上，強調的是自己思考、自己疑問、自己分辨、自己概括，而不強調教師替代學生去思考、疑問、分辨、概括。

蘇格拉底在討論問題或教授見解時，他時常會用反詰法來問學生或對談者，對某些語彙所代表的概念，作出清晰的定義。在討論「容忍」、「虔誠」時，他會問對方：「什麼是容忍？」「什麼是虔誠？」一個清晰的定義，也就是一個概念的確切涵義。唯有清晰的概念、明確的定義，才能顯示一

個人知識上的精確與無誤。

蘇格拉底的教育思想，現在扼要地簡述如下：

1. 蘇格拉底是一位偉大的教師。他在教學上注重概念的清晰性及確定性，強調定義的確切與無誤。

2. 蘇格拉底法是一種歸納的思考歷程。在對談的教學活動中，由教師的引問而使得學生必須自行思考以求得概念的精確。經過反覆的思考與討論，學習者必須自行求得較為正確的概念或定義。

3. 「自認無知」是學習的重要動力，因為，一位自滿或自負的學生，不會有強烈的學習動機和求知欲。在求知的歷程上，他的態度就不會積極，就不會主動的去學習。

4. 道德的認知或判斷是需要知識作為基礎的，因此，依照蘇格拉底的論點，一個有道德的人，必須是一個有知識的人。

5. 教師在教學歷程中，不論是知識的教導、觀念的介紹或問題的分析，教師都不應越俎代庖，而應讓學生自我地去形成知識、學習觀念或分析問題，以符合嬰兒是產婦形成而不是產婆給予的比喻。

6. 在教育的目的上，蘇格拉底將道德的價值置諸於知識之上，一個有德性的人勝過一個有知識的人，道德理想成為教育的傳統。這種教育的倫理價值，已成為教育目的論的主要論題之一。

貳　柏拉圖

柏拉圖是蘇格拉底的弟子，而且是蘇格拉底最出名、最有哲學成就的弟子。

柏拉圖是他的渾名；真正的名字叫亞里斯特克里斯（Aristocles）。Plato 意謂寬肩膀，由此可見柏拉圖的肩膀寬大，體型較為碩壯。柏拉圖是雅典城邦貴族家庭的子弟。他父親名為亞里斯頓（Ariston），母親名為波里克蒂奧（Perictione）。柏拉圖是在雅典接受教育，但他跟隨蘇格拉底

多年，親聆教誨。後來，從蘇格拉底重視概念為知識的說法，躍升而發展出觀念主義（Idealism）的哲學思想，為西方哲學界開創了唯心論的哲學傳統。柏拉圖在蘇格拉底被執行死刑以後（399 B.C.），便離開雅典，遠遊他鄉。他走過的地方不少，去過埃及、北非的克雷尼（Cyrene），到過義大利的西西里（Sicily）島以及義大利半島的北部。在旅遊義大利半島時，柏拉圖與畢塔哥拉斯（Pythagoreans）派學者有所接觸。畢氏學派重視數學，強調數是實體的重要成分，對柏拉圖哲學形成了重要的影響。相傳在柏拉圖「學院」（Academy）的門上，掛著不懂幾何的請勿入內的牌示，可見他對數學的重視。柏拉圖約在西元前 398 年返回雅典，開始講學的生涯。柏拉圖對他老師蘇格拉底的死久久難以釋懷，使他對於雅典城邦的民主制度有了懷疑。同時，他也對政治活動有了厭惡之感，這是使他鼓吹菁英政治的基本原因所在。在他的名著《共和國》（*the Republic*）中，柏拉圖所嚮往的國度，就是具有哲學智慧的哲人王（Philosopher-Kings）——菁英人士來治理的國家。

一、觀念論

　　柏拉圖是觀念主義哲學思想的創始人。在蘇格拉底時期，一些主張經驗論的哲學家，多會認為宇宙之中沒有永恆的存有，一切都是在變遷之中。最著名的哲人如赫利克利特斯（西元前第 5 世紀的人）就認為足在溪中，當提起離開水面，再放入溪內時，溪流已經不是原來的溪流了。觀念是一切存有的根本，萬物是觀念的複本。觀念不變，萬物在變。觀念存在於觀念的世界，而不存在於萬物所在的現象世界。觀念，諸如：真、善、美、醜、國家、社會等，都是永恆、普遍而抽象的；事物，諸如：一個人、一些社會、一個國家，都是具體而存在於一定時、空中的。觀念則沒有時空性。因此，從本體論的觀點言，最重要而真實的存有，不是感覺及知覺到的具體事物而是抽象的觀念。一個人會存在於一定時段而後會消失，但是，觀念的人則涵蓋了現在、過去及未來一切存在的人；觀念的人

不會因一些具體的人消失而消失。

二、復甦說

柏拉圖的認識論主張知識是復甦的（回憶）。原有的觀念存在於個人心靈之中，經由接觸到外在具體的形象或事物，原有的觀念就會被喚醒，復甦過來。依照柏拉圖的說法，觀念不是經驗活動後才會形成的，而是經驗事物後，將遺存的觀念加以引出的。柏拉圖曾經舉例：一位奴隸之子，從未接受過教育，但是，他卻知道直角三角形斜邊長度的平方等於其他二邊長度和的平方。

三、社會分工論

柏拉圖的理想社會是一個各盡其能、各展所長、分工而合作的社會。他認為從人的本性上來區分，共可分為三種人：第一種人是金質的人。這些人擁有高超的智慧，能夠洞察現象背後的理則，能夠認識到實在的內裡。因此，這些具有哲學思維，具有睿智的智者，適合從事於治者的工作，他們理應負責國家社會的治理工作。他們算是社會的菁英分子。第二種人是銀質的人。這些人的特質顯示在德性尚公，為人勇敢而豪邁，肯為人群服務。在柏拉圖的國度內，他們適合於從事衛護社會的安寧、保衛國家安全的工作。第三種人是銅質的人。這些社會百工，各盡其力，各司其事；有的是木工，有的是金工，有的是農人等。依照柏拉圖的說法，金質的人以智性為主，存於頭部；銀質的人，以感性為主，存在於胸部；銅質的人，以慾性為主，存於腹部。一個理想而公正的社會，就是社會組成的分子各盡其職，分工而合作地實現社會的正義，達成社會的最高利益。

四、經濟論

在柏拉圖的《共和國》中，理想的經濟制度，不是私有制而是共有制，經濟利益的共享，財物的大眾共有。在柏拉圖的觀點裡，人的自私、

自利性，實與社會私有財產制息息相關。私有財產制會使得個人的占有慾，成爲滿足個人自私自利的動力。柏拉圖尤其懇望保衛國家的衛士，能夠破除私念，捨棄私心，一心一意爲整體國家社會服務。他曾經比喻，這些銀質的人所組成的衛士，就如獵狗一般，當牠們獵取到獵物時，絕不據爲己有而是交給主人來處置。在柏拉圖的社會中，個人的地位甚爲輕微；國家社會的利益與地位，遠遠超過個人的利益與地位。在柏拉圖共有財產制下，他甚至想到共妻的制度。

五、二元論

柏拉圖的觀念世界亦可說是一個理想世界。但是，與觀念世界、理想世界相對應的一個世界是具體世界、現實世界。觀念世界是完美而無缺陷的；具體世界則是欠缺而不完美的。在觀念世界裡是秩序，而在具體世界裡則是混亂；在觀念世界裡是無限，而在具體世界裡則是有限；在觀念世界裡是和諧，而在具體世界裡則是衝突。換言之，理想世界和現實世界也是互相對立的。這種二元的世界觀，提供了西方基督教天國與地上的哲學基礎。

六、教育論

自然主義（Naturalism）的教育家盧梭（J. J. Rousseau, 1712-1778）曾經提到柏拉圖的《共和國》是西方有教育著作以來最好的一本著作。柏拉圖的教育論，約略有下列幾項重要的論點：

1. 選擇：教育的作用就在透過適當的選擇，將金質、銀質、銅質的人鑑別並挑選出來，然後給予適才、適所的教育。

2. 分配：教育的另一項作用，就是將不同才能的人分開，然後給予不同類型的教育。因此，銅質的人，教育期短，教育內容傾向於實用而基本；銀質的人，教育期限較銅質人爲長，著重體能及較高知識的教導；金質的人，其教育年限，三者之中最長，教育內容主要爲治者的培育。

3. 淨化：教學內容應該隨學習者的條件而予以選擇，但是，爲了防範幼小心靈遭受到傷害，教材就需要加以淨化，例如：幼兒的音樂教學，便不宜提供悲傷的歌曲，諸如輓歌之類是不可當作教學內容的。

4. 互動：教育是個人與社會互動的一種歷程。在個人與社會互動的過程中，社會文化的內容，對個人的心智發展與德性培育，都會產生一定的影響。

5. 依附：個人是依附於國家、社會的。不論性別，所有男女的教育，都在於促進社會、國家的整體發展。教育是屬於國家的事務，不是屬於個人或家庭的事務。依柏拉圖的共和國理想，個人接受教育之後，他若能切合於國家、社會的需要，同時，符合了他個人的才能發展，如此，教育便算是盡了其應有的功能了。

七、教育實施

柏拉圖的教育理論，具體的實施意見，一般可以參考他的《共和國》及《法律》（the Laws）。教育的實施，可以分爲以下幾個階段：

1. 6 歲以前：幼兒的教育，在 6 歲以前是在國家育幼院實施。這一階段的教育，其內容主要爲說故事、作韻律活動、講述神仙故事、提示神的品德，但須避免講解混亂而不潔的故事。國家育幼院的教育，可以培育幼兒爲公眾服務的德性。

2. 6 至 18 歲：這一時期的教育活動，主要是教授音樂及體操。音樂教學有音樂歌唱、樂器演奏、舞蹈伴演等。另外，包括教授兒童認識文字、計算數字、寫出字體。音樂教學也具有道德品性涵養的功用；體操教學也附帶地教授禮儀、涵泳道德德性。

3. 18 至 20 歲：這一階段的教育，主爲軍事訓練，一方面增進體能，一方面獲得軍事的技能。由於 18 歲爲一教育甄選階段，合格者則可進一步接受較爲高級的軍事教育，以便擔任國家的衛士；未能入爲預備衛士者，則投入百工行業。

4. 20 至 30 歲：這一階段是教育歷程中，經過篩選後，適於擔任哲人王的金質人士的教育。他們將有 10 年的時間，從學術思想及廣泛的知識領域，接受深入的研究與學習。他們學習的學科計有算術、幾何、天文及音樂，這些學識都與數學原理關係密切。除此以外，他們尚須學習政治學、倫理學等學科。這一階段即在汲取廣泛的學識，冀望成爲未來的治者。30 歲時，教育歷程上再經過一次篩選，聰慧的學者，再進一步接受 5 年的教育。這 5 年的教育，其課程將集中於哲學領域的鑽研，他們要學習辨證法、形上學；主要的目的在使學者眞正掌握到實在的面貌、獲得純粹的知識。

5. 35 至 50 歲：在數學、哲學及一般學科均有熟悉之後，這些未來的哲人王，必須從純理論的浸淫下，進入到實際事務的經驗。他們投入實際的政治、法律、軍事、社會等方面的事務。他們必須深切地思考美好生活的本質爲何？如何獲得美好的生活？經過 15 年實際事務的參與，這些未來的哲人王不但具備了理論性的知識，而且也具備了實務性的經驗。他們在往後治理國家事務的繁重工作上，不只是有理念，而且具有實實在在的經驗，作爲他們處理事務的準繩。

參 ▶ 亞里斯多德

亞里斯多德是柏拉圖的學生，但是，亞里斯多德卻不是雅典人。亞里斯多德出身於馬其頓（Macedonia），父親是當地國王宮廷的御醫，了解藥物、自然方面的知識，甚爲扎實。亞里斯多德曾經擔任過亞歷山大大帝（Alexander the Great, 356-323 B.C.）的家庭教師。由於這一層關係，亞歷山大大帝的士兵，在東征西討的過程中，曾爲亞里斯多德蒐集了不少各地的動、植物，提供亞里斯多德作學術研究。這也是爲什麼亞里斯多德有著深厚的生物學基礎的原因。

亞里斯多德是一位思想細膩、擅長於分析思考的哲學家。他不贊同他

老師柏拉圖的觀念論。他是一位較為傾向於具體事實現狀去思考的唯實論
者。亞里斯多德的思想深沉，冷靜，實事求是，著重實際，不尚空幻的、
理想的追尋。因此，比較之下，亞里斯多德在科學方面的貢獻甚大。亞里
斯多德的教育思想，可以參酌他的《政治學》（*Politics*）及《倫理學》
（*Ethics*）。由於他重視政治是最高的藝術，難免會將教育的實施，當作
為政治事務的一環。亞里斯多德是重視教育的，同時，將教育視為政治的
一項手段，因為，教育的作用乃在統合社會生活，提升公眾精神。亞里斯
多德也是一位不太苟同雅典民主政治的學者，他以為人類也不是完全的平
等。亞里斯多德就以為有人本性上屬於自由民，有人本性上屬於奴隸。

　　亞里斯多德跟他的老師柏拉圖一樣，都體認到教育和國家之間，有著
密切的關係。教育實施是國家事務的一部分，教育的理想不能完全脫離國
家的理想。不過，亞里斯多德較為偏重教育的個人層面，無可疑問的，教
育的實施對於個人至善的追求是有著極大幫助的。亞里斯多德的一項主張
是人為政治的動物，因此，人之參與政治活動，對個人的發展有積極的意
義。其次，亞里斯多德相信，教育有助於人的德性發展。一個具有德性的
社會或國家，是由具有德性的個體組成的。職是之故，為了謀求德性社會
或國家的實現，教育應該協助個人發展德性。

　　「人是政治的動物」是亞里斯多德極為流行的一句名言。除此以外，
更受到人們注意的一句話是「人為理性的動物」，這也是亞里斯多德對人
所作定義的一項界定。亞里斯多德不像柏拉圖著重觀念的探討，他強調人
的理性是人的本質，理性是人自我實現必備的條件。因此，理性的陶冶應
是教育活動中的重要活動類型。

　　依據亞里斯多德的教育觀，個人的發展有二個主要的面向，其一是
身體的，另一是心靈的或靈魂的。而個人發展的階段則可分為三個階段：
1.身體發展為主的階段：此時以身體發展為主；2.個人心靈中非理性的
發展階段：例如個人的嗜慾、情慾的發展，此時品格發展應為重心；3.理
性發展階段：此時心靈或心智發展為主軸。(註2)

亞里斯多德的教育重點，約略可以分述如下：

一、嬰幼兒階段

嬰兒、幼兒階段的教育，被認為是成長初級階段的教育。因此，養育的工作重於教育的工作。亞里斯多德要求母親餵以牛奶，不能綑綁嬰兒，以免嬰兒身體活動受到影響。嬰、幼兒階段均須儘量給予身體的活動，以及遊戲、說故事等，不應忽視。

二、兒童階段

兒童階段的教育是身體發展及道德發展特別給予注意的一個階段。從 7 至 19 歲，這一階段是身體非理性部分快速發展的階段。此時心智陶冶尚不必多加注意。這一時期正確的道德行為、習慣的養成至為重要。兒童階段所實施的道德教育，其重點在於培養兒童要有成功的企圖心、內疚感、羞恥心。體操的教學則在促進兒童身體的發展，諸如技巧、姿態、耐力、體能、速度等。音樂教學的目標，則是希望兒童發展出自我控制情緒的能力。此時，智育主在讀、寫、算基本能力的發展。

三、青少年階段

從 19 至 21 歲為青少年及青年階段。理性的發展被視為重要的目標。課程當中，便有算術、幾何、天文、音樂、文法、詩、文學、修辭、倫理學、政治學等科目。

四、成年階段

亞里斯多德曾經在雅典於西元前 335 年設立學校，其名稱為Lyceum。萊錫姆（Lyceum）類似柏拉圖所設置的學院，亦有人將 Lyceum 譯為「學苑」。成年階段的教育隸屬高等教育階段，其課程內容為物理學、生物學、心理學、宇宙論、哲學等科目。依照亞里斯多德的說法，理性

有二種：一種是理論理性（the theoretical reason）；一種是實踐理性（the practical reason）。理論理性的發展需要科學與哲學為之，實踐理性的發展則要依賴倫理學及政治學為之。

歸納而言，亞里斯多德的教育見解，有著下列幾項特點：

1. 教育與政治關係密切，但是，教育的實施需要訂定法律，以規範私人教育的實施。

2. 亞里斯多德重視家庭教育，並沒有像柏拉圖《共和國》中的所謂軍營學校（barrack）的規劃。

3. 學校教育權僅限於自由民的子弟，奴隸子弟享受不到學校教育的權利。

4. 亞里斯多德偏重個人理性的培育與發展，幼年階段及兒童階段則主要為身體發展與道德行為習慣的養成。

5. 哲學與科學是成年階段教育的主要內容；雅典博雅教育學科即所謂的博雅學科，在亞里斯多德教育內容中，已見雛型。

6. 現實經驗是形成觀念、原理、原則的主要來源。因此，亞里斯多德研究問題的方向是從具體到抽象，從特殊到普遍。任何理論都必須伴隨實際，教學活動不能違反此一要求。

肆 ▶ 芝諾芬

芝諾芬也是蘇格拉底的學生。芝諾芬由於居住斯巴達城邦多年，思想較為傾向集體性的社會生活，因此，不論是政治思想與教育理想都較為傾向斯巴達，而對雅典的民主政治理想並不完全苟同。芝諾芬的教育著作為《居魯的教育》（Cyropaedia—the Education of Cyrus）。芝諾芬所理想的城邦是一個軍事化的城邦，因此，他的教育理想，也就帶有軍國民化的教育主張。他主張國家應該嚴密地控制教育，教育不是人民自己的事務而是國家的政務之一。芝諾芬認為男童應及早實施軍事訓練；年滿17或

18歲時，就應授以軍事技能、軍事知識、體能鍛鍊；然後即須服兵役，為期10年。軍事訓練期間，並沒有智育的實施，對於音樂教學、文字教學以及高級的科學、哲學方面的薰陶，芝諾芬並不重視。芝諾芬雖然接受了蘇格拉底的觀點，即一位有道德的人必須是一位有學識的人。不過，芝諾芬並不強調文化性的知識，他是重視個人適度地以智慧來履行其責任。一般而言，芝諾芬並不著重教育的文化陶冶作用。這就是他為什麼偏好實用經驗，培養善人與好公民遠勝於培養有知識的人。芝諾芬對女子教育亦有所發揮，他討論女子教育的書名為《論家庭管理》（*Oeconomicus—On Household Management*）。女子教育的主要目的是訓練婦女操勞家務，成為一位能夠了解女子責任、善盡母親職責，了解如何養育幼兒的婦人。

伍 ▸ 埃蘇格拉底

埃蘇格拉底（Isocrates, 436-338 B.C.）是希臘雅典著名的修辭學家及教育家。大致來說，由柏拉圖所建立的學院以及稍後由亞里斯多德所設立的學苑，都較為傾向知識的、理論的、哲學的教學，其立即的實用性顯然比不上由埃蘇格拉底所設置的修辭學校。修辭學校的教學和現實的社會生活緊緊相連，因為人民舉凡簽訂合約、官司訴訟、行政議事、公眾演說，在在都會運用到修辭學的知識。加以修辭學的教學是和演說術的培養連繫在一起，所以修辭學校的教育實用性便為雅典人民所共認。一些打算從事公眾事務的自由民，便以修辭與演說的學習為將來謀生的工具。

埃蘇格拉底所建立的修辭學校，不僅對當時雅典教育產生影響，對於羅馬的教育也發生了久遠的影響，因為羅馬民族性重實用，羅馬教育的理想乃是以養成有德性、有學識的雄辯家或演講士（Orator）為目的。

演講士的養成是需要一些條件的配合。首先，一位未來的演講士，他必須具備良好的體質、音量宏大、姿態優雅、學識淵博、反應機伶。埃蘇格拉底對於當時人們熱衷於哲學的探究頗不以為然，他覺得哲學不應過於

重視它的觀念性、理論性，而應將哲學當作一種工具，使之有助於人們的判斷及行動的周詳考慮。教育不能只求知識的獲得而必須與行動結合，如此知識的價值才能顯現出來。埃蘇格拉底在教育理想上，指出教育有責任使學生養成對社會的責任感，不能讓學生只求得個人知識的增進。

埃蘇格拉底一生都從事修辭學教學的工作，他教導出來的學生，在參加全國演講競賽時都能名列前茅。

第三節 ▸▸ 希臘化時期的教育

史學家將西元前 700 至 400 年劃爲希臘雅典民主理想期。所謂希臘化時期則爲西元前第 3 至第 2 世紀，希臘學術文化盛行於埃及亞歷山大城，希臘文化散播於各地。

希臘雅典民主期的教育，著重在一個品德高尚、身心均衡的個人及自由民的公民養成。在教育的實施上，並沒有偏廢於一端的問題；德育、體育、智育、美育均能予以兼顧。但是，到了希臘化時期，由於希臘雅典及斯巴達各城邦，先後爲亞歷山大大帝征服、占領。在戰火破壞下，學者紛紛走避，雅典已逐漸失去原先學術重鎮的地位。亞歷山大城（Alexandria）即爲亞歷山大大帝征服埃及後在尼羅河口、地中海南岸新建立的一個學術、文化重心。當時該地匯集了希臘學者、猶太學者及埃及學者，著名的數學家歐幾里德（Euclid, 300 B.C.）就曾在此講學、研究。成群的希臘文化學術人才，在此或從事編輯工作，或從事翻譯工作，或從事著述工作，使亞歷山大城的圖書館典藏豐富，人才濟濟，而研究成果傲人，其學術、文化地位幾乎已經取代了雅典。

希臘化時期，初等教育的重心已轉爲語文及算術的學習。文字教師或文法教師的教學內容即爲讀、寫、算。音樂教學在兒童教育內容中已逐漸減少，人們教育的重點放在智育的實施上。體操教學和音樂教學一樣，逐

漸失去了原有的地位。這項教育理想的轉變，即從全人的健全發展，改變
為文字的、文法的語文教育，對後來的羅馬及西方世界，都有著深遠的影
響。因為，從羅馬的修辭、文法教學以至後來的文法學校的設立，都與這
項教育歷史上的轉變有關。

　　希臘化時期的高級教學，人們的價值觀已經不再是體育館的體操教學
而是文法學校（Grammaticus）的教學；修辭與文法取代了體操與體能鍛
鍊的教學。學生在文法學校學習的內容是希臘文、希臘文文法、希臘文修
辭、作文、演講術、宣言、造句法等。文法學校雖也教授算術及幾何，但
是，人們主要的學習興趣，還是放在語文的學習上。西元前335年設立的
埃菲比克學院（Ephebic College），原先設立的目的是在為雅典的青年提
供二年期的軍事訓練，可是埃菲比克學院在希臘化時期，已失去了軍事訓
練教學的功能，因為，埃菲比克學院也以提供修辭、文學科目的教學來迎
合時尚。

　　西元前第3世紀新設立的哲學學校有：

　　1. 芝諾（Zeno，西元前3世紀）設立斯多亞（Stoa，有走廊之意）
學校，宣揚遵循自然秩序的生活，並主張理性支配的生活方式是最佳的生
活方式。該派學者後來形成斯多噶學派（Stoicism），強調生活當中所承
受的痛苦與折磨，需要耐心地去承受，去面對。

　　2. 伊比鳩魯（Epicurus, 342-270 B.C.）設立花園（Gardens）學校，
講授他的哲學思想。伊比鳩魯宣揚宇宙是物質組合而成的宇宙觀；人類生
活的至高目的是避免痛苦，不只是身體的，心靈的亦然。人類的幸福主要
在免除各種各類的痛苦；一切不著邊際的企求、奢望、欲求、恐懼，都須
加以避免。伊比鳩魯本人原本不讚賞肉體喜悅的追逐，但是，伊比鳩魯以
後的一些門生，卻背離了他們祖師的教誨，走向了追逐喜悅（pleasure）
的路子。因而，將幸福的追求，轉變成為肉體喜樂的主張，「今朝有酒今
朝醉」的人生觀，曾經盛極一時。

　　希臘化時期，在歷史的意義上，具有重要的地位。希臘化時期扮演了將希臘文明轉型至羅馬文明而由羅馬承繼的歷史地位。在希臘化時期，甚至在羅馬時期，一些希臘學術研究中心都繼續存在著，成為羅馬青年研究希臘學術的重要場所。

　　希臘的語文直接影響到了羅馬人的拉丁語文；希臘人的修辭、文法、數學、哲學、科學、藝術、建築等，均對後期羅馬人形成顯著的影響。在教育史上尤其重要的是希臘人的博雅學科，例如算術、音樂、幾何、邏輯、文法、修辭、天文，即形成了羅馬人的七藝。在教育的內容上，幾乎維持到 19 世紀。西方一些國家，例如英、美、德、法、西班牙等的中學或大學的課程，或多或少都與希臘人的博雅學術有著歷史的淵源。但是，這些學術思想即是經過希臘化時期、羅馬人的吸取與保存融合，而後轉入羅馬文明，再散播於西方世界的各地。

附註

註 1　Harry G. Good & James D. Teller (1969). *A History of Western Education*. London: The Macmillan, p.22.

註 2　William Boyd (1968). *The History of Western Education*. London: Adam & Charles Black, p.38.

第 2 章

羅馬教育

第一節 ▶▶ 羅馬社會與教育

　　人們流行的一句話說:「羅馬不是一天造成的。」其意是說任何一項偉大的基業、偉大的成就,都不是草率地就會實現的。偉大的基業或偉大的成就,需要辛勤的工作,需要極大的付出,需要花費心力,需要犧牲、奉獻。就以羅馬不是一天造成的這句話來看,從拉丁人(Latins)於西元前 753 年於義大利中部臺伯河(The Tiber River)畔建立城邦算起,到羅馬人於西元前 275 年統一義大利半島,西元前 188 年占領馬其頓,攻占敘利亞;西元 146 年併吞希臘半島;西元 133 年取得小亞細亞地區;西元 121 年占領高盧(Gaul),即現在西歐部分土地,從而建立了統治歐、亞、非三地的龐然大帝國,共費時 600 餘年。羅馬若指的是羅馬帝國,則絕非短短幾十年所能締造而成功的。

壹 ▶ 羅馬的社會概況

　　羅馬人屬拉丁民族。西元前 5 世紀時,就在義大利中部的拉丁平原一帶活動。義大利半島在此時期,有著各地前來的民族殖民於此,東歐人、北歐人、小亞細亞人,皆為外來移民。西元前第 8 世紀伊特拉斯坎人(Etruscans)占有義大利半島西岸沿海一帶,拉丁人則盤據半島中部臺伯河流域一帶的平原地區。

　　西元前第 8 至第 6 世紀時，羅馬人已經有了類似希臘人的城邦政治組織。基本上，羅馬（Rome）也是由城邦型態而逐漸向外擴張、壯大的。羅馬城邦此時期的統治者為貴族及國王。羅馬貴族稱為 paticians，他們是國王顧問性質，為組織議會成員的來源。羅馬貴族亦如其他社會，多為大地主、重要軍事幹部的家族，而軍隊中的重要幹部、中下級軍官皆為貴族家庭子弟出任。貴族社會地位為世代相襲，一般平民是不易取得的。羅馬也是一個奴隸社會，其奴隸來源亦以戰爭俘虜為主。羅馬一般平民稱為 plebeians，大致上由城邦中自由民組織而成，多從事藝匠、商人或外來城邦人。羅馬人曾與伊特拉斯坎人發生戰爭，而羅馬城亦曾為伊特拉斯坎人占領過。羅馬人為了增強軍隊實力，不得不擴大兵員的來源，因此，羅馬平民青年多為羅馬軍隊中主要的士兵來源。

　　一般而言，羅馬有著下列的一些特色：

一、羅馬帝國

　　羅馬人所建立的大帝國，其東邊邊境在小亞細亞，南邊至埃及及非洲北部的迦太基，北邊至日耳曼即今之德境，西邊至西班牙。現今地中海的沿岸，都是其勢力範圍，地中海有如其內海一般。但是，羅馬人統治這樣一個大帝國，卻不是以征服者的立場來對待各地人民。羅馬人以對待友人一般的方式來對待之，給予各地方政府極大的獨立性及自主性，故羅馬的公民資格並不嚴格。他們以共同語言、共同法律行事，各民族公民則一律以平等的方式相互對待。

二、敬拜祖先

　　羅馬人在外型上身體強壯、精力過人，男性多驍勇善戰。但是內心深處，他們敬拜祖先、尊尚習俗、敬重神力。羅馬人家庭觀念深厚，家長（父親）身兼教士之職，對於家人的誕生、生日、婚喪、節日慶賀，均遵循傳統；追念家族祖先的意義，多展現在家庭各項活動上。

三、生活觀

羅馬人生活上並不傾向於滿足個人主觀上的狀態。他們不會追求主觀上的幸福，不會講求沉思的生活，不會強調審美的判斷，不會沉溺於思想上的活動。羅馬人追求的是外在的、現實生活的滿足。他們追求實在的、具體生活目標的實現。因此，他們重視物質生活的充實，重視實用的價值。

四、實用觀

希臘人的生活方式是重視文化的提升。他們強調美的鑑賞，看重思想的力量，喜愛道德的人格，追求政治的自由，致力於社會優越的實現。但是，羅馬人則重視實用的價值。他們沒有像希臘人所創立的科學與哲學，但是，他們偏愛修辭學，喜好通過生活而遵循的法律；他們建立起良好的組織及制度，創造實用的藝能如醫學、建築、農技等。羅馬人以效率、實利為處事的準則。「希臘人永懷青年人的心，而羅馬人則一直像是一個成熟的大人。」羅馬人不尚空談，重實用的價值，可以從他們教育上著重一位雄辯家的養成而見其端倪。

五、宗教觀

羅馬人的宗教信仰和希臘人的宗教信仰，雖然都是多神教的型態，但是，羅馬人的神並不像希臘人的神，具有人格化的色彩。羅馬人所信奉的神，與人的關係並不甚密切。神只是代表某些自然的勢力，具有神祕性；但是，卻不具有人世的力量和情感的力量；不像希臘人所信的神，有喜悅、有恐懼。羅馬人所信的神，並不像希臘人所信的神有婚姻關係、有子嗣、會爭風吃醋等。

六、家長制

羅馬社會的基石是奠立在堅固的家庭基礎上。羅馬人的父權為絕對的、至大的，不容家庭成員去挑戰的。父親在家庭中有著絕對的權力。他

不但是一家之長，而且是宗教活動中的教士，兒童教育活動中的教師，政治活動的代表人物。子女有違反社會善良習俗時，父親又是一位執法者。大致而言，羅馬人對法律的遵守、對責任感的建立、對個人的塑造，家庭都承擔了不少的責任。個人在家庭的教養下，一旦進入社會，其社會地位大部分也是個人家庭爲之決定。

七、公民權

羅馬公民的權利，在其出生時即已具備。這些權利指父親對兒童的權利，丈夫對妻子的權利，主人對奴隸的權利，自由民經由契約或因對方犯罪而失去權利後所獲得的權利及其財產權。不過，由於外來人民的歸化、收養及公民權的授與，公民權利的取得，亦所在多有。

八、銅表法

羅馬於西元前 450 年制訂了《十二銅表法》，成爲羅馬人生活規範的基礎。《十二銅表法》的一些內容如：

> 如果一個人要被召喚出庭而他卻不肯前往，那麼就叫證人前往，然後，可由原告逮捕歸案。如果被告抗拒或逃跑，原告可以縛綁之。如果被告生病或年事甚高，原告可以提供馬匹讓他乘坐。如果拒絕，原告可以不必提供車輛供其乘坐。
>
> 如果一個人已成為瘋子，則由其親人代為約束他及他的財產。
>
> 如果一個人蹈犯竊盜，而在夜晚與物主格鬥時被殺，則殺人行為不會定罪。(註1)

貳 ▶ 羅馬教育的實施

羅馬在西元前第 4 世紀時，一般兒童的教育多在家庭實施，正規的學校教育尚不甚多見。家庭在組織上，由於父權甚高，兒童教育的實施即主要由家長負責。兒童所接受的家庭教育，主要的作用乃是透過家長的教導，使兒童認識到社會習俗、宗教信仰、生活規範、節日慶典、禮儀常規等。家庭教育的用意即希望經由教學的活動，讓兒童敬畏羅馬人的神明，服從法律，尊重父母。同時，在道德教育上，教導兒童能夠虔誠、勇敢、謹慎。富有人家的兒童，在體能訓練方面偏重騎術、拳擊、游泳。另外，簡單的兵器使用，亦為教導的內容。羅馬人的女孩雖然教導的內容是與男孩有所差異，但是，女孩在母親的教導下，學習如何管理家務，則是常見的教育活動。羅馬青年人，在 16 歲或 18 歲時會舉行成年禮。此時，自由民的青年人會身穿長袍，公開宣誓效忠羅馬，然後成為正式的羅馬公民。

羅馬的學校教育，從西元前第 3 世紀末，逐漸盛行於貴族家庭的子弟間。現擬就羅馬的小學教育、中學教育及專門教育三個學校類型加以簡介如下：

一、小學教育

羅馬自由民家庭的孩童，年滿 7 歲即去小學（Ludus）就讀。他們也像希臘人一樣，家庭會遣派教僕，照顧孩童上學的事宜。Ludus 在拉丁文有遊戲之意，在小學擔任教學工作的稱 Ludi Magister，或文字教師（litterator），相當於希臘人的文法師。羅馬人的小學並不限於男童就讀，此一時期女性兒童亦可就讀，他們年齡從 7 歲至 12 歲都有。小學的基本課程為讀、寫、算。羅馬兒童利用石板或臘板書寫文字，教師口誦，學生用硬筆刻記於臘板之上，然後逐句背熟。年幼者則先從字母、句子學習開始。計算方面，教師會指導兒童運用手指來計算數字，或者教導兒童應用算盤計算數字。兒童亦可單獨至專門教算術的教師（Calculator）處

學習算術。羅馬小學教育實施上，較不重視希臘人的音樂教學及體操教學。由於羅馬人重視法律，因此，小學教育內也會教《十二銅表法》的一些條文，以便讓學生從小了解法律的規範。羅馬小學教育中，為了激發學習效果，以教鞭體罰兒童乃是常見的事。這與希臘、斯巴達人以體罰作為陶冶學生及強化學生精神作用，顯然在意義上是有所不同的。

二、中學教育

　　羅馬人的中學校，大致上是受希臘人中學教育的影響而發展出來的。中學校的出現，約在西元前第 3 世紀；中學校是以文法的教學為主，中學校逐漸成為後來文法中學的濫觴，文法師為中學的教師。由於西元前第 3 世紀正處希臘文化散播於各地的希臘化時期，而希臘語文的學習仍有適切的需要，加以西元第 3 世紀拉丁文學尚未成熟，羅馬教育上需要大量的拉丁文翻譯作品，因此，文法教學在此一時期，多是拉丁文法與希臘文法兼而習之。中學校所收的學生，年齡多在 12 至 16 歲間。一般中學校的文法師，係以收取學生所繳交的學費維生。羅馬教育機構類似雅典城邦而不同於斯巴達城邦的，即學校的設置是私人的性質，沒有公共的參與。西元第 1 世紀，羅馬的文法學校開始以拉丁語文作為教學的內容，因為這一時期拉丁語文已經成熟，以拉丁文為書寫工具的羅馬文學家如賀銳士（Horace, 65-8 B.C.）、西塞祿（Marcus T. Cicero, 106-43 B.C.）的作品，此時已甚為流傳。拉丁文法中學的出現，只是社會文化發展至一個新階段的產物罷了。在西元第 1 世紀時期，希臘文法學校與拉丁文法學校是同時並存的，富有的貴族人家子弟，二種文法學校同時就讀。這是由於希臘文化對羅馬文化的影響至深所致。

三、修辭學校

　　羅馬的修辭學校可以說是一種高等的、專門的學校。修辭學校盛行於羅馬帝國建立以後；在羅馬帝國滅亡之前（476 A.D.），羅馬帝國的西部

只有修辭學校為主的專門學校，而以哲學及科學教授為主的哲學學校則是存在於羅馬帝國的東部。修辭學校由修辭教師（rhetor）負責。修辭學校教授文字及語言方面的修辭，著重文字使用及文字表達的技巧，修辭學的教學也涉及運用辯論的技巧，學生也會對特定的問題提出答辯，例如：

亞歷山大大帝考慮他是否應該跨海出征？

亞歷山大大帝要深思熟慮，他是否應該揮兵進入巴比倫？因為，有神諭顯示，如果他入侵巴比倫，他將可能有危險。

西塞祿要考慮他是否應該燒燬他的作品？因為，安東尼（Antony）應允過，如果他燒燬他的作品，安東尼就會免他一死。（註2）

學生除了應用特定的題目作為修辭的主題外，尚須利用自己所學的學識，如文法的、哲學的、歷史的，作一修辭的處理，以增進學生寫作的能力，尤其是文字、辭彙、句子、結構等的應用能力、組織能力及表達能力。另外，學習修辭的學生，也要學習辯論。辯論多以時下發生的事件作為題材，激發學生政治的眼光，發展學生關懷社會的情懷。辯論的教學目標，在於培養學生口頭表達的流暢及說話的技巧，以造就社會理想的中堅分子。在西元前第1世紀，羅馬修辭學校裡的教師，大多是由希臘人充任。學生中有人會去修辭學校就讀，但是，也有一些學生會進入希臘哲人所開辦的哲學學校，如斯多噶學派及伊比鳩魯（Epicurean）學派學校就讀。

西元前45年，與凱撒（Julius Caesar, 100-44B.C.）爭權的龐貝（Pompey）過世，羅馬的軍政大權集中於凱撒一人之手，原先羅馬的共和體制也就為之消失，羅馬從此進入帝國時期。帝國時期的學校制度，大致上依舊沿襲共和時期的舊制，初等階段學校為 Ludus，中等階段學校為文法學校；專科階段學校為修辭學校。較為明顯的改變是帝國時期的文法

學校，其教授的內容著重於拉丁文法的教學，而非像以往希臘文法與拉丁文法並重。希臘文法的教學，在羅馬帝國西部幾乎已經消失，然而，在高盧及愛爾蘭（Ireland）地區，希臘文法仍為一般文法學校課程中的教學科目。修辭的教學，情形也是相似；羅馬帝國西部偏重拉丁修辭的教導，而羅馬東部則以教授希臘修辭為重。

　　羅馬帝國時期，教育實施上的一項重大改變，就是一些帝王及地方政府對學校教育的興趣漸漸提高。第 1 世紀時的偉士帕幸（Vespasian, 9-79 A.D.）不但撥款設立圖書館，並且設立修辭學講座，提供修辭學教師公費支付的薪水。另外，偉士帕幸帝王對於文法教師、修辭教師、醫生、哲學家，以免除稅捐、不必服役軍旅等來禮遇學者。納瓦（Nerva, 35-98 A.D.）帝王則提供獎助金，資助貧苦而優秀的青少年以完成學校教育。哈德利安（Hadrian, 76-138 A.D.）帝王則使雅典重新恢復成為一個學術重鎮與文化中心。同時，在羅馬建立雅典學術研究中心，聚集希臘、拉丁學者，研究哲學、科學、文學，甚至對實用性的建築、工程亦有學者於此擔任研究工作。庇護（Antoinus Pius, 86-161）帝王曾下令要求各地提供教師薪俸；大城市則須資助 10 位醫生、5 位修辭家、3 位文法家，供其講學及研究。第 3 世紀時，亞歷山大（Severus Alexander, 208-235）曾在羅馬設立學術中心，撥出公費支援文法、工程、建築、天文、醫學等方面的學者，或從事講學，或從事研究工作。(註3)

　　羅馬時期教師在社會的地位並不算高，尤其是小學教師。一般小學教師多為被俘的外籍人士，或稍有學識的奴隸來充任。大多數教師都是以學生繳交的學費或禮物來維持生計，政府及公共機構對小學教師並不資助。中學以上的文法教師、修辭教師、哲學家，主要來源多為希臘學者擔任，在羅馬征服希臘半島以後，亦有奴隸身分者充當。不過，由於修辭教師、哲學教師，因受帝國王室的獎掖，並得公共機構的獎助，一般而言，修辭學、哲學、文法教師的社會地位，遠較小學教師高出甚多。

　　羅馬時期教育上值得注意的計有：

1. 羅馬早期的教育是以家庭教育爲主。父權至上的羅馬人，父親身兼教師與教士之責，肩負了子女的教育責任及個人社會化的角色。

2. 羅馬民族重實用輕抽象理論的探討，因而，教育上偏重修辭學、演講術的傳授。柏拉圖及亞里斯多德重視哲學、數學及科學知識的教授，在羅馬教育實施上，並未得到青睞。

3. 第 1 世紀前，羅馬實施共和制，議事者多須精通修辭、口語表達及法律。這是造成高等教育上強調實用的修辭、雄辯、演說教學的原因。

4. 羅馬也是一個奴隸社會。一般勞力的工作，多由奴隸充任；職業能力、百工技能則多爲世襲制度的產物。就像希臘時期一樣，羅馬人的職業教育也是學徒式的傳授，沒有技藝學校所實施的教育。

5. 像希臘時期一樣，能夠進入學校就讀的皆爲貴族人家的子弟及富有人家的子弟。在西羅馬帝國後期，基督教盛行期間，基督教會雖然提出平等的觀念，但是，他們只提到信仰上的平等與教會參與上的平等，並未提出教育上的平等。識字教育的平等是在宗教改革之後，才被提出的。

6. 家庭的社會地位及經濟條件，決定了一個兒童對其社會文化參與的程度。這種情形不僅羅馬時期如此，希臘時期的情形也是類似的。證諸歷史，現今的情形亦有雷同之處。

7. 羅馬時期教育爲私人的事務。往往因帝王對學術的看法不同，而有著不同程度的參與活動。由此觀之，教育及學術活動之是否會受到重視，繫於帝王個人的好惡甚大。此時尚未形成制度性的規範。

8. 羅馬時期，一般貴族子弟爲了要晉升公共事務的領導者，多半會經由學校教育之後，投身軍旅。這些投入軍旅的青年，一方面加強軍事技能的熟練；一方面鍛鍊身體，接受嚴格的體育教學。這些青年時常會參加馬術比賽或在羅馬馬蒂斯校閱場（the Campus Martins）的競技比賽。因此，學校教育之外，尚有一些其他類型的教育活動在進行著。

參 ▶ 羅馬七藝

希臘文化的延續，有賴於羅馬的教育實施，最明顯的就是羅馬七藝（the Seven Liberal Arts）成為西方教育歷史上的重要教材內容。羅馬征服了希臘，但是，希臘的文化卻征服了羅馬。在拉丁文學尚未成熟之前，希臘語文及希臘學術，一直都是文法學校與修辭學校裡的重要課程內容。一般所謂的羅馬七藝，實際上即希臘文化的精粹所在，也是後來西方文法學校或中世紀大學課程的重要教材，就是羅馬教育所傳承下來的。

在西元前第 1 世紀時，有學者維羅（Marcus Terentius Varro, 116-27 B.C.）為了傳承希臘文化傳統而將希臘人的博雅學科作了一番整理。他從希臘學識中挑選了九門學科，是他認為一位所謂受過教育者應該具備的學科，一一列出，希望教育學者多多介紹。這九門學科即：文法、修辭、邏輯、音樂、算術、幾何、天文、建築及醫學。維羅沒有挑選體操及繪圖，主要原因是他以為要學希臘人的文化，就應該選擇強過羅馬人的文化內容。上述九門學科，可以說都是羅馬文化有所未逮於希臘，而需要引進的希臘文化。在帝國初期，因有學者覺得醫學與建築二學門太過於偏重實用性，不符博雅學科內涵的原意——心靈的陶冶，故將建築與醫學二學門刪除，剩下七門學科，此即羅馬七藝的來源。羅馬七藝又分前三藝（the Trivium）即文法、修辭及邏輯，和後四藝（the Quadrivium）即算術、幾何、天文及音樂。

1. 文法（Grammar）：文法所指的範圍，遠大於今人的了解，即文法不只是研析句子、詞類、造句法、音節，而且包括詩及文學。

2. 修辭（Rhetoric）：修辭所研究的是如何將口語、文字表達的技巧藝術化。羅馬著名修辭學者西塞祿是以亞里斯多德及埃蘇格拉底的文章作為範本，而後人則以西塞祿文章的體裁與修辭作為楷模。

3. 邏輯（Logic）：邏輯一科，原與哲學合併研究與講授。自從邏輯成為羅馬七藝之一後，即以亞里斯多德的邏輯為主要教授內容。第 3 世紀

時，羅馬學者波菲銳（Porphyry）編有《邏輯》一書，成為中世紀主要的邏輯教科書。

4. 幾何（Geometry）：幾何學科因測量而興起；至歐幾里得（Euclid）時幾何研究進步甚多。羅馬共和時期以後，因測量土地而與地理研究日益密切。

5. 天文（Astronomy）：天文學的知識，早期以亞里斯多德的《論天》（*On the Heavens*）為主要範圍。第 2 世紀托拉密（Ptolemy）的天文學盛行一時。二者都是以地球為中心說的宇宙觀，一直要到 16 世紀的哥白尼（Nicolaus Copernicus, 1473-1543）太陽為中心說興起，天文學才有了重大的改變。

6. 音樂（Music）：希臘時期，音樂與詩、舞蹈關係密切。音樂活動常和道德教育、宗教、市民活動配合實施。羅馬時期，學者強調音樂與數學及樂理方面的重要性。基督教興起以後，音樂與宗教活動相連結，音樂的實用性為之提高。

7. 算術（Arithmetic）：早先算術偏重實用數量計算方法的探討。羅馬時期的學者偏重算術的心智鍛鍊作用及神祕意義的探究。

總之，羅馬七藝可以說是希臘文化的精粹所在。前三藝偏重文字知識的研討，後四藝著重數學基礎的了解。

第二節 ▸▸ 羅馬教育思想

羅馬從西元前 753 年建立城邦，以至西元 476 年西羅馬帝國因北方蠻族入侵而覆亡；往後至西元 1453 年東羅馬帝國的滅亡。在此漫長的歲月中，教育的活動是與整個社會文化的活動緊密地結合在一起的。而正規的學校教育則是社會文化緩慢進化下的產物。此處所擬提出的二位著名羅馬教育家的思想，皆是以修辭、雄辯、演說為中心的教育思想家。從教育

反映社會變遷的觀點來說，這二位教育家的思想，也符合了羅馬共和時期社會文化發展的實際需要。

現在就以羅馬哲學家、文學家、教育家西塞祿及修辭學家、教育家坤體良（Macus Fabius Quintilian, 35-95 A.D.）的教育思想作一說明，以便了解羅馬時期的教育思想。

壹 ▶ 西塞祿

西塞祿出身於貴族家庭。幼年時即接受家庭教師的教導。13歲時，曾想追隨名師格魯士（L. Plotius Gallus）的指導，學習拉丁文修辭，無奈未竟成功，他曾說道：

> 當我還是一個小孩時，我記得格魯士是第一位以拉丁語來教修辭學的學者。他的學校擠滿了人，最好的學生都紛紛來此。我未能容許進入就讀，感到非常失望；不過，聽了受過良好教育的朋友的勸導，我轉而向他人求教。他們聲稱用希臘語文來雄辯，訓練的效果最好。（註4）

西塞祿是一位奠定拉丁文文體及修辭的學者。他的筆鋒犀利、文詞優美、表達巧妙，因而，在羅馬時期能夠成為文學的泰斗。而後來文藝復興時期，許多人文學者都以模仿西塞祿的文學技巧、修辭方法為圭臬。西塞祿重要的教育著作是《一位演講士的教育》（*The Education of an Orator*）。該書對羅馬教育的理想與實際，作了一番詳細的描述。現在就以西塞祿教育思想中主要的見解，作一介紹。

一、教育目的

西塞祿認為教育理想是為社會造就適用的人才，而演講士即是羅馬

社會最迫切需要的人才。由於西塞祿是西元前第 1 世紀的人，當時的羅馬正處在共和時期，元老院（Senate）是民意反映的重要機構，也是統治者立法、制定重大政策的所在，更是政治人物、公眾代表施展政治能力的場所。參與公眾事務各項活動者，不僅需要具備豐富的學識，更需要有良好的表達能力、論辯能力以展露長才。因此，演講士的造就完全是針對統治者的角度而實施的。

二、教育性質

　　演講士的教育顯然不是一般藝匠的培育。演講士的教育需要廣博的教育，而不能將之當作一種技藝的教育看待。西塞祿因為接受過希臘文化的洗禮，所以對於希臘哲學的教育價值，有著深入的了解。西塞祿並不認為哲學與演講術（Oratory）有著任何的牴觸。他主張一位真正的演講士，實在就是一位哲人。因為，一位真正的演講士必須深切地了解人生的各方面。同時，他尚應具備哲人的智慧，洞察人生的各個問題。基於此一理由，演講士的教育就須是一種博雅的、人文的、陶冶為主的教育。因此，演講士絕不可將之視為一種藝匠型的人才。

三、教育內容

　　一位公眾型的演講士，需要廣泛的知識基礎。因此，語言方面的（如：文法、修辭、文學）；哲學方面的（如：形上學、邏輯）；社會方面的（如：歷史、倫理學、政治學），甚至天文、幾何、算術等學科，都是一位演講士應該具備的。西塞祿將法律、醫學、物理學亦涵蓋在課程內。

四、教育方法

　　西塞祿在教育方法方面，值得注意的計有：

　　1. 理性發展：西塞祿以為一位有理性的人，才是一位聰明的人。人較其他動物遠為理性化；理性不僅是人的特徵，也是人的特長。教育上不

能不重視人的理性思考能力。

2. 德性發展：人有道德，動物並沒有道德。一位演講士必須是一位善良的人，否則，再好的演講士，也不能真正發揮他的特長。

3. 發展雄辯：語言能力也是人的一項特長，因為動物並沒有語言能力；動物也不會有能言善道的表現。一位演講士不只是一位完善的人（a complete man），而且也是一位真正對公眾事務能作出貢獻的人。

4. 形諸於外：在西塞祿的看法中，一位有知識的人，並不只是具備或享有知識而已，他尚須將知識形諸於外。不僅讓他人知道他具有知識，而且能夠將知識用之於社會，服務於公眾。西塞祿因而將知與行為結合成為一體。

5. 討論問題：西塞祿強調一位演講士必須有敏銳的觀察力，有強大的說服力，有良好的表達力；對一般問題如不死的神、人的虔誠性、人間友情、相關協定、公民權利、各國法律、公平原則等，都能快速地加以思考，而後有力地在吸引他人注意的情況下侃侃而談。換言之，一位演講士對於任何社會大眾關切的問題，都能表達一己之見。

6. 重視歷史：西塞祿曾經說過，人是唯一能夠將現在與過去，現在與未來連接起來而成為一貫的認知者，其他動物都沒有此種能力。這使得西塞祿在演講士的課程中，特別強調歷史的價值。一位演講士的演說詞，如果能夠博徵列舉一些史實，作為他論說或辯論的資料，則對於他的表達內容，將會顯得充實而有力量。一位演講士的演說詞，如果內容上空洞，沒有史實或事實的佐證，他的演說將不會打動聽者的心。

7. 人文陶冶：希臘雅典教育實施中，有所謂派代亞（Paideia），意即以文化教育人或以文化涵養人。西塞祿曾提出人文（Humanitus）的概念。西塞祿認識到人之所以與動物不同，主要的乃是人有文化而動物沒有。但是，人若不經過文化的涵養與培育，人與動物之間的差異就無法突顯，因此，為了人性的涵泳，文化陶冶，即利用文化來養育人，就顯得特別需要了。博雅學科即具有陶冶的功能。這是自希臘以來，即重視博雅學

科的原因所在。

8. 適才適性：一位演講士的培養，並不是任何人都可以去造就的。演講士需要符合作爲一位演講士的資賦：他的音量須宏亮；他的身材須高大而健壯；他的耐性與韌性須堅強，因爲，一位演講士必須勤加訓練，耐心地加以自我鍛鍊。這就需要勤勉，這就需要下苦功。

貳 ▸ 坤體良

坤體良並不是羅馬人，他是西班牙人，但是，他卻是在羅馬接受教育的。坤體良也曾接受過羅馬修辭學講座的榮譽。坤體良較西塞祿有著比較完整的演講士教育計畫。他的《演講士學校》（*Institutes of Oratory*）於西元前 90 年完成，整個中世紀的學者都不知道有過此書，一直到西元 1406 年，有學者始在瑞士的聖高爾（St. Gall）地方的修道院發現此書。該書主要在介紹羅馬兒童接受教育以便成爲演講士的全部過程。

依坤體良的教育計畫，一位演講士的教育，必須接受完整的學校教育。經過小學教育階段以後，兒童必須進入中學階段，其課程當以強化文法、作文及廣泛地閱讀各家的作品，以增廣見聞。舉凡喜劇作品、悲劇作品、詩歌等等，在閱讀時均要涉獵，以期豐富他的辭藻，充實他的思想內容。現在就坤體良的重要教育見解，簡略說明如下：

1. 教育型態：坤體良重視的是公共教育，亦即學校教育。他以爲公共教育優於私人教育。坤體良認爲學校教育有社會的情境，學生在其中可以相互學習、相互模仿、相互競爭；比較之下，兒童在家庭接受家庭教師的教育，就沒有此等機會。其次，家庭教師缺乏社會大眾的監督，不像學校教師受著社會大眾的督導，因此，工作熱忱上，學校教師自然較爲認眞與盡責。

2. 教育目的：一如西塞祿，坤體良也是以演講士的培養爲教育目的。演講士是爲公共大眾服務的人，因此，一位健全的演講士應該是一位各方

面均衡發展的個體。不論是學識，不論是道德，不論是品格，不論是身體，都應該得到良好的發展。

3. 廣博學識：一位公共服務的演講士，必須學識廣泛，有著深厚的學識基礎，然後再予以專門的修辭學知識。換言之，博而後精，廣而後深，應該是教育的重要原則。

4. 個別差異：坤體良認識到如果能夠在教學歷程中，注意到學生之間的個別差異，相信大部分的兒童，在教育的實施下，一定會產生進步。同時，在教學上注意到滿足兒童心理上的需要，容許學生有選擇學習內容的空間，那麼教學的效果必然會增加。教學方法配合學生個別的差異，教學效果自然會提升。

5. 教學遊戲：坤體良早在羅馬時期，就注意到了教育的歷程和教育的方法，而更為值得注意的是他留意到教育的心理基礎。他以為遊戲、競賽、趣味性活動，應該加以利用，一方面用來調劑學生的身心，增進學習的效率；一方面利用獎懲、遊戲，來激勵學生；而不是像一般學校裡用體罰的方式來增進學生的學習效果。

6. 外語先教：對於當時希臘語文仍舊占有優勢地位的羅馬，坤體良主張兒童幼年時期，應該先學希臘語文，然後再學習拉丁語文。其次，由於拉丁語文受希臘語文的影響甚大，學外語對學本國語是會有些幫助，這是學者強調先學外來語的原因。

7. 強調記憶：語文的學習，修辭與文法的學習，脫離不了記憶的應用。一位演講士必須是一位記事清晰而確實的人，否則，他的演講詞將如何為聽眾所信服呢？何況演講士所陳述的必須內容豐富；資料的應用，也需要有良好的記憶力，始能使演講收到最大的效果。

8. 道德訓誡：在道德教學實施上，不只是嫻熟道德的規律，認知道德的價值，更重要的是讓學生學習道德規條時，能以警惕的心境來學習，如此，道德教學的成效才能提高。

9. 體育教學：坤體良重視體育的活動，不過，坤體良的體育教學是注意到一位演講士在陳述演講詞時，他必須展現出優雅的體態，運用有效的姿勢，如手勢、體態等以助長表達的能力。

10. 教育內容：坤體良爲了培養一位優秀的演講士，提出了一個廣泛的課程，期望學生能夠學習。課程內容計有文法、作文、朗讀、散文閱讀、修辭理論、修辭習作、演講風格、內容表達、類比推理、引喻例證、法律、司法作品的閱讀及哲學問題的探討等。

羅馬時期的教育家，當以坤體良的教育思想最堪爲代表，而且，坤體良的著作也最爲充實、詳盡，可以說沒有其他教育家能夠與坤體良相匹敵。羅馬教育的實施，在西方教育史上奠定了重視語文能力發展的教育基礎，他們對文字與語言運用的重視，實受此一歷史傳統的影響。

附註

註 1   James Bowen (1986). *A History of Western Education VI*. London: Methuen, 1986, pp. 169-70.

註 2   同註 1，p. 189。

註 3   R. Freeman Butts (1955). *A Cultural History of Western Education*. New York: McGraw-Hill, pp. 87-8.

註 4   Herry G. Good & James D. Teller (1969). *A History of Western Education*. London: The Macmillan, p. 49.

第 3 章

中世紀教育

第一節 ▸▸ 基督教的興起

壹 ▸ 中世紀的劃分

中世紀（the Middle Ages）是西方史學家，為了劃分西洋歷史階段而應用的一個名詞。西方史學家將希臘、羅馬時期劃歸於古代（Antiguity），將第 6 至第 13 世紀劃為中古或中世紀，將第 15 世紀文藝復興以後至第 19 世紀劃分為現代（Modern）。在西方史學家的眼中，歷史似乎是由古、中、今三個時間流所組合而成。當然，歷史是一個綿延不絕的時間構成的流，任何斷裂、劃分，都是人們為了記敘的方便與研究了解的方便。學歷史的人，不必將歷史階段視為僵硬的一種劃分就好。

中世紀的起與迄，意味著某些重大歷史事件的發生與消失。中世紀的確切時間，其長短究竟如何？各個史學家的陳述，亦不盡然相同。現在介紹幾種不同的劃分法：

1. 有史學家以西元 476 年西羅馬帝國覆亡為中世紀的起始，以東羅馬帝國於西元 1453 年滅亡為終點。這樣算來，中世紀前後近乎 1,000 年。

2. 有史學家以西元第 6 世紀至第 11 世紀為中世紀前期，西元第 11 世紀至第 13 世紀為中世紀後期。這樣算來，中世紀約有 800 餘年的歷史。

3. 有史學家認為中世紀的開始為西元 500 年，中世紀的結束為西元 1500 年，將中世紀切割為整整 1,000 年的光景。

4. 中世紀的結束，就是現代的開始。有史學家以人類重要發明，一為火藥，一為火炮武器，作為現代文明的開始。

5. 影響現代文明的一些重要發明與事件，例如：活字印刷術約在西元 1450 年左右出現；馬丁路德（Martin Luther, 1483-1546）於西元 1517 年掀起了宗教革命。這些都可以認定是現代歷史的肇始。

6. 文藝復興運動雖然有學者認為是近代史開始的起點，但是，有些教育史學者卻認為近代教育或現代教育並不開始於文藝復興時期。現代教育的開始應該是從西元 1800 年後，歐洲一些民族國家建立公共教育制度起才算是現代教育的開始。

7. 有史學家認為中古的結束是在西元 1500 年或 1600 年。

8. 以往史學家比較喜歡將中世紀稱為黑暗時代（the Dark Ages）。現在史學家們認識到，中世紀將近 1,000 年的歷史中，並不完全是破壞、失序或混亂充斥在這一段西方的歷史與文化階段中。中世紀也有其文化上的成就，中世紀為現代文明世界奠定了一個基礎。中世紀的歷史角色，似乎是傳承古代希羅文化，使之綿延而未絕。但是，也有史學家認識到中世紀在基督教文化的薰陶下，使北方入侵的蠻族浸潤了希羅文化，作為開創現代文明的一個基石。因此，帶有情緒字眼的「黑暗時代」已不再流行，中性詞的中世紀已廣為大家所熟悉。

貳 ▶ 耶穌與基督教教義

基督教教義（Christianity）來自於耶穌（Jesus, 4B.C.-29A.D.）的教誨。耶穌自認是救世主；他與他的門徒，活躍於現今以色列及巴勒斯坦一帶。由於耶穌為人謙和，慈悲為懷，以委婉的言辭、實例的事證、清晰的語句、堅定的信心、不移的信念，將博愛的精神、期盼的態度、篤實的信念，傳達給在羅馬統治下的貧苦大眾。

從歷史的角度來看，耶穌具有下列的一些特點：

1. 耶穌誕生在耶路撒冷。他是一位宗教改革家，也是一位悲天憫人的救世主。因為，他為人醫療，為眾人祈福，為人們鼓舞，為人們描繪出未來的希望，同時，醫治人們的內心深處。

2. 耶穌沒有自己的著作，但是，他的教義、他的教誨、他的行誼、他的德行，都被他的門生一一記錄下來，成為基督教教義的根本所在。

3. 耶穌是一位宗教家，也是一位德性超人的道德家。他用簡潔的語言、樸實的例證、淺顯的道理，陳述他的信念。他不喜歡滔滔不絕，長篇大論；他總是扼要的、簡明地將事理說個清楚。

4. 耶穌以謙虛、卑微、容忍的胸襟，在斥責他為異端邪說的情形下，堅忍不拔地宣揚博愛的情懷，來感召眾人。

5. 耶穌重視反省，強調悔改的內省功夫。一位婦人犯了姦淫的律則，眾人圍繞著她指責、辱罵。耶穌經過，婦人求救於耶穌。耶穌告訴眾人，倘若您們捫心自問，內心沒有任何罪愆，那麼就拿起石子，來懲罰犯了姦淫的這位婦人吧。眾人聽了耶穌的話，自忖沒有一個人是完人而可以斥責他人。這種以求自我反省的功夫，宗教教育上時時用之。

6. 耶穌一如蘇格拉底，也是一位謹守法律的偉大人物。在篤信自己找到真理的情形下，從容就義，了無悔恨。

7. 耶穌的教誨，在他的奔走下，雖然也傳至以色列各地，但是，總不及他的得力門徒，將耶穌的宗教信仰、道德規範傳之於義大利的羅馬為甚。耶穌的宗教思想，一如蘇格拉底的哲學思想，多是靠其門徒而傳揚開來。

8. 耶穌也可以說是一位教育家。他不是知識的傳授者，也不是理論的解說者。他是一位身體力行的道德實踐家、教育家。他將繁複的道德規律簡化為愛人如己，不但簡潔而且易於明瞭的道德真理。

耶穌期望將宗教信仰簡化成人人易懂的一些宗教信念，同時，希望擺脫開原先存在於猶太教中的繁瑣宗教儀式，和行之多年的形式化教條及規則。他的宗教教條，初期多以低層社會大眾為傳道的對象，漁民及一般大

眾多是他的教誨對象。在眾人渴望於理想未來的憧憬下，他們追隨於他，企求得到現世的平安與來世的幸福。

至於基督教的一些重要理論，現在簡要地說明如下：

1. 一神論：基督教信奉的神，可以說是一位全知全能的神。祂是宇宙的創始者，也是支配一切宇宙存有變化的主宰者。基督教不許有崇拜偶像的行為，摩西十誡中，早已有此項規範。

2. 三位一體：天父、聖靈、耶穌基督是三位一體的。天父差遣耶穌來到世界，其目的是做好救世主的任務。天父與耶穌的關係是父子關係。因此，耶穌的身分就成為：他既是神之子，祂也是人之子。

3. 天國說：人的生命，在地上的世界是暫時的、有限的、不完美的；但是，人的永恆生命卻是在天國裡。那兒是無限的存有，靈魂可以得到永遠的安息。因此，天國或天堂變成了人人嚮往的永遠歸宿。物質的、肉體的個人是會死亡的，但是，靈魂的、精神的個人則是會不朽的。

4. 地獄說：基督教鼓勵人人都能懺悔，人人都能藉由信仰神而救贖以往的罪惡。依基督教的說法，人死去後會面臨最終的審判。信神的、懺悔的，可以通過最終的審判而進入天國；不信神的、從不懺悔與贖罪的，必定被判進入地獄，不能得到永生。

5. 原罪說：人類的祖先亞當與夏娃，原本生活在伊甸樂園，因為誤聽撒旦的美言惑辭而蹈犯了神的戒律，終於被逐出伊甸樂園。人類祖先所冒犯的罪行，成了後代子子孫孫不能捨棄的原罪。但是，人的罪，神是會赦免的，其條件即為人的懺悔與信神。

6. 贖罪說：人的原罪及在現世所蹈犯的罪惡，並不是不能赦免的。人只要虔誠地信仰於神，誠心地懺悔，其所蹈犯的罪行，就可以得到寬恕。

7. 二元世界說：天上的世界與地上的世界是截然不同的二個世界。天堂是完美的、有序的、幸福而美滿的、不朽而永恆的；但是，地上的世界則是欠缺的、混亂的、災難連連而終將趨向於毀滅的。

8. 信、望、愛：虔誠的信仰、堅定的期盼、愛人如己，是作為一個

基督教信徒所必須堅持而不變的信條。

第二節 ▶▶ 中世紀社會與教育

　　中世紀可以說是籠罩在基督教文化的浸潤下，人們生活在一個以基督教教會遍布各地而形成的基督教王國中。經過無數基督教徒在羅馬帝國遭受迫害、犧牲生命之後，終於在西元 325 年基督教成為羅馬帝國的國教。人們從出生、成年、結婚、求職，以至衰老死亡，整個人生過程，都受到基督教文化的影響，例如：嬰兒出生不久即須受洗；結婚須得教會的容許；證婚儀式係由神職人員擔任；青年就業，多喜好從事神職工作；就連人的臨終與葬禮，也都是由神職人員負責。由此可以說，人的一生，莫不是在基督教的影響與支配之下。宗教活動成了人們生活當中，不可或缺的重要部分。

　　中世紀時期是一個歐洲社會轉為動盪不安的時期，因為，歐洲北方文化較為落後的一些所謂蠻族，例如：日耳曼人中的倫巴達人（Lombards）、法蘭克人（Franks）及歐斯特羅哥斯人（Ostrogoths），由北方侵入歐洲南方，使義大利半島及其北方陷於不安的狀況。原來的政治重心，不得不由羅馬遷往君士坦丁堡（Constantinople）；原來西羅馬帝國境內的政治權力重心，因而轉入現今的法國及德國境內；義大利半島的羅馬，遂成為基督教教會重心所在。原為小王國統治各地的法蘭克，在查理曼大帝（Charlemagne, 742-814）的統治與領導下，使法蘭克國勢強盛，終於在西元 800 年時，羅馬教皇授與神聖羅馬帝國王位給查理曼，以求取權力下的平安。查理曼逝世以後，繼任者紛爭不斷，致使法蘭克王國的西部成為現今的法國，東部則成為日耳曼的德國，其餘部分成為義大利的國境。

　　查理曼的帝國瓦解之後，歐洲各地進入了一個封建制度支配下的地區。在沒有強而有力的帝國統治之下，歐洲各地的國王，大多統治在一個

小型的範圍內。在他所統轄的領土內，經濟上，佃農或農奴為封建郡王、大地主耕種土地；政治上，小郡王受大國王的保護，形成了一個相互依賴的政治制度。這些擁有耕地的大地主，以一定的收益繳交給封地領主，以求取其保護。一般貴族則多依附於國王之下，獲得社會的特權。封建制度下的社會，階級的區分至為明顯。貴族及教會人員一般被視為社會的上層階級，藝匠、商販次之，農奴又次之。中世紀後期，由於商業逐漸發達，城市興起，商人地位為之提高，逐漸形成了社會的中產階級。大致上，此時商人的社會地位，低於貴族及教會神職人員，但是，卻高於一般的藝匠、農人及農奴。

中世紀後期，歐洲與亞洲之間的貿易逐漸興盛起來。尤其是義大利半島與亞洲經由陸路而有大量的貿易活動。一些新的商業城市，例如：威尼斯（Venice）、吉那亞（Genoa）及比薩（Pisa）先後崛起。西元第 12、13 世紀，東西方之間的商務活動達於高潮。來自各地的商賈、工藝人員、外國人，在歐洲大城市形成了新的社會流動人員，帶動了社會的變遷，因為他們不依附於當地的封王或教會團體。另外一項衝擊歐洲社會的是小市鎮的大量出現。這些人口集中，但不是農業活動為主的市鎮，人們能夠在此享有較多的自由，較之在農村人們享有自由的程度，難以與之相匹敵。一位農奴如果逃到市鎮而可以維生的話，他便可以成為一個自由民。

中世紀時期的教育活動，基本上是以基督教教會為實施主體的教育，雖然查理曼大帝也興辦學校、延攬學者、講授典籍，但是，真正主導各地教育活動的仍是教會。因此，在討論中世紀的教育實施時，不能不對教會所實施的一些教育活動有所探討。

壹 ▶ 寺院學校、教區學校或唱遊學校

寺院學校（monastic schools）大多依附於寺院，專為將來從事神職工作預備者所設立的學校。寺院或修道院是西方基督教專為個人修行的一

種教育機構，其所附設的學校稱為寺院學校。教區學校（parish schools）
亦稱為唱遊學校（song schools），主為各地教區設立的初等學校。這些學
校以教授初級拉丁語文為主要課程內容，另外亦教授教會有關宗教儀式，
諸如：教導如何祈禱？如何唱聖樂？如何安排教會的各項宗教儀式活動。
由於教會行政上應用拉丁語文，因此，拉丁語文的使用是學童必須具備的
能力。學童除了學習拉丁語文、宗教儀式、聖樂以外，寫作、音樂、算術、
幾何、天文、修辭、邏輯、文法、基本教義、道德規條，均為學生學習的
重要內容。教學方式上，偏重記憶的學習，因此，對於年幼的兒童，一些
教義的內容，有時會在不甚了解的情形下強迫記憶。中世紀時期，教師應
用體罰被視為常事。一般而言，中世紀基督教教會實施下的學校教育多忽
視體育，這與基督教教義重視靈魂、心靈、精神而忽視肉體，有著密切的
關係。

貳 ▶ 寺院（monastery）或修道院

　　基督教興起以後，一些熱衷於宗教、虔誠信仰的門徒，早在西元第
2 世紀時，就在埃及出現了所謂的隱士。他們避開豐富的物質生活環境，
遠離城市，隱居在秀麗而人煙稀少的山區，過著隱士的簡樸生活，一心希
望在禁慾的條件下，使肉體折磨而有助於心靈及精神生活及宗教信仰的
提升。西文僧侶（monk）便是從希臘文 monos（孤獨）演變而來。從第 6
世紀起，寺院制度在聖本鐸（Saint Benedict, 480-543）的推動下，風行
於歐洲各地。寺院不僅成為宗教教育機構，而且成為文化、技藝、出版的
中心所在。寺院的教育情形，大致如下：

　　1. **創始人物**。寺院或修道院的創始者為聖本鐸。他有鑑於羅馬城人
們物慾橫流、肉慾充斥、繁華奢侈，與基督教所倡導的簡樸生活相去太
遠，因而興起了過一種孤獨隱士的生活與虔誠信神的生活。於是他遠離羅
馬，在蒙地卡西奴（Monte Cassino）成立寺院，追隨者上百人。聖本鐸

並於西元 526 年奠立寺院教規，流傳各地。

2. **寺院主管**。寺院大多位居城市之外的秀麗山區，形成自給自足的社區。其負責人稱爲寺院或修道院院長，係由僧侶就品德、學術、涵養高者推選一人擔任。院長具有相當的權威，但是，有關院內重大事務，則採協商方式，徵詢意見後，爲之決定。

3. **三大戒規**。修道院的理想是要僧侶人人皆能固守純潔、貧窮與服從。僧侶生活在寺院，不能擁有私人財物，哪怕是一針一線均係共有產物。生活簡樸、安貧樂道、服從指示，便是他們生活的典型規範所在。

4. **生活規律**。寺院入學者年齡並不高，約 14、15 歲。他們須與家庭生活斷絕，因此，並不鼓勵僧侶與家人書信來往。他們生活有規律，有一定的工作時間、自修時間及從事勞務活動的時間，由於生活所需用品都須自給自足，因此，工作被視爲神聖而懈怠被視爲罪惡。聖本鐸就認爲荒怠、嬉戲、懶惰是人們的敵人。

5. **自我修練**。寺院中，各僧侶採取獨居方式，互不干擾。宗教上的祈禱、懺悔、閱讀聖經，每日均有之。

6. **抄寫古書**。一般中世紀的寺院，都擁有自己的圖書室，在印刷術尚未出現之前，寺院就成爲抄書的中心所在。有時一些著名的書本，亦多藏在寺院圖書室，一方面怕戰火的毀壞，一方面能夠讀懂古書的人，亦多半爲教會人士。

7. **教學功能**。寺院擔負了教育的職責。中世紀時期，一般人口較爲集中的地區，教會教學活動並不積極。寺院不僅是教會人才的搖籃，而且成爲一些學術人才的培養中心。

8. **技藝發明**。寺院既是一個獨立生活的社區，故在自給自足的要求下，僧侶們在寺院日常生活中，有著不少新的技藝創作，諸如：農事、建築、木工、金工、釀造，對後來西方文明的貢獻，實有著歷史的地位。

參 ▸ 大學

大學（University）一辭，來自拉丁文 Universitas，意指組合、社團。因此，有些學者認爲中世紀的大學，實在就是人的組合、學者的社團。西元第 12 及 13 世紀大學出現之前，一些大城市或文化薈萃的地方，出現了一些著名學者及自由講學的活動。其中講授文法學科最爲著名的是查特斯（Chartres）的主教學校。在查特斯主教學校裡，文法學者貝那德（Bernard，第 12 世紀的人）吸引了不少青年學子來此遊學，貝那德以爲文法爲一切文化的基礎。另外一位查特斯主教學校的文法教師是約翰（John of Salisbury，第 12 世紀的人），他因受羅馬西塞祿的影響，特別強調古典學術研究的價值。此外，在巴黎自由講學的阿伯拉德（Peter Abelard, 1079-1142）擅長講授邏輯。阿氏運用邏輯思考技巧於講學活動上，提出許多宗教教義的難題，挑戰當時的教會學者。

中世紀一般青年，倘若想要從事教學工作，那他就得具備教學執照（licentia docendi）。這種教學執照可通行各地，其頒授的機關則是由主教學校所在地區的主教或教區最高主事授予。此種頒授執照的制度，後來即成爲大學頒授學位的前身。

第 11 世紀義大利的波隆那（Bologna），已經成爲一般學識研究（studium generale）的場所。波隆那起先是以人文學科的講授著名，爾尼銳士（Irnerius, 1050-1130）來此講學以後，法學的研究與講授逐漸著名。在義大利南部的撒萊奴（Salerno）學術研究中心，則漸漸以醫學著名。在第 11、12 世紀，撒萊奴的醫學、查特銳斯的文法、巴黎的邏輯及波隆那的法律，皆是當時學術研究的重鎮及其著名領域。這些研究重鎮，即是後來波隆那大學、撒萊奴大學及巴黎大學成立的前身。

大致上來說，西方大學是出現在第 11 至 12 世紀。中世紀的大學，其規模不大，入學者年齡在 13、14 歲，能夠進入大學學習者，多爲家庭社會地位優越者。至於大學教學實施情形及大學學生生活情形，現擬簡要說

明如下：

　　1. **生徒制**。大學採生徒制，即青年學生若欲進入大學，專修某一學科，他必須向所欲追隨的名師報名、登記，被教師接受之後，直接繳費於教師，親受教誨。教師被視為師傅，學生則自認為學徒。

　　2. **居住所**。英文中，現在所用的學院（college）一辭，在中世紀時即指學生寄宿所在或住宿的房間之意。學生多係來自其他城市，亦有青年學者匯聚於此。教師授課則在附近，或者就在隔壁。

　　3. **學位制**。就學校制度而言，大學是西方最早出現的學校制度，然後才有大學的預科、大學的預備學校。小學的出現，在歷史的發展上是最晚出現的學校制度，時間上要到 18 世紀。當學生完成初步的教育階段，對博雅學科有了概括的認識之後，則授予學士（baccalaureate degree）。此時，獲得學士學位的學生，就有資格擔任教師或師傅的助手，協助教師處理教學方面的工作。倘若該生作進一步的攻讀，花費 3 年的光景，學有專精，提出個人研究的精選佳作，被同科教師認可之後，即可獲得碩士（master degree）學位；一方面有教授學科的證書，一方面有招收門徒的資格。

　　4. **學習門**。大學學生學習科目，基本上，初級著重博雅科目的學習，即羅馬七藝：算術、幾何、天文、音樂、文法、邏輯、修辭之多項學習。之後，進入高級階段，亞里斯多德哲學，例如：倫理學、形上學、物理學，皆為學習的科目。

　　5. **教學法**。大學教學活動主以演講方式進行；除此以外，學生在教室裡尚有重複練習、集體辯論的教學活動。教師利用教材，逐句口誦，然後學生記下，逐句背誦，了解其意。有時，教師也選用教材，指導學生辯論，使學生懂得如何防禦、攻擊、批判、陳述、引用、佐證等。

　　6. **口試制**。攻讀碩士學位者，必須在學業告一段落後，提出一篇精心佳作（masterpiece）；在現場提出答詢，接受同行學者的指正，並須答辯，再經由同行教師的認可，始能獲得碩士學位。此一傳統，延續至今，

一般博士學位的取得,即沿用此一制度。

7. **學生權**。在中世紀時期,大學學生享有甚多特權,諸如:免於服役、免於勞務、免稅、免當地司法審判,有自由遷移、有罷課、有飲酒等特權。由於大學爲一自治團體,有時大學是獲得教皇之許可,有時大學是獲得當地國王的許可,因此,各依其勢力,反而使大學享有較多的自由。

8. **生活面**。大學學生生活是多彩多姿的。課外活動主要以體育方面的活動爲主,但是,也有一些活動在當時被認爲是荒廢學業,而現今則認爲無傷大雅的,例如:打網球、玩樂器、唱流行歌。另外規定學生不可違背的有:鬥雞、賭博、養寵物(例如:飼養鸚鵡、老鷹、猴子、狗、熊)。學生們課餘之暇,說說故事、唱學生歌曲、喝喝酒則是常見的消遣。

中世紀的大學是西方教育史上的卓越貢獻之一。大學的理性之光,在宗教文化極爲發達的中世紀,並沒有受到阻礙。大學於學術文化領域內,也有它的建樹,並且在現代社會遺留下來,例如:學人的傳統、自治的精神、學術的自主、師生的互動制度等,實是不可忽視的成果所在。一些西方著名的古老大學如巴黎大學(1200 年成立)、牛津大學(1167 年成立)、劍橋大學(1209 年成立),其規範實足爲今日大學之效法。

肆 ▶ 查理曼大帝與教育

先前陳述的教育活動,主要係基督教教會影響下的教育活動。至於世俗的、非教會的教育活動,則有查理曼大帝推展的教育活動、騎士養成教育活動及基爾特(Guild)教育活動。現在逐項說明如下:

查理曼大帝的祖父查理士・馬蒂爾(Charles Martel)曾經大敗回教徒於都爾士(Tours)。在挫敗回教徒以後,使歐洲除了西班牙地區淪爲回教徒勢力範圍外,大致上保持了基督王國的延續與發展。查理曼身材高大、體型碩壯,威武而有莊嚴。他不僅是一位良君,而且爲人謙虛,肯學習,對於教會尤爲崇敬。查理曼禮賢下士,從各地禮聘著名學者至宮

廷提供建言，接受良策。他重金聘請義大利比薩的彼德（Peter）、亞奎里亞（Aquileia）地區的普里那斯（Paulinus）、地坎（Deacon）地區的保羅（Paul）作為他的貴賓，提供給他學術活動方面的建議。查理曼所請的學者，有文法家、詩人、教育學家、教師，例如：查理曼從英國聘請教育學者亞爾坤（Alcuin, 735-804），協助宮廷學校的設立及推動教學的事務。亞爾坤擔任查理曼大帝皇宮學校校長前後 15 年；期間查理曼大帝指定其子女及左右大臣子女接受教導，有時查理曼大帝本人亦聆聽教學，故在當時宮廷形成一股崇尚學術的風氣。

西元 786 年，查理曼大帝曾經下詔指定各教區之教士須精熟拉丁文字。他以為教會教士如不諳文字，將如何教導眾人去認識神、如何了解聖經呢？他相信不懂文字的教士，對於聖經內容，也一定是一知半解的。查理曼鼓勵教會教士學習文學，研究修辭，因為不如此將難以了解聖經的真實內容。

其次，查理曼激勵學者設立學校；他尤其要求各地主教及寺院院長應多多設立學校，推廣教育。各地主教應該將教育的推廣，視為主教應負的責任。查理曼大帝有鑑於當時聖經版本很多，難免有所錯誤，因而下令亞爾坤作出校訂版的聖經，使其他各版本的文字或內容有所訂正。西元 789 年，查理曼大帝召集會議，檢討全國各地的教育狀況。該項會議決定各寺院、各主教區均應維持學校教導文法、音樂、讚美詩、教會重要節日之推算法。凡是不識字的教會教士均須解職；凡欲從事神職的人員，均須通過文字考試。在大變動的時代裡，查理曼維持了西方學術的發展，殊為難得。

伍 ▶ 騎士的教育

中世紀是封建制度盛行的一個時期。社會的主要影響力來自於貴族階級，貴族儼然是社會中的上層階級。他們為了社會權利的維護，以培養騎士作為維持社會安定的力量。因此，中世紀第 9 世紀以後，騎士階級形

成，他們不僅是捍衛教會的武士，也是安定社會的一股勢力。騎士採取生徒制的方式予以培養，熟悉戰技、具有虔誠的宗教信仰，同時禮儀規範、應對進退、音樂舞蹈、詩歌文學，均有所涉獵。騎士周遊於皇宮、貴族人家之中，品德方面尤爲著重。因此，一位理想的騎士，不但具有勇德，而且能夠行動，允文允武；也是一位基督教的紳士，一位宮廷廷士。

騎士的養成，須經由下列的幾個階段：

1. 馬僮（page）：年齡 7 或 8 歲的兒童即可開始充當馬僮，一直到 14 或 15 歲爲止。此時，主要的服務對象是宮廷裡的貴族夫人。在此期間，馬僮跟隨一位貴族夫人，學習宮廷禮儀，練習樂器的使用，參與宗教儀式的活動，偶而也會學習到閱讀及寫作。

2. 隨從（squire）：從 14 或 15 歲至 21 歲爲止，這一階段稱之爲隨從。此時，他須跟從宮廷中的一位武士，即騎士，幫助騎士整理武器，照顧馬匹，協助騎士處理各項事務，並且見習戰爭有關之事務。騎士的隨從亦須學習兵器的使用、打獵、騎術及健身術。除此以外，隨從尙須學習唱歌、作詩、跳舞、遊戲，以適應宮廷生活。

3. 騎士（knight）：從 21 歲起，他就正式進入充當騎士的生涯（knighthood）。他須公開宣誓，在教會及雇主的監督下發誓保護教會，維持社會治安，照顧婦孺弱小，克盡其責地保護人民的安全，以善盡騎士的職責。

騎士階級的出現，產生了文化上及教育上的一項變動。首先，由於騎士們在社會扮演著保國衛家的功能，因此，騎士多需要具備精湛的武藝，熟悉宮廷生活的禮儀及強健的體格等。騎士體力鍛鍊的結果，改變了人們往日輕視肉體價值的舊有傳統。由於騎士運動性較大，各地民情風俗、詩歌多有熟悉，因此，他們便成爲具有文藝氣息的中世紀武士，改變了武士沒有文化的說法。騎士的生徒制，也爲中世紀封建制度培養出捍衛社會的保護者。另外，由於騎士也是虔誠的基督教紳士，對教會勢力的推展也助了一臂之力。11 世紀後的十字軍東征，便是騎士參與宗教推展活動的具

體表現。

陸 ▶ 基爾特的教育

12 及 13 世紀的歐洲，由於商業的發達、貿易的興盛、城市的出現、人口的集中，因而手工藝行業人員的需要日益增多。以往較爲單純的農業社會，技術人員的養成，諸如：木工、金工、水泥工，商人等，都是父傳子的方式，一代一代地將手藝傳承下來。可是到了商業發達以後，技術人員的培養需求增加，原有的父子相傳的方式，不足以解決大量需求技術人員的問題。加以中世紀時期，個人的地位不彰，而且需要依附在封建制度之下，成爲社會團體的一員。基爾特——行會組織的制度，因此而產生。基爾特是同類職工結合而成的組織；它一方面具有維護同行人員利益的作用，同時也有爲同行人員爭取利益的作用。以商人的基爾特爲例，他們互通資訊，相互結合以謀求同行人員的利益，防止其他行會人員利益上的侵犯。商人行會在中世紀後期，因爲勢力逐漸增強，在教育實施上，就爲自身行會子弟增加受教育的權利，希望多授予一些博雅的學科，等同貴族子弟的教育內容。

一般中世紀時期的藝匠人員，在培育的過程上，亦類似騎士的生徒制方式，有著三個階段，分別是生徒、工頭及師傅。

1. 生徒（apprentice）：一般男孩若欲學習某一手藝，須經由家長與藝匠師傅簽訂合約，將兒童交由該藝匠師傅予以教導。兒童此時須住宿於師傅家裡，生活起居成爲家庭中的一員。師傅則將他的手藝傳授給學徒。學徒須嚴守工作祕密，努力學習，不能懈怠。學徒的學習時間大致爲 3 年，多至 11 年不等。學徒可從 7 或 8 歲開始，找一位師傅，追隨其後，從觀察、模仿、實做、練習當中，累積經驗、學習技藝。如果是從事貿易的，作買賣需要少許的文字、算術能力，此時，師傅除了教授經商技巧以外，語文、算術的知識亦須加以教導。學徒在家庭生活中，有時也會參加

宗教方面的活動，經由社會化的活動，而成為未來社會的一分子、行會中的一位合格成員。

2. 工頭（Journeyman）：工頭是生徒到達一定的年齡，具備了工作的能力與經驗時，可以外出工作，例如：他可以暫時離開師傅家庭，在外工作一個短的時期，賺取酬勞。

3. 師傅（master）：經過工頭階段，學徒的工作能力及經驗已經有了基礎，可以單獨工作，應付工作上的各項問題。此時，他必須提出一份精心的作品，讓同行師傅予以評鑑、質問，類似碩士、博士論文的口試方式，若獲得同行師傅的肯定，通過行會儀式，他就正式成為一位合格的師傅，學徒的整個教育歷程也就告一段落；他便有成為行會一員的資格而可以招收學徒，擔負起教導青少年學徒的責任了。

基爾特是中世紀社會的特殊組織。它含有經濟的、社會的、教育的、文化的各項功能。隨著歷史的演進，18世紀以後，各種行會或工會的出現，多受中世紀此一社會制度的影響。

第三節 ▶▶ 中世紀教育思想

中世紀時期的教育思想，可以說是奠立在基督教教義的理論基礎上。依照基督教教義的說法，神創造了宇宙萬物，一切被創造者，都須依照著神的指示而行事。萬物的運行，日月星辰的運轉，生物生命現象的顯示等等，都依照著神的安排而逐一開展。換句話說，神支配了一切，神設計了一切；人的教育，自然也須遵循神的指示而運行。基督教對中世紀教育思想的影響，可以從下列的主張中看出：

一、原罪說（the original sin）

人生而有罪，因為人的祖先亞當與夏娃蹈犯了神的戒律而被逐出了伊

甸園，人的子子孫孫都肩負了原罪而難以棄絕。由於原罪說而使得人性說不能立足於性善說，而非得採取性惡說。這對於兒童本性的認識，失去了真貌，反而被宗教的傳說蒙上了一層面紗，使得兒童在接受教育時，多以性惡說的觀點，解釋兒童行為違規的現象。體罰的盛行，多少與原罪說脫離不了一些關聯。

二、禁慾說（asceticism）

中世紀修道院的興起，與基督信徒強調禁慾有所關聯。基督教教義重視人的靈魂及精神作用，對於人的肉體並不給予太多的肯定，因為肉體是人慾求的由來。早期禁慾者相信，肉體的折磨與痛苦，對於個人心靈、精神的提升是會有所幫助的。禁慾主義的流行，使得基督教在教育理論上，並不強調個人身體需求的滿足，而是較為著重個人靈魂的安頓。

三、來世說

基督教教義主張，現實的世界是得不到永生與不死的，唯有在來世的天國裡，人們才能獲得安祥、幸福、和平與永生。因此，現世只是一個過渡的階段，一個預備的階段，而不是一個可持、可久的階段。現世的一切活動，都是為了來世而作出的一種預備。因此，現世所實施的知識教育、道德教育、宗教教育等，都是為了來世生活所作的準備。現世教育只是進入來世生活的一個手段而已，它不是目的。

四、經典說

聖經是基督教教義的根本，也是一切教育活動的教材所在。信仰的教材、認識耶穌基督的教材、教義的理論基礎，都須依據聖經而施行各項的教育活動。聖經的內容是知識教學主要的來源之一；聖經內容是道德教育的來源；聖經的內容也是個人信仰教育的來源。因此，聖經便成了教育活動的準則與經典。

　　基督教影響下的中世紀教育理論，是非、善惡、眞僞的一切判斷，不能依個人的理性思考判斷之，而是以基督教教義及權威者對教義的解釋爲準。處此情形下，教育理論上並不強調發展學生的理性能力，而是將各種判斷的依據，推向既有的傳統與現有而沿用的準則。因此，教育活動上沒有太多的注意放在學生創造能力的培養上，反而是依據舊有的經典，作出各種的理解、解釋。因此，知識獲取的範圍形成了侷限，新知識必須不違背於舊學說。

　　中世紀時期較爲著名的教育思想家，有中世紀早期的聖吉羅米（St. Jerome, 331-420）、聖奧古斯丁（St. Augustine, 354-430）及中世紀後期的聖多瑪斯（St. Thomas, 1225-1274）。

壹 ▶ 聖吉羅米

　　聖吉羅米和聖奧古斯丁可以說是同一時代的神學家及教育家。聖吉羅米來自一個基督教的家庭，因爲父母都是信徒，因此，自小就接受了基督教教義的薰陶。聖吉羅米曾經去羅馬城接受教育，追隨當時的文法名師道那特斯（Aelius Donatus）接受文法教育。聖吉羅米精通希臘文，曾經將聖經中的《詩篇》及《新約》，由希伯來版本及希臘文版本翻譯爲拉丁文，奠定了他在基督教神學學術上的地位。聖吉羅米的基督教教育思想，較爲傾向於禁慾的苦修教育方式。他的教育論見，具體地呈現在《獻給萊坦，關於她女兒的教育》（*To Laeta, Concerning the Education of Her Daughter*）一書中。聖吉羅米強調人要對神有所敬畏，有所恐懼。他認爲一個純潔的心靈，必須在一個聖潔的環境中成長。一切不良的意念、觀點、識見等，均須予以隔絕。他強調的是外在監督與個人節制。凡是兒童生活中所接觸的人、事、物、故事、活動等，都必須仔細檢查，務期沒有任何的不良影響。聖吉羅米認爲兒童的教師其行爲舉止對兒童道德的發展，有著深切的影響。聖吉羅米主張兒童學習期間，應該利用獎勵、應用

正面的鼓勵方式激勵學生學習。學習內容方面，他以爲先學希臘語文，後學拉丁語文。他比較輕視音樂的教育價值。另外，由於宗教信仰的關係，他極力反對裸露身體，同時，不希望女性參與公眾的事務。

貳 ▶ 聖奧古斯丁

　　聖奧古斯丁誕生在北非的塔格斯特（Tagaste）。父親爲一位異教徒，母親則爲基督教徒。由於聖奧古斯丁自小就顯得聰慧過人，因此，他的雙親對奧古斯丁的教育非常重視。奧古斯丁很早就開始學習文法、文學、修辭、哲學，同時，對希臘語文亦有學習。當時北非的一般學校，已經不教希臘語文，還是得力於他雙親的安排，才能從小就學習到希臘語文。這對於奧古斯丁爾後研究希臘學術思想助益甚大。奧古斯丁青年時期較爲喜好法律，然而，由於際遇關係，使他日後卻是以教授修辭學維生。奧古斯丁首先在迦太基（Carthage）教授修辭學；後因爲學生不定，促使他離開北非而遷居羅馬，繼續教授修辭學。由於奧古斯丁認識了義大利米蘭（Milan）地方的主教阿姆羅斯（Ambrose, 340-397），因此後來奧古斯丁返回北非後，就擔任希波（Hippo）地方的主教。鑑於奧古斯丁的哲學深厚、神學淵博，因而成爲中古前期最著名的基督教神學家及教育思想家。奧古斯丁重要的教育理念及其信仰，約略可陳述如後：

　　1. **二元世界**。聖奧古斯丁接受了柏拉圖二元實在的說法。對於柏拉圖而言，人們感覺經驗到的此一世界，並不是眞實不變的世界，只有在觀念的世界裡，永恆、不變才能找到。聖奧古斯丁則堅定地相信，人的現世是短暫而易變的，只有神的天國，才是永恆不變的世界。

　　2. **本質、悟性及愛**。人先天地就被賦予了追求完美的驅力。人有能力認識到內在心靈的活動，體會到這股內在追求自我完美的動力。由於人能認識到自我趨向於完美的追求，因此，教育的最大作用，就是協助自我實現追求完美的成功。從基督教的觀點，愛是心靈渴望接近神的動力。人

的完美不能單靠人來實現，需要求助於神的協助。

3. **思想、愛與行動**。人要接近神必須以努力自我提升來實現。人需要從思想上著手，認識神、了解神；人必須以愛的行動來親近神。思想上如果能堅定不移，行動上如果能積極實踐，愛的展現上如果能熱切而不斷，則任何人，不論他社會地位如何卑微，也不論他社會地位如何高貴，都可以隨時隨地作出自我的提升，追求完美的實現。

4. **禁慾論**。奧古斯丁以為人是由二個因素組合而成的，其一為肉體，其二為靈魂。肉體是有慾望的，因而會有衝動及錯誤的發生。人的慾求不能任其滿足，必須予以節制。奧古斯丁以為人需要運用其智慧來為靈魂服務，人的慾求節制是自我追求完美過程中必要的一項步驟。

5. **理性作用**。奧古斯丁的教育著作計有：《論教師》（*On the Teacher*, 389）、《懺悔錄》（*Confession*, 397）、《文盲的教學》（*The enstruction of the Unlettered*, 399），《論基督教教育》（*On Christian Education*, 426）。奧古斯丁相信人的知識是先於人而存在的，人只不過是將早已存在的知識予以發現而已。奧古斯丁說道：

> 事實如何進入我的意識？事實從何處來的呢？我難以說明。當我最先學習到事實的存在時，我只是應用了我自己的心靈，事實是儲存在心靈當中，後來需要時才加以應用。如此，事實必須在進入我的意識之前，就須先行存在於我的心靈。很清楚的，事實早已深植心靈；它是因有人的教導而進入我的意識，使我認識到它們。因此，學習的確是一種過程，使含混的、不被意識的觀念，引入意識之中，使之清晰而明白。（註1）

人的理性是要應用於個人精神的成長。人在理性的應用下，可以到達較高的境界，接近於神。

6. **純真知識**。奧古斯丁以為一般理性的真理，不是教導的而是先行

存在於學童的心靈；這需要教師技巧地運用問題而使之被發現，不是由教師加諸於學童心靈之中。純眞的知識不是來自於感覺的活動。感覺活動能形成的知識，缺乏穩定性；唯有神所啓示的知識，才是純眞的知識。

7. **反對體罰**。奧古斯丁對於幼兒時期，爲了學習功課而遭受肉體的處罰，記憶頗深，因此，他反對給予兒童任何形式的體罰，他認爲體罰會傷害到兒童的內心。

8. **教學內容**。奧古斯丁的教學內容，當然以基督教教義的了解爲主，因此，聖經、教會著作是少不了的學習內容。邏輯和辯證有助於聖經內容的辨析，因此課程內容自是不可缺少。修辭、文法、數學也是成爲基督教學者必須具備的知識。對於一般人而言，與生活相關的知識也一併值得學習。

聖奧古斯丁的哲學思想，給基督教教義和希臘哲學作了一項連結；聖奧古斯丁的教育思想，則爲中世紀時期基督教教育思想，定下了一個發展的方向。

參 ▶ 聖多瑪斯

聖多瑪斯是中世紀後期最重要的一位神學家及教育思想家。聖奧古斯丁的哲學受柏拉圖思想影響甚大，而他對柏拉圖思想的發揮也最爲可觀。但是，至 13 世紀時，聖多瑪斯的思想則是發揮亞里斯多德的哲學思想。由於亞里斯多德哲學思想有唯實主義的因素，因而對 14 世紀以後西方科學思想的復甦，深具影響力。12、13 世紀的歐洲，因受阿拉伯及猶太學者將亞里斯多德的學術思想介紹進來的影響，拉丁文所譯註的亞里斯多德的生物學、天文學、物理學開始流傳。基督教教會開始面對的是一個新的局面。因爲，以理性爲主導的亞氏思想，對於教會主張的一些與科學相違背的說法，漸漸受到人們的質疑。

聖多瑪斯可以說是一位偉大的神學家、哲學家。他使自然哲學與超

自然神學，取得了一種妥協，避免了兩者的衝突。聖多瑪斯以為哲學研討的範圍是自然界；自然界中的事事物物都是在變化之中；自然界中的事物都是神所創造的；這些事物都不是永恆的，它們是會消萎而趨於滅亡的；這些事物的研究是需要人的理性的。但是，神學和哲學則不盡然相同，神學研究的範圍是超自然界，超自然界是一個沒有變化而只有永恆實體的世界。自然世界的理解與認識，可以依靠於人的理性，而超自然世界的理解與認識則是要靠神的啓示，不是依靠於人的理性。

　　就真理而言，自然世界人們所獲得的真理與超自然世界所獲得的真理是不同的。自然世界的真理是在人們理性探究的範圍中，自然世界之中，不會有最後的、永恆的真理；超自然世界中，人們經由神的啓示是可以獲得最後的、永恒的真理。這些永恆而普遍的真理，才能夠成為人們信仰的對象。

　　依據聖多瑪斯的論點，科學和宗教並沒有必然衝突的條件，因為，人的理性可以自由地在自然界中馳聘，沒有任何的阻礙。人的理性不需要踰越於自然界的限制而進入於超自然界。聖多瑪斯認為宗教和科學，可以處理同樣的事實與觀念，不過，它們可以從各自不同的角度來度量和探究。聖多瑪斯相信真理是神創造的，人可以經由理性的運用而發現真理；人是不能創造真理的，只有神才能創造真理，人只能使用他的理性與智慧去解釋神的真理。

　　聖多瑪斯的教育理念主要的是著重於人理性的培育與鍛鍊。人的理性是獲取真理不可或缺的一項利器，不過，理性的運用尚需要信仰的協助，尚需要啓示的指引才行。聖多瑪斯以為人的理性可以說是構成人性的一個部分，幾乎可以說就是人性的一部分。

　　人的理性可以分為二個層級：人的理性中較高的層級「理論理性」是可以作為科學、數學、哲學的探討之用；人的理性中較低的層級「實踐理性」則是在政治、經濟、日常事務的決定時需要應用。由於理性使用的範圍不同，應用的對象不同，所以在亞里斯多德看來，理論理性是超越於實

踐理性的。因爲，理論理性的應用，並不涉及到經驗的應用，而實踐理性
的應用，則須涉及到經驗的成分。教育的實施就是要對理論理性與實踐理
性加以培育，加以發展。

　　在西方歷史學家的眼光中，中世紀是一個歷史傳承與轉合的時代。
它延續了希羅文化；它建立了基督教文化；它使來自北方的蠻族，浸潤了
希羅文化，接受了基督教文化，因此，這些新興的民族，才能在近代西方
文明建構的歷程中，發揮了積極的角色。中世紀對西方近代以科學爲導向
的文明，雖然沒有直接的影響力，但是，間接的影響則是有目共睹的。第
13 世紀西方學者的強調理性，爲爾後科學運動提供了不少的助力，聖多
瑪斯就是其中的一位著名學者。

附註

註 1　　James Bowen (1972). *A History of Western Education*, Volume I. London: Methuen, p. 279.

第 4 章

文藝復興與教育

第一節 ▶▶ 文藝復興的意義與人文思想

壹 ▶ 文藝復興的意義

西方歷史上有三個以 R 字母開頭的重要名詞。一個是文藝復興（Renaissance），一個是宗教改革（Reformation），另外一個就是唯實主義（Realism）。文藝復興意味著「再生」、「重生」。這是指經過近千年中世紀基督教獨斷的西方文化的薰陶，至第 14、15 世紀，人們的理性重新得到了復甦，不但古代學術思想得到了重現與再生，連帶的觸發了基督宗教的改革，產生了新教與舊教的信仰。第 15 世紀以後，西方在理性抬頭的情形下，科學運動漸次崛起。至第 16 世紀天文學上遂有重大的發現，如哥白尼的太陽為宇宙中心說。科學的昌明與發展，促進唯實主義思想應運而生。不管是文藝復興運動、宗教改革及唯實主義思想，對西方教育史的發展，都產生了不少的影響。以文藝復興運動來說，它使得古學的研究發達起來，學者競相學習並研究古希臘、古羅馬的學術思想、文學、藝術、語文，進而形成了影響近代人類社會的人文主義（Humanism）。就宗教改革而言，它使得人們直接閱讀聖經，需要閱讀文字的能力，促使各國以本國文字譯述聖經，使得社會大眾學習本國文字，帶動了教育家重視大眾教育的普及問題。就唯實主義來說，它使得教育的影響力，從人文主義思想，轉變為唯實主義思想。教育的實施不再以

語文的教學為主而轉為對外在世界真實性、經驗性知識的追求。總之，西方歷史上的這三個 R，代表了西方歷史上的重大變動，其對教育的影響，因而也就顯得非常深遠了。

　　文藝復興運動延續的時間甚長。大致上從第 14、15 以及 16 世紀前段，都可以說是文藝復興時期。不過，值得注意的是義大利半島上的文藝復興運動，主要的是以古代學術思想中的文學、哲學、藝術的復甦為主，而北歐地區的文藝復興運動則波及到宗教改革運動的興起與蔓延。這不但引發了基督教的分裂，而且形成了民族教會的紛紛成立；大一統的基督宗教為之消失，帶來的是因宗教信仰不同而造成了許多的紛爭、衝突與戰爭。

　　文藝復興有著以下的幾層意義，值得吾人重視：

　　1. 文藝復興一詞原為法文，意指「再生」（rebirth）。「再生」一義，不但是指古學研究的再生，實際上也是西方人理性思想上的再生。獨斷的、不容懷疑的信念或思想，現在人們敢於去懷疑、去思考。

　　2. 文藝復興運動開啟了西方近代歷史的新紀元。因為，文藝復興運動的結果是世俗生活的價值觀為之抬頭。人們對於現世生活的價值給予肯定，來世生活的價值，不再像以往那樣受到人們的重視。

　　3. 古代學術研究的風氣日趨熾烈。義大利人因受文藝復興運動的影響，對於古代希臘藝術、拉丁文學的興趣，至為強烈。「從教皇在聖彼得大教堂所坐的椅子，到佛羅倫斯（Florance）帳房的記帳員，每一位義大利人都是藝術的評論家；一切的事物都是以藝術的品質為尺度。」（註1）在古學研究的倡導下，文學、藝術（例如：戲劇、建築、雕刻等）都走向了世俗主義（secularism）的方向。

　　4. 文藝復興運動喚醒了沉睡的西方思想界。文藝復興運動不只是發現了希臘、羅馬的古籍；文藝復興運動的學者們也將他們的精力投注到古代學術思想的了解、欣賞與探究上。他們了解古人的思想，探究他們的感情，認識他們的人生觀、世界觀以及宇宙觀。文藝復興運動的學者不以拉丁文古籍的發現為滿足，他們更熱切地渴望深入了解希臘的古學內容。

5. 文藝復興運動促使學者熱衷於古籍的發現。他們有的從修道院的牆壁；從塵封已久的圖書室；從私人的集藏所在，努力地蒐集未曾流傳過的古籍。他們仔細地閱讀，分析閱讀的資料。因而，他們必須運用自己的理性思考，來處理新的學術發現。這裡的研究與探討，提供了學者自由發揮的空間，因而文藝復興時期能夠有一些新的學術創見、新的研究發現。

6. 義大利半島上的文藝復興運動，展現在美學的追求、倫理的發揚與政治生活的探討上。義大利文藝學者開始對希臘時代的藝術產生興趣，對古人道德生活有了新的評價，對政治生活有了新的體認。他們不再依賴教會的學術思想，來提供這些方面的認識與了解。他們轉向古代的學術著作，追求新的靈感、新的見解與新的意義。

7. 文藝復興時期的學者，將他們的眼光集中在人的問題探討上。他們體認到人的價值、人的需求、人的理性是非常重要的討論問題。他們已經覺察到自我的重要性。這些見解，奠定了文藝復興時期孕育人文主義的客觀條件。

8. 義大利半島之所以成為文藝復興運動首先興起的地方，有其一定的歷史背景。首先，第 14 世紀的義大利已經成為東西貿易的一個中間站；其次，義大利境內是一些復古宗教活動的所在地，因為，修道院的精神，就是依循古代宗教家修練的論點而來。義大利到了第 14、15 世紀，由於經商及貿易活動的繁盛而形成了富有的人家，他們喜愛古代藝術品，喜歡觀賞戲劇表演；而教皇與各地皇室則積極從事古物的蒐集；再加以義大利人對民族文化傳統的懷念，這些都是促成義大利首先推動文藝復興運動的一些條件。除此之外，義大利人在當時由於教皇就在義大利境內，大一統的羅馬光榮歷史，他們尤其不易忘懷；居於一種領先、優越各地的心態，都使得文藝復興不會首先在其他地區發生而在義大利境內發生。這也就沒有什麼難以解釋的原因。

貳 ▶ 人文思想

　　一般而言，所謂的人文主義思想，可以說是西方文藝復興運動的副產品，這是因爲文藝復興運動在形式上是古學研究的復甦；在內容上是世俗人生觀替代出世的人生觀。更重要的，文藝復興運動時期的學者們，注意到人的重要性、人的價值、人的需求的滿足。由於中世紀將近千年的時間，人們生活的重心和思想的焦點，都放在神的方面，因此，人的問題便成了一個不足掛齒的小問題，如何使人接受神的意旨與安排，比人自己去向外爭取，顯得更爲重要。

　　人文主義一詞是與羅馬文學家、哲學家西塞祿所說的 Humanitas 一字相關。西塞祿認爲人與動物不同，人能夠認識到現在，記憶到過去，想像到未來，從而將過去、現在、未來連貫在一起，形成一個不間斷的時間流。不過，人並不是生而爲人，人是經由文化的陶冶、文化的洗禮而後才能成爲人。因此，文化對人的洗禮是必要的；人需要作出自我不斷的提升，才能顯示與動物的不同。

　　人文主義雖不見於希羅時期，但是，人文思想卻是早已存在的一種思想，因爲，希羅時代的人們，基本上還是過著一種世俗的人生，對於來世的世界，並沒有像中世紀人們那樣的強烈。希臘哲學家提出的論點，例如：「人是萬物的尺度」、「人是理性的動物」，都充分說明了希臘思想家看重人的能力，重視人的價值，從而使人有著自信，敢於作出人的一些抉擇而不必依靠於神的裁決。

　　其次，人文主義的思想，在文藝復興時期，有著與神本思想對抗的意義。18 世紀崛起的新人文主義又再度抬頭則與科學主義、唯物主義有所關聯。人文主義思想可以說會在不同歷史背景下，以不同的面貌，登上歷史的舞臺。

　　現在爲了方便，吾人將以神本主義的基督教文化所主宰的中世紀時期，與以人本主義思想爲主旨的文藝復興運動時期作一比較性的敘述，以

便對人文主義思想有一較爲清晰的認識。

神本思想影響下的狀況爲：

1. 基督教從西元 325 年成爲羅馬國教以後，它的思想逐漸滲入歐洲社會的各個層面。人們相信天父是至高、至大的唯一眞神，祂主宰了整個宇宙，一切事物的變化、運轉，都是神意旨的展現。因此，人的一切行事，都是神意旨下的安排，個人無從掙脫開神的設計與安排。

2. 神本位的思想，神是獨尊的，因爲，祂創造了一切，一切都受命於神的意旨。神的力量無遠弗屆，無微不至。相較之下人的卑微至爲明確。

3. 神本思想下的人生觀是出世的人生觀，這一世界的生活是另一世界生活的預備。這一世界的生活是短暫的、欠缺的、不完美的；另一天國的世界，其生活是完美的，無所欠缺的。世俗的生活是暫時的，天國的生活則是永恆的。

4. 神本思想下的中世紀，教會人士強調的是信仰而不是理性，亦不是理解。他們認爲只要信仰堅定，就有助於教義內容的了解。他們強調的是先要信仰而後再要求理解。

5. 神本思想影響下的人們，失去了理性的崇拜，因爲神的睿智而相對的使人不得不求助於神。所以，大致說來，中世紀的人們在思想上多遵循基督教教義，而敢於質疑與挑戰的人爲數不多。

6. 神本思想下的中世紀，人們對現世的生活評價並不高。他們重視精神的、靈魂的生活價值而輕視物質的、肉體的生活價值。

7. 禁慾主義是早期基督教徒所奉行的一種理論。主要的觀點是認爲肉體的慾求是罪惡的，因此，禁慾有助於個人靈性的提升。在此理論下，他們嚮往的生活是清貧的、克制的。因此，他們並不貪求物質生活的富裕，也不追求肉體的享樂，影響所及，人們所重視的只是靈性上的安逸與提升。

8. 在神本思想的籠罩下，中世紀時期的人們，從出生以至老死，幾乎都在教會及基督教教義的影響下。初生的嬰兒即須受洗，取聖名；及年

紀稍大，父母親即會講解聖經故事、聖經教義；成年結婚須得教會的首肯；一般青年多會嚮往神職工作；而年老不久人世，尚須在彌留時刻，由神職人員祈禱；入土爲安時，尚須舉行宗教儀式。至於一日之中的禱告，至教堂向教士懺悔等，皆是神本思想影響下的個人行爲。因而宗教生活幾乎是無微不至，充斥於人們生活之中。

人本思想影響的狀態爲：

1. 文藝復興運動，喚醒了人們的理性，使人們的思想重心，由神爲根本而轉變爲人爲根本。

2. 人本思想偏重人的價值肯定。一些人文學者以爲神創造人，但並沒有將人與其他動物等量齊觀，因爲，神賦予了人特權。祂讓人可以自我設計而不須依循於神所指定的法則，所以，比較之下，人較能享受到自由而動物則須依循神的法則，不能作出自由的選擇。

3. 人本思想肯定世俗生活的價值。人們體驗到感官帶來的樂趣，他們追逐現有的生活樂趣，一花一草、一鳥一石、人的笑容、人的歌聲等，都存在著歡欣、快樂。貪圖現世的享樂，已經成爲人們思想的一部分。

4. 人本思想強調人的自信。由於人在神所創造的世界裡是一神之下，萬物之上的地位，因而人的自信受到重視，對於外在世界敢於冒險，對新學說敢於提出討論。

5. 人的尊嚴重新被喚醒。長久以來，人們心靈受制於基督教教義；而神的無所不知，無所不能，使人在神的面前，其地位自然顯得卑微，自然顯得無能。但是，在文藝復興運動中，人的理性重新覺醒，人的自信力也就爲之提升，故而人的尊嚴因而大增，人們自信有能力可以決定自己的一些事務。

6. 人本思想是入世的人生觀。人本思想肯定此生、此世的生存價值。人們體驗到此生雖然顯得有些短暫，但是，人們莫不儘量掌握此生、享樂此生，似乎人們覺得現有的世界亦較有真實感。

7. 人本思想的淵源來自於古希臘及羅馬的哲人思想。他們的話題多

圍繞在人的問題上而不是神的問題上。他們強調的是人的價值。

8. 古代希臘詭辯學者普泰格拉斯（Protagoras, 481-411 B.C.）曾經有句名言即「人為萬物的尺度」（Man is the measure of all things）。人本思想家似乎也採取此一態度，認為人具有權衡萬物的能力，人並不是一個無知者，也不是一個無能者。

人文思想是文藝復興運動的一個副產品。因為，人文學者在研究古代學術思想過程中，重新拾獲了重視人的價值、人的自由、人的尊嚴等思想。文藝復興初期人文學者指的是那些以古代希臘、羅馬學術思想為研究重心的學者，他們捨棄了教會學者的著作而專心於古典學者的研究，他們不再熱衷於士林哲學（Scholasticism）的探討，而偏向於古典學術文化中的文法、修辭的研究。在研究的過程中，他們著重個人理智的應用，而不遵循士林哲學學者的研究方法。他們敢於質疑，他們研究的自主性甚高。他們相信古人所遺留下來的經典，不論是文學作品、詩歌作品，凡以語文表達的都可以說是人們心智的結晶。這些古典作品，也是陶冶心智最好的工具。此時，人文學者所欲欣賞的是古典文學的作品，他們不偏好於宗教性的長篇理論，而較為喜好的是古典文學作品的形式與內容。

文藝復興初期的人文學者，並沒有完全脫離中世紀的宗教思想及生活觀。他們是熱愛於古典語文及文學作品的研究者，他們對自然的研究，興趣也不很高。文藝復興時期的人文學者，突破了中古時期教會、基爾特、君主、封王對個人的拘束。他們提出了人性的刻劃，不能再從既有的學術思想作品中去尋找了，人們必須從古代經典作品中去尋找。古代經典的發現、研究，為此已經成為人文學者研究的領域。他們對古學的評價極高，幾乎賦予了莫大權威。

人文學者對於中世紀傳統思想上對人的尊嚴不甚重視的弊病，亦有了一番新的倡說，例如：人文學者比可（Pico della Mirandola, 1463-1494）就有下列的一段說詞：

　　亞當，我（即神）已經給予你一個未予確定的地位，也未曾
讓你有一特定的稟性，更未給予你某一特權，其目的即在讓你自
己經由你自己的決定與選擇，去形成你的地位、你的稟性、你的
特權。其他自然界中的生物，都經由我的規律而有一定的限制。
你將決定你自己的本性，而不會有任何的妨礙，因為我給予了你
自己的能力。我將你置諸世界的中央，以便由此你可以對世界各
事物看得更好些。我既沒有使你成為天上的飛禽，也沒有使你成
為地上的走獸。你既非不會死，也不是不朽。為此，其用意就是
讓你像一位自由的、自主的設計家，你可以隨你所選擇的，去塑
造你自己。（註2）

　　從比可的論說中，不難發現文藝復興初期的人文思想家，並沒有完全
捨棄基督教的教義。不過，他們從聖經的記述中，也找到了人的特殊性、
自由性與尊貴性。神並沒有為人訂定出嚴格的規律。人的發展性被確認
了，因此，人可以依自己的抉擇，作出自己的決定。現實世界裡，有些人
可以沉淪為盜賊；有些人卻可以成為聖哲，這完全操諸於各人自己的手。
人是介乎於死亡與不朽之間，而由自我為之選擇。人文思想雖然在古希臘
及羅馬已經存在，但是，宗教信仰禁錮了人的自由性與自主性，因此，在
返回古代學術思想的研究運動中，人重新找回了自己的自尊。這不僅為南
歐帶來了新的學術思想，也為北歐形成了一股對宗教改革的呼聲。馬丁路
德引發的宗教改革運動，也被視為是文藝復興運動的一部分。

第二節 ▶▶ 人文教育思想與實施

　　文藝復興運動之所以能夠在義大利興起，也有其歷史的原因。當人文
學者熱衷於古學研究時，他們的舉動也獲得了青年學子的支持，同時，也

得到了一些大城市中的富商、貴族及宮廷貴人的支持。因為，在古典拉丁文學的研究上，人們內心有著繼承及光大羅馬帝國偉大光榮歷史的涵義。一些義大利的城市像佛羅倫斯、威尼斯、巴都亞（Padua），都感染了古典文學研究的氣氛。西元 1396 年，著名的希臘學者克蘇羅拉斯（Manuel Chrysoloras, 1355-1415）由君士坦丁堡移居佛羅倫斯並設立講座，講授希臘語及學術思想，因而，將古典學術研究帶向一個新的里程碑。這股研究古學的風氣，迅速地蔓延至羅馬及那不勒斯（Naples）等地。

　　首先提出新教育思想的學者是維吉銳奧（Pietro Paolo Vergerio, 1349-1420）。維吉銳奧任教於巴都亞大學，教授邏輯學科。他將羅馬教育家坤體良的《一位演講士的教育》（*Education of an Orator*）加以介紹、探討；另外他出版了《論一位紳士的舉止並論博雅學科》（*On the manners of a Gentleman and on Liberal Studies*）。前者使文法、修辭教育的方法影響到歐洲各地；後者指出了人的完整性教育的理論，並兼論到教材須與個性切合的問題及教材須與年齡配合的問題。維吉銳奧並且提到道德的教育遠比學識的獲取更為重要。維氏主張真正的博雅教育是將個人身心的稟賦發展至極點，個人的學識永遠受命於個人的道德指示。維吉銳奧也提出體育的重要性，他認為身體的鍛鍊是要使個人的理性得以支配個人的身體。維吉銳奧所提出的教學內容包括歷史、倫理、詩、文法、作文規則、雄辯等科目。他對於語文及文學的教導至為看重，因為，他覺得語文及文學不僅表達事實的記述，而且透過語文及文學可將人們的思想予以表達出來；連帶的表達形式，也能顯現出個人的心智活動能力。另外，維吉銳奧提到詩的教學，他以為這一學科可以作為休閒時間內的讀物。大致說來，維吉銳奧的課程還是以羅馬七藝為主。不過，值得注意的是，他與一些早期中世紀教育思想家有所不同的是，他提到了自然的學習與研究，對於自然的知識、天上及地上事物的規則、發生的原因、引發的結果、各種的變化等，都是需要加以探討的。

　　維吉銳奧可以說是文藝復興時期第一位提出新教育見解的人文學

者。教育實踐上帶有人文氣息的另外一位學者則是費爾特（Feltre）地方的維特瑞奴（Vittorino de Feltre, 1378-1446）。維特瑞奴由於發現了完整的羅馬教育家坤體良的著作，加以他翻譯了蒲拉坦（Plutarch, 46-120）的《論教育》（*On Education*），因而成爲羅馬教育思想的專家。維特瑞奴學習過文學、藝術、數學；教過數學、文法；他是巴都亞大學的一位名師，他曾在威尼斯設過學校，不幸失敗。此後又成立一所私人學校名稱爲「歡樂學舍」（The House of Joy），他收了一些貴族人家的子弟及少數資質優異而家境不佳的學生，給予希臘及拉丁古典文學及古文經典的教學。維特瑞奴強調精熟拉丁文、拉丁文作文及拉丁語的雄辯。除此之外，他提到的教學科目尚有古代史、哲學。值得注意的是他主張以競賽及嚴格的鍛鍊，來陶冶學生身心；他對於希臘人看重身體方面的完美，覺得有必要加以實踐；在學校生活上，教師們獻身基督的氣氛至爲濃厚。簡單說來，維特瑞奴的教育理想，顯然放在一位對社會有義務感，對當地則是一位好公民的身上；同時，他的教育也能依學生個人稟賦而予以發展，以養成健全的個人。

文藝復興時期的教育思想家，已經將教育有目的地與現實社會的生活相互結合在一起。他們希望培養出來的人是對社會有責任感的人，對當地是一位好公民，同時也是一位健全而完滿的個人。這些教育的結果，有賴於人文教育家所提出的博雅教育（liberal education）來實現。

古瑞奴（Guarino of Verona, 1374-1460）是另一位著名的文藝復興時期的教育家。他曾經負責過一所宮廷學校的校務，思想上，他受到維吉銳奧的影響，將教育的目的放在一個良好個體的全面發展上。古瑞奴所重視的已經不僅是拉丁語文的精通，他也要求古希臘語文的精通，這樣才能顯示出一位受過良好教育的人的品質來。在眾多博雅學科中，他特別重視文法的教育價值，因爲，文法是語文知識的鑰匙。

文藝復興時期的人文教育家對於拉丁文學作家，多會欣賞羅馬學者西塞祿的作品。學者們鼓勵後學模仿西塞祿作品的表達方式；學習西塞祿遣

辭用字的技巧；探討西塞祿文章的體裁及文法的結構等等，因而，西塞祿文學作品的研習，便成為人文教育家競相介紹及推廣的對象。由於過分重視西塞祿文體形式的模仿，故忽略了文章內容意義方面的教導，後人對此種流弊稱之為西塞祿主義（Ciceronianism）。

文藝復興運動時期，歐洲教育上的重大變動，現在擬摘要加以陳述如下：

1. 文藝復興運動是古學研究的抬頭，一股復古的風氣吹遍了整個的中歐地區。在教育上最為明顯的變化就是學校課程上的擴充。古典羅馬作家及希臘作家的作品，成為教育的內容；語言文字、文學的教授甚過士林哲學及邏輯技巧的學習；在學校教育實施上，法律及醫學的研究反而不及古典作品的研究。人文教育家所欲提供的是博雅教育而非專業教育。

2. 文藝復興運動後期，教育實施上形式主義至為盛行。這完全是在文藝復興時期，學者們熱衷於西塞祿作品研究下的結果。他們教授西塞祿的《演講士》（*De Oratore*）及《布魯特斯》（*Brutus*），並模仿西塞祿的散文體裁。在西塞祿主義流行下，太過偏向形式化及文法規則的教學，以至於一些偉大著作的內容反而被人們忽略了。

3. 學校裡學生除了研讀西塞祿的作品外，學生們尚會讀到坤體良、撒魯斯特（Sallust）、李維（Livy, 59B.C.-17A.D.）、維吉爾（Virgil, 70-19B.C.）、賀銳士、奧維德（Ovid, 43B.C.-17A.D.），以及希臘的荷馬、芝諾芬、希羅多德（Herodotus，西元前 5 世紀）等人的作品。異教作品大舉侵入學校課程，可以說是文藝復興時代教育內容上的一大改變。

4. 文藝復興運動時期教育上的另一重大改變，就是演講術的教育目標重新受到人們關注。中世紀期間，演講術完全被忽略，因而，拉丁文的寫作、拉丁文的散文，也就都被忽略。文藝復興運動喚起了人文學者研究的興趣，除拉丁文的精通外，希臘文散文也受到人們的注意。倫理學、歷史的教學，則多偏重個人行為方面的改進；而歷史的學習則是作為行為校正的參考，可以說具有倫理學的目的。

5. 相較之下，與中世紀有顯著差別的是，人文學者在教育內容上著重體育及音樂的教學。這一特徵，也表現在藝術作品中，例如：繪畫、雕刻、人體美及體力，有所描繪。

6. 文藝復興時期的學校教育，只是社會上層人家子弟的教育；大眾教育的概念，尚付之闕如，因此，教學用語是以拉丁語為之，而非以方言教學。

7. 因受古典文學研究的影響，文藝復興後期一些新式學校，紛紛在各地設立，例如：義大利境內的宮廷學校（Court Schools）、法國的中學（Collège）、日耳曼的古文中學（gymnasium）及改良型英國文法中學等，都是 17 世紀人文教育思想影響下的結果。

8. 人文思想家將古典作品（the Classics）列為教育的核心內容，成為爾後中學教育的重要課程，實是文藝復興時期教育上的一項傳統。這使得中學成為大學的一種預備。依照人文學者的論調，凡是沒有受過古典語文教育的人，算不上是一位受過良好教育的人。一位學者、一位紳士，都應該接受博雅教育，尤其是古典作品的研習。會說古典語幾乎成為決定一個人是否受過教育的標誌。

9. 文藝復興運動並未影響到巴黎大學的教學。巴黎大學依舊沿襲士林哲學的思維模式，講授亞里斯多德的哲學、教會法律，為的是怕損傷到神學的理論基礎。日耳曼的宮廷及學校則已接受了新學術的教學與研究。牛津大學曾有教授意圖改革教會及大學，但是，新學術成為大學講學及研究的內容，則要到 16 世紀初期。著名的人文教育家伊拉斯莫士（Desiderius Erasmus, 1466-1536）於 1511 年至 1515 年曾至牛津大學講學，義大利人文學者衛威斯（Juan Luis Vives, 1492-1540）於 1522 年也在牛津大學講學，他們二人逐漸將人文教育精神帶至英國，希臘語文及希伯來語文也漸漸成為大學授課的內容。

10. 文藝復興時期的教育，對個人的本性、利益予以注意；教育內容注意到較為唯實方面的課程，諸如：文學、詩、雄辯術等。從歷史發展的

觀點言，15 世紀被認爲進步的教育內容如古典語文等，到 17 世紀則有了不同的評價，因爲，此時科學知識愈來愈被認爲具有實在性、研究性。

第三節 ▶▶ 人文教育思想家

文藝復興時期的教育思想家，較爲重要的約有下列四人，現在分別介紹如後：佩特拉克（Francesco Petrarch, 1304-1374）、伊拉斯莫士、衛威斯、蒙泰因（Michel de Montaigne, 1533-1592）。

壹 ▶ 佩特拉克

佩特拉克於西元 1304 年誕生在阿瑞左（Arezzo）的一個貧困家庭中。佩特拉克幼年多在比薩，他是一位醉心羅馬光榮歷史與文化傳統的學者。最早佩特拉克是研究法律；後來他對古典學術研究產生興趣，曾經遍遊北歐各地，致力於古代經典之蒐集。在巴黎及荷蘭等地，他曾蒐集到古典書籍；他也在義大利找到了先前未曾流傳的羅馬西塞祿的佚文。他專訪著名的修道院，希望在修道院裡能夠找到更多的古人作品。他致力於古典作品的發現，刺激了當時的學者，使學者們覓得了一個新的學術領域、新的創造天地。佩特拉克在接觸古羅馬文學作品裡，體認到博雅教育的重要性。他認識到非實用的博雅教育是爲自由民而設的教育，是追尋眞理不可缺少的教育，因爲，眞理不能再靠啓示的途徑去獲得，而是要從古籍研究中去尋找。他收有羅馬哲人辛尼加（Marcus Seneca, 54-34）及西塞祿的大部分作品。他雖然不會希臘文，但是，對柏拉圖、亞里斯多德的學說甚爲熟稔。佩特拉克可以說是最早研究西塞祿及坤體良作品的義大利人文學者。他在古學研究上的成果，奠定了後期人文教育家思想的基礎。

貳 ▶ 伊拉斯莫士

伊拉斯莫士是文藝復興時期學者中的學者，因為他著作豐富，影響廣泛之故。尤其值得注意的是伊拉斯莫士編有拉丁語文教科書，當時曾流傳於各個人文學校的教學活動中。伊拉斯莫士著有《男孩的博雅教育》（*Liberal Education for Boys*），他不贊成教育實施上太過重視古典作品的形式化材料；他重視受教者在古典作品的研習中，以知識的獲取、判斷的形成及品味的涵泳為主要訴求。他認識到兒童的興趣是需要加以引起的；兒童的興趣不應該在嚴格的管教中受到傷害。

伊拉斯莫士較為突出的一項見解是相信人的本性為善。人性的發展，在古典作品的陶融下，會趨向於善的方向。他對於長久以來獨占思想界的士林哲學及其研究的方式，採取保留的態度。

伊拉斯莫士對於個人的教育，寄望於從三個不同的層面去努力：教育實施時，教師不能不注意到學生的本性（Nature）。此即在施教時，教師須以學生的天賦為考量的重點。其次，施教時須注意到訓練（training）的應用，教學需要技巧地給予指導，教師應該對學生給予指導性的協助。實踐（practice）是對稟賦及訓練的運用，學生個人稟賦雖然強烈，不過，訓練和實踐也會產生一定的教學效果。伊拉斯莫士注意到個人稟賦的差異，他覺得有人適合去學數學，有人適合去學神學，有人適合學修辭或詩，有人適合學習武藝，各展所長，配合個人稟賦，這才是好的教育方式。

伊拉斯莫士注意到教育有四項基本功能：第一，教育的作用在於使青年人的內心播種下虔誠的種籽；第二，教育的作用在使青年人喜愛並澈底地學習博雅學科；第三，教育的功能在準備青年人未來有生活的責任；第四，教育的功用是及早使兒童熟習基本的禮儀。伊拉斯莫士能夠重視虔誠的美德及學習與行為之間的緊密關係，可以說是文藝復興時期較為特別的一位教育家。

伊拉斯莫士算是一位著作極為豐富的學者。他著有《箴言》

（*Adages*），此爲一本從古典作品中摘錄出來的一些常用引句的彙編；其次，他著有《*Colloquies*》，此爲師生間的對話集；另外伊拉斯莫士著有《和平的委屈》（*The Complaint of Peace*）及《愚者的禮讚》（*The Praise of Folly*）。甚爲引人注意的是，伊拉斯莫士以希臘文原本聖經作爲《新約》聖經版本重新編輯，影響廣泛而深遠。他的希臘文聖經版本於1516年出版。馬丁路德即以伊拉斯莫士的希臘文《新約》聖經版本爲依據而譯爲德文，使《新約》聖經得以大量流傳。除此以外，伊拉斯莫士尚著有《一位基督徒的教育》（*The Education of a Christian Man*）及《論正確教學方法》（*On the Right Method of Instruction*）等書。

參 ▶ 衛威斯

　　衛威斯是義大利人。在巴黎大學求學期間，由於閱讀了伊拉斯莫士的著作，深受影響，遂因而轉變爲一人文教育思想家。衛威斯曾經留學英格蘭，他著有《論女子的正確教育法》（*On the Right Method of Instruction for Girls*）及《論一位女性基督徒的教育》（*On the Education of a Christian Woman*），這是人文教育家最早提到女子教育的書籍。1531年，衛威斯出版《論學習科目》（*On the Subjects of Study*）。另外，衛威斯著有拉丁文讀本《*Colloquies*》，此書是專爲拉丁文初學者使用的讀本。心理學方面，衛威斯著有《*De Aaima et Vita*》一書。

　　衛威斯極爲反對中世紀的士林哲學，因爲，共相理論的偏失，使人們對事物缺乏眞正的了解。衛氏以爲眞正有助於人們正確思想的形成，不是演繹的思想方法，而是歸納的思考方式。

　　對於衛威斯而言，教育理論的基礎，他以爲是要奠立在人文思想與基督教思想的基礎上。教育的最大目的是使學生能夠對善有所追求，實現此一目的之手段則是依賴古典拉丁文及希臘文作品的研習。衛威斯對於教育問題的探討，有著不同於一般人文學者的地方，即他是立足於心理學的基

礎上。衛威斯以爲學生學習教材的問題，不見得是一個教材本身的問題，而是一個學習心理因素爲之決定的問題。衛氏以爲學習的出發點是先有感覺，後有想像；是先有個別的事實，後有類別性的事實，亦即由殊相至共相的意思。衛威斯說道：「感覺是吾人的第一位教師，心靈是受感覺的包容。」（註3）衛威斯強調的教學原則有：適應個別差異的教學原則；應用母語學習拉丁語的教學原則；感覺經驗是心靈活動的初步，因而，生活事實須列爲教學內容的原則。衛威斯可以說在人文思想的教育家中，認識到不能再以語文的學習作爲教育的主要內容，而應以現實生活的事實作爲教育的內容，才能眞正有助於受教者個人生活的改善。

肆 ▶ 蒙泰因

　　蒙泰因是出生於法國的人文學者。不過，蒙泰因的思想已經有了一些轉變，他對於當時人們太過熱衷於拉丁語文、希臘語文的學習，已萌生批評的心意。蒙泰因內心已孕育了唯實的教育思想，他以爲學拉丁文、學希臘文、學散文、學詩，都算不上重要的事情，眞正重要的事情是受教者在自我成長過程中，有沒有變得好了？或者變得更爲聰慧了？蒙泰因覺得當時教育實施上只是偏重記憶，忽略了理解的重要性，罔顧了受教者道德良知的陶冶。蒙泰因認爲當時一些學習拉丁語文的青少年，花費10餘年的光陰，然而對實際生活卻沒有直接的幫助，豈不太過可惜嗎？

　　蒙泰因著有《論兒童的教養》（*On the Upbringing of Children*），甚多的教育論點和他個人幼年的教育經驗相關。蒙泰因的父親曾經有機會住在義大利，對於義大利的生活情境甚爲熟悉。當蒙泰因出生不久，他父親即將蒙泰因送往鄉村請人照顧，並給予教養，其目的即期望蒙泰因能夠培養出簡樸、節儉的美德。鄉村農家的優良風氣，被認爲是蒙泰因需要感染的一些外在因子。蒙泰因父親多方諮商學者的意見，認爲當時一般兒童學習拉丁語太不切合實用的效果，因此，他聘請一位德籍家庭教師，在家庭生

活上，令所有家人與蒙泰因交談時，一律用拉丁語，以便經由生活實境，學習到活用的拉丁語文。蒙泰因說道，在他滿 6 歲時，他對法語、法文毫無所悉，但是對拉丁語則是說得非常流利。

蒙泰因以個人幼年教育經驗為例，他要求受教育者閱讀範圍要廣闊。在他家庭教師的指導下，蒙泰因讀過羅馬作家奧維德、魯希安（Lucian）、維吉爾的作品。之後，他讀的作品涵蓋了歷史、詩歌、哲學，並包括義大利、西班牙及法國的作品。

蒙泰因並不是一位強調知識價值的學者，他不希望將教育窄化成為吸收知識而已。教育是讓學生善加利用知識，從而有助於個人行為品德的提升。蒙泰因認識到教學方法必須適合於學習者，因為世上並沒有一個放諸四海而可用的教學法。蒙泰因是一位顧及到學生能力、心理需求的人文教育家。他主張任何的教學，不能不顧到學生的資質及其內心的喜好。在提供學習內容前，如果能夠與學生詳細溝通、交換意見，對於教材的選擇與應用，必有良好的效果。蒙泰因反對當時教育上對兒童實施體罰，教學活動上的暴力層出不窮，他認為不當的懲罰，對兒童的學習欲望會造成不當的傷害；對兒童的自尊，也會形成損害。他提出的一項方式是誘導，利用鼓勵、誘發、導引的方式，提高學生學習的興趣。換言之，內在的驅力遠勝過外在的懲罰。蒙泰因的教導法則是引導學生儘量作出個人的判斷，而不要由教師替代學生作出判斷。

在人文教育思想家裡，蒙泰因被認為是傾向於社會唯實的學者，因為他重視社會經驗，強調社會經驗的教育價值。尤其是他提倡旅遊教學的重要性。學生從旅遊各地的活動中，累積社會經驗，增加對人的知識。蒙泰因對於歷史學科教學提出了不同的認識，他主張歷史科的教學，不是只限於年代、事實的記憶，而是要將歷史的內容，當作個人判斷事物的一種依據。

蒙泰因在教育理論上，並不完全同意傳統的教育程序。他以為學生必須有著豐富的生活經驗，然後再來學習各類學科，例如：邏輯、物理、

幾何、修辭。他的看法是及早提供學生作出各種的判斷，自然有助於學生吸收各類學科的知識。蒙泰因雖是人文教育家，不過，他已經注意到學生學習語文的時間太長，對於生活經驗的教學則有所不足。他希望學生們能夠多認識一些人生哲學的問題；多學習爲人做事的格言，尤其是勇敢、果決、寬大、節制的德性，有必要及早加以培養。

人文教育學家，在文藝復興運動推展了一段時間以後，已經由開始時強調古典語文的教育活動，逐漸轉變至將古典語文的學習當作一種手段，以期獲致現實生活的改進，與個人行事舉動合乎智性的要求。教育的理想已不只是侷限在是否會寫拉丁文、希臘文的文章或詩，而是利用古典語文當作一種工具，作爲汲取古希臘及羅馬人的智慧之用。換言之，人文思想家的思想，也在唯實思想的推動下，有了一些改變。16 世紀中的一些科學發現，對於人文思想家當然有其影響力，這點是不容懷疑的。

附註

註 1　Harry G. Good & James D. Teller (1960). *A History of Western Education*. London: The Macmillan, p. 113.

註 2　徐宗林（1988）:《現代教育思潮》（初版），臺北市：五南圖書出版公司，頁 34-35。

註 3　William Boyd (1974). *The History of Western Education*. London: Adam & Charles Black, p. 180.

第 5 章

宗教改革與教育

第一節 ▶▶ 宗教改革對教育的影響

壹 ▶ 宗教改革運動

　　西方歷史上的三個 R，都意味著一個歷史階段的大轉變。前一章提到文藝復興運動對西方教育的重大影響。現在談的是第二個 R 字母開頭的宗教改革與教育的關係。宗教改革運動，導源於北歐地區理性的復甦。此一運動與南歐地區古學研究的興起，可以說遙遙相對。有些學者用辭上較為謹慎的會在 Reformation 前面加上「宗教的」（Religious）一字，期望使語意更為明確。

　　宗教改革運動的發生，並不是一件偶發的歷史事件。宗教改革運動的歷史背景，現在略述如下。

　　從第 15 世紀文藝復興運動起，帶動了人們理性的覺醒，使得人們對經濟利益的追求逐漸熱切起來。由於經濟利益的熱切追求，因而引起了地理上的向外擴張，一些新的地理區域逐漸為人們發現。1492 年，航海家哥倫布（Christopher Columbus, 1451-1506）發現了新大陸，由歐洲航行至現今的美洲地區。在這以前，西元 1402 年，歐洲人發現了加納銳（the Canary Islands）群島；西元 1419 年西方人發現了馬達芮群島（the Madeira Islands）；西元 1460 年航海家發現了非洲南端的好望角；西元 1487 年，航海家大伽馬（Vasco da Gama）航行至印度。這些航海上的新

發現，都充分利用了人們的理性思考與想像能力。

　　航海的發達，滿足了人們向外擴張的需要，也促使商務活動走向頻繁。文藝復興運動使得中世紀人們安於貧困生活的觀念起了巨大的變動；商務活動的增多，使得商人的社會地位提高。一些義大利城市繁榮了，巨商大賈出現了，社會上瀰漫著追求物質生活富裕的風氣。商人因為自身的利益，因而提供金錢的資助，促使國王增派兵員保護商賈的人身及貨物運送的平安。商人也會要求國王制訂法令，保護私人財產，免受盜賊的侵犯。換言之，清貧、寡慾的出世生活觀，為之動搖。經商主義（Mercantilism）的思想已經為之抬頭。

　　經過漫長的中世紀歷史階段，教會成了變動中的社會安定勢力。當然，這對中世紀的社會是有其絕對性貢獻的，但是，教會裡的教士則因成為社會中的特殊階級，而使得他們生活走上了腐化。教會財富累積了，教士生活浮華了，因而引起了人們的質疑。在理性的抬頭下，人們對聖經的了解增多，希望自己直接了解聖經的呼聲增大，進而對羅馬天主教教皇至高無上的權威，也有了質疑。

　　一般而言，第 16 世紀初期，羅馬天主教教會的權力尚無任何人敢來挑戰，但是，第 16、17 世紀以後，地區性、民族性國王權力的擴張及商人階級影響力的提升，導致了人民對教會、教皇權力的反抗。尤其是城市世俗生活觀的崛起，教會的權威開始有走向式微的徵候。

　　英國宗教改革家威克里夫（John Wycliffe, 1320-1384）曾在牛津大學接受過教育，而後成為牛津大學的一位教授。由於威克里夫翻譯過《新約》聖經，他發現《新約》聖經內容中並沒有教皇，也沒有提到教皇至高無上的權力。他對於個人的拯救一定要借助於教士的協助，亦感到有所懷疑。

　　宗教革命的真正導火線是教會發售贖罪券。贖罪券的觀念並不是新的，早期基督教已經有了良好的工作有助於個人贖罪的說法。羅馬天主教會，為了募集修繕羅馬聖彼德大教堂的費用而推動贖罪券的出售，遂引起

有心改革教會腐敗的學者，例如：馬丁路德的公開指責。路德最主要的論點是：否定教皇為神的化身；強調人人經由聖經的閱讀而直接與神交通，無須經由教會人士的輾轉代言。

　　教會教士生活的奢侈、羅馬教皇的專權以及羅馬教會的橫徵暴斂，再再引起歐洲各地政治人物如國王、皇子們的不滿。他們對宗教革命的推波助瀾，也是使宗教改革的風氣積極推廣的一個原因。以路德為例，在路德於 1517 年於威騰堡（Wittenburg）張貼羅馬教皇各項罪證，而被羅馬教會視為背叛教會因此逐出教會時，路德便是得到撒克森（Saxony）大公的庇護，始免於羅馬教會的迫害。在受庇護期間，路德隱居式的生活，使他有機會以德文翻譯《新約》聖經而成為流轉極廣的聖經讀本。

　　路德宗教改革的呼聲，贏得了反抗教皇權威之諸國王皇子的喝采。他們提出了一個新的理論，即 Cuius regis eius religio，意指「誰統治，就應由誰來為其人民設立宗教。」但是，教皇堅持統一的羅馬教會，不容其他宗教團體的出現，因而不能容忍路德教派信徒的論點。路德信徒反抗羅馬教皇及教會，行動至為激烈，因而他們被冠上「反抗者」（Protestants）的稱號。不同於羅馬天主教的信徒所信奉的就稱為新教（protestantism），藉以區別與教皇指導下、命令下的天主教（Catholicism）。

　　宗教改革運動對日耳曼地區來說，形成了宗教信仰上的分裂，造成了民族教會的出現，同時，也促成了歐洲所謂的三十年宗教戰爭（the Thirty years' war, 1618-1648）。此時人民流離失所，生靈為之塗炭。就在三十年宗教戰爭結束的《西發利亞和平協議》（the peace of Westphalia）倡導下，歐洲各國被承認為主權獨立國家，不再需要依順於羅馬教會及神聖羅馬帝國。

　　總之，宗教改革運動可以被視為文藝復興運動的延伸。它發生的地方主要是以歐洲北部，現今德國地區及其附近為主；其所代表的涵義是人們理性覺醒以後，將理性運用在宗教信仰的探討上，因而，不像發生在歐洲南部義大利半島上的古學研究運動及人文思想的崛起。宗教改革運動肯

定了宗教信仰是地區性及個人性的活動，毋須統一在教皇指令下的羅馬教會。因此，原本大一統的基督教王國，隨著各地民族教會的興起而各自形成了獨立的教派，統一的教會也就為之分崩離析；不同教派的出現，也就不足為奇了。

宗教改革運動的一些領導人，由於堅信個人可以透過聖經的閱讀而直接與神交通，因此，有能力閱讀聖經，幾乎是所有新教領袖共同倡議的一項教育理論。給大多數平民基本的教育，變成了新教倡議者所推動的教育改革目標。但是，由於社會長久以來階層的隔絕，社會大眾與一般社會地位較高的貴族，以及富有人家或權貴人家子弟所接受的教育，在型態上還是有所區別。宗教改革運動並沒有完全改變了社會原有的階層，因而，在教育實施上，新教領袖為一般平民大眾所推行的，多半是以本國方言為教學媒介的初等和基本的教育，而原先社會權貴子弟所實施的偏重古典語文的教育則依舊實施不輟。在教育尚未能夠成為國家行政職能之一及教育未能澈底普及之前，歐洲的教育因而走上了二種軌道：其一是為一般社會平民子弟所實施的初等教育；其二是為社會少數權貴子弟所實施的古典教育（classical education）。

宗教改革家路德和喀爾文（John Calvin, 1509-1564）二人，雖然都是宗教改革初期的重要人物，但是，在推動教育改革上，他們二人卻都重視中等以上程度教育的改革，對於一般平民大眾的普及教育，在宗教改革初期，並未過分受到重視。從中世紀以至文藝復興時期，貴族子弟及富有人家子弟的學校教育，似乎是討論教育時的重點；而古典的語文教育，至少在科學興起後的一段時間裡，都是以人文學者的教育理念與教育實施，作為當時的學校教育方針。路德在他的著作中，曾經提到所有的兒童，不分男女，不分貧富，都要給予教育；喀爾文在瑞士日內瓦所推行的政教合一制度，以及喀爾文信徒在荷蘭、蘇格蘭、英格蘭以及北美都曾倡導普及的平民教育；清教徒（Puritans）領袖所主張的，也是普及的平民教育。不過，對於普及教育（universal education）理論極具貢獻的，則是稍後出

生的康門紐斯（Johann Amos Comenius, 1592-1670）。他從基督教的理論，建構了完整的普及教育說。

貳 ▶ 宗教改革對教育的影響

宗教改革對於教育實施，具體的影響為：

1. 普及教育的理念，得到宗教改革家的支持。新教的領袖們，多寄望於個人能夠直接與神交通，以打破天主教所強調的集體宗教信仰方式。為了個人能夠與神直接交通，閱讀聖經的能力必然就是新教教育努力的方向。

2. 國語教學方式的出現，是初等教育發展上的一項結果。長久以來，中世紀教會即以拉丁語文作為羅馬天主教會的官方語文。由於拉丁語文不是一般人現實生活所使用的語文，因而，能夠了解拉丁語文並且能夠使用拉丁語文的，終究是少數受過學校教育的人。宗教革命運動期望一般平民接受教育，而通俗的與現實生活中所使用的活語言、活文字，便是教學活動中所需要使用的語文。

3. 宗教改革運動由於反對羅馬教皇的權威，強調「誰統治，誰就設宗教」，因而，民族教會紛紛出現。路德教派具有日耳曼民族的色彩；英國國教具有盎格魯‧撒克遜的精神。各國家、各民族重視一己的文化價值，便出現在民族國家教育的實施上。

4. 新教徒強調的是在神的面前，大家不分貧富，不分男女，不分智愚一律平等，此一信念在教育實施上奠定了普及教育的說法。第 17 世紀著名的泛智教育思想家康門紐斯便是以基督教教義中，人是神創造的，人是神的形象等說法，提出人人皆應接受教育的主張。

5. 新教領袖努力的一個方向，同時，也是他們大力主張革新的一個理論，就是以聖經的權威來代替教會的權威。他們紛紛以本國語文來翻譯聖經，同時為了使更多的信徒能夠閱讀聖經，因而在哪裡設立教會，

那裡便會有人設立新教學校，例如：路德的夥伴布金哈眞（Johannes Bugenhagen, 1485-1558）在威騰堡、來比錫（Leipzig）、漢堡（Hamburg）等地設立教會時，即設立學校，以廣增新教信徒。

6. 自中世紀以來，教會一直是主導教育、控制教育的社會機構。由於宗教改革運動，一些貴族、皇子多支持國王以反抗教皇及教會的權威。宗教改革興起以後，教皇和教會的權威大大減退，各地民族教會蜂湧出現以後，日耳曼各地的統治者便紛紛設立學校，羅馬天主教對教育的控制就爲之鬆散。民族國家大量發展教育，終而形成了國家推展教育的新局面，國家和天主教教會也漸行漸遠。近代各國教育不願再由教會主導、控制的實例，便發生在美國 1787 年的憲法條文中。

7. 由於新教領袖推動下層社會人士的教育，本國語文的教學內容因而一一出現。以路德教派爲例，他們所設立的學校以國語教學，教學內容有德文聖經之閱讀、路德教義問答教本之學習、路德翻譯的《伊索寓言》、路德編輯的聖歌等等。這些教材都是以德語、德文的教導爲主。無形之中，方言教材漸漸形成。大眾教育的內容，就與古典語文爲主的上層家庭子弟所接受的教育有了差別。

新教領袖在宗教革新聲中，一方面設立新的教會，一方面設立傳播新教教義的教會學校以擴張新教的勢力。面對新教聲勢的日益增大，天主教會不得不集思廣益，擬訂出迎戰新教的各項方法。羅馬天主教於西元 1545 年至 1563 年間，通過特緩特教會審議會（the Church Council of Trent）所擬訂的各項反宗教改革方案，以期保住仍對教皇效忠的地區。同時，努力爭取已成爲新教勢力範圍的地區。羅馬天主教會神職人員，除了生活上力求節制，同時，在教會傳教與布道的方式上也力求改進；更進而廣設學校，企圖以教育運動來招攬信徒，維持羅馬天主教教會的聲望。這其中最爲著名，而且對維護羅馬天主教的勢力作出極大貢獻的，便是西元 1514 年由西班牙人羅耀拉（Ignatius de Loyola, 1491-1556）領導而成立的「耶穌會」（the Society of Jesus）。

　　耶穌會是一個以教育實施來宣揚天主教教義主張，反抗新教教義思想，並維護羅馬天主教教皇權位的一個教會組織。西元 1540 年，耶穌會得到教皇保羅三世（Pope Paul III）的認可。耶穌會的創始人羅耀拉曾經是一位軍人，後來因爲作戰受傷而退役。他亟欲傳揚神的恩惠於異教徒世界，因此曾不辭辛苦至回教徒占領的耶路撒冷傳播福音。由於困難重重，因而擬重新結合同道者以爲羅馬天主教效力，維護教會權勢，故於巴黎成立了耶穌會。

　　耶穌會以軍隊組織的型態爲之；全會最高領導者稱爲將軍（general），具有至高的權位；加以耶穌會強調服從的美德，故該會紀律嚴明，行事效率至爲顯著。耶穌會將軍直接聽命於羅馬教皇的指揮，不屬於任何地方教區的主教。原本離世索居的修道院生活型態，如今一變爲具有戰鬥意志、深具軍隊組織的教會組織團體，爲保衛羅馬天主教的勢力而努力不懈。耶穌會的職務，簡單來說就是與異端邪說奮戰不休，增進羅馬天主教會的利益以及強化羅馬天主教教皇的權威。(註1)他們提出「一切榮耀全歸天主」的口號，認眞學習，傳播福音，設立學校，推廣教義，廣招信徒。耶穌會教士多爲飽學之士，對當時學術頗爲精通，故能遠赴重洋至世界各地傳教。他們的足跡曾至印度、菲律賓、中國、中南美洲等地，爲天主教的勢力擴張作出不少的貢獻。至西元 1600 年時，由耶穌會所設立的學院、大學、神學院已經有 200 餘所；到西元 1756 年時，該會所設置的學院、大學、神學院已達 728 所之多。(註2)

　　耶穌會的組織及教育方式，值得人們注意的有：

　　1. 目標明顯：耶穌會成立之目標是維護羅馬教皇的權威，與異端邪說抗爭以保護其正統的地位，因此，凡是參加耶穌會的人士，皆有此一明確的目標，而欲極力貫徹之。

　　2. 組織嚴密：耶穌會最高領導人稱爲將軍，以軍隊的嚴密組織爲仿效的對象。教會裡採分層負責方式；服從是該會最爲重要的一種品德。故耶穌會的團隊精神甚爲高昂。

3. 組織級別：耶穌會組織內有四個級別：初學者（novices）係仔細挑選具有熱忱，願意奉獻一生於教會事業並且具備良好的學習能力者；學者（scholastics）係初學者具有 2 年以上經歷者，同時具有 5 年以上的學習經歷，擔任過初學者的教師者；助理教師（coadjutors）係由當地耶穌會負責人選擇而擔任教士或教師者；專任教師（the professed）係有資格參與耶穌會最高行政組織者。

4. 絕對權力：耶穌會的最高領導人——將軍，享有絕對的權力，舉凡耶穌會成員的生活活動、道德行為等，都在將軍過問之列。將軍只對羅馬教皇負責。耶穌會中的各成員均須服從將軍，不得有任何違背的言行。

5. 課程規範：耶穌會訂有嚴謹的學習內容，稱之為「學習計畫」（the Ratio Studiorum），該項「學習計畫」經由多年的使用經驗及反覆修訂而成。該項「學習計畫」，曾在西元 1584 年至 1599 年，分別在各地採用。

6. 利用獎懲：為激勵學員奮發研究與學習，耶穌會鼓勵獎懲的實施。學員學習成績優良者，常會獲得小獎品，如十字架等物。

7. 道德教育：耶穌會所挑選的優秀學員，必須在成為成員之前，宣誓要獻身耶穌會，終其一生盡心盡力為教皇犧牲奉獻。同時，立志要恪守貧窮、聖潔，過獨身的生活，追求正直的行誼，絕對服從耶穌會的一切規定。

8. 修道期限：一般耶穌會初學者須花費 6 年時間學習基本學科。在接受教育期間，一般都有 2 年期的修道。這一時期須離開一般社會而獨處一地，個人的品格、意志、習性都會一一顯現，提供考核；個人的決心更是會彰顯出來，成為磨練成員的一種良好制度。

9. 學習安排：耶穌會學員在仔細規劃學習內容下，將學習的材料逐一分為幾個階段：每日功課、每週功課、每月功課、每年功課都訂定得至為詳細。學習者必須對各個階段的學習逐一透澈地、確實地加以學習，務期每一個學習階段的學習能澈底學習而不許留有任何疑慮。

10. 廣泛學習：第 16、17 世紀耶穌會所培養的教士，個個都是飽學

之士。他們必須嫻熟拉丁文、希臘文、神學、哲學、教會史、數學、物理、音樂等。對當時自然科學知識，也是知之甚稔。

耶穌會以廣設學校，作為反擊新教的一項有力武器。除了耶穌會以外，天主教附屬教會團體，致力於學校教育之推廣者，尚有：1535 年成立的烏穌林教會（The Order of Ursulines），1592 年成立的基督教教理會（The Congregation of Christian Doctrine），1598 年成立的聖母修女會（The Sisters of Notre Dame），1643 年成立的神佑修女會（The Sisters of Providence），1684 年由拉賽兒（La Salle）所創立的基督學校兄弟會（the Institute of the Brothers of the Christian Schools）。

這些以設立學校推廣教育、傳播福音及使命感極強的羅馬天主教教育組織，對近代西方初等教育的積極推動，委實作出了不少積極的貢獻。

第二節 ▶▶ 宗教改革期的教育思想

宗教改革期間，由於新教領袖紛紛認識到教育的推廣有助於新教勢力的擴張，因而不約而同的大家都注意到了教育的重要性。此處將介紹宗教改革期間，對教育思想極具影響力的馬丁路德及喀爾文二人。

壹 ▶ 馬丁路德

馬丁路德為日耳曼人，出身於宗教家庭，自小即受到父親嚴厲的管教。路德因對羅馬天主教會的腐敗與教皇的專斷及罔顧個人理性深惡痛絕，因而揭竿而起，成為反抗天主教及教皇的宗教革命領袖。路德對古典語文知識並沒有採取排斥的態度，他在躲避教皇的迫害時，曾經以德文翻譯了《新約》聖經，作為新教教義的主要來源。在教育方面，路德於西元 1520 年撰寫〈對日耳曼基督貴族的演說〉（Address to the Christian

Nobility of Germany）一文，提出他對教育的看法。西元 1524 年〈以基督學校代表的身分寫信給市長們及市議員們〉（A Letter to the Mayors and Aldermen in Behalf of Christian Schools）。西元 1530 年，路德提出〈論遣送兒童至學校的責任〉（A Sermon on the Duty of Sending Children to School）。路德的這些論文或函件，都是以日耳曼當時有權、有勢的地方執政者、貴族、皇室、議員、家長為訴求的對象。他呼籲官員注意日耳曼人文化的沒落；他提醒當政者不要將過多的金錢，花費在兵器的購置、城堡的建構，而要將金錢妥善地應用在日耳曼人民的教育上；他更請求作為子女的父母親，要體認神賜兒女給家長的責任。

路德是一位非常重視家庭教育的宗教家。他以一位基督教徒的立場，強調嬰兒是神所賜給的一項恩典，為人父母者必須負起好好教養其子女的職責來。路德主張一家之長的父親，即是一家之中的教師，他不但有責任教導子女，即使是家庭中的僕人，父親也有責任提供教育和宗教的責任。路德以為家庭教育和學校教育如果作一比較，學校教育能夠提供較為廣泛的學科知識，諸如：語文、藝術、歷史等；至於家庭教育則可偏重於生活經驗的提供。他期望學校的設立能由市政府為之，學校的經費則應由公共經費支應。路德曾經為文批評各地政府寧可花費相當多的費用在道路的開闢、堡壘的興建、武器的增添、士兵的供養，為什麼不願意花相同數目的經費於教育事業上呢？

路德構想中的教育制度是一個免費的、不分性別、不分社會階級、大眾化的學校制度：

1. **初等教育**。路德對初等教育的知識教學，並不過分重視。他以為在小學階段，每天只要有 2 小時的課業就算足夠，其餘時間提供兒童遊戲或學習謀生之道。小學階段的教師對待學生必須要友善、和藹可親；教學方法能夠激勵學生認真學習。路德對於當時施行的行業學徒制甚為滿意。另外，讀、寫、算、聖經、教義問答是小學主要的教育內容。

2. **中等教育**。路德對中學教育興趣較為濃厚。他依然傾向於古典語

文為主的教育內容，不過，他除了強調拉丁、希臘語文外，希伯來語文也列為課程內容之一。希伯來語文被認為是研習聖經所必需。路德希望有資賦的青少年皆能就讀中學。中學教育被認為是各級行政人員養成的重要階段。路德將中學視為教士養成機構，並作為一般人民教導者的養成場所。中等教育學科方面計有修辭、辯證、歷史、科學、數學、音樂及體操等科目。

　　3. 高等教育。路德將大學當作教會及國家高級人才培植的機構；大學也是高級學術人才造就的機構。

　　路德雖然是一位宗教改革家，但是，他對於宗教教育自始至終都是以虔誠的態度相對待。路德曾有過這樣一段話，他說：

　　　　每一個人，當他到達 10 歲的時候，他就應該熟悉聖經了，
　　因為，他的生活核心和精華，都要與聖經連結在一起。(註3)

貳 ▶ 喀爾文

　　宗教改革期間，除了路德是著名的宗教改革運動領袖外，瑞士日內瓦宗教改革領袖喀爾文也是受到各地宗教及教育家們注意的一位重要人物。喀爾文的宗教改革思想，不只影響到瑞士的日內瓦，就是法蘭西、荷蘭、英格蘭、蘇格蘭及北美洲地區，也都受到他的影響。喀爾文家境平平，他曾就讀過巴黎大學，當時年齡只有 14 歲。求學期間，一度想去研習法律，但是，他的喜好卻在於人文學科。24 歲時，喀爾文志趣有了極大的變革，他由人文學科的追逐，轉而對聖經熱衷起來，同時成為一位年輕的新教運動者。西元 1535 年，喀爾文發表了《基督教要義》（*Institute of the Christian Religion*），成為新教理論上重要的一本著作。

　　日內瓦在西元 1536 年時，已經成為一個新教思想蓬勃發展的中心。

居住在日內瓦地區的人們，已經深切地認識到聖經是他們生活上重要的參考資訊。喀爾文的中心思想是政教合一的制度，他將教會和國家結合爲一體；政治和宗教的規定融於一爐。教會是一個具有自主性及自治性的社會團體，教會支配了人們生活中的一切。他相信宿命論，人們一切的一切，都是至高無上的神作了最好的安排。在喀爾文的心目中，教育是非常重要的一項工具，教育是個人、社會以及教會改進、個人提升的一項利器。喀爾文教派的道德規條至爲嚴謹，宗教信仰上要求教徒虔誠。對於喀爾文而言，聖經是各種學識的基礎。他曾說道：

> 神的話語確實是一切學識的基礎，而博雅學科則是語文知識的一項助益，故不可予以輕視。(註4)

喀爾文在日內瓦設立學院，是導源於 1556 年，他訪問斯都姆（Johann Sturm, 1507-1589）的學校所致。有些學校規則，喀爾文便引用在日內瓦他的學院院規上，例如：年級制，各年級分爲十組；每年的升級制；逐級的神學課程和法學課程。另外，學院中有古典中學，其性質爲預備升入學院者的準備。學生學習法文和法語的讀、寫。喀爾文的日內瓦學院，並沒有對西塞祿作品及修辭學給予過多的注意。

喀爾文思想（Calvinism）對歐洲各地的影響甚爲可觀，例如：英國的清教徒、荷蘭的歸正教會信徒、蘇格蘭的長老教會信徒、法蘭西的雨果農（Huguenots）教派信徒，都受到了喀爾文思想的影響。

第三節 ▶▶ 宗教改革下的教育實施

宗教改革運動期間，宗教改革領袖積極鼓吹個人可以閱讀聖經；個人可以直接與神交通，因此，個人具備閱讀聖經的能力，成爲不可缺少的一

項基本條件。一些宗教改革家所鼓吹的教育思想，需要有人去實踐、去推動，因此，宗教改革期間的一些教育改革與實施，便有加以介紹的必要。

　　布金哈真及梅蘭遜（Philip Melanchthon, 1497-1560）二位在教育上的改革與推展活動，將分別陳述如後。

壹 ▸ 布金哈真

　　布金哈真與宗教改革領袖馬丁路德過從甚密，他曾經是路德在威騰堡大學的同事。布金哈真對於當時日耳曼的教會由羅馬天主教改為路德教會，貢獻了不少心力。同時，布金哈真對於路德教會所設立的學校，也作了不少的工作。布氏在改造教會及其附屬的學校過程中，將原本是天主教的主教學校，改為拉丁文法學校。將各天主教教會所附設的唱詩學校、捐贈學校（Chantry Schools）改變為路德方言教區學校。布金哈真在日耳曼地區的漢堡、盧比克（Lübeck）重組羅馬教會為路德教會，各教區學校改組為路德派學校。一般而言，布金哈真在城市多設置拉丁文法學校，程度上算是中學；教區學校則為小學。拉丁文法學校教以古典語文、宗教科目、修辭、文法等；而教區小學則以德語為教學媒介，授以讀、寫、宗教性科目。史學家多稱布金哈真為日耳曼國語學校之父（The father of the German Volksschule）。

　　布金哈真的改革教育工作，不僅發生在日耳曼，就連北歐斯堪德那維亞（Scandinavian）各國，也有他的教育重組工作。以丹麥為例，他設立寫作學校，男女學生兼收，除文字教育以外，尚教授路德教派的教義問答學校教材。在瑞典、芬蘭等地，教義問答的教學，對人民識字能力的提升都有相當的幫助。

貳 ▸ 梅蘭遜

　　梅蘭遜的教育改革活動，比較集中在中學階段。由於他對拉丁文法學校較爲有興趣，因此，此較忽略國語小學的教育實施。梅蘭遜在撒克森郡所作的教育改造，堪稱爲其教育革新的典範。他曾經說道：

> 　　每一所學校必須包括三個年級。第一年級所要教授的有讀、寫初階，用國語，也用拉丁語。另外，有拉丁文法（Donatus 的讀本）、使徒信條（Creed）、神的祈禱文、教會通用的祈禱文及韻文等科目。在第二年級，拉丁語成為教學用語文。拉丁文法必須學得澈底；拉丁文作家的作品需要去閱讀；宗教教學需要繼續進行。在第三年級，拉丁文的高深作品需要學生去閱讀（例如：Livy、Sallust、Vergil、Horace 以及 Cicero）。其次，修辭及辯證亦列為教學的內容。(註5)

　　梅蘭遜的拉丁文法學校，基本上是屬於人文教育類型的學校，其目的主要是爲了將來進入大學的優秀學生作準備，另外也是爲教會及國家領導人才提供培養的地方。這類學校的型態，對爾後德國古文中學（gymnasia）頗具影響。

參 ▸ 英國及北美地區

　　宗教改革在英格蘭則不是人民宗教意識的覺醒，或人民對民族教會的醞釀，而是英國國王與羅馬教皇之間的政治鬥爭才形成的。西元 1534 年，英國議會通過了《最高權力法》（the Act of Supremacy），明確規定英國國王不受制於羅馬教皇，使得英格蘭與羅馬正式爲之分離。英國人擁有了自己的教皇——國王；英國人有了自己的英文聖經；英國人有了自己的教

會；有了自己的教義問答；有了自己的宗教禮拜儀式等。

　　英國境內的宗教改革，對於教育而言，多少帶有一些損失。宗教改革期間，一些天主教的修道院為之關閉。新成立的英國國教（the Anglican Church）對於初等教育的推廣，並不像歐陸的路德教會及喀爾文教會那麼的熱衷。英國政府亦未曾對教育的活動，給予經費上的支持。英國宗教改革期間，一些鄉村地區所設立的學校則多為婦人經營的小學（dame schools）。由於宗教改革運動不是民間的自發性運動，因此，宗教團體及王室對於教育的改革，在態度上就顯得有些不熱心。這就形成了英國人民對教育多採取一種放任的態度；將教育歸諸於人民自己的事務。相較之下，與歐陸的德國，在初等教育的普及化及制度化上，就顯得有些落後了。一般而言，到 17 世紀，一些英國教會團體始對教育活動產生興趣，因為，他們認識到了教育有助於基督福音的散播；有益於基督知識的大量流傳。

　　西元 1492 年，航海家哥倫布為了證明地圓說而航行至美洲。此後，歐陸各國多到北美洲殖民，有失意的政客，有追求財富的冒險家，有犯罪不得容身的罪犯，有從軍而被遣送至美洲者，不一而足，大家紛紛登上新大陸，展開了各尋其夢的歷程。但是，在 17 世紀，卻有不少移民北美洲者是為了追求宗教自由，他們採取團體方式移居美洲，教會是他們的組織，喀爾文教義是他們的信仰所在。這批信徒對現今美國東北部所謂的新英格蘭地區的教育推廣，貢獻至大。他們就是喀爾文教派的清教徒。

　　清教徒在新英蘭地區定居之後，他們的焦點便放在宗教信仰的推展和教育活動的開展上。西元 1647 年，清教徒殖民地區已經設立了婦女經營的小學。一般清教徒的家庭，對子女的教育至為注重。講聖經故事，閱讀聖經，生活與宗教相互結合，嚴守宗教教規等，都是清教徒家庭所信奉的一些常規。現今北美洲新英格蘭地區有拉丁文法中學，要算西元 1635 年在波士頓（Boston）設立的為最早。西元 1636 年，哈佛學院（Harvard College）成立，而其成立的目的是為了培養教會的神職人員；設立的依

據，包括課程等，則是仿效英國劍橋大學。所以，神學、藝術、古典語文等方面的教學，皆以當時歐洲英國大學爲藍本。西元 1642 年，清教徒爲了推廣教育和宗教信仰，首度經由當地立法機構訂定法律，要求每一市鎮監管人員，督導每一家庭父母盡責於子女的教育責任。西元 1647 年，麻薩諸塞（Massachusetts）地區更進一步立法，要求凡是有居民 50 家者，即應僱請一位教師，教導兒童讀與寫；凡是有居民 100 家者，必須設置一所文法學校，以便讓青年將來能夠進入大學深造。凡不能達到此一規定者則處以 5 鎊的罰金。麻薩諸塞的教育法規也一併應用在現今美國東北地區之佛蒙特（Vermont）、新漢布夏（New Hampshire）及緬因（Maine）等地區。至於現今美國紐約（New York）地區、賓西凡尼亞（Pennsylvania）地區，則是荷蘭歸正教會（the Reformed Dutch Church）、浸信會、美以美教會、衛理教會、長老教會等新教教徒，爲了擴張教會勢力而紛紛設立學校的地區。由此可見，宗教改革以後，一些追求宗教自由的新教教徒，對北美洲地區教育事業的開展是有著多麼大的貢獻。

附註

註 1　Ellwood P. Cubberley (1948). *The History of Education*. Boston: Houghton Mifflin, p.337.

註 2　同註 1。

註 3　同註 1，p.312。

註 4　William Boyd (1974). The *History of Western Education*. London: Adam & Charles Black, p.198.

註 5　同註 1，p.316。

第 6 章

唯實主義與教育

第一節 ▶▶ 唯實思想的崛起

　　西方 17 世紀，可以說是唯實思想興起，進而影響到西方教育實施的一個世紀。中世紀前期，哲學界已經有了唯實論與唯名論（Nominalism）的爭議。不過，此時所用的唯實論，雖然在英文上也叫唯實主義，但是，在意義上卻與第 17 世紀後所用的唯實主義，有著相當大的差異性。中世紀早期，唯實論者以為觀念的真實性是不容懷疑的，因為個別的、特殊的事物是會消失的，而作為同類事物的類詞，其觀念則從不會消失。因此，這些哲學家深信，廣泛、抽象而普遍的概念或觀念，其真實性是最可靠的，其重要性也是最受人注意的

　　與唯實論相反的一派思想稱之為唯名論。這派思想家具有經驗為導向的思想傾向。他們以為最真實的應該是個別而特殊存在的事物。事物一定是具體而特殊的，因為，它們是可以經驗的具體存在物。至於同類事物所形成的類詞，只是一個共相（universal）；它是一個名詞而已，談不上它是真實的存在。中世紀的唯實論是希臘哲人柏拉圖思想的引申，而唯名論則是希臘哲學家亞里斯多德思想的反映。

　　第 17 世紀人們的思想因為受到第 16 世紀天文學家的影響，在宇宙論、自然論方面，有了不少基本的改變。第 17 世紀的唯實主義，雖然在字詞上和中世紀早期哲學所使用的字詞是同一拼法，不過，意義上卻有著完全不同的涵義。唯實主義的思想，是受到注重事物研究的科學態度而

興起的。在文藝復興運動影響教育思想及學術思想的情形下，人們重視的是古學的復甦，強調的是文字而非事物。然而第 17 世紀時的學者們，掛在嘴邊的一句話，卻是「事物先於文字」（things before words）。他們覺得文字僅是事物的代表；文字僅是事物的符號；真正重要的是事物而非文字。研究文字，如果忽略了對文字所代表事物的重視，文字就會淪為虛空。一般文字所代表的事物，例如：勇氣、革命、誠實、財富、傷痛等，必須注意到這些文字所代表的事物是如何？不能只注意到這些文字本身意義的研究而已。因此，第 17 世紀的唯實思想，也可以說是對第 16 世紀以來的人文思想的一種反擊。人文思想的發展，使得人們的注意力集中到文字、語言、藝術、音樂、舞蹈、文學、哲學等的探究。至於生活經歷中的事物，就沒有學者或教育學者給予甚多的注意了。

可是，天文學的研究與發現及人們關注自然研究的結果，改變了人們的思想。天文學的研究，由於觀察方法的應用，加以望遠鏡的發明，無形之中助長了人們感覺的範圍。天文學家的研究與發現，對於宇宙有了新的解釋。同時，學者們也著手重新界定人在宇宙中的地位。在地理的新發現中，人們證實了亞里斯多德的宇宙觀和邏輯思考方式，實有一些未逮的地方。傳統上托拉密的宇宙論，由於受到天文學者哥白尼提出太陽為宇宙的中心，以及地球是圍繞著太陽而運行的學說而難以立足。哥白尼的太陽中心說，就連當時宗教改革家馬丁路德都持反對的說法，原因是聖經上沒有這種記載。另外一位著名的天文學者為喀卜勒（Johannes Kepler, 1571-1630），他也贊同哥白尼的學說，不過，他稍為作了一些修正。他認為地球繞著太陽運行，並不是以圓形方式為之而是以橢圓形的方式，繞著太陽運轉。天文學上另一位著名的學者是伽利略（Galileo Galilei, 1564-1642）。伽利略於 1632 年發表《關於二個主要世界體系的對話》（*Diologue Concerning The Two Chief World Systems*）的論文。伽利略同意哥白尼的天文學說，他反對托拉密地球為中心的學說。伽利略的學說有著經驗觀察的基礎，這些天文學家以為整個宇宙，連同地球，都是依機械的關係而運

作。同時，皆受制於統一的法則。

由於天文學的研究得到了科學工具的發明（望遠鏡）的應用，因此，學者們體會到，任何結論都應該來自於證據而不是來自於權威。科學研究上的新發現，助長了人們對自然研究的興趣。同時，應用於自然研究上的觀察法，也逐漸受到學者們的注意。更重要的是有些學者體會到人們的知識，不應只限於來自書本或權威。感覺和知覺經驗的活動，在知識形成上，已經占有了重要的地位。

英國思想家培根（Francis Bacon, 1561-1626）雖然不是一位實際從事科學研究的學者，但是，他對科學思想的鼓吹與散播，卻作出了不少的貢獻。由於他在英國社會地位極為崇高，他的著作流行，因而使得他的學說也為之廣為傳誦。

培根並不是一位科學家，因為他並沒有從事哪一門科學的研究，也沒有從事科學實驗室的研究，但是，他的確認為知識是來自於人的經驗，他並且以歸納思考替代中世紀以來所重視的演繹思考，對於知識的增加及科學的發展，委實作出了貢獻。培根曾經鼓吹「知識即是力量」的說法。在他的《新工具》（*Novum Organum*）一書中，培根提出了打破偶像的理論，期能破除中古以來崇拜亞里斯多德的思考方式。亞里斯多德是以三段論式的演繹思考為主，對於經驗事實認知而形成的知識助益不大。培根提出人們思考上常犯的錯誤有：

1. 種族偶像（idola tribus）：人們本性上常有犯錯誤的地方，諸如個人的感覺，常有幻覺及錯覺的發生。這些幻覺及錯覺，會成為心靈謬誤的原因。

2. 洞穴偶像（idola specus）：個人的一些特性，諸如：氣質、教育背景，往往會影響到正確判斷及知識的形成。

3. 市場偶像（idola fori）：人們所使用的語言，原本是傳達訊息及個人思考的工具，然而，人們都會將語言當作實際所欲表達的事物本身，因而影響了正確知識的形成。

4. 戲院偶像（idola theatri）：人們往往會捨棄獨自運用理性所作的思考而取信於傳統及權威，因而形成偏見，扭曲了事物的眞相。

在《新大西洋》（*New Atlantis*）一書中，培根指出人們追求幸福的生活，不是靠以往所說的要行善事，或作出虔誠的祈禱，而是靠人們對自然奧祕的探討、了解與應用。將人類的需求與滿足，建立在自然定律的了解與應用上。培根相信，眞正偉大而對人類作出貢獻的是科學家，這些人才是偉大的人物。他對於當時的大學並不滿意，因爲，大學裡的教授、學者都是死抱書本知識，迷信權威，而忽略了經驗事實的認識，不免輕視感覺及知覺得來的知識。

培根對近代科學知識發展的貢獻，在於打破中世紀以來，學者們所崇信的亞氏邏輯（亞里斯多德的演繹邏輯）。他作了科學知識的宣導者；他喚起了社會大眾對日常生活經驗意義的關注；他重視知識的經驗基礎，這些都可以說是培根對近代科學發展所作的貢獻。

另一位對近代科學興起有所貢獻的是法國哲學家笛卡兒（Rene Descartes, 1596-1650）。笛卡兒是一位哲學家，也是一位數學家。1636年，笛卡兒出版了〈普遍科學提升自然至其最高完美境地計畫〉（the Plan of a Universal Science to Raise our Nature to its Highest Degree of Perfection）。笛卡兒仔細地討論運用理性以尋求科學眞理的一些基本方式，他以爲人們在思考的過程中，應該注意到以下的幾個要點：

1. 凡是有可能懷疑的皆不接受其爲眞。
2. 分析每一陳述至其最簡單的命題爲止。
3. 逐一檢視每一簡單的命題。
4. 完整地作出最後的列舉，不要有任何的遺漏。（註1）

科學研究的發展，得力於科學思想與科學方法的結合。科學研究方法包括了演繹與歸納二種思考的方法。歸納思考方法需要經由仔細而澈底的觀察以蒐集資料；需要經由實驗的程序，求證原先擬定的假設。實驗程序中，藉由觀察以推論假設的妥當性，求證假設之能否成立。其次科學實驗

過程中，也需要演繹的方法建構假設，因此，科學研究也需要經由證據的發現，形成推論，得出普遍性的通則、理論或定律。

另外，哥白尼在談到他的太陽為宇宙中心的學說時，他說道：

> 當我花了很長時間思考傳統上天空星球行進的路徑時，既然沒有比較好的解釋被提出，對我而言實在是可悲的一件事。然後，我閱讀古代的著作，發現有些希臘人認為地球是以其軸繞著太陽而運行的。我從這些建議中，得到了信心。我和他們都應該有提出一個更令人滿意之星球運動理論的自由。於是，我在這本書中描述了我對星球運動的認定。經過多年仔細的研究，我發現如果其他星球的運動是與地球在其軌道上的運動有關，那麼所有觀察到的現象，都能完滿地加以解釋，而一個簡單並和諧的系統結果，也是會獲得的。為了符合此一理論，我已擬好我工作的計畫。（註2）

從這一段話，不難看出哥白尼天文新學說的發現是歸納與演繹二種思考方法應用下的發現。這也說明了培根歸納法與笛卡兒演繹法的貢獻。

科學發展的持續進行，也得力於一些科學研究團體的成立。著名的歐美科學研究團體，例如：1603 年成立於羅馬的林西學院（Accadenria dei Limcei）；1657 年成立於佛羅倫斯的西門圖（Cimento）學院；1660 年成立於英國倫敦的皇家學會（the Royal Society of London）；1666 年成立於法國巴黎的法國科學院（The French Academy of Science）；1700 年由萊布尼茲（Leibnitz, 1646-1716）於柏林（Berlin）設立的皇家學院（Royal Academy）；由美國學者富蘭克林（Benjamin Franklin, 1706-1790）在費城（Philadelphia）所設立的美國哲學社（the American Philosophical Society）。

這些由志同道合、學術研究領域相近的學者所組成的學術團體，提供

給人們一個公開討論、相互切磋、相互教益的機會；這些團體激勵了學者對學術研究的熱忱，鼓舞了他們將研究所得公諸於世的興趣。同時，也為他們建立了個人的殊榮。

唯實思想的興起，可以說是對文藝復興運動所引發人文思想的反擊。文藝復興時期的學者，追求的是個人的成就，致力的是個人文化的提升，因此，學者們多半集中於文學及審美的追求。對於 16 世紀的社會，其衝擊是道德的、宗教的、社會的改革。但是，第 17 世紀的唯實思想及科學研究則是不涉及人事的、非社會性的，它的指向則是自然實體的探討。唯實思想的重要論點，簡述如下：

1. 唯實思想所重視的是事物，而不是空泛的文字。

2. 唯實學者認為事物應該先於文字；事物的重要性大於文字的重要性。

3. 研究事物的價值大於研究文字的價值。

4. 事物的具體性、經驗性，都不是文字所能匹敵的。

5. 唯實派的學者，對於文藝復興運動後所產生的文句主義（Verbalism），深不以為然。

6. 唯實思想強調的是何者最為真實（real）？他們會認為特殊的、具體的、個別的事物是最為真實的；普遍的、抽象的、永恆的觀念不是最為真實的。

7. 感覺到的、經驗到的實體，能夠給人最真實的認識。

8. 第 17 世紀的唯實主義，若從教育的觀點來看，可以區分為三種類型，即：人文唯實主義（Humanistic-Realism）、社會唯實主義（Social-Realism）、感覺唯實主義（Sense-Realism）。

唯實主義思想，因受科學發展的影響，對於教育的理論與實施，產生了相當大的衝擊。不僅教育的目的有了改變，就連教育的歷程，也有了顯著的變動。

第二節 ▶▶ 教育上的唯實主義

　　文藝復興運動的結果，促使古典學術的研究得以蓬勃發展。學者漸漸地揚棄了中世紀的思想（Mediaevalism），對於以教會爲中心的學術思想，有了一個反省的機會。他們將精力集中在希臘語文及拉丁語文、希臘與羅馬文學藝術的研究上。但是，學者們過度鑽研的結果，逐漸使得研究走上了形式化，和愈來愈實際的現實生活脫節。至第 16 世紀時，學者們發現到教育活動與現實生活愈來愈有差距。他們認爲教育的活動和學術思想的活動，不應該將過多的時間花費在審美的追求上，因爲求眞也是一項重要的研究目標。學者們應該將努力的重點，放在現實生活的認識與了解上，不應該只熱衷於遠離現實生活的希臘人、羅馬人的生活問題。透過理性的反省與批判，學者們認識到自然科學研究興起以後，許多有關自然的科學知識，已經不能完全由以往的古典名著來獲致。自然科學研究滿足了人們對自身存在的宇宙奧祕有一探究竟的機會。

　　唯實思想的崛起，一方面是早期學術研究走上形式化、空洞化的結果；一方面也是自然科學研究的對象、自然科學研究的方法、自然科學研究的態度影響到學者們的結果。求眞似乎比求美更爲重要；求確實的知識似乎比求形式的知識更爲有意義。

　　教育上的唯實主義，先前已經提到，計有人文唯實主義、社會唯實主義及感覺唯實主義三種。現在逐一介紹，並各舉一位教育家作爲實例，以爲說明。

壹 ▶ 人文唯實主義

　　這裡所謂的人文唯實主義是指西方 16 世紀的一些學者，例如：法國學者雷伯樂（Francois Rabelais, 1494-1553）及英國詩人彌爾頓（John

Milton, 1608-1674）所主張的語文眞實性，在於觀念及內容的眞實性。早
先人文思想家，由於過分強調語文研究的形式與格式，而忽略了語文符號
所代表的觀念及所欲表現的內容。基本上，古典人文學者主張文學的優越
性，強調的是文學的形式之美，重視的是體裁的模仿，然而並不著重文章
內容所表達的思想與觀念。他們在研究態度上，也不期望與現實的生活產
生多大的關聯。換言之，他們重視的是古學自身研究的價值，並未涉及到
現實生活上，會產生些什麼效果。

　　人文唯實主義學者則有著不同於古典人文學者的見解。他們肯定古
典語文的研究價值，因爲這是通往古典學術堂奧的一把鑰匙，沒有古典語
文的知識，就開啓不了古典學術的大門。不過，古典語文的研究是具有實
用意義的，因爲古典語文所代表的觀念及思想內容，有助於個人現實生活
的改變。其次，語文所代表的事物，其眞實的意義是不容人們否認的。因
此，語文，尤其是文字，必須與事物緊密結合。在學習語文過程中，不能
只注重語文自身的學習而忽略了語文所代表事物的認識。

　　人文唯實論學者會將人的知識區分爲二種，一種是涉及到語文的知
識，另一種是涉及到事物的知識。在人文唯實主義者看來，文字、文法、
修辭等的知識，對於人們是重要的，但是，比不上事物知識的重要性。

　　人文唯實主義學者以爲一旦學習到文字，便會學到文字所代表的事
物。他們甚至認爲讀亞里斯多德的文章，一些科學的、自然的知識就會從
此而來；學習柏拉圖的文章，就可以學到全部的哲學；研究聖經及士林哲
學的文章，一切的宗教眞義也就在其中。顯然人文唯實主義的學者，依舊
承認文字的重要性，依然相信學得文字就學得知識。就治學的態度而言，
人文唯實主義者的研究，未曾超越出書本的範圍，只不過人文唯實主義者
將文字所表達的觀念、所代表的事物，加以強烈的連結罷了。

　　雷伯樂極力反對古典人文主義者的形式主義，他也反對中古以來只注
重演繹的思考方式。他對於中古的學術思想，批評得甚爲激烈。他主張發
展個人的教育時，必須從體育、德育、社會及宗教教育方面著手，而其依

循的準則是從古典作家的著作所揭示的精神而來。

英國詩人彌爾頓是另一位著名的人文唯實論者。西元 1644 年彌爾頓曾經發表了一篇教育論文即〈論教育〉（Tractate on Education）。該篇文章對當時的英國及後來的美國，在教育實施上都產生一些影響。彌爾頓深切地認識到，當時一般在學的青少年，每人花費 6、7 年的時間來學習拉丁語文，其效果卻往往令人懷疑，不如確實地、集中地好好利用一年的時間來學拉丁語文，其效果必勝過零星地學習拉丁語文的效果。彌爾頓的教育改革計畫是針對當時一般教育實施，太過重視語文的形式價值而罔顧語文的實質價值而設計的。他的課程內容，已經可以嗅出一些重視實用學科的設計。他的教育對象，基本上，還是以貴族子弟、上層社會人家的子弟為主，並沒有注意到一般社會民眾的子弟。

彌爾頓的課程內容為拉丁文法、算術、幾何、簡單的希臘文、拉丁文的閱讀。後續的幾年中，學生須集中心力學習希臘文，同時學習實用性的學科，例如：農業、地理、自然哲學、生理學、數學、築城、工程、建築、自然史。就這一課程的內容來檢討，彌爾頓的教育內容，已經明顯地超出了語言、文字、文法、修辭、文學的範圍。彌爾頓的課程中，已經有了實用性的學科，例如：農業、築城、工程、建築。其次，彌爾頓主張學生的道德、倫理方面的發展，可以借重於學習希臘文、聖經文字，因為，這些著作當中充滿了道德、倫理的教育內容。彌爾頓也鼓勵學生學習法律，研究經濟、政治、歷史、邏輯、修辭。

彌爾頓所設計的課程，委實有些龐雜，不過，課程內容偏重實用性的知識，已經是一個不可否認的論點。其次，彌爾頓的唯實主義，並沒有指向外在的、自然的實體作為其研究的對象，他還是認為研究的主要內容為古典語文的書籍。書本教育（Bookish Education）的色彩至為顯明，只是將古典人文學者所忽略的事物與文字的緊密關係作了一番強調而已。

貳 ▸ 社會唯實主義

　　社會唯實主義是指 16 世紀西方有些學者強調社會事務（social affairs）的眞實性。他們以爲古典人文主義學者，強調語言文字的眞實性，因而忽略了現實的社會事務及社會經驗的重要性。社會唯實主義學者認爲社會生活中，許多的事務都有其一定的意義與價值。比較之下，社會事務遠較語言、文字爲具體、爲實在。因此社會唯實主義學者在教育上重視的是社會經驗，而非脫離現實社會生活的古典語文及書籍。作爲社會唯實教育家，他們以爲學生可以從社會活動中增廣見聞，獲得書本以外的知識，因而參觀市場、觀賞戲劇、訪問古跡、走訪法庭、探尋名勝等等，均深具教育的價值。

　　社會唯實主義的教育家洛克（John Locke, 1632-1704），是一位 17 世紀影響哲學、政治及教育的大家。他的經驗論名著《人間悟性論》（*Essays Concerning Human Understanding*, 1690），揭示了經驗主義的哲學思想，論述了人類沒有先天觀念，而觀念皆來自於後天的經驗。在《論市民政府》（*Treatise on Civil Government*）論文中，洛克提出了契約論（the contract theory），駁斥國王所謂的絕對權力說。他的理論指出人們同意將其權力交予政府，以換取政府對人民天賦權利的保障。人民的天賦權利是指生存權、自由權及財產權。

　　在教育方面，洛克著有《教育漫談》（*Some Thoughts Concerning Education*），強調一位英國紳士的教育，不能只注意到語言、文字的教學。一些實用的學科、技藝，也應該讓未來的紳士學習。

　　洛克的教育觀點，雖然脫離不了英國傳統上重視紳士的培養，不過，洛克心目中的紳士，已經不是一位只會希臘、拉丁語文的紳士。他以爲人的一生，就在於追求幸福，避免痛苦。人們追尋的幸福，不應該是短暫的、一時的樂趣，而是可以持之以恆的價值，諸如：知識、名望、健康、善事以及永恆的幸福。洛克以爲一位善良的紳士，其教育的目標，應

該放在健康、德性、愼重、勤勉、禮節及學識上。

洛克是一位注重身心兩方面均衡發展的教育思想家。他並沒有將教育的重點單方面地放在心靈的健全發展上,他想要的一個受過良好教育的人,是一個健全的心靈寓於健康身體上的人。洛克說道:

> 肉體的力量主要是能夠忍受勞苦,因此,心靈的力量,也是能夠承受痛苦。一切德性的偉大原則與基礎,都是奠立在此一原則上。一個人有能力否決自我的慾望,清除個人的嗜好,雖然嗜慾不時的誘惑,個人依然只是遵循著理性所作的最好指導。(註3)

洛克強調的紳士,必須是一位身心健全的學者。他有著良好的德性,能夠從事實際事務的處理;他也是一位具有實用技藝的人,諸如:園藝、簿記等,均有一技之長。

洛克重視的是適合於個人身分及地位而必須具備的學識。他說道:

> 拉丁及古典學識令人生厭。教育的主要重點是放在事物的效率上,那些事物大部分並不屬於紳士的職務,但卻具備一般人的事務性知識,適合於他的社會階級,對國家有用,有重要性,並且能夠配合他的社會地位。(註4)

洛克所設計的教育內容,已經看不出古典人文主義教育的氣息。他將現實社會的需要性及現實生活的實用性,列爲選擇課程內容的依據。由這些標準而選定的課程內容有:歷史、修辭、邏輯、倫理學、民法、聖經史、園藝、木工、舞蹈、劍術等。希臘文不是一位紳士必需的學識,洛克不願意列入課程內容。洛克的教育理念,大致上來說,是強調個人身心二方面的均衡發展。洛克以爲健全的身心發展是要注意到身體的、心智的、社會的、實用的、道德的、政治的及宗教的各方面發展。因此,他認爲教

育應該留意健全的（in the round）身心發展才對。

　　社會唯實主義家對於教育的實施，還有一點值得注意，就是重視學生對現實社會生活經驗的學習。他們非常重視旅遊（traveling）的教育意義。從實際的社會生活中去觀察、去學習，遠較書本的學習為可貴。社會唯實主義較之人文唯實主義，更進一步地強調具體的、實在的社會經驗，遠比抽象的、不合社會真實情境的古典語文所涉的經驗為真實。至於感覺唯實主義的學者則更進一步，從經驗的認識論出發，將人類知識的來源確認為感覺經驗。現在就介紹感覺唯實主義的一般論點如下。

參　感覺唯實主義

　　感覺唯實主義的發生，在時間上略後於人文唯實主義及社會唯實主義。對於西方教育理論與實施的影響，感覺唯實主義遠較人文唯實主義及社會唯實主義為深且遠。感覺唯實主義者所倡導的、所發展的教育理論及稍後為教育家所採取的，進而轉成為教育的實施，甚多已接近於吾人現在的一些實際教育。因此，感覺唯實主義的教育論點，實為開啟近代教育理論與實施的一大功臣。感覺唯實主義的教育家，他們的教育基本信念為：

　　1. 教育應該從簡單至複雜；從具體至抽象。

　　2. 事物應該先於規則。

　　3. 學生應該教以分析，而不是教以構念（construct）。

　　4. 每一個學生，都應該以他自己所了解的教導，而不是令學生接受或依據權威。

　　5. 只有真正理解的或真正有價值的，才予以記憶。

　　6. 以興趣為教學的原則，而不是以限制及強迫為之。

　　7. 一切的教學，其媒介應為國語。

　　8. 真實事物的學習，應該先於學習關於事物的文字。

　　9. 教學的方法應該來自已經發現的自然秩序與自然歷程的基礎。

10. 爲了健康，體育應該介紹進入課程，而不只是教紳士們的運動。

11. 每一個人都應該獲得接受知識的教育機會；應該以國語爲之。

12. 希臘、拉丁語文應該教給想要完成教育的人，其後即應以母語實施教學。

13. 一致的、科學的教學方法需要擬定出來。此一教學方法將使教育成爲一門科學，同時，可供各地教師作爲一項指南之用。(註5)

感覺唯實主義的論點是建立在科學的精神上，強調的是感官經驗在知識建構上的重要地位。日耳曼教育思想家拉脫開（Wolfgang Ratke, 1571-1635）及捷克教育思想家康門紐斯，都可以說是感覺唯實主義的代表人物。

感覺唯實主義的學者，已經認識到自然是一個客觀存在的實體。自然依著它自己的規則運行不輟而毋須受人的節制。自然的規則不僅支配著自然現象的發生，同時也影響到人事現象的發生。人事現象也須依照自然的規則而運行，才能眞正符合自然的變動。教育是人事現象之一，教育的實施，也應遵循自然的順序而不能有任何的踰等。這些基本的對自然的認識與信念，使得感覺唯實主義的學者，在教育上有了新的看法與主張。

拉脫開以爲教育的活動，可以不遵循人爲的規則，但是，不能不遵循自然的規則。教育實施上，教導任何一項事物，都應澈底地學習清楚；同一時間，只學一項事物，絕不在同一時間學習二樣事物；學習時多重複，反覆練習，有助於記憶；教師在教學時應留意學及教的順序，哪些在先，哪些在後，不能有所顛倒。另外，拉脫開不贊同教學過程中應用死記的方法；教學時教師應多多發問，多多利用實例，讓學生多去思考、去理解。拉脫開重視學生的個別經驗，強調學生應該儘量去與外界接觸，建立起個人的判斷來。

康門紐斯爲現今之捷克人，一生從事教育工作，尤其是教育方面的著作極爲豐富；對於拉丁語文的教科書，著作甚多；教科書中插入圖片，配合文字的描述，康門紐斯可以說是第一位，使教科書有了圖片，讓學生從實體的形象得到具體的印象。康門紐斯在教育理論上，發揮得極爲透澈而

詳盡的一本著作，就是 1657 年在荷蘭阿姆斯特丹（Amsterdam）出版的《大教授學》（*The Great Didactic*）。該書完整地將康門紐斯的教育理論，例如：普及教育、泛智教育、學校制度、教育論說等一一陳述，為第 17 世紀西方教育史上最為重要的一本教育名著。

康門紐斯的其他著作為：《世界感覺物體圖像》（*The Orbis Sensualium Pictus*, 1658）為兒童讀物，以圖片介紹可觀察到的各類物體；《未鎖語言之門》（*Janua Linguarum Reserata*, 1631）為拉丁語文教學用書。本教科書將拉丁文與方言用字並排，以簡單文字造句，可為一學年的教學之用。康門紐斯所編之拉丁語文教科書使用範圍極廣，歐洲各地學校多採為教本，對拉丁語文之教學影響甚大。

康門紐斯是近代西方教育家中，最早提出普及教育觀念的學者。康門紐斯是從基督教的論點，來討論普及教育的。他認為每一個人都是依神的形象被創造出來的，在人的本性上，人人都有智慧，因為，人是神的形象（image）之故。人的本性都有追求虔誠、獲致善良的天性。這些都是隱藏在人性之中，只要經由教育的作用，這些本性的種籽就會發展出來。從基督教義強調人人皆是神的子女；人人皆是平等的；因此，任何人，不論其性別是男、是女，是貧、是富，是智、是愚，都具有接受教育的權利；教育需普及；教育需要人人來接受，因此，就成為康門紐斯的一項教育理論了。

康門紐斯希望將天下的知識教給天下所有的人，這是他的理想，也是他終生努力實踐的一項理想，他以為天下的各項事物，都具有作為教育的價值，一塊石、一株草、一朵花、一條河、一座山等，都是造物者細心設計出來的產物，這些都是教育上可使用的教材。學者們將康門紐斯的這一說法，稱之為「泛智論」（sophia）。

康門紐斯所構想的學校制度為：

1. 母親學校（The Mother School）：幼兒 6 歲以前的教育活動，主由母親負責。教育的主要活動，為發展幼兒的感官能力。

2. 方言學校（The Vernacular School）：係6至12歲兒童進入的學校。每一年分爲一級，共有六個年級。此一時期的教育活動，主爲母語（本國語文）的學習。學習內容計有讀、寫、算。另外，尚有歌唱、歷史、地理、天文等知識的教授。

3. 拉丁學校（The Latin School）：由12至18歲青少年進入。6年當中，學生們會學習德文、拉丁文、希臘文、希伯來文。除此以外，尚須研習數學及物理學。6年當中，每一年級皆冠以一學科名稱，例如：一年級爲文法，二年級爲物理，三年級爲數學，四年級爲倫理，五年級爲辯證，六年級爲修辭。拉丁學校係由能力卓越者進入，以爲將來進入教會或政府服務。

4. 大學：係爲18至24歲青年進入研習，著重學術領域的研究與探討。

康門紐斯能在距今340年之前，爲教育制度勾勒出一個甚爲周延的學校制度，形成了一個社會的階梯，提供青年人的各項發展。是故康門紐斯爲西方教育史開啓了近代教育理論與實施的一條通路，創造了一些近代教育實施上的重要論點，例如：教育實施必須循著自然的順序逐一開展，不能有違於自然的進程。在康門紐斯看來，自然是一自行運行的實體，它的變化受制於自然律，而毋須受人的支配，因此，最好的教育便是追隨自然順序的教育。康門紐斯的教育原則爲：

1. 自然觀察到一個適當的時間：教與學的安排，都應該注意到最切當的時間。

2. 自然準備材料先於確定其形式：教與學應該注意預備的重要性。事物的知識應先於事物關聯性的知識。

3. 自然的進階甚爲明顯，由一個階段，演進至另一個階段，絕不會混淆。學生於每一階段，學習一項重點，不會有偏離。

4. 一切發展，莫不係由內而外；了解事物，然後才記憶事物。

5. 自然的發展，係由一般至特殊；學習者須先獲取一般知識再形成專門知識。

6. 自然發展，從不跳躍，一步一步向前發展，教學時間仔細劃分，逐一進行，不可踰等。

7. 自然發展過程中，一旦啓動，自然絕不會半途而廢，必至運作完成爲止；兒童進入學校就讀，就應學完爲止，不可中途棄學。

8. 自然所產生的任何事物，皆有其實用性；教以實用或應用甚爲顯明的事物。(註6)

康門紐斯在西洋教育史上的地位，有如文藝復興時期義大利學者佩特拉克對於古學復興的貢獻；有如英國牛津大學教授威克里夫對西方宗教思想改革的貢獻；有如哥白尼對天文學的貢獻；有如培根及笛卡兒對近代哲學的貢獻。近代一些常見的教育觀點，早在 300 多年前的康門紐斯就已經提出來了。由此可見，這位教育思想家的遠見，至爲卓越。

第三節 ▶▶ 唯實主義的教育實施

唯實主義在教育上的實施有著幾方面的效果，值得吾人加以注意。以科學的角度而言，唯實主義影響到了科學的教學。這方面計有科學知識融入了各級學校的課程內容，不過，以小學階段而言，小學教學與科學有了緊密的結合，要到 19 世紀才有顯著的連結；倒是在大學的教學內容上，科學科目納入大學教育，有著較爲明顯的事例。其次，唯實主義對 17 世紀西方教育的影響，顯現在唯實學校（Real School）的設立上。唯實學校是屬於中等學校的一種類型，它在教育的目標上，與往日的古文中學偏重古典語文的學習，有著甚大的差異。唯實學校是日耳曼教育史上一個明顯偏重實用、科學與職業教育的範例，它對近代德國的工業化，作出不小的貢獻。現在就幾方面，分別說明如下。

壹 ▸ 國語學校

國語學校（Vernacular Schools）為相對於以拉丁語文為教學媒介的學校而言。國語亦可謂方言，相對於統一的基督教王國而言，各地小學皆以當地方言作為教學媒介，尤以新教盛行的各地為然。宗教改革期間，國語小學成為新教信徒初步教育的機構，讀、寫、算逐漸成為國語學校教學的內容。但是，到了第17世紀，在科學及實用思想的瀰漫下，國語小學的教學內容，也有唯實主義的傾向，因為教育學者注意到國語小學的課程，應該包括自然的及實用的學科。小學課程裡科學和實用知識的納入，一般而言，日耳曼遠較其他地區為早。

貳 ▸ 法蘭克學院

日耳曼教育家法蘭克（Augustus Hermann Francke, 1663-1727）是一位奉行唯實主義教育信念的教育家。法蘭克是一位信仰新教虔誠主義（Pietism）的信徒。由於虔誠的宗教信仰，法蘭克以同情、憐憫的心情，於1695年在日耳曼的哈勒（Halle）城設立了著名的學院（Institutions），其目的即在提供貧苦兒童及青少年所需的教育。法蘭克的學院包括了專為貧苦兒童所設立的學校，以及專為貴族子弟所設立的學校。前者逐漸成為 Burgher 學校，即大眾學校；而專為貴族子弟所設的學校，即拉丁學校，也就是後來的古文中學；另外，著重科學研究的一所附屬學校，則稱之為 Pädagogium。在法蘭克學院所附設的大眾學校中，其課程內容有歷史、地理、動物生活、讀、寫、算、音樂、宗教；在古文中學課程裡，有拉丁、希臘、希伯來、新約等科目；在 Pädagogium 的課程裡，有生物研究用的花園、自然史教室、物理研究設備、化學實驗室、解剖室等。西元1697年，法蘭克又在他的學院內成立教師培訓所（Seminarium Praeceptorium），作為教師的養成的機構。這可以說是西方有史以來，第一個教師培訓的組織。

參 ▸ 唯實學校

英文唯實學校爲 Real School，德文唯實學校爲 Realschule。唯實學校的出現，是法蘭克的一位名叫賽姆勒（Christopher Semler, 1669-1740）的同事，他於 1739 年著文《論哈勒城的數學、機構、農業唯實學校》（*Upon the Mathematical, Mechanical, and Agricultural Real School in the City of Halle*）中，用了唯實學校一辭。賽姆勒提到唯實學校應傳授日常生活及實用性的、不可缺少的科學知識，諸如：數學、繪圖、地理、歷史、自然史、農業、經濟等。(註7)

唯實主義對英格蘭及蘇格蘭境內的影響，是阿克登美（Academy）的出現。阿克登美重實用學科，尤其是科學的及工藝的，其用意即在取替人文的、無實用性的古典語文學科的教學。該類學校對美國殖民地區也有影響。富蘭克林曾在賓西凡尼亞設立阿克登美（即實科中學），推廣唯實教育，一時之間，阿克登美便成爲中等教育階段突出的一種學校類型。

肆 ▸ 大學

唯實主義對大學的影響，主要的是在課程方面的變動。西元 1675 年，英國經驗主義哲學的先驅培根發表了他的《新工具》，不久即被牛津及劍橋大學教授採用作爲教材。西元 1740 年，牛頓（I. Newton, 1642-1727）的物理學已經取代了亞里斯多德的物理學。西元 1700 年時，劍橋大學已經是以數學研究爲著名的一所大學了。同時，法國的巴黎大學進行了改革，笛卡兒的哲學及數學已經是大學課程的內容。在日耳曼，一所新式的大學，不屬於教會而以科學研究爲主的哈勒大學成立。在研究的題材上，哈勒大學可以突破教會的限制，故被稱之爲第一所歐洲新式大學。西元 1737 年，日耳曼另一所大學——哥丁根（Gättingen）大學，成爲日耳曼第二所新式大學，科學研究成爲該大學研究的重點所在。

　　第 17 世紀西方唯實主義思想的崛起，為近代教育理論走上經驗的基礎，作出了不小的貢獻。相對的，教育受到科學的影響，為教育的理論與實踐找到了科學的基礎，促進了教育的大幅改革。故唯實主義思想與近代教育二者之間的關係至為密切，不容否認。

附註

註 1　Harry G. Good & James D. Teller (1696). *A History of Western Education*. New York: The Macmillan, p.174.

註 2　同註 1，p.174。

註 3　同註 1，p.179。

註 4　Ellwood P. Cubberley (1948). *The History of Education*. Boston: Houghton Mifflin, p.402.

註 5　同註 4，p.406。

註 6　徐宗林（1974）：《教育名著選讀》，臺北市：文景書局，頁 104-9。

註 7　同註 4，p.420。

第 7 章

啓蒙運動與教育

第一節 ▶▶ 啓蒙運動中的主要思想

　　西方歷史上所謂的啓蒙運動（Enlightenment），是以第 18 世紀爲歷史的階段，亦有學者稱之爲「理性時代」（the age of reason），意即人的理性之光，可揭示於人類的各種活動上。啓蒙運動是在人類理性前導下，對於政治上的絕對君權制度，對於宗教上的威權主義，對於非科學的一些理論，以及對於人性本惡說等的一項反省與批評。人們在理性思考的指導下，大膽地質疑於非理性的一些思想與信念。在此情形下，西方第 18 世紀可以說是一個新思想、新學說風起雲湧的年代。它豐富了此一時期人們的思想；它也奠定了此一時期孕育新的教育思想的基礎。啓蒙運動時期的思想家，有著下列的一些思想特徵，即：

　　1. 他們因受科學發展的影響，認識到自然研究的重要性。許多新觀點、新學說，大多受自然研究的影響，例如：他們重視自然律，相信自然律的普遍性。

　　2. 從自然與人的關係上，他們將人重新劃歸於自然的範疇，人是自然的一分子，人性有著自然本性的因子。進而確認人性是和自然本性相容的，而認定人性是善的說法。

　　3. 人的權利是天賦的。人生而平等，人的天賦權利是勝過社會後天承繼而來的權利，因爲，人的天賦權利是基本的，而社會承繼來的權利則是偶然的。人在自然的範圍內是平等而自由的，任何約束人的自由，都是

來自於後天社會的人為因素。

4. 他們相信知識的力量。啟蒙運動的學者，認為人類社會之所以會
腐敗、罪惡，主要原因是人的無知。人們在知識的指引下，在理性光亮的
照明下，社會的腐敗、罪惡是會得到改善的。

5. 他們認為社會是會進步的。啟蒙運動時期，學者們對知識有著
特殊的好感，就像英國經驗論學者培根所強調的，「知識就是力量」
（Knowledge is power）。他們體認到知識是推動社會進步所不可缺少的一
項重要因素，有了知識，社會進步才有可能；倘若人人處於無知的狀態，
那麼社會進步也就為之不可能。

6. 民權崛起，君權下降。自然主義學者盧梭提出社會「民約論」
（Social Contract），主張人民將其權利交予政府，換取政府對人民各項
權利的保障。但是，當政府所作所為不能夠滿足於人民的期望時，人民便
有權改換政府，重新建立一個合乎人民需求的新政府。因此，君主所掌握
的權力不是絕對的，也不是永恆的。

7. 自然律不只是規範自然現象的定律，它也是規範人事世界諸現象
的定律。因此，自然律的適用性，已擴及到經濟與教育各方面。自然律對
教育的影響，形成了自然主義的教育學說。

8. 政府是維持人們社會生活的必要條件。但是，政府的活動，卻需
要獲致人民的認可與同意。一個良好的政府需要有立法、司法及行政的功
能。人民有權、政府有能是符合人民利益的一種政府型態。

啟蒙思想運動，點燃了歐洲人崇尚理性的信念，藉著充沛的批判精
神，他們針對既有的社會制度，發出了不能苟同的論調。這對當時社會的
情況，無疑會提出許多的針砭。有批判，就有新的論說相繼提出，茲說明
如後：

一、崇尚理性說

法國思想家伏爾泰（Voltaire, 1694-1778）從 26 歲起，就因思想急

進、批判言論尖銳，而迭遭當時君王的迫害。伏爾泰曾經在英國仔細研究牛頓及洛克的學說。返回法國後，伏爾泰即致力於這二位學者學說的散播。伏爾泰著有《關於英國的一些函件》（*Letters Concerning the English Nation*）。伏爾泰崇尚理性，因為，他以為人類唯有依靠理性，才能尋獲到真理。他說道：

> 我們認識真理，唯有透過我們的理性。理性被光照亮，只有經過感覺才行。感覺沒有告訴我們的，我們便不能認識，便不能知道。作任何的推測，只是在浪費時間而已。想像和情感是盲者的盲目領導人，所有期望從超自然獲得啟示或靈感的人，可以說是騙徒，而相信他們的人則是被騙者。

伏爾泰鼓吹的是希望人們放棄所謂的啟示以去獲取知識。他們應該依靠自己感覺概念及理性，去形成判斷、得到知識。伏爾泰這批學者，在理性的指引下，他們崇拜思想要清晰、方法要正確、事物須有秩序。只要人人的理性得到適當的發展，社會的進步是不難獲致的。

二、百科全書論（Encyclopedie）

啟蒙運動是理性至上的一個時代。學者們強調的是知識第一、理性至上的精神。因此，知識的價值因而被認為是促進社會進步、消除社會腐化的一帖良藥。法國百科全書派學者狄德羅（Denis Diderot, 1713-1784）及康德拉克（Etienne Bonnot de Condillac, 1715-1780），有鑑於人類知識的關聯性密不可分，同時，認定人類的社會，在追求進步的前提下，不能受制於迷信，不能一而再地蹈犯錯誤，跳脫不開傳統的束縛；唯有依賴知識，人類才走上正途，避免無謂的挫敗。他們覺得人類的知識本身，就是一個有系統的統合體。百科全書派的學者，其目的即是將知識組合成一個適當的關係、具有秩序的結構體。英國哲人培根曾經提出「知識樹」

（Knowledge tree）的說法，提出知識相互關聯、有系統結合的說法。知
識樹有著三大枝幹，即記憶的支幹、理性的支幹及想像的支幹。因此，歷
史學、數學、邏輯及文學等是知識樹的支幹，係有相關聯的知識，由此而
再逐一細分。但是知識之間的相互關係，則是不能否認的。百科全書派的
學者相信人是在宇宙的中央，人所獲致的知識，不僅是幫助人去改進社
會、改進人，更重要的是藉著知識要解放人，不要執著於過去的傳統、說
法而陷自己於幽暗之室。百科全書派學者花費不少心力而編成了 38 冊百
科全書，將當時的知識分門別類逐一介紹給讀者，希望讀者能夠成為一個
知識淵博、見聞卓著的知識分子，帶動社會的進步，促成人類心智的提升。

三、社會進步說

啓蒙運動時期，有些學者認識到社會是有可能獲取進步的，只要人們
信賴知識，肯定知識的力量。在科學的進步下，人們認識到自然是一部組
織嚴密，有系統、有秩序、有規則地演化的大機器。自然在不變的自然律
支配下運行、變化。人類居住於自然之中，不能不對自然作出了解；不能
不對自己作出研究；從而希望能夠運用自然律的知識，為人類自己謀求利
益。人類必須清楚地認識到知識是力量，知識的拓展、知識的擴散，對人
類心智的啓蒙是有裨益的。人類有了知識，然後始有可能利用知識促進社
會的進步。人們也必須從知識的獲取上，認識到人類的樂園是在未來而不
是在現在，不是在過去。

社會的進步固然有賴於知識，但是更為重要的是社會中的每一個人，
倘若其心智上都能有所進步，那麼社會的進步才能更為得到保證。在科
學、藝術的進步下，人自己也能提升、改進，一切的進步，社會的、個人
的，才有其意義可言。啓蒙運動時期的一些學者，對科學的憧憬，對知識
的執迷，對人性的信任，幾乎到達了一種狂信的程度。在此情形下，社會
的進步幾乎認為是可以實現的，因為啓蒙運動的學者相信，人人皆有理
性；人人的理性皆可以發展。他們甚至相信人性的美化也是可以達到的。

在推動社會進步的過程中，因而有教育家深信社會的改良，教育也是眾多條件中的一個條件。社會的進步，教育也具有促進的作用。

四、三權分立說

　　西方君王政體，到了 18 世紀的法王路易十四（Louis XIV, 1638-1715）可謂盛極一時，「朕即法律」是何等的威權。然而，民主的思潮已經因洛克、盧梭等人的言論而逐漸散播開來。政府的運作，究應如何規範始能符合民主政體的實施？法國學者孟德斯鳩（Montesquieu, 1689-1755）於 1748 年著書《法意》（*The Spirit of Laws*），提出三權分立的學說。孟氏用了 20 餘年的時間閱讀群書，沉思論著，細心寫作，終於完成了深具創意的這本名著。孟氏以為法律的來源是事物的必然關係，這些關係是與生而俱有的；人們可以發現它們的存在，也可以對它們作出一些研究。法律的研討跟政府的型態有著密切的關係，不管政府的型態是專制的、君主的或民主的，都會影響到法律的形貌。一個國家的自然環境，諸如：氣候、疆域的大小、地形的情況、人口的多寡、宗教的信仰、禮儀的規範、習俗的情況、道德的信念等等，都會多多少少影響到一個國家的法律內容。由於各個國家條件的差異，人們是不可能期待各國具有高度的一致性。孟德斯鳩的三權分立說，為民主政體下的代議士制度尋求出權力的平衡，以及行政、立法、司法之間的相互制衡。孟氏的學說因而為近代西方民主政治的制度，奠定了一個良好的基礎。

五、重農說

　　啓蒙運動期間，眾說紛紜，主要是由於人們理性的開放，在自由思想風氣帶動下所產生的結果。主張重農說的學者認為農業是人們唯一的財富來源。當時學者以為工業和製造業，只是改變生產的方式，但是不會增加人們的財富。他們在價值觀念上，強調人人有權去勞動，人人可以享受勞動的成果。在政府和經濟的關係上，學者們鼓吹生產活動和貨物交換活

動，人們必須絕對的自由，任何政府的限制，都會摧毀人們的經濟生活。

在人們經濟活動上，政府的責任即在於保護人民的生命權與財產權。政府是人民的保護者，也是為人民實行正義的一種社會組織。政府在行使正義時，對人們的生產活動和貿易活動，應該採取不干預的態度。由於政府的職責是維護人民的生命與財產，因此人民擁有財產，保障其財產，享受其勞動的成果，就成為政府和人民之間不可或缺的一種關係。人民是否能夠享有經濟的自由，主要的條件即在於人民財產和生命安全的保護上。

重農說是西方工業革命以前，人們重視農業活動的一項主張。人們認識到農業生產的重要性，體會到農人生活的辛苦，因而，重視農業活動的學者產生了對農人的同情心，希望社會大眾肯定農人的貢獻，進而希望人們重視勞動，並提升農人的社會地位。啓蒙運動時期的重農理論，可以說是 back-to-the-farm-movement。他們鼓吹下的此一運動，也在於廢除壓抑農民的那些法律條文，使人民經由教育的作用，人人皆能成為具有生產力的個體，忠誠於國家，信賴於政府。

六、自由經濟說

啓蒙運動期間，有關人類經濟活動方面的思考，首先值得推崇的是英國經濟學家亞當·史密斯（Adam Smith, 1723-1790）。

1776 年，亞當·史密斯出版了《國家富裕性質與原因之探究》（即《國富論》）（*An Inquiry into the Nature and Cause of the Wealth of Nations*）。史密斯以為國家存在的功能就是從事防禦活動、執行正義和公正、實施公共工作，因此國家不應對人們的經濟活動作出任何形式的干涉；國家在經濟活動上，應該採取放任（laissez-faire）政策。在人們經濟活動的背後，會有一雙看不見的手，推動著社會活動，朝向人們的福祉前進。史密斯以為自由地尋求利潤是商人從事商業活動背後的一股勢力。

一個社會的經濟活動，在自由競爭的原則下，商人會克盡全力地提供物質，供應給消費大眾。史密斯以為，任何形式的獨占、壟斷，對一般社

會大眾都是一種罪惡。從社會經濟成長的角度來看，經濟的成長有賴於資本的累積與分工合作。史密斯從自由經濟的觀點，反對當時部分學者鼓勵國家干預國際間的貿易。在他思想的底層，他堅信自由貿易會促進國家的福祉；任何對貿易的限制，都會有損於國家財富的累積。史密斯提到一個受過訓練的工人，他的技術是會帶來增加生產的利潤。重視技術，有助於社會經濟活動的擴張。因為教育活動可以訓練工人的生產技術，因此教育對經濟活動不能說毫無貢獻。

七、聯合論

　　啓蒙運動以前的西方學者，對於心靈的說法，大致都停頓在心能說的立場。他們認為心靈是與身體有所不同的；心靈與身體，分別為不同的二元；心靈沒有具體存在的形式，身體則是物質的形式。心靈是形而上的實體，具體地表現在各種心能的彰顯上，亦即心靈有知覺能力、記憶能力、推理能力、想像能力、意志能力等。心靈的形而上色彩至為強烈，但是，經過 17 世紀後期英國經驗論的盛行，心靈的形而上的說法，已經難以滿足經驗論學者的要求。啓蒙運動期間，因而有學者主張心靈的聯合論。

　　聯合論可以視為 19 世紀及 20 世紀科學心理學的先驅者。英國哲學家休謨（David Hume, 1711-1766）即曾提出人的觀念聯合及感覺聯合，在心靈作用上的重要性。法國哲學家哈蒂利（David Hartley, 1705-1757）從自然律的觀點來解釋學習的現象，他以為人類的感覺會一而再，再而三的重複地將其痕跡留在神經系統上，類似的感覺會結合在一起；單一的感覺會引起早先存在於記憶中的其他相似感覺。觀念的聯合則是因為觀念的相似或觀念在形成上是因果的關係等，都會使二則不同的觀念為之聯合；複雜的觀念是由簡單的觀念組合而成的。哈蒂利的感覺聯合說，為近代科學心理學的研究作出了一些貢獻。

八、虔誠主義

西方宗教改革運動發生以後，由於新教徒的銳意改革，許多天主教舊有的儀式、教義，都有了不同的說法。新的價值在宗教改革運動中被建立起來了，新的儀式被奉行不輟，新的教義亦被提出來了。但是時間一旦久了，這些新的價值在實踐過程中，也會走上了形式化。產生於日耳曼的宗教上的虔誠主義，就是站在反對宗教的形式化；批判教會的不求進步；對於羅馬教會的缺乏生機，表達了強烈的不滿。虔誠主義的學者，受到唯實思想的影響，極力強調人類對未來的希望、人類的需求和了解。他們重視個人的宗教經驗，強調個人內心的光亮，同時將個人與腐敗的外在世界予以隔離。虔誠主義的學者，對於當時一般人們極力追逐世俗的喜悅，深深不以為然。他們在思想上，強調現代科學，提倡理性的價值，主張個人自由的研究及獨立思考的重要性。

虔誠主義的日耳曼教育家，為日耳曼的教育作出了不少的貢獻，例如：海克爾（Johann Hecker, 1707-1768）即曾為下層社會、貧苦兒童的教育盡了一番心力。虔誠主義的學者也設立了一些唯實教育傾向的學校，這些措施對日耳曼後來快速進入現代化，尤其是科技方面，有著不可磨滅的貢獻。

九、大眾教育的重視

啟蒙運動時期，由於民主思想的逐漸形成，人們對國王、皇帝原來握有的權力，在受到天賦人權說的影響下，已經不再認為應該唯我獨尊。國王、帝王的權力，已經不再是神聖不可侵犯，超越其他權力之上。一些激進的革命學者，甚至認為統治者是人民的工具，因為，統治者首要的目標是確保人民的幸福，為人民謀求福祉。社會大眾是構成社會的主要成員。

國民受教育的意識，在法國啟蒙時期，逐漸被喚醒。1763 年，法國耶穌會的教育活動，因為受到限制而減弱了對各地教育的影響。此時，對

國民大眾教育的呼聲，反而日益高漲。有些自由思想的學者，以爲大眾接受教育，民智會日開，可以減少社會的不安，使社會犯罪人數得以減少；其次，大眾接受教育，會提升國民素質，對民主共和政體的穩定裨益不小；另外，人民的福祉，國家有責任予以保護，而接受教育則被認爲是有助於人民福祉的增進，因此，大眾化的教育，國家應該予以提供。1763年，法國學者查洛特（Louis René de La Chalotais, 1701-1785）提出論文討論《國家教育計畫》（*Essay on National Education Plan*）；1768年，羅蘭（J.-M. Rolland, 1734-1794）提出《對國會的教育報告》（*Report on Education to Parliament*）；1776年，狄德羅著有《提供教育》（*Provision on Education*）；1792年，康道士（Marquis de Condorcet, 1743-1794）發表《呈給國民議會之公共教學一般組織報告》（*Report on the General Organization of Public Instruction Presented to the National Assemby*）等，幾乎都是在鼓吹人民大眾接受教育之必要性。

十、自然教育思想

影響近代西方教育理論與實施最大的變動，係來自於自然教育思潮的興起。一般評論盧梭在西方教育史上的地位時，多會認爲盧梭是西方教育史上的哥白尼。

盧梭是近代發現兒童的一位教育思想家。在傳統成人爲中心的教育理論下，兒童僅僅是成人的一個縮影。兒童沒有自己獨立的人格，兒童在各方面都需要模仿成人；他要穿著跟成人一樣款式的衣服，學著成人的用語，希望兒童根本上就是一位小大人。兒童身上也像貴族、成人一樣要佩劍；臉面上要塗脂抹粉，亦步亦趨，就像一個大人。在成人的眼光中，兒童一蹴即成爲大人。盧梭從兒童身心的發展觀點，提出了兒童的教育應依循自然發展的歷程，漸次發展。他認識到兒童是一個發展與成長中的個體，兒童的教育必須依其自然的法則加以實施，而不能再像以前一樣，按照著成人自訂的法則進行。

　　盧梭雖然不是一位具備正規教育背景的教育學者，因為他從來沒有任何創辦學校、作育人才的實際經驗。不過由於盧梭個人的體會與領悟，加以他對兒童成長的認識，因而使盧梭成為近代最具有影響力的一位西方教育思想家。在他個人的體驗下，他提出了回歸自然的學說，希望人類夠認清自然的單純、真實與善良。人群社會中，許多人為的制度、限制，都干預了兒童教育的正常發展。因此，他希望兒童的教育是在自由、成長、經驗及活動的狀態下進行，而不要拘泥於舊有的傳統規範。簡單說來，兒童教育必須以兒童為考量的中心，注意其天賦資質的發展，而不可給予過多的干預與限制，否則，兒童的教育就難以得到正常的發展。

第二節 ▶▶ 啓蒙運動時期教育思想

　　啟蒙運動時期的教育思想，主要的是由盧梭開創的自然主義教育思想及由法國自由派學者，如康道士特等人所提出的國家教育思想，現在分別說明如後。

壹 ▶ 自然主義教育思想

　　自然主義可以說是以自然為中心的一種思想體系。自然被視為價值的最高所在，人們可以將宇宙、物質等一切的存在，都劃歸在自然範疇內。當然，人的存在也是自然中的一部分。自然被視為物質的世界；其一切的變化，都不是人為的力量所能操控，而是由自然自身的力量，支配著物質世界的變化。自然主義者認為支配自然變化的是自然律（Natural Law），自然律的普遍性與普效性是毋須人們加以懷疑的。自然主義在啟蒙運動時期，雖然思想體系尚不見得已經成熟，體系亦不完整，不過，由於 16 世紀以後，科學研究的發達，使人們相信自然律的勢力是無遠弗屆的。自然

律不僅支配了自然的世界，就連人事世界，自然律也有其一定主宰勢力。因此，自然律的應用，也就轉移到教育的理論與實施上了。

　　盧梭是一位沒有接受正規學校教育的思想家。由於盧梭在教育學術上的貢獻，使他被譽爲西方教育史上的哥白尼，因爲盧梭帶動了西方兒童教育方面的重大改革。盧梭的父親是法國人，但是爲了追求宗教信仰的自由而遷居於瑞士的日內瓦。盧梭的母親在生下盧梭後，不久即因病而去世，使盧梭從小就失去了母愛，塑造了他性格上常依偎在比他年紀大的女性上。幼年的盧梭，是在叔父及姑母的照顧下成長的，因爲他父親後來也因案而他去。盧梭 17 歲前，從事過學徒工作；17 歲時投靠於瓦倫夫人（Madame de Warens），成爲瓦倫夫人的情人，前後有 13 年之久。盧梭在個人成長的過程中，多是依靠自我的教育，學會了拉丁文，熟稔了音樂。他曾經從事過家管的工作，無奈對該項工作興趣不大，故而一生多半從事祕書與寫作的工作。之後，盧梭結識旅社中的一位女傭，因相愛而相結合，育有五個子女，但因生活欠缺安定而一一改名換姓送入孤兒院。至其年老時，悔恨不已，難以平復其內心的痛苦掙扎。

　　盧梭是第一位認識到兒童應該有其獨立、自主的生活空間者。他對於兒童的教育，有著不同於以往一些教育家的見解。現在將擇要地作重點式的陳述。

一、人性本善說

　　盧梭在其名著《愛彌兒》（*Emile*, 1762）一書的開端，就提出了「凡是來自自然的，一切都是善的；而一經人手便都墮落了」的說法。人爲了自己的需求而改變自然，這是違反自然法則的。人的墮落是因爲人的社會生活使然。人在自然當中，都是平等的，但是，由於後天的、社會的因素，使人失去了平等。人性的腐敗，完全是由於人的不遵從自然的法則使然。就因爲人性本善說，它違反了聖經上記載人類的原罪說，故而羅馬教會將《愛彌兒》一書列爲禁書，並且在日內瓦市政廳前公開予以焚燒，以

示該書言論的不當。

二、自然的看法

　　盧梭在其教育著作中，每每提出「自然」一概念。盧梭對自然一辭，有著幾層的涵義。首先，盧梭認爲自然即外在世界之謂。相對於人與世界而言，自然世界是一個獨立的實在體。這一自然世界，其最大亦可概括整個宇宙世界。其次，自然一辭可以說是物質所構成的世界。人類所生存的世界，即居住於宇宙之中，即星球，如地球的表面之上。山、川、河流、花草樹木、昆蟲野獸等，都是此一物質世界中的一部分。概括來說，人也是自然中的一部分，人也是要服膺於自然中的各項法則。不過，盧梭也體認到人的特殊性，因爲人是有理性的存在體。

三、兒童的看法

　　盧梭是一位建立新兒童觀的學者。由於他個人特殊的兒童生活經驗，加以他個人兒童及青少年期生活在瑞士，使他不由得產生了對自然的喜愛。他把兒童視爲自然的產物；兒童不應受到成人們的傷害，因此，保留住兒童天然的本性，便是盧梭教育上的重要論點。他的「消極教育」（negative education）不是不給兒童任何的教育，而是任何給予兒童的教育，都不應戕害到兒童自然的本性。盧梭認識到兒童是一個成長中的個體，兒童的成長依循於自然的順序，即兒童成長的歷程是先由嬰兒、幼兒，而後才是兒童；兒童之後是青少年、青年、成人、老人等各個階段。每一個階段，都是前後相互連接的，自然不希望各個階段有所鬆散或蹦等。而最重要的則是兒童應獲得尊重，因爲兒童不是成人的玩偶之故。

四、三位教師說

　　依據盧梭在《愛彌兒》中的說法，人的教育來自於三種途徑：其一來自於自然的教育。人的內在器官的成長以及官能方面的成長，這些都是

自然給人的教育使然。這方面的教育是人所無法支配的，完全是自然的結果。其二來自於事物的教育。經由人們的經驗或周遭環境所獲得的教育即所謂事物的教育。其三來自於人的教育。人們利用所學習的內容於內在器官及官能成長則是人的教育。盧梭以爲每一個人都接受了這三位教師給予的教育。三者教育實施上如果一致，沒有牴觸，沒有衝突，教育就會順利進行；倘若三者有所矛盾，教育成效就會受到損害。自然的教育不在吾人控制之中；事物的教育，一部分在吾人的控制之中，因爲人們無法將兒童周遭的事物，完全置諸於人們控制之中；唯有人的教育，尚可加以節制一些。盧梭認定自然是教育依循的主要法則。

五、消極教育說

　　盧梭提出「消極教育」的主張，最重要的理由是盧梭認定自然不僅是眞、善、美的化身，自然也是最好的教育原則。教育實施必須保持住兒童的本性，不要傷害到兒童的本性，這就是最好的教育。依盧梭的看法，當時歐洲的教育，多半是違背兒童本性的教育；學習的教材，多半與現實的生活脫節。因此，不給兒童世俗的教材，以自然現象爲兒童的學習教材，才眞正是兒童所要的教育。《愛彌兒》在 12 歲以前，不學拉丁語文，不讀古典名著，而是以兒童身心的發展爲教育目的。《愛彌兒》的教育是消極的，即不給予文字或書本的教育，而給予自然現象學習的內容，例如：看到小溪，自行判斷距離；看到太陽位置，自行判斷時間；看到果樹結果纍纍，自行判斷高度等。從自然環境、自然現象中學習自然，才是盧梭所想要的積極教育。

六、兒童成長階段

　　盧梭對於兒童教育理論的一項重大貢獻，是以年齡區分學習中的兒童。教育從嬰兒誕生就開始了，嬰兒身體與心靈經與外界的接觸而有了互動的行爲，此時的教育活動，當以模仿行爲爲主。嬰兒在成長當中，有意

或無意地學習走路、說話、進食等，這些不是成人強加活動於其身上，而是經由個人的努力來學習這一切的。因此，6歲以前的幼兒，身體的活動是教育的重心所在。6至12歲爲兒童期，此時以消極教育的實施，最爲理想。此時期教育的實施，不是文字的教育，不是道德的教育，也不是宗教的教育，而是使心靈避免罪惡、減少犯錯的教育。此一時期，也不是教以事實的時候，因爲有些事實超越了兒童的理解範圍。12到15歲是青少年好奇心極爲發達的一個時期，好奇心與遠見，此時均應加以發展。爲了滿足青少年的好奇心，一些知識如周遭地理、天文，似乎可以作爲知識教學的內容。15至18歲，眞正的教育可以說是開始了。此時，處於青年期的學生須學習如何控制個人的情慾。18歲後，應該學習人的問題，了解歷史、認識宗教。20歲以後，古典語文、文學有其需要加以學習。盧梭依學生成長階段，劃分學習內容、選用教育方法，可以說注意到成長中的個體及其身心、能力、發展的差異。

七、好奇心的利用

　　盧梭是一位注意到兒童好奇心利用的教育家，他要求教師儘量使兒童注意並觀察自然的現象，此時，兒童的好奇心就被引起。好奇心被引起以後，要讓它成長，但是不能立即就給兒童的好奇心得到滿足。教師應該儘量提出問題，誘發兒童去解決，不要在兒童嘗試解決問題之前，就把答案教給兒童，因爲這樣會摧毀兒童的好奇心。在兒童滿足好奇心的過程中，他會尋求答案；他會探究問題的內容；在尋求答案、探究問題的過程中，兒童就會有所學習。他可能從自我學習中形成知識，發展自我的判斷。盧梭以爲不要讓兒童所知道的一切，都是來自於教師的教導；許多知識是要親自發現的。盧梭覺得權威不應該代替理性，有理性才能使自己作出探求、作出判斷，否則樣樣都來自他人的教導，個人便變成了他人思想的玩偶了。

八、經驗的認知方式

　　盧梭教導兒童知識的發展，以地理知識爲例，他是以兒童個人經驗作爲出發點的。他先讓兒童從自我居住的地方開始，先認識自己的鄉鎭、城市，然後及於他來往的城鎮。舉凡居所周遭的溪流、森林、田野、城堡、房舍、市集、教堂等，都是兒童認識的對象。兒童可以製作簡易的地圖，標明他所熟悉的各個據點，同時也可以使兒童對這地點間的距離有一比較確實的概念。盧梭希望兒童經過這樣一番教育，他的眼睛就如同一付羅盤。

九、學得精，不在多

　　盧梭的教學方法，與當時傳統的教學方法有著根本的差異，即盧梭希望兒童學得少，但是學得精，他覺得當時教學上的差錯，就是讓兒童學太多的事物。盧梭以爲任何教學活動，都不應讓兒童形成不正確的知識，或者不當的觀念。盧梭甚至不在乎兒童一無所知，但是他卻不能容忍一知半解或者所知的都是不正確的。從消極的觀點來說，保護兒童避免錯誤，就是教育上最爲重要的一件事情。

十、道德教育的實施

　　盧梭在《愛彌兒》一書中所講解的道德教育，不是傳統上的說教方式，而是讓兒童從經驗活動中，了解並認識人人之間的互動行爲規範。他以爲成人會太早把一些道德規則教導給兒童，但是這些規則卻超越了兒童所能理解的範圍。因此他期望兒童能從經驗活動中，領略到行爲之間的因果關係。兒童打破窗戶，自己會受到風吹雨打之苦；兒童不小心打破杯子，自己會面臨沒有杯子可以使用的麻煩。這些自然的因果關係，即所謂的自然懲罰。它較人爲的懲罰更爲有效，卻是兒童自我道德教育的絕佳機會。盧梭在道德教育實施上，希望兒童能夠勤勉、節制、忍耐、堅毅及勇敢。

十一、實物替代符號

　　傳統教育上，由於書本一向被視為知識的主要來源，因此熟稔文字、通曉語言，一直都是教育家所強調的教育重點。文藝復興時期，語文的形式意義勝過語文的實質意義，導致後來人文教育在教育實施上，未能重視語文所代表的事物，終致有唯實主義教育思想的出現。盧梭重視實物的學習勝過符號的學習。因此，他曾說過：

　　　　就一般規則而言，絕對不要以符號代替所意謂的事物，除非
　　人們不可顯示事物的本身；因為兒童的注意力太過於注重符號，
　　那他就會忘記了符號所代表的意義 ……。(註1)

　　盧梭的實物教學，給後人不少的啟示。因為他注意到實物所顯示的意義，遠較抽象的符號所顯示的意義更為豐富，更為重要。

十二、自製教具

　　教學用的教具，有助於教學效果的增進，亦可使教學的內容，在傳授的過程中，更為清晰而明白，留給學習者深刻的印象。盧梭以為教學過程中所使用的教具，如果由教師與學生共同合作而製作，對於兒童學習某些事理或觀念是會有所幫助的，亦即可以使學生的觀念較為清楚，所涉及的原理與原則會有具體認識與了解。例如：學生學習平衡的觀念，盧梭即以一枝木棍橫置於椅背之上。在二端平衡狀態下，兒童難免會由多次的嘗試中，了解到兩端均衡的一些要點。盧梭顯然不贊成應用現有的教具，因為，一旦使用這些教具，兒童自我嘗試學習的機會就會付之闕如。

貳 ▶ 國家教育思想

啓蒙運動時期，法國國家教育思想有著蓬勃的發展。基本上，主張教育由國家支配與管理，意味著不希望教會插手人民教育的意義。另外一方面，學者們認識到政府及國家有著責無旁貸的教育人民的責任。

西元 1763 年，法國學者查洛特發表《論國家的教育》，提出國家的兒童，應該由國家成員撫育其成長的看法。查洛特以爲國家有責任培育善良的公民。依據查洛特的構想，教育可以依據兒童發展階段的不同，分爲三個不同的階段：即從 5 至 10 歲爲第一個階段；從 10 至 16 歲爲第二個階段；從 16 歲以後爲第三個階段。在第一個階段，教育家不能期望兒童心智方面有過高的發展。這一階段應該注意到視覺官能及記憶官能的陶冶。兒童應該學習讀、寫、繪畫、歷史、地理、自然史、體育及數學。第二個階段的課程，包括了拉丁語文及法文、修辭、哲學。第三個階段，教育實施因分軍事、行政、商務、教會行政等而有不同的專門科目。

查洛特的教育觀，指出了國家對人民應負的教育職責，但是，尚未積極地注意到大眾的教育實施。較爲值得注意的是二位英國教育家，一位是蘭開斯特（Joseph Lancaster, 1778-1838），另一位是貝爾（Andrew Bell, 1753-1832），他們皆以導生制的方式，積極推動一般平民兒童的教育。

自然主義教育家盧梭於 1772 年曾爲波蘭政府撰寫報告書名爲《對波蘭政府之考量》（*Consideration on the Government of Poland*, 1772），又狄德羅曾提出《一所大學的計畫》（*Plan for a University*），他們都在強調唯有國家（State）才應該承擔教育的責任；從事教育工作者，應該是非神職人員。法國學者、律師羅蘭於 1768 年曾爲巴黎議會提出報告，強調了良好公民的培養，法國歷史及語文應該列入課程內。

1789 年法國大革命爆發，國家控制的教育係非教會支配的教育，呼聲急速升高。人們已經認識到，除非國家擔負起教育的責任，否則教育的推廣困難度必然很大。

　　康道士於 1792 年，曾爲法國國民議會提出報告書，其主題即爲國家
教育之實施。康氏在推動教育的大眾化及國家化的過程中，認識到教育的
推廣有助於人民自由及平等的實現。康氏以爲國家化教育的實施，主要的
作用在於：社會中的每一公民，爲了執行其職責，對於基本的知識都應該
有所具備。各個公民的稟賦不同，教育有助於使各個公民能盡其全力增進
社會的福祉。另外，康氏相信人類有潛力趨向於完美境界的發展，這也需
要教育的協助。爲了廣泛地推廣教育，康道士建議設置五種類型的學校，
即小學、中學，專門學校（Institutes）、古文中學（Lycée）及國家科學及
藝術學社（The National Society of the Sciences and Arts）。

　　巴斯多（Johann Bernard Basedow, 1724-1790）爲日耳曼人，他是
一位盧梭自然主義教育思想的推廣者及實踐者。他堅信人的知識是開始
於人的感覺活動，而事物的經驗則是非常的重要。巴氏曾創設泛愛學校
（philanthropinum），招募貧苦兒童，給予教育，作爲推廣教育的一項方
式。具體的教育見解，分別說明如下：

　　1. 巴斯多以爲社會階級有所差異，學校型態上就應有所不同。因此，
他建議爲一般平民子弟設立專門學校（Special Schools）；爲貴族子弟則
設通常學校（Ordinary Schools）。前者體育活動較多；後者則古文學習爲
重。

　　2. 前面所設立之學校，教育內容上沒有宗教教派教學，任何宗教都
須一視同仁。

　　3. 巴斯多親自編輯基本知識手冊，所列內容除語文知識外，實務性
知識亦被列入。

　　4. 巴斯多所創立的泛愛學校，區分爲三類課程：第一類課程偏重人
文課程中的語文；第二類課程偏重手工及家事活動；第三類課程則以實務
活動爲主，例如：手工藝、體操等。

　　5. 教學設計上，甚多以活動形式爲之，例如：學生學習時以對談、
繪圖、遊戲等方式進行。

6. 巴斯多編有《基本工作》（*The Elementary Work*, 1774）四大冊，詳列教學內容及實施方法。

7. 泛愛學校的成立，得力於社會大眾的捐資興學。巴斯多此一創舉，引起日耳曼及瑞士地區一些人士的響應。

8. 巴斯多以為教育應該廣泛地為社會大眾所接受，不應再侷限於富貴之家。此對日耳曼教育的公眾化，甚有助益。

第三節 ►► 啓蒙運動時期教育實施

宗教改革期間，馬丁路德教派建立了自己的教會，設立了自己的教會學校。路德教派信徒並且建立了公共的宗教教派學校。一般而言，普魯士在公共學校的建立上，較之其他歐洲國家來得為早。日耳曼地區公共學校的建立，深受虔誠主義信徒法蘭克的人道思想的影響。他以為給予不幸者教育，將有助於基督教福音的傳播。法蘭克為貧窮兒童、孤苦兒童設立學校，同時，以日耳曼語授課，並且設立機構培養學校教師。這些活動，對於公共教育制度的建立都有著直接的影響。法蘭克除了他個人的教育努力以外，尚得到腓特烈・威廉一世（Frederick William I）的資助，在日耳曼境內設立數百所學校以推行公共教育。1713 年及 1717 年，腓特烈・威廉一世頒定法律，命令父母必須遣送其子女入學，被視為最早的強迫教育法律條文。日耳曼地區曾於 1737 年頒布教育法規，規定政府有責撥款興建教室、支付教師薪俸。另一位虔誠主義信徒海克爾，亦以人道精神協助貧苦兒童入學就讀，並且得到腓特烈二世（Frederick II）的協助，於 1763 年制訂《普魯士學校法》（Prussian School Code）。依據該法律條文的規定，各教會學校的教師，必須依循並遵照學校法，以符合法律條文的規定。該項教育法律，規定了入學年齡、國家會考制度、學校視導、教師執照、教科書、課程、教師資格等。普魯士於 1787 年又頒布學校法，設

置中央教育行政機構，統一全國中、小學校的教育實施。

　　法國在啓蒙運動時期，教育的理念甚爲高漲，但是公共學校教育制度的建立，則落後日耳曼。1789 年，法國大革命爆發，公共教育的呼聲甚爲高漲。1791 年，法國立法當局曾經提議實施免費的公共教育制度。1794 年的《萊克納法》（the Lakanal Law），規定每一千人口的社區，須爲社區兒童提供讀、寫、算、法語、地理及自然研究的教學內容。另外，爲了共和國的永續發展，尚須教授愛國歌曲、共和理想、人權觀念、愛國故事等。1795 年的教育法規，規定凡 30 萬以上人口的城市，須設立中學，提供古典及現代課程。

　　英國公共教育的發展遠遠落後於歐洲各國，主要的理由是英國人認爲教育是人民自己的事務，不是政府應該管的事務。英國公立學校制度建立之前，教會往往將教育視爲慈善事業而積極推動之。1699 年，「基督知識促進社」（The society for the Promotion of Christian Knowledge）即是以擴散宗教知識爲使命的宗教團體，對英國下層社會子弟的教育甚有貢獻。英國國會於 1839 年，首次撥款補助私立學校，才開啓了英國政府對公共教育實施的關注。

　　美國是歐洲人移民爲主，而於 1776 年獨立建國的民主共和國。由於文化上深受英國移民的影響，因此現今美國東部偏北之所謂新英格蘭地區，就是英國移民集聚的區域。初期美國殖民時期的教育，即是以歐洲學校教育爲藍本的教育實施。

　　美國殖民時期的教育活動，主要的是由地方的市鎮、城鄉及各個教會宗派或教會團體加以推動。1642 年及 1647 年，於新英格蘭地區的麻薩諸塞，首先建立了市鎮主導的教育法規及學校教育型態。這些法規要求一定人口的市鎮，須設置小學或拉丁文法學校。1636 年設立於新英格蘭地區的哈佛學院，其最初設立的目的，即在培養教會神職人員。殖民時期的學院，其所扮演的功能，如同牧師的或未來牧師的養成機構。(註2) 哈佛學院成立初期，其課程即以神學、古典語文、邏輯、修辭、物理學爲主。

　　1779 年，傑佛遜（Thomas Jefferson, 1743-1826）於維吉尼亞（Virginia）州議會，提案設立公共學院制度。他所設計的公立學校制度，從小學、中學以至大學，完全由州政府當局設置，開啓了完整的公立學校制度的先河。但是，此一提案並未獲得通過。

　　1784 年，紐約州成立了紐約州立大學，作爲教育行政的一個機構。1795 年，紐約州提供公共小學教育。1796 年，達拉瓦（Delaware）及維吉尼亞，對公立教育採取行動；前者成立公共教育基金，後者通過學校法律。1795 年，北卡羅來納州（North Carolina）成立了公立大學。

　　美國殖民初期的賢哲之所以重視公共教育之推展，主要的原因是受到了歐洲啓蒙運動思想的影響，因爲他們認識到知識對啓迪民智、推動社會進步，具有極重要的價值。

附註

註 1　徐宗林編（1997）：〈愛彌兒〉（*Emile*），《教育名著選讀》，臺北市：文景書局，頁 150。

註 2　Harry G. Good & James D. Teller (1969). *A History of Western Education*. London: The Macmillan, p. 445.

第 8 章

19 世紀的教育思想與實施

第一節 ▶▶ 教育思想

第 19 世紀，在西洋歷史上是一個變動快速的世紀。民族國家的紛紛出現；工業革命引起的社會運動；列強因工業化而興起的殖民主義，觸動了非洲、亞洲各古老農業國家的大變化；加以科學研究進步甚速，工藝技術突飛猛進，影響人類交通甚鉅；而在科學知識推進下，生物進化理論的提出，不僅改變了傳統人類來自何處的說法，而且對於事物實體與事物變化的歷程有了不同的區隔，使人們對歷程概念的理解有了新的啟示。在人類社會錯綜複雜的變化中，第 19 世紀一些重大的意識型態，往往宰制了人們的思想，影響了社會現象的發生。現在擬就其犖犖大者，例如：民族主義、工業主義、自由主義、資本主義、社會主義、民主主義，分別加以介紹與說明，以了解這些意識型態對教育實際所產生的影響。

壹 ▶ 民族主義

民族主義（Nationalism）是一個民族基於相同的歷史經驗，有著共同的語言、風俗習慣、宗教信仰等而體認到自身民族與其他民族之間的差異，所形成的一種民族意識。民族主義表現在民族意識的覺醒上，人們在同一文化孕育下，相信自己民族的文化優於其他民族的文化。人們以自身民族的利益，作為最高價值之所在。民族主義的基本認識，在於將國家視

爲政治團體之中最具有權力者，國家的地位與權力優於任何政治團體，因此，民族主義也具有國家主義的涵義。強調民族主義者，也會強調國家主義與愛國主義。

第 18 世紀以前，人們效忠的對象多是社區、社會團體、部落、宗親、宗教團體、一般性的原則等。但是在法國拿破崙（Napoleon）執政稱帝以後，由於對歐洲各國的入侵而紛紛引起各國民族主義的思潮，因爲，在民族國家的獨立主權、領土完整、效忠自己的國家呼聲下，民族主義的精神已爲之高漲；獨立、自主、自由的要求，幾乎是民族國家的共同需求。

民族主義盛行下的西方國家，在教育實施上，往往利用教育作爲國家追求統一與獨立的手段。他們在教育實施上強調國語的統一，重視自身民族文化的教導，爭取教育的國家化，排斥教會原先所享有的教育權。另外，在教育實施上，以普及的初等教育作爲培育國民、養成公民的策略。教材內容上，偏重自身文化優越感的建立，並推行愛國教育，強調民族情感的建立。這些教育實施上的重點，都可以說是受到民族主義思想影響下所實行的教育活動。

貳 ▶ 工業主義

自 16 世紀科學發達以後，應用科學知識於實際生活所產生的工藝技術，帶動了生產方式的巨變；即原先利用人力、獸力的生產功能，如今則利用機械。這不但改變了生產的方式，而且也大大地改變了生產力及生產的關係。此即形成了所謂的工業革命，終而導致了工業主義（Industrialism）思想的盛行。

工業革命發生於英國，主要的原因是英國人具有經驗主義的思想，凡事強調經驗性的驗證，看重事物的實用價值；加以英國人在海島經營其生活，實事求是的精神甚爲高漲；由於經商、航海、對外貿易頻繁，故其人民一向都養成務實的態度。在英國 18 世紀初，人們已經大量用煤來取代

木材的使用，然而，爲了開採煤礦時解決積水的問題，因而導致 1769 年英國瓦特（James Watt）研究改良蒸汽機，從而機器被利用在紡織、交通等事務上，爲此導致了工業的革命。工業革命的本質是生產力的機械化及人類大量使用機械以代替人力；工業革命使得人類追求自然科學知識的願望加強了；人類利用科技，使得能源的應用多樣化了。由於生產方式的改變，新的工廠生產制度建立，一些新的工業大城出現了，尤其是港口、交通樞紐、礦產中心。人口集中於都市，家庭結構也隨之有所改變，傳統的大家庭漸漸由核心家庭取代。工業革命的結果，促使賺取工資的人口大量增加，尤其是新的職業快速的增多。生產集中於工廠，使得生產所需的資本大量集中，產生了資本家，種下了經濟不平等的原因。工業革命也形成了社會問題，因爲勞工階級的出現，對城市生活環境，在初期出現了貧民區的問題，勞工子女的就學問題，勞工生活沒有保障的問題。由此可知，工業革命不僅對生產活動有了改變，就連人們的生活型態也隨之而有了改變。工業主義是指以科技爲主導的知識與技術，使物資產品能在最合理的、最有效的程序下，生產出精良的商品，以滿足人們追求幸福生活的需求。

工業主義對教育的影響，展現在重視科學教育的價值上。因爲人們想要製造優良的商品，必須對自然物質的性能有著良好的認識，如何善加利用自然資源，便是實用的科學與技術所要達成的使命。科學教育包括科學知識的傳授、科學方法的提示、科學態度的培養，以及科學精神的樹立。工業主義對教育的另一影響是職業教育的發展，舉凡專門性的職業教育，尤其是攸關生產性、實業性的教育，例如：工業教育、技術教育、職業陶冶教育、工藝教育等，都是極其明顯的例證。工業主義也帶動了專業教育的應運而生。

參 ▶ 自由主義

　　自由主義（Liberalism）即指重視個人自由的價值勝過一切者。自由主義者以為自由是個人的事，任何其他社會團體，都應該以不干預個人自由為依據。自由主義者早期認為人的自由是天賦的，自由構成為基本的人權之一；近人有主張個人自由隨人類社會文化的演進而有開拓，自由是社會中的人在覺醒之後爭取得來的。相信自由主義的人士，多半具有追求改革與進步的信念，他們在態度上，反對政府權力的過度膨脹；他們不贊成墨守成規；他們甚至反傳統、反習俗、反舊有制度。自由主義者會追求政治的民主、經濟的自由開放、法律的平等、信仰的自由、言論的自由、集會及遷移的自由等。他們的信念，在於謀求最大多數人的最大幸福。對於人的理性，有著莫大的敬仰與愛慕。

　　自由主義對教育實際的影響是多方面的。首先，自由主義者注意到教育的目的應該是個性的充分發展，教育不應被視為一種鑄造的過程，完全不顧受教者個人的天賦稟質。自由主義所追求的另一項目標是教育機會的均等。教育的平等，不是用同一性質、同一類型的教育，讓所有的人都去接受，因為這樣的教育並不能迎合資質不等的各個人的實際需求。教育階段的不同，更應該顧及各個體之間的差別。教育機會的均等，提供了教育發展立足點上的均等，但是它並不保證個體在教育發展歷程後的均等。自由主義下的教育行政制度，較為傾向於地方分權的實施，這樣對因地制宜的教育發展會有所幫助。自由主義影響下的教育，會使教育人員對學生有著一定程度的尊重；另外，教材的選擇、課程的設計、教學方法的決定等，多會由教師為之抉擇，威權式、統一式的方式，則不會被選擇。

肆 ▸ 資本主義

　　資本主義（Capitalism）的發展，有著幾個階段。最早的資本主義可以說就是重商主義，重商主義會要求政府對商業活動嚴加控制和規範以協助個人追求經濟上的利潤。第二個階段的資本主義是啓蒙運動以後的所謂放任的資本主義（laissez-faire capitalism），放任的資本主義相信利潤的追求是推動經濟活動的主要力量，人們對經濟的活動應該採取不加干預的方式；生產貨品的供需，取之於人們的需求與否；在自由競爭的市場上，給予個人絕對發展的空間，對於人民的財產權則極力加以維護。工業革命之後，機器代替了人工，物質產品的生產極爲快速；工廠制度的出現，勞資關係的形成，再再都使得資本主義有了另一番的面貌。此時的資本主義稱之爲工業資本主義（industrial capitalism）。雖然，放任的、自由的經濟活動依舊受到保障，但是勞資關係的課題，卻需要有一番新的思考與處置。此時，勞工在工廠制度下的生產，只能擔任產品中一小部分的生產，個人在生產過程中的地位也就爲之喪失。現今資本主義已是財政資本主義（finacial capitalism），在生產者取得銀行或金融機關資金的協助下，生產力的提升已有著極爲明顯的趨勢，尤其是在科技突飛猛進的情形下。

　　資本主義雖然是人們經濟活動下的一種產物，但是，資本主義對人們生活的影響實不在話下。教育爲了維持此一經濟制度，也扮演著一定的角色，諸如：加強科技的研究，以助生產力之提升；推動技職教育，以因應工業化資本國家所需的大量技術勞工。其次，職業教育及專業教育之分門別類、專門研究之提升、教育上分工的日益專精等，都是配合社會資本化的實際影響所在。有些資本家熱心於教育之推展，自行設立學校或自行設置與其事業有所關聯的研究機構，以強化資本家生產機構與研究或教育事業之間的連繫。這些都說明了資本主義對近代教育發展的影響。

伍 ▸ 社會主義

　　強調社會價值高於個人價值的社會主義（Socialism），也是工業革命後的一種結果。雖然崇尚物質優越地位的思想，並不是近代思想下的結果，不過，1917 年的蘇聯革命成功，則將馬克思（Karl Marx, 1818-1883）的社會主義思想散布到世界各地，成爲抗衡個人主義與資本主義的一大陣營。馬克思從歷史的發展觀點，認爲社會發展是過去社會階級鬥爭下的結果，在未來社會的發展中，無產階級將必然地戰勝資產階級（資本家）。他相信社會的發展是由無產階級取代統治者（資產階級），然後由無產階級獨裁過渡到理想社會組織。馬克思的社會主義稱之爲科學社會主義，以不同於烏托邦社會主義、國家社會主義及費邊（Fabian）社會主義。馬克思的唯物主義，認爲物質是決定一切的根本存在。人類社會的生產方式，決定了社會的政治、經濟、文化及精神產物。因此，人的思想、觀念、信仰、價值、社會制度等，均反映了社會的狀況。因而他主張人的物質狀況是會決定人的思想。

　　社會主義思想下的教育，重視的是社會集體意識，反對個人的價值超越於社會價值之上。由於馬克思的社會主義爲蘇聯列寧（Vladimir Lenin, 1870-1924）所採納，蘇聯 1917 年後的教育改革，遂成爲其他社會主義國家所效法的對象。社會主義的國家，視教育爲國民意識型態建立的主要途徑，因此，在一切生產事業、文化事業集體化下，教育亦不容許個人爲之經營。故教育成爲無產階級統治者所御用的一種工具，以便培養所謂理想社會（共產社會）的新人（new man）。教育國家化的澈底執行，使學校成爲無產階級有力的武器。社會主義的教育重視科學教育，發展自然科學之研究，以期增進生產力。

陸 ▶ 民主主義

影響 19 世紀及 20 世紀人類思想的另一意識型態，就是民主主義
（democracy）。一般將 democracy 譯為民主或民主政治，譯為民主主義者
實不普遍。不過，民主思想的由來，可以推溯到古希臘時期，民主政治已
經不止於一種以多數人意志為決定的政治制度而已，民主本身已經有甚多
的意識結構，因之，將民主譯為民主主義，也不是毫無理由的一件事。

將民主視為一種政治制度，則信奉者會認為人民乃擁有權力者。民主
是由人民直接參與政治，以便作出許多關聯眾人事務的重大決定。在形式
上，可以直接由人民參與或由人民選出之代議士參與。民主在參與權力的
實施上，因此採取的是多數人分享權力，人人以平等的地位來分享權力，
在自由表達其意願下，由人民自由為之決定。民主制度也是人民自治的一
種方式，人民有立法權，政府則有依法執行法律的司法權。

美國自認是堅持民主政治信念的一個國家，而且也常會以美式的民主
來自豪。美式民主有著下列幾項特質：

1. 人民是主人，政府是僕人；人民有權，政府有能。

2. 美式民主所嚮往的政府是一個民有、民治、民享的政府。

3. 立法、司法、行政，三權分立，相互制衡。

4. 全國定期舉行選舉；行政官員的選舉與代議士的選舉，定期舉行。

5. 法律是政府與人民共同遵守的行為準則，一切行政皆以依法行政
為依歸，而人民亦以奉公守法為準則。

6. 民主制度下的社會是一個重視民權、注重個人自由的社會。

19 世紀及 20 世紀的西方，民主政治制度尚未完全順利締造完成。一
直到第二次大戰結束，甚至冷戰後期，教育理論與實施，受到民主政治思
想的影響益為明顯而著重。18 世紀的啟蒙運動學者，已經認識到一個健
全共和國的建立，需要有著受過良好教育的公民給予協助。因為，國家政
策的執行與監督，需要有良好教育的人員去負責；政府的各項法律，亦需

要有專才素養的立法者加以擬訂。是故，民主社會的建構與發展，有賴於教育。民主社會中公民的養成需要教育的積極協助；民主政治的參與，需要教育的意見支助，因爲選舉的參與、政策意見表達的參與、法律制定的參與等，均需要教育給予支援。

　　民主政治的理想，將人人接受教育視作個人應有的一項權利。講究平等既是民主社會的一項價值所在，因而，教育機會的平等，已爲各民主國家所接受。教育上注重自主、自由、獨立的原則，可以說都跟民主政治的推展息息相關。民主社會中，教育所享有的自主性，遠較其他社會制度所享有的爲多。

第二節 ▶▶19 世紀的教育思想

壹 ▶ 康德

　　18 世紀末、19 世紀初期，西方哲學思想界，對西方思想影響甚大的莫過於康德（Immanuel Kant, 1724-1804）。康德是將笛卡兒的理性主義與洛克的經驗主義作了一番綜合的哲學家。他承認了理性主義者所強調的知識含有基本的先驗條件，但是他也接受了經驗在建構物質世界認識上的重要性。他對於懷疑論的思想家懷疑神的存在、人的自由及人的道德態度，提出不同的看法。換言之，康德的最大貢獻是維繫了人類的倫理世界及信仰世界，使之不至於因科學的發達而分崩離析與全盤瓦解。

　　康德出生於康尼斯堡（Konigsburg），讀過康尼斯堡大學，後來擔任康尼斯堡大學的邏輯及哲學講座。他終其一生都居住在康尼斯堡，但因廣泛閱讀，涉獵極廣，因而他的思想、見聞，並不侷限於當時的普魯士。康德重要的哲學著作有《純粹理性批判》（*The Critique of Pure Reason*, 1781）、《實踐理性批判》（*The Critique of Practical Reason*, 1788）、

《判斷力批判》（*The Critique of the Judgement*, 1790）。在教育方面，康德於 1776 至 1777 年及 1786 至 1787 年，曾在康尼斯堡大學講授教育，後來集合成冊，取名爲《論教育》（*On Education*）。除此之外，康德更有自然科學研究的著作，如 1755 年發表的《一般自然史及天體理論》（*General Natural History and Theory of Heavens*）。

　　康德首先否定了人們所有的知識都是來自於天賦的說法，他認爲人們對於外在世界的知識，其來源的唯一方式是透過人們的感覺，經由人們感官作用於物質世界使然。在人們構成知識上，單憑感覺的作用是不夠的，因爲構成人們的知識需要先驗的知識形式才行。他也認爲像數學的概念、人們道德認知上的責任感，甚至人們對外界事物所形成的美感，都不是單單由感覺作用就可以形成的。在構成人們的知識上，人們只能認識到外界世界的表象，對於事物表徵之後的最終實體則是無法認識的。康德將人們認識的客體區分爲二個類型，其一是現象的世界，在此，一切的現象都是已決定的，受制於自然界的各項法則，談不上有什麼自由可言。其二是本體的世界。這是一個未定的世界，是不被認知的世界，因爲，康德將本體世界界定爲「物自體」（Thing-in-Itself），非人們感覺、經驗所能認知者。

　　康德並不因爲當時許多哲學家及科學家對倫理道德的懷疑，而有所質疑人的自由。他以爲物質世界是沒有道德、義務、責任的問題，但是在人事構成的倫理世界，則必須確定人的責任感及自由意志。他以爲在人的倫理世界，人是有自由而需要爲他的自由抉擇負起責任來。他主張每一個人都應受到尊重，作爲一個人而且將每一個人視爲目的來看待，而不是將之視爲手段或當成工具來使喚。康德對於當時懷疑論者質疑神的經驗認知問題，提出了他的看法。他以爲神的認識不能以感覺經驗的方式來認識，而是以信仰的方式來認識。倘若人們能夠在行動上表現出認識神，則神的實在性就非常的明顯了。

　　康德的教育思想深受盧梭的《愛彌兒》及巴斯多的《方法書》（*Method Book*）的影響。康德在教育思想上，並未完全接受自然主義的教育思想，

因為他贊同兒童的發展需要依據自然發展的程序，同時，他也同意自然主義學者強調，兒童內在的發展傾向是趨向於善的方向發展的說法。但是他卻對人的獸性與人性作了一個區別，教育的功能即在使兩者之間有著明顯的差別。基於此一認識，他堅持兒童自然的衝動有需要加以節制，康德以為這就是道德教育發揮空間的所在。兒童可以從道德格言的學習上，來節制個人的自然衝動。康德以為教育的目的是讓兒童自己從生活情境中發現規律，以作為節制自我活動的依據。康德以為就個人而言，真正自由的自我是有能力使自己將外在規律應用到自我的控制上。這種依從自我規範下的準則，才是真正的自由。

康德的一些重要教育觀點，擇要分述如下：

1. 教育包含二項重要活動，一為陶冶（discipline），一為教學（instruction）。前者偏重個人行為的規律化，具有限制及約束的意義，因此，可以視為消極性的教育。後者偏重積極的發展，有積極的意義。在程序上，兒童的陶冶應先於兒童的教學。陶冶是適應社會生活所必需，一個無法無天的兒童將成為一個無法無天的大人，適當的節制自我有其必要。

2. 教育是人類社會福祉的建立，不是某一社會的改良而已。康德有著人類共同福祉的心願，他將教育看成是人類社會一分子的培養，具有世界主義教育的想法。

3. 人性的美化是可能的。康德深信教育的作用，即在將隱藏於人性底蘊的性質予以發展出來。教育的功能，即要美化人性，使人人均為善人，人人均為快樂的、高貴的善人，從而締造較為完善的社會。

4. 教育的社會功能，係利用教育改善人的環境；教育的積極功能，在使個體對其周遭環境的改善。教育也要讓兒童適應其外在的社會環境，但是，絕不是毫無改善的予以適應。

5. 教育歷程所培養出來的個體是具有遠見、有未來意識，追求完美的個體。他不會劃地自限，只顧一己社會的改善，而是要具備全世界、全人類社會改進的胸襟。

6. 道德教育實施上，他重視的是個人內在的動機必須為善。善的界定則是以道德規律的能否嚴格恪從為準。

7. 康德在智育實施上，主張心能的訓練，諸如：記憶力、判斷力、智力、悟性、理性，均需要一一加以鍛鍊。因此，在知識教學上，知識內容的擁有固然重要，不過，形成知識的能力，亦不可輕易忽略。

8. 康德在哲學思想上綜合了理性主義與經驗主義；綜合的、折衷的、批判的能力，在教育實施上有其顯著的重要性。故批判能力的發展，被視為教育上的一項要素。

康德的思想對教育的普及化、教育的人道意義、協助孤苦兒童接受教育，以及一些教會將教育的散播當作使命等等，都產生了一些影響。

貳 ▶ 裴斯泰洛齊

裴斯泰洛齊（Heinrich Pestalozzi, 1746-1827）誕生於瑞士的蘇黎士（Zürich），5 歲時父親即過世，自小即受母親及管家的照顧，因而對女性教養子女的工作感到至為深刻。眾多著作中，有描寫家庭主婦扮演教育工作的角色，或討論女性改造社會的功能。裴斯泰洛齊是一位兼具教育理論與教育實際的學者，因為他在教育著作方面甚為豐富；在設立學校、從事實際教學方面，其工作經驗亦甚為充足。裴氏在教育史上的貢獻，主要是為 19 世紀歐洲教育思想作了試驗，奠立了良好的基礎；其次是將教育的功能與社會的改造結合，提供了一番討論。更為重要的是，他將教育的實施與兒童心理的發展作了結合，奠定了教育心理化的基礎。

裴斯泰洛齊的一部重要著作稱為《賢伉儷》（*Leonard and Gertrude*），該書的第一部分是在 1781 年出版的；1787 年，全書始完全出齊。這是一部說明家庭教育、社會教育，以及教育如何促進社會進步的一本教育著作。書中說明了主婦在家庭教育及促進社會進步上可能的貢獻。另外一本教育方法論方面的書是《格魯德如何教她的孩童》（*How*

Gertrude Teaches Her Children?），該書對於直觀教學（Anschauung）有詳細的討論：

> 我試圖將人們的教學予以心理化 …… 使得教學與我的心靈謀求和諧。…… 我並不從教學的積極面開始，而只是仔細地思考我如何將兒童所需的各種知識教授給他！…… 我想為了達成此一目的，一位兒童所需要的知識，將會也是全體人類所需的知識。(註1)

現在為了方便起見，擬將裴斯泰洛齊的重要教育見解擇要簡述如下：

1. **教育的意義**。裴斯泰洛齊接受了盧梭自然主義的教育思想，認為人類知識的基礎就是感覺印象。個體被視為是一個有機性的存有，因此，個體是有所發展的。教育便是個體依照自然的規則，由內而向外的一種發展。以往將教育當作是由外向內的傾注，那種教育的意義自然不是恰當的，個體教育的基礎是存在於個人自然的本性中。裴斯泰洛齊一如盧梭，將教育視作為自然的發展，為近代兒童教育史上重視感官之發展，開闢了一項新的發展園地。

2. **裴斯泰洛齊認識到個體的自然發展，是依循自然的一定規律進行的**。教育須順著個人天賦的感官發展來進行。裴斯泰洛齊注意到一切的發展，皆須由具體而向抽象發展，由簡單而向複雜發展，由已知而向未來發展。

3. **裴斯泰洛齊相信心能心理學的說法**。心能的發展是需要按照心靈的本性為之。他說道：

> 我必須解決的問題是——如何使每一藝術的基本要素與心靈的本性相和諧。藉由依循心理的機械法則，使心靈由感覺印象成為清晰的觀念。(註2)

裴斯泰洛齊的心理發展，先從感覺開始，然後及於推理及判斷。

4. **和諧的開展說**。裴斯泰洛齊將兒童視爲有機的個體，每一位兒童都是單一的個體，因此，在兒童的開展上，兒童的心智、兒童的情感、兒童的身體，都須和諧地開展，不能各自爲政，獨立發展。將兒童當作一個自然的存在體，不論兒童的生長、兒童的發展，或兒童的開展，都須藉由內在的自然衝動予以完成之。任何藉由兒童外在的勢力予以生長、予以發展或予以開展，都會傷害到兒童內在自然本性。裴斯泰洛齊認爲外在的強迫、懲罰、恐懼、報償、獎勵、競爭，對於激勵兒童學習，都會造成兒童開展上的不適，應該節制，不要濫用。

5. **循序增進，不要踰等**。兒童的自然發展，依循著自然的順序逐一發展，任何人爲的跨越或踰等的發展，都會使前一階段的發展，沒有得到充分的發展及澈底的發展，難免會影響到下一個階段的發展。裴斯泰洛齊以爲發展是依自然的程序，每一階段的發展都須澈底、確切、完整，因而在發展過程中，重複、練習、實踐，都是必需的。

6. **頭的教育**（thc education of head）。裴斯泰洛齊認爲人的教育是由三個主要元素構成，即頭（head）、心（heart）、手（hand）的教育。此處所謂的頭，實即一般人所謂的心智；頭的教育即智育。裴氏以爲人的知識起源於感覺印象，兒童從幼兒開始，在其認知的發展上，必須從具體實物的感覺認識開始。實物的接觸經驗，給予幼兒形成觀念或概念的機會。幼兒從具體事物中所形成的觀念或概念，自然是清晰而明白，確實而不至於含混不清。在頭腦的教育實施上，裴斯泰洛齊重視的是儘量訓練兒童觀察的能力，利用視覺、聽覺、嗅覺、觸覺的活動，讓兒童充分利用感覺作用，培養其判斷能力。其次，讓兒量從分析、計算、命名，以及比較實物的活動中，形成判斷能力。因此，兒童一切教育的基礎，都是從感覺發展開始的。

7. **手的教育**（the education of hand）。裴斯泰洛齊是一位手腦並重、思考與行動兼顧的教育家。教育不能只重視知識的傳授，教育尚須注意到

實踐的問題。裴斯泰洛齊注意到兒童可以從職業教育中，學習到動手又動腦的經驗活動。在兒童幼兒階段，父母有需要儘量使幼兒的身體得到充分的發展。身體的運動，配合心智的發展，可以培養出一個健全身心的個體。另外，裴斯泰洛齊對於職業教育並不是採取狹義的觀點，例如：手工課，並不是著重於手工技能的訓練而已，尚應注意到與道德相關方面的活動，例如手工活動中與人互助而合作地完成作品等。

8. **心的教育**（**the education of heart**）。此處所謂心的教育，在裴斯泰洛齊看來，就是情感的教育。個人情感的發展是需要及早加以注意的。當幼兒時期，一切都需要他人的協助，因此，幼兒必須依賴大人始能存活，幼兒的無助性至為明顯。幼兒從依賴中，逐漸形成其個人的情感。在幼兒依賴成人過程中，幼兒情感方面，諸如：忍耐、愛、信賴、耐心、服從、感激等，都有機會得到發展。

9. **家庭生活是兒童教育的中心**。裴斯泰洛齊是一位重視家庭教育的學者，他以為從幼兒發展的角度來看，家庭生活提供了兒童身體發展的機會。母親便是幼兒身體發展最好的協助者，她可以帶領幼兒，使其跑、跳、走、運用四肢，作各種活動。從這些活動中，兒童便有機會使身體得到發展。其次，諸如：情感發展、心智發展、感官訓練、語言發展等，都可以從家庭生活中獲得機會。當然，這一切的發展，都有賴於母親適時給予機會，加以配合。

10. **實物教學**（**object lesson**）。幼兒知識的形成，開始於對實物的感覺作用。從實物的認識中，幼兒會形成實物的觀念或概念。裴斯泰洛齊將實物教學的應用，擴大到三方面：第一，幼兒感覺實物時，必然對實物的形狀有所認識，他會認識到物體的大小、形狀；其次，倘若是在學習情境中，兒童對實物的感覺作用，會認識到實物的數量；另外，在實物的教學當中，兒童會認識到實物的名，亦即語文是也。裴斯泰洛齊的實物教學，對兒童教育的理論與實施，均有深刻的影響。

11. **教學內容**。以低年級的兒童而言，裴斯泰洛齊所設計的課程為：

自然研究（2 小時）、藝術品的描繪（2 小時）、地理（2 小時）、鄉村知識（2 小時）、算術（6 小時）、繪畫（4 小時）、閱讀及語文（6 小時）、歌唱（3 小時）、宗教（6 小時）。高年級兒童的課程設計爲：自然史（2 小時）、工藝（2 小時）、算術（6 小時）、幾何與繪畫（4 小時）、語文（4 小時）、歌唱（3 小時）、宗教（9 小時）。（註3）

　　12. **裴斯泰洛齊教育的貢獻**。裴斯泰洛齊是 19 世紀西方影響最大的一位教育家，因爲他創辦的學校不僅有日耳曼的教育家，而且有俄羅斯的教育家、法國的教育家，都曾經去他的學校參觀，甚至有美國的教育家也慕名而至瑞士，訪問這位教育家。是故，他對於日耳曼的小學教育、歐洲各地的兒童教育，都有廣泛的影響。

　　至於教育理論及實際的影響，可述者爲：提出教育改造個人，然後改進社會；使教育走上心理化；主張有機的教育開展說；探討兒童發展的基本定律；揭示教育始於具體實物的感覺經驗，強調兒童的發展必須要緩慢，依順序而進行；在宗教教育上，裴斯泰洛齊主張宗教情感的喚醒，遠比記誦經文、接受獨斷的宗教思想爲重要；陶冶的方式，注意到互助合作，不再是鞭笞、斥責；教師訓練的安排，亦爲裴斯泰洛齊的一項貢獻。（註4）

　　總之，裴斯泰洛齊的教育思想，已成爲19世紀歐洲教育思想的主流；同時，他所設立的學校，也成爲 19 世紀歐美教育家紛紛去參觀的對象。因而，盧梭以來的教育思想，經他而發揚光大，從而奠定了近代歐美教育理論的基礎。

參 ▶ 費希特

　　費希特（Johann Gottlieb Fichte, 1762-1814）係日耳曼人，出身貧苦，參加過普法戰爭，具有日耳曼民族主義精神。普法戰爭時，普魯士戰敗，爲了振興日耳曼民族，發揚日耳曼民族文化，曾經呼籲普魯士小學教師貢

獻心力，捍衛民族國家以振衰起敝，終而使普魯士在民族主義覺醒下，驅逐法軍，戰勝法國，導致了普魯士的最終統一，成為歐洲最早實施普及教育、國民教育的國家。至於費希特重要教育見解，略述如下：

1. 費希特在柏林，由法軍監督下，發表〈告德意志國民書〉（1807-1808）。他不畏法軍的迫害，呼籲國人重振文化、重視教育，再造日耳曼的普魯士。

2. 他確信教育是日耳曼語文及文化的維護者。

3. 他強調若欲恢復普魯士的政治地位，就必須培養新的國民要重視社會秩序，具有道德行為規範，更重要的是愛國思想，要視國家為超乎個人之存在體。

4. 教育歷程中重視個人意志的陶冶。意志決定行為，意志強韌成為教育中道德教育的重點，尤其重視擇善固執的決心。

5. 費希特希望教育出來的下一代青年人，能夠認清現實社會的缺陷，而欲改善之。他希望未來青年人能以社會福祉為念，獻身於公益。

6. 社會群體中的最大多數平民必須給予教育，社會的改進始有可能。一般平民的教育，不能再以手工訓練為主，必須喚醒平民大眾對社會幸福有促進的責任。

由上述論點，可見費希特是一位極富民族主義色彩的日耳曼教育家。

肆 ▸ 赫爾巴特

赫爾巴特（Johann Friedrich Herbart, 1776-1841）也是日耳曼人。赫爾巴特曾任大學教授，對教育的科學化作出不少的貢獻。

赫爾巴特的哲學思想，較為傾向於唯實的思想。他認為外在世界的存在是一種客觀的存在。像康德一樣，赫爾巴特相信人們感覺經驗到的現象，只是隱藏實在的表象，真正事物的本體不是人們感覺所能經驗到的。就以心靈而言，赫爾巴特以為，靈魂的真實本性究竟是什麼，人們是無法

知道的。人們所知道的心靈，只是在一定時間內所呈現出的表象而已。赫爾巴特以為心靈所能認識到的，只是心靈所獲致的表象的總體而已。心靈對外在的事物，透過感覺經驗形成觀念；而一切的觀念，都是時間與經驗的結果。心靈不應視之為一實體，反而應該視之為一「白板」（tabula rasa），因為心靈所有的觀念，都不是心靈原有的。感覺經驗接觸外在事物時，是會形成表象（presentations）。表象類似一種勢力，會讓心靈接受；它會增強，也會減弱。因此，表象或觀念可以當作心靈活動的一種形式。

在表象進入心靈之後，同類的表象會集合在一起。在心靈中的表象，若與新進入心靈的表象相似，就會使舊有的表象得到增強。個人心靈實在就是各種集合在一起的表象所形成的一種狀態。

赫爾巴特教育的主要見解，分別簡述如下：

1. **教育目的**。教育的目的是倫理規範的實現，亦即赫爾巴特以為教育的目的是善人的造就。一位善良意志的人，遠比一位善良心智的人為重要。教育受倫理的規範，可以說是西方教育傳統之一。赫爾巴特強調個人善意的重要性，不過，善意並不是心能而是正確表象所形成的善意觀念。因此，教育上當以適宜的教材，培育善良的意志與意念，才是真正教育所應努力的方向。

2. **道德教育**。正當的行為，來自於正當的觀念。個人道德上的一些重要觀念，例如同情、善意，都是正確思想活動下的產物，所以赫爾巴特以為道德教育的實施，授予正當的道德觀念，遠比要求道德行為的發生為重要。赫爾巴特將道德的實踐，歸結為五項條件的具備，即：(1) 個人必須具備內在自由的觀念；(2) 個人必須具備完美的觀念；(3) 個人必須具備善意的觀念；(4) 個人必須具備權利的觀念；(5) 個人必須具備平等的觀念。既然道德的實踐，有賴於上述的五項觀念，是故，在道德教育實施上，教育有必要將所述五項觀念透過教材的提示，使學生形成上述五項觀念，強化道德教育的效果。(註5)

3. **心靈理論**。按照赫爾巴特的心靈理論，心靈的狀態才是心靈的本質，因此，教學內容的重要性便不容有所怠忽。心靈既然是一白板，故後天的教育活動，心靈對表象的吸收，其重要性便由此而突顯。將學生所欲吸取的觀念，妥善地加以組織，使之系統化，便於與舊有觀念的連結，教師在教學活動中，必須妥善加以處理。

4. **培養興趣**。培養多方面興趣，為赫爾巴特所重視的一項教育論點。興趣是自我活動的淵源，是指引發個人心靈而能產生力量者。興趣有促發個人努力加以活動的力量，有助於自我經驗的擴張。兒童期培養多方面的興趣，可從訓練注意力開始，在提供多項活動中充分利用自我活動，鼓勵多方面的嘗試，有助於兒童各方面興趣的培養。廣義來看，教育的完成，也有賴於興趣的運作，倘若個人對教育活動缺乏興趣，那麼，教育的完成也就成為不可能的事。赫爾巴特列舉了多項興趣可供學生發展，這幾項興趣為：經驗的興趣，鼓勵學生集中注意於事實的認知；思辨的興趣，讓學生留意到一般規則與事實之間的關係；審美的興趣，因美感而引起的興趣，例如繪畫、雕塑之興趣；同情的興趣，對周遭人士的關懷及注意的興趣；社會的興趣，對於國家、社會群體的關注興趣；宗教的興趣，對於超自然的關注。（註6）

5. **教學歷程**。為了使心靈有效地吸取來自外界的表象，轉化成意識的觀念，將教材有效地經由縝密的方法或步驟予以提示，應是教學活動最為緊要的一項工作。赫爾巴特將教學歷程劃分為下列的幾項步驟：(1) 清晰（clearness）：將學習對象分析成各項因素，以便學習者對所學對象，能夠形成關聯性的、清晰性的認識與了解；(2) 聯合（association）：將新學習的對象呈現在學生心靈面前，使學生舊有的認識與新知識產生聯合；(3) 系統（system）：新的事實呈現在學習者面前，其相關性因此而明顯呈現。將新舊認識加以結合而成為一整體，此時類化（apperception）作用產生，觀念聯合得愈趨牢固；(4) 方法（method）：將相關事實置諸於系統之中，予以驗證之意。此方法一詞，後來赫爾巴特學派人士將之定名為

應用（application）。(註7)

6. **教育理論**。赫爾巴特的教育理論，非常重視提示清晰的觀念給兒童。兒童在接受該等觀念之後，會組成類化團，儲存於心靈之中。因此，在選擇教材時，領域必須廣博，然後再仔細選擇題目，系統地按部就班地加以組織，以便易於接受。他提出的課程領域計有：語文、文學、歷史、地理、宗教研究、數學、自然科學、手工藝。將教材按領域、科目、綱要、單元，逐一編組。一方面結構上緊密結合，一方面前後關聯緊湊，使教材產生的表象轉化為相關的觀念，以備將來的應用。

7. **教育內容與方法**。赫爾巴特指示了教育內容和教育方法的重要性，因為個人心靈的內容是經由感覺經驗的接觸而形成。這也可以說是主張教育有成敗，係由教育的內容以及提示教育內容的方法為之決定。因此，主持教育工作者，對於教育內容的選擇必須審慎，對於教育方法的選取，亦必須妥善為之決定，務必按照先前的順序逐步進行，始能達到教育的效果。

8. **課程編製上的集中（concentration）原則**。赫爾巴特在課程編製上的一項倡議，即是所謂的集中原則。赫爾巴特從心理學的見地，認為集中注意力於思想的單一行動，有助於心意集中於某一特殊的問題。赫爾巴特的倡議者，將集中注意原則應用於課程的編製上。他們以某一題材為核心，然後以相關的知識支持此一核心問題，尋求知識的關聯性，讓學習者所形成的知識不至於孤立，不至於學習不到重點，例如：若以進化為學習的核心問題，則與進化相關的歷史、生物、地質等知識，均可作為關聯性知識，提供學習。

9. **課程編製上的相關（relation）原則**。教材的集中與教材的相關是互相為用的二個原則。以美洲之發現為核心問題時，有關美洲發現的歷史、地理、地圖，均可視之為與美洲發現相關的知識領域。赫爾巴特在教學上注重關聯性的活動，其著眼點都是為了知識吸取上的相互關聯、不孤立、易學習。

10. **文化複演論**（**culturc-epoch theory**）。赫爾巴特以爲個人文化的複演，從個人的成長過程中可以窺見。當嬰兒初生下，完全沒有文化可言，及至成爲幼兒、兒童時，文化的種種對他（她）依然是非常陌生。兒童對社會文化中的行爲規範、價值系統、社會典章，可以說是一知半解，行爲舉動只能稱之爲野蠻人。及至年紀稍大，社會文化漸漸有所了解，至少年時期，可以說是半個文明人。一直要到他成年爲止，社會文化才有所認識與了解，此時可以稱之爲文明人。是故文化的複演顯現在個人的成長過程中。

伍 ▶ 福祿貝爾

　　福祿貝爾（Friedrich Froebel, 1782-1852）也是日耳曼人，他出生於現今德國南部的舍銳去亞（Thuringia）。福祿貝爾出生後九個月，母親即因病而去世，喪母之痛影響了福祿貝爾整個人格的發展。成年以後，他始終以此不幸，耿耿於懷，難以淡忘。1799 年，福祿貝爾曾去著名的耶那（Jena）大學訪問他的兄長，在耶那大學曾感染到學術研究的風氣。1807 至 1810 年間，福祿貝爾擔任家管，負責三位兒童的教育工作，此項工作開啓了他對教育工作的興趣。他曾經帶領兒童就讀於裴斯泰洛齊在 Yverdun 所設立的學校，此舉使他有機會親自接近裴斯泰洛齊，並聆聽、學習裴氏的教學原理與教學方法。1817 年，福祿貝爾在開豪（Keilhau）創辦學校，親自負責教學工作。1832 年，福祿貝爾在布蘭肯堡（Blankenburg）設立幼稚園，爲學前兒童教育跨出了歷史性的第一步。

　　福祿貝爾的思想，帶有濃厚的神祕與宗教色彩。他相信絕對實體——神的存在。此一絕對實體，具有主動、創造、自覺與智性。作爲宇宙一分子的人，與宇宙中其他存在體，都緊密地關聯在一起。人與超自然，人與自然，人與人，人與事物，事實上都是相互關聯在一起的。這就是福祿貝爾所說的部分與全體的關係。

　　部分與全體（Part-Whole）的說法，福祿貝爾深信不疑。福祿貝爾以爲宇宙中的所有事物，都具有部分與整體的關係。以人的手指而言，手指可以視爲單一的個體，從手指言，它就是一個整體，但是從手指與其他關聯的部分來看，手指是手的一部分；除了單一的手指外，尚有五個手指與手掌相連的部分，手指與手掌結合而成爲手。再如從手的單一個體來看，手本身就是一個整體，但是手與手腕相關聯。手、手腕與手臂是關聯的，整個合在一起，稱爲手臂，手臂又是身體上肢的一部分。從個體而言，每一個體是一單一的整體，而每一單一的個體又與其他存在物相關聯。福祿貝爾將整體的宇宙體視爲一有機體，視爲一統一體，此即神（God）。不過，福祿貝爾所指的神，不是具有人格特性的基督教所謂的神。此處所謂的神，僅爲整個有機體的統一稱呼而已。

　　福祿貝爾以爲人如同植物一般（human plant）。人的內在有著可成長的力量，有著一定的規律來規範人的成長。人的成長類似植物朝向它的完滿成長地位開展下去。福祿貝爾的此種由內而向外的成長，可以說是一種開展（unfolding）。開展是不同於發展的。開展是朝向一定目標的變化，而且有著一定成長預期目的之變化；發展則不同，因爲發展是一種繼續性的變化，它並不指向一既定的型態。因此，開展較爲偏重個體內部潛力發揮的認定。

　　福祿貝爾的教育理論，甚爲重視象徵主義（Symbolism）。在兒童開展的過程當中，象徵性的事物，常常被用來作爲兒童開展活動的一項工具。兒童時期，許多的遊戲活動，都涉及到象徵意義的問題，例如：在兒童的遊戲中，一根棍子可以用來當作騎乘的馬匹，這裡兒童就應用了他的想像力，木棍的象徵意義即在此一特殊情境當中，由當事人因其個人的經驗及個人的需要，將特殊的意義賦予給某一特殊的實物。再如，將一塊一塊的磚排列成單行，兒童以其想像力視其爲一列火車，這是需要應用想像的，而所象徵的意義則是兒童賦予的，不是事物本身原先就有的。福祿貝爾爲了讓兒童學習到一些抽象的觀念，常常應用具體的實物，以便讓兒

童能夠學習到。福祿貝爾在教室內畫一圓圈，讓兒童依圓圈站立，手拉著手，圍成一個圓圈，意味著每一個體都是全體的一部分，而且相互連結在一起。這樣子的教學活動，希望兒童能夠認識到統一，明瞭整體與部分的關係。

福祿貝爾有鑑於人是一成長的、開展的個體，因此，他每每將教育工作比喻成花匠或園丁對植物的照顧。在他散步於優美的森林時，使他領會到兒童受教的場所有如花園一般，因而取名為「幼稚園」（今稱「幼兒園」）（Kindergarten）。這是福祿貝爾充分地以受教者的生長性、活動性、開展性來看待教育的緣故。像自然主義學者盧梭一樣，福祿貝爾總是將教育從被動、消極、遵循自然法則，以維護、保護的見地來看待教育，而不是從積極、作為、指示、干涉的見地來看教育。

福祿貝爾對學前教育的貢獻，便是他創設了幼稚園；同時，對學前教育的實施，亦作出了許多新的措施，奠定了現在幼兒教育的理論與實際的基礎。

福祿貝爾所構想與設計的幼稚園，在教育的功能上是從三方面加以考慮的；

1. **教育方面**。兒童在本性上，具有自我活動及開展的潛能，但是，內在的潛能是要靠著外來活動的配合而加以發展的。幼稚園的教師，只是一位協助兒童自我活動者、協助兒童開展其本性者。在幼稚園的教學情境中，教師經由遊戲活動，使兒童發現自我、表達自我。因此，幼稚園的教育功能是需要加以確認的。

幼稚園的教學有著許多設計性的工作活動，其作用即在使兒童的身體得到運動，姿勢得到教導，遊戲獲得指導，至於唱歌、塗色、講故事、觀察自然、做些園藝活動等，都是為了兒童內在自然本性的開展而安排的。

2. **社會方面**。幼稚園的教學活動，提供了兒童認識自我以外的其他人際關係的機會。幼稚園的各項教學活動，主要在協助兒童體認個人與其他社會分子的相互關係。經由教學活動，對全體、統一、部分與整體的認

識，個人獨立存在的意識就會得到修正；社會全體的意識，於焉建立。是故，幼稚園裡的遊戲、比賽等各項活動，其目的即在使兒童有相互的協助、合作、禮節等方面的認識。經由遊戲、比賽以建立起社會生活的重要規範。

3. **道德方面**。幼稚園教學的目的，包含了兒童道德認知與道德實踐方面的發展。在一些遊戲中，社會分工合作的一些角色，例如：鞋匠、木匠、鐵匠、農夫，所應有的道德規範、行為準則，皆可在遊戲中予以發展。另外透過幼稚園教學的活動，學習同情、忍讓、體諒、慷慨諸美德。

是故，福祿貝爾的幼稚園，並不只是兒童玩耍的一個樂園而已！它的教育功能、社會功能與道德發展功能，均應給予同等的關注。

為了幼兒及兒童教育、社會、道德各方面的發展，福祿貝爾設計了教導上所用的恩物（gifts）及工作（occupations）活動。

恩物是為了兒童建設性及審美性能力的發展而設計的教學器物。其中有圓形的球，象徵單一體、整體的意義；有木製的立方體，象徵著穩固、扎實、方正等意義；有圓柱體，象徵著統一與穩固的意義。這些恩物，在幼兒及兒童的遊戲中，從具體的實物來理解抽象的觀念及事理。這些恩物並不限於兒童感覺的訓練而已，它尚有提供兒童作為創造性活動的作用。

除了恩物之外，福祿貝爾又設計了一些工作活動，讓兒童在遊戲過程中學習到工作的經驗。福祿貝爾運用泥土、剪紙、彩繪、編織、縫紉、堆沙遊戲、堆積木等，使兒童了解到工作的意義，熟悉手腦並用的各項動作。更重要的是給兒童自我創作、發展工作的興趣，例如：讓兒童認識宇宙統一的原則時，他首先從一束木棍中抽取其一。一束木棍代表一個整體；抽取其一，在應用完畢後，再將單一木棍放置其中，這意味著復歸於統一。兒童從整體到單一，從單一到整體。在一取，一拿，一放的過程中，便能了解到統一、分歧與統一的抽象觀念。

第三節 ▸▸ 教育實施

　　19 世紀西方教育的實施，由於工業革命、資本主義、社會主義、民族主義等意識型態的興起，因而教育實施上，難免會受到一些影響。現在擬就西方主要的國家，例如英、法、德、美、蘇各國之學前教育、初等教育、中等教育及高等教育的重要發展提出說明，以便對近代西方教育實施有一概括的了解。

壹 ▸ 學前教育

　　福祿貝爾所創立的幼稚園，可以說是學前幼兒教育範疇。雖然，幼稚園是在德國首先被創設，但是德國執政當局對幼稚園之推廣，並未給予積極的支持，反而由於對幼稚園的實施有些質疑，而於 1851 年下令禁止推廣。因此，幼兒教育的推展，德國遠較歐洲其他國家為落後。幼稚園的推廣，在英國、美國、法國、義大利、瑞士、荷蘭，都較德國為積極，一直到西元 1860 年，德國解除禁令容許幼稚園推廣後，德國幼稚園教育才大有發展。

　　1855 年，第一所美國幼稚園成立，然而，園內教學所使用的語言為德語。該園的創設係由福祿貝爾的學生蘇爾茲（Carl Schurz）所設立。1860 年，在波士頓，第一所英語教學的幼稚園係由匹巴德（Elizabeth Peabody）女士所設立。1873 年，第一所公立的幼稚園係由布勞（Susan Blow）女士創辦，受到美國聖路易（St. Louis）市教育官員哈銳斯（William Harris）的鼓勵與支持。英國學前教育的實施，值得人們注意的是實業家、社會主義者、教育家歐文（Robert Owen, 1771-1858），為了解決紡織工廠工人全日在工廠做工，而無法照顧幼小子女的問題，特意在工廠附近附設幼兒學校（infant school）。歐文所設置的幼兒學校，一部分

的原因是要解決工廠女工的家庭問題，一部分原因是著眼於慈善救濟的背景。這與幼稚園教育的實施，在出發點上是有所不同的。歐文所設立的幼兒學校是以勞工子女為教育對象，教授內容有宗教活動、讀、寫、算、遊戲、唱歌、舞蹈等；就讀的幼兒，年齡多為 3 至 5 歲者。裴斯泰洛齊偏重自然研究的教學精神，也影響到歐文所設立的學校教學。

貳 ▶ 初等教育

英國在 19 世紀的初等教育，多由私人及宗教團體負責推行。由於初等教育的推動亟需大批的教師，為彌補此一需求，蘭開斯特及貝爾都曾利用導生制教學（monitorial instruction），即由年長的學生教導年幼的學生，以因應師資人數的不足。

1808 年，法國在拿破崙執政下，規定小學教育應重視宗教教學，培養學生盡忠於教會、國家及家庭的態度。1833 年的法國教育法令，宗教教學依然是規定的內容之一。1850 年後，法國小學教育內容始有大幅的擴增，歷史、自然、地理、音樂、繪畫，均列為課程內容。

德國在 19 世紀初期專為平民子弟而設的國民學校（Volksschule），的確是受裴斯泰洛齊的教育思想影響。德國的國民學校，具有濃厚的國家主義教育色彩及平民化的教育精神。在課程實施上，有自然研究、地理、繪畫、音樂、讀、寫、算及宗教教學；而道德教育實施上，則強調對國家的效忠；教導內容上，重視日耳曼的歷史，讚揚日耳曼的文學作品。除此以外，體育教學及效忠國家的精神，格外受到教育當局的注意。教育實施上，陶冶、訓練、管教一向都是主要的道德教育活動，而其目的則在培養忠誠的、馴服的、卑恭的臣民。

19 世紀的美國教育，不論是教育理論與教育實施，都受到了歐洲教育的影響。幼兒學校、主日學校（the sunday school）、導生制學校，完全是受英國教育界的影響。裴斯泰洛齊、赫爾巴特、福祿貝爾的教育思想

及方法，則是來自於德國的影響，尤其是福祿貝爾的幼稚園，在美國各地形成了一股風氣，推廣至爲快速。

　　19 世紀美國教育的本土化，也是一項明顯的教育發展。1642 年及 1647 年新英格蘭地區的麻薩諸塞的教育法令走向公共制度的建立。19 世紀麻州教育的公共化，則得力於賀銳斯・曼（Horace Mann, 1796-1859）及卡特（James G. Carter, 1795-1849）二人的領導。1837 年，他們經由州議會的同意，設置了州教育董事會（State Board of Education）。1837 至 1848 年，賀銳斯・曼透過州議會積極尋求州政府的支援，推動公立小學、公立中學、公立師範學校，提升教師薪資，劃分學區，訂定學校建築標準，延長學年教學日數等措施。公立學校制度的鼓吹，使賀銳斯・曼在美國教育史上留下了青名。

參 ▶ 中等教育

　　大致上來說，19 世紀的歐洲各國中學，其主要的功能是爲升入大學作準備。同時，凡能夠進入大學的學生，其家庭背景、社會地位，都屬於社會上層的階級，這些學子也將是未來社會的領導階層。在教育內容上，19 世紀的歐洲各國，包括美國，在課程內容上，古典學科依舊占著相當重要的地位。在英國的公學、法國的國立中學及市立中學、德國的古文中學，其課程內容重視古典語文以及受到社會人士的高度評價，都可作爲明證。英國所謂的著名公學，例如：伊頓（Eton）、溫徹斯特（Winchester）、查特浩斯（Charterhouse）、西敏寺（Westmimster）、魯格巴（Rugby）、哈洛（Harrow）、雪威士貝銳（Shrewsbury）、聖保羅（St. Paul's）及梅欽・泰勒（Merchant Taylor's），這些著名公學已成爲貴族子弟進入古典各大學的預備學校。中學爲大眾而設的理念，則要到二次大戰後才有落實的機會。英國國會於 1869 年通過的《捐款學校法》（the Endowed Schools Act），只是對中學給予經費的補助，對於由公眾控制公立學校的構想，

在英國的當時社會尚無法加以接受。

　　19 世紀後期，法國國立中學及市立中學，在課程上曾有意減少人文古典知識而增加科學及現代語文知識，但是並未獲得太多的成就。一般中學教師的養成，其人文古典等學識往往超越了對科學知識的素養。1880 及 1890 年代，法國古典學者及現代學者，爲了中學課程的改革曾經爭論不爭，無法作出決定。

　　19 世紀德國古文中學是代表性的中學。古文中學在人文教育家的推動下，以 9 年的時間，修習古典學識爲主的課程，作爲進入大學的預備。古文中學的地位，得力於其畢業證書即可作爲大學入學之許可。1820 年代，新人文主義思想減緩了古文中學將科學及現代語文大量納入課程的要求。然而，18 世紀後的工業革命，使德國教育家不得不重視科技發展的重要性，因而在學校制度上，出現了實科中學（Realgymnasium），以迎合重視科學及技術的社會需求，其中較爲急進的一種中學是現代實科中學（Oberrealschule）。在課程內容上，完全摒除希臘及拉丁語文，而以科學、數學、現代外國語文及社會學科爲主。

　　美國殖民時期的中學，也是以進入歐洲，尤其是英國的牛津及劍橋大學爲準備。19 世紀初期，由於公共教育的呼聲甚高，加以美國民主政治制度的影響，一種適合大眾需求的中學漸漸受到人們的重視。1821 年，首先在波士頓成立了英文古典學校（English Classical School），爲 12 歲以上的青少年作升學之需；課程上重視英國語文、數學、社會研究及實用學科，但該校後來改名爲英文中學（English High School）。1827 年，麻州通過法律，凡 500 戶人家以上的市鎭，均應設此類中學。據估計，至 1860 年時，全美國各地約有 300 所此類中學。(註8) 中學的大眾化，美國遠較歐洲各國爲進步。

肆 ▶ 高等教育

　　19 世紀英國大學尚是牛津及劍橋大學執其牛耳的時期。由於科學知識大量的增加，大學的真正功能及角色究應如何，遂引起學者們的熱烈討論。紐曼（Cardinal Newman）主教的看法是一所大學應該教授一般的知識，大學的目的是學術文化的振興。紐曼主張大學應該實施博雅教育以陶冶受教者的心靈為主。除了紐曼以外，著名的教育家斯賓塞（Herbert Spencer, 1820-1903）及生物學家赫胥黎（Thomas Huxley, 1825-1895）等等，逐漸地認識到一所真正的大學應該教授各類的知識，研究各個領域的問題。傳統的英國牛津及劍橋大學，一向以偏重人文學科的教學為主，對於各類學術研究的活動則不夠重視；社會科學、政治科學研究尤不夠熱烈。19 世紀後半期，因受美國州立大學快速發展的影響，英國一些地方性大學，如伯明罕（Birmingham）、里茲（Leeds）、利物浦（Liverpool）、愛丁堡（Edinburg）、格拉斯哥（Glasgow）大學等紛紛設立。都市型的大學如倫敦大學（The University of London）成立以後發展迅速，先後設立了 30 餘所學院，著名的有倫敦經濟學院（the London School of Economics）、帝國科技學院（the Emperial College of Science and Technology）。另外，尚有教師訓練學院、醫院等。

　　法國的巴黎大學，因受法國大革命的影響而陷於停頓的狀態，一直到 1896 年始重新恢復教學與研究工作。19 世紀初期，拿破崙執政以後，曾將分散的各學系、各學院作一整合。19 世紀的巴黎大學，教學與研究多以文學、科學、醫學、法律為主，行政事務上獨立性甚低，多受法國教育部的約束，例如：課程受規定的限制；上課日數受限制；學生的考試受到國家考試的影響等。法國高等教育階段，除大學以外，尚設有高等學校（higher school），作為專業及專門學科人才的培養所在，例如：軍事科學、航海、航空、礦冶、森林、農業、工程、工業等。另外，在教育部之下，設有高級師範學校，培養中小學的師資。

德國在 19 世紀高等教育發展上，最爲值得注意的是柏林（Belin）大
學於 1810 年正式成立。柏林大學開啓了由政府支付經費，作爲大學教育
公共化的一個先驅。柏林大學每年均有一定的經費，作爲學校維持的款
項。但是，柏林大學也爲高等學府樹立了研究自由、教學自由及學習自由
的風範，所謂學術自由的大學傳統，可以說是由柏林大學開其先驅，影響
到各國高等學府的爾後發展。

美國在 19 世紀高等教育發展方面，最爲值得注意的就是州立大學的
建立。在美國內戰爆發前（1861 年）已經成立了 20 所州立大學。（註9）
1862 年，美國國會通過了《毛銳爾法》（the Morrill Act），授權聯邦政府
以國有土地資助各州設立農工學院，除教授博雅學科外，尚須教授農業、
工程、礦冶、森林諸學科。1876 年，美國東部馬里蘭（Maryland）州成
立了約翰・霍布金斯（Johns Hopkins）大學，其成立的原旨即在發展研
究所教育，著重學術的深入而專門的研究。

美國大學在 19 世紀課程方面改革較爲顯著的有布朗（Brown）大學
校長威蘭德（Francis Wayland）所提出的改革計畫。他認爲一所眞正的大
學，其所教授與研究的領域應該廣泛；大學應該提供各種各類的科目，以
供學生學習、教師研究。他以爲大學應該提供新的課程，以迎合機械的、
農業的、工業的發展需要。另外，在美國高等教育服務將近 40 年的哈佛
大學校長義律（Charles William Eliot），對於大學課程的影響亦至爲深
遠。他將現代科學知識引入大學的教學與研究；同時，擴充博雅教育的
內容，使大學部學生學習的領域納入了英文、法文、德文、歷史、經濟、
政治及自然科學。他建立了大學選修課程的制度，提供個人教育發展的機
會，同時，也爲哈佛大學專門研究與專業研究提供了充分的條件。

19 世紀的西方教育理論，在心理學的形成下，得到了快速的發展。
19 世紀的西方教育實施，由於受到工業主義、資本主義、民族主義、社
會主義等的影響，也有一些新的教育措施與制度的出現。這些教育理論與
實施上的變動，都形成了 20 世紀初期西方教育發展的基礎。

附註

註 1   Harry G. Good & James D. Teller (1969). *A History of Western Education*. London: The Macmillan, p.256.

註 2   Ellwood P. Cubberley (1948). *The History of Education*. Boston: Houghton Mifflin, p.747.

註 3   同註 2。

註 4   同註 2。

註 5   William Boyd (1964). *The History of Western Education*. London: Adam & Charles Black, pp.342-3.

註 6   同註 5，p.346。

註 7   同註 5，p.348。

註 8   R. Freeman Butts (1955). *A Cultural History of Western Education*. New York: McGraw-Hill, p.462.

註 9   同註 8，p.466。

第 9 章

20 世紀的教育思想與實施

第一節 ▸▸ 教育思想

壹 ▸ 前言

　　20 世紀是 19 世紀人們所夢寐以求的一個世紀。由於 19 世紀末，西方世界在科技快速的發展下，糧食生產改變了，交通運輸快速了，通訊來往便捷了，醫療衛生改善了，教育日趨大眾化了等等，人們生活在科技的影響下，有了全面性的改良，對於日後科學、技術的功能，人們只有樂觀地加以採信。是故，20 世紀初期的人們是不會想到，在短短不到 50 年的時期裡，人們竟會遭受到二次世界性的大戰，人民生命財產的損失真是難以估算。最後，在核子彈的使用下，結束了第二次世界大戰，隨之而來的韓戰、古巴危機、越戰、非洲各國的內戰等，真是熱戰與冷戰不已。人類似乎有著永不休止的各種爭鬥，繼續不已，永不休止。

　　20 世紀時期的社會主義高潮，已經隨著自由經濟的體制而日漸凋零。影響世界將近 70 年的蘇聯，已經隨著獨立國協的出現（1991）而分崩離析，趨於瓦解。昔日民主國家與共產國家的壁壘分明，已經不再引人矚目。在經濟結盟的情形下，各國互相競逐於經濟利益的結合與提升。昔日政治為主的結盟形式，已經有了明顯的消沉。進入 21 世紀，人類瀕臨於核子大戰的陰影，雖然已經有了明顯的克制，然而，局部性的地方衝突，例如：伊拉克入侵科威特、以色列與其周遭阿拉伯人的爭執等，恐怕將會

繼續下去。政治利益的衝突，引導著社會的不安，恐怕一時也難以完全消除。看來寧靜、和平、安詳的社會生活，從人類整體來瞻望，或許不是這一代人們所能完全獲得的。

　　19世紀末期，影響到20世紀的思想，除了社會主義、資本主義、民族主義等外，在生物科學研究方面，最具震撼力與影響力的要算英國生物科學家達爾文（Charles Darwine, 1809-1882）於1859年出版的《物種原始》（The Origin of Species）所揭櫫的進化論。達爾文於進化論中提出自然選擇說；瓦拉斯（Alfred R. Wallace, 1823-1913）提出有競爭，才能生存說；英國綜合哲學家斯賓塞則提出適者生存的說法。這些生物學家的理論，對20世紀初期人們的思想，產生了重大的影響。他們開始認識到歷程的真實性，他們注意到變易是生物界的一項特徵，而人們的生長則與其所生存的環境有著密不可分的關係。了解任何人類生活上的問題，不能不對其生物層面的種種作一探究。因此，在19世紀與20世紀之間，一些教育家已經注意到教育問題的研究，人們似乎不能忘記生物這一個層面。因此，教育思想的出發點，除了19世紀所發展的心理、社會、哲學之外，又多了一個生物的基礎，作爲探究教育理論的一個重要依據。

貳 ▸ 斯賓塞教育思想

　　英國哲學家、教育家斯賓塞，雖然是一位哲學家，但是他卻有著心理學、社會學及生物學素養；對於社會的進化、生物的進化，也都有所立論。不過，斯賓塞在教育方面的貢獻，則是以他的生物學觀點來看教育最爲卓著。斯賓塞以爲整個教育的實施，如果不能把握住教育與生存的關聯性，則任何教育實施都不會有穩固的基礎。

　　斯賓塞從人類生存與生活的層面，構思出完滿生活（complete living）爲教育目標的教育理論。在斯賓塞所著的《什麼知識最有價值》（What Knowledge is of Most Worth）中，斯賓塞以爲教育的真正目標是

為了完滿生活而作出準備。他以為「如何生存」（How to live）應該是教育規劃時須牢牢記住的一項準則。教育的實施，如果與人們生存的問題有了脫節，教育的失敗也就至為明顯了。斯賓塞從教育的內容上，評斷教育是否適宜，就是看教育的內容對於人們的生活是否有所幫助？他衡量人類的知識時，區分了實用性知識與裝飾性知識的差別。他主張真正有實際價值且有助於人們完滿生活的實現是科學知識。裝飾性知識，諸如：人文知識中的語文、文學、音樂、藝術等，他覺得只是幫助人顯示其社會地位而已，對於實際生活的幫助不大。斯賓塞以為人們生活上是追求完滿與幸福。而完滿的生活則是包括了：

1. 直接自我生存的活動。
2. 間接自我生存的活動。
3. 養育子女的有關活動。
4. 參與社會、政治方面的活動。
5. 休閒生活方面的各項活動。

為了適應上述五項人們完滿生活的需要，裝飾性的知識是比不上科學知識的實用價值。斯賓塞以為唯有科學知識，才能解決人們自我生存活動的問題，諸如：物理學知識、化學知識、生理學知識等。至於間接自我生存——生計問題、職業活動，也都是需要科學知識；生兒育女更是非得借助生物學、生理學等方面的知識不可。總而言之，斯賓塞認定科學知識是唯一有助於人們獲得完滿生活的知識。科學知識不僅具有普遍的真實性，而且，科學知識的實用性也不是人們所能懷疑的。其次，科學知識跟古典知識一樣具有陶冶心靈的作用，其功效往往甚過古典知識。斯賓塞從完滿生活的論點，提出實用的教育內容，對於 19 世紀末期及 20 世紀初期教育內容的探討，產生了一定程度的影響，例如：從生活活動的分析上，來擬訂課程，即為具體的影響之一。

參 ▶ 進步主義教育思想

19 世紀西方教育思想的發展，基本上受到自然主義的影響甚大，就算是在 20 世紀初期，一些顯著的教育運動，實質上還是自然主義教育思想的延伸，例如：20 世紀初期，發生在美國的所謂「進步教育運動」（The Progressive Education Movement），以及其背後理論的支柱實驗主義教育哲學的盛行。

美國是一個年輕的民主共和國。推動公共教育的先期教育家如賀銳士‧曼，對於教育與民主政治的關係，看得至為深切。他認識到民主政治的實踐，有賴於健全的公民。這一股民主教育的傳統理念，從美國開國先驅傑佛遜至賀銳斯‧曼，以至杜威（John Dewey, 1859-1952），都深信而不疑。

19 世紀末期的一些兒童教育家，如福祿貝爾等，在心理學研究興起以後，學者們爭相對兒童的發展亟思有所了解。著名的美國兒童心理學家赫爾（Granville Stanley Hall, 1846-1924），從 1883 年開始，就應用心理學研究的方法，針對小學生的心理作出積極的研究。他在美國波士頓市，對小學生心理發展研究的成果，寫成了《入學兒童心靈內容》（*The Content of Children's Mind on Entering School*）及《青少年》（*Adolescence*）二本書。

在法國則由心理學家比奈（Alfred Binet, 1857-1911）對兒童智力的發展作了研究，制訂出兒童智力測驗，以期了解兒童智力商數與其學習行為之間的關聯性。另外，從兒童發展的角度，學者們也對兒童身心的發展，作出了系列的研究。

這些有關於兒童智力、身體、情緒等方面的研究，使教育工作者對兒童有了更充分的了解。因而，導致了以兒童為中心的教育觀，形成了美國所謂的「新教育」（New Education），以不同於過去以成人為中心的傳統教育。

　　將歐洲自然主義教育觀點與兒童中心的教育理論相互結合在一起的，最早要算美國教育家派克爾（Francis W. Parker, 1837-1902）。派氏曾留學於德國，經驗過德國兒童教育的實際情形。返回美國之後，派克爾曾擔任麻州坤西（Quincy）地方的督學，芝加哥庫克郡（Cook）師範學校校長，並親自推動發展全兒童——身體的、心靈的、社會的、情感的等各方面的教育，以提供兒童自由、指導兒童互相合作、要求家長參與學校活動等方式，來推動以兒童為本位的教育。派克爾可以算是美國 20 世紀初期，推展新教育的一位先驅。

肆 ▶ 杜威教育思想

　　派克爾的兒童本位教育，在 20 世紀初期，已經有了些許成績，不過，對美國進步教育有著理論性的指導者，則要算是實驗主義教育哲學家杜威。杜威所信奉的實用主義（Pragmatism）是美國本土的哲學思想，它植基於經驗主義的認識論，強調任何真實的觀念，都會產生實用的價值，引發一定的效果。換句話說，實用主義重視的是真理的實用性，凡不能產生實際效果的觀念、理論、知識，就不能算是真實的。杜威接受了皮爾斯（Charles Peirce, 1839-1914）及詹姆斯（William James, 1842-1910）的實用主義，但是，他的科學思想，使他堅信人類的知識必須經由實驗或驗證的程序，始能確定知識的真實性。不經驗證的知識，難以符合科學求知的要求。因此，杜威的實驗主義（Experimentalism，亦有譯為試驗主義）是從知識論的見地，闡述他的哲學思想體系。加以杜威秉持美國開國諸賢堅信民主社會的締造，有賴於教育的協助，因而，杜威的教育哲學名著即以《民主與教育》（*Democracy and Education*, 1916）為主題，發揮他的教育哲學的見解。

　　杜威生長在一個雜貨商人的家庭。1879 年，他從佛蒙特州立大學畢業；教了二年中學後，於 1882 年入學於約翰·霍布金斯大學的研究所。

1884 年以「康德的心理學」為題，完成他的博士學位。他曾去德國留學，獲得博士學位後，杜威曾任教於美國著名的芝加哥大學、哥倫比亞（Columbia）大學。在哥倫比亞大學的師範學院，他曾教導過我國五四運動時的學人胡適及蔣夢麟，這段師生關係，促成了杜威於民國 8 年來華講學計畫的實現。現在擬就杜威的一些重要思想與教育論點，擇要列述如下：

1. **經驗的意義**。杜威在認識理論上，傾向於經驗的認知說。他以為人是一個生物個體，無時無刻不在與其生存的環境發生交互的活動。人們對環境加諸了一些作為，環境就會對人的作為作出一些反應。人們的作為與反應之間，即形成了人的經驗。不過，經驗並不限於認知的涵義，它尚包括了個人對產生經驗的情境所形成的感受。因此，經驗除了知的成分外，尚有著情感的成分，這是杜威對經驗意義解釋上的擴大。另外，經驗是會變動的，因為經驗有指示個人改變行為的作用。其次，經驗的意義會增加，意味著經驗有成長的涵義。此外，經驗在應用上，有預見其結果的作用。這便是杜威常常以經驗的轉換、重建、改造，來解釋教育的用意。

2. **反省性思考**。人是智性的動物。人的特質是因為他會面對外界的挑戰，而作出連續性的思考。杜威以為人的思考或來自被動的方式，即接受他人的思考，或來自個人主動的思考。個人主動的思考，即具有純真、積極、批判及解決問題的特質。在一個民主的社會裡，個人的思考尤其需要主動性，因為，這樣才不會盲目地接受外來的思想。

3. **科學的思考**。一個解決問題的思考，才是有意義、有價值的思考。杜威以為人們獲取知識的思考，可以看成是一個解決問題的思考。首先，人們遭遇到了一個待解決的問題，或許是一個迷惑而難以明白的情境；隨後，他必須仔細蒐集資料、觀察情境，以便確定此一問題的性質。然後，他需要形成一個假設，以便解釋此一問題。接下來，他需要提出可能的結論。這一步驟，顯然著重於邏輯的思考。最後一個步驟，便是求證前述的結論。杜威將人類求取科學的知識，都歸諸於此一思考的模式，而真正的

知識，其獲得的過程，大致上也是經由此一程序得出。

4. **知識的性質**。知識的概念，在杜威看來，也有其不同與一般人的地方。杜威認爲知識是一種工具，知識是人們用來解決生活問題的工具或進一步求取新知的工具，因此，它的實用性是非常明顯的。知識的眞或假，在杜威看來，不是一個永恆性的性質，因爲知識在人們使用時能夠產生效果，達成了人們預期的目的，便具有眞實性，否則它們不具有眞實性。其次，知識本身是在演進之中。知識不是固定地儲存在一個特定的場所，在沒有應用、沒有產生效應之前，都不應將之視爲眞知識。

5. **社會的延續**。社會是一群人積聚在一起，在共同生活方式下，由於有著類似的生活經驗、價值觀、信仰傳統等，在一代一代的傳遞下，他們爲之結合，形成了有生命意義的社會。社會靠著傳遞文化而維持其生命於不墜，一如有機體靠生殖方式傳遞其生命。杜威強調社會得以維持其生命於不墜，主要的是因爲將共同的社會經驗傳遞下去；而共同經驗，則係指語言、信念、觀念、社會規準等。傳遞社會經驗，便是維持社會生命於不墜，這就要靠教育。沒有教育，共同的社會經驗便無法爲之傳遞，社會就難以凝聚在一起了。

6. **教育的意義**。教育是經驗的轉換、重建或重組。由於個人的或社會的經驗，具有增加意義的特性，因此教育的眞正作用是使個人或社會增加經驗的指導能力，以使經驗持續地成長。教育提供了經驗活動，在前後相關的經驗活動間，個人藉由經驗而認知到隨後發生的經驗意義，進而予以重建或重組經驗。簡而言之，教育的眞正作用，就在於增進能力，使個人或社會對隨後而來的經驗加以指導或控制。由於個人與其環境，始終處在一個交互活動的歷程中，因此經驗的形成，也隨著相互交往的活動而產生。對個人或社會而言，經驗總須加以指導或控制，因此個人或社會就需要發展能力，以支配經驗的繼續重建或重組。教育是一終生的歷程，也就甚爲明顯。

7. **教育促進社會進步**。杜威對教育與社會之間的關係，認爲兩者至

爲密切。經由教育的努力，使年輕人的經驗爲之陶冶成型，因而，產生出良好的行爲習慣，取代舊有社會的缺點。如果下一代的年輕人，具備了較多的指導或控制經驗的能力，則對來日社會構成分子的品質，必有一番提升的作用。顯然，教育好了下一代，是改良未來社會的一項便捷途徑。

8. **教育的型態**。在對教育的實施作一檢驗時，杜威喜歡用保守的教育（conservative education）與進步的教育（progressive education）相提並論。保守的教育實施，認爲教育是藉教學而由外建構個人的心靈。持此一教育觀點的學者，總認爲教育的歷程即在提示教材，以形成個人心靈的內容。他們以爲心靈只是一些先天性的心能，在遇到外界的作用時，心能會有所反應而形成知覺。基本上心靈被視爲心靈的內容，因此，吾人可以說，心靈的內容即是心靈的自身。教育即被認爲是以外在的教材，來建構心靈內容的歷程。

從進步的角度來討論，教育並不是完全以外在的材料去形成個人的心靈內容。心靈並不是一固定不變的型態，它是存在於個人面對問題時，運用經驗來解決問題的能力。它是隨著問題的解決而出現的，所以不能說心靈是預先而存在一個特定的場所。事實上，心靈所展現的能力是問題的解決過程，所以心靈便不能解釋爲心能或實體。進步的教育是不會完全由外在的教材來構成心靈的內容，它會強調個體心智的積極性與主動性，使他所面對的問題獲得完滿的解決，這就需要指導或控制經驗的能力。因而，進步的教育是會讓學習者主動而積極作出經驗指導能力的提升。

9. **學校的功能**。學校是社會組織的一種。杜威以爲社會（society）是一個字，但是卻是許多事物，因爲社會一概念中，涵蓋了社會分子、社會組織、社會制度、社會規範、社會傳統等。學校也是社會進化後的一種產物；時至 20 世紀末，有些地方尚未有學校的出現。學校既然是一種社會組織，它的作用是可以促進社會的進步與改造。在一個民主的社會中，教育本身可以制訂自己的目的，設計自身實現此一目的方法或步驟，同時，督促自己朝向目的發展下去。因此，學校的作用，就不止於將既有的

社會經驗傳遞下去；更重要的是使學校中的受教者，有能力創造社會變遷的條件及社會變遷的氣氛，以帶動社會的走向，促進社會的發展。

10. **行以求知**。杜威的知識論，強調的是行以求知。他認為最好的學習，不只是讓學生聽講，而是要學生從實際行動中，從主動的經驗參與中獲得知識。從解決問題的觀點，能夠用來解決問題的是具有智慧性的經驗，而不是死的觀念或死的經驗與知識。在學校裡的教學活動，就須從直接參與的角度來設計、來安排。透過活動，使學生的經驗有所重建或重組，如此，才能增加經驗的意義，有助於下次類似情境對經驗的掌控。

11. **興趣原則**。促成學生學習的勢力，來自於學生個人的興趣，而不是來自於個人外在的強迫或干預。杜威以為興趣是促進學生學習教材的誘力。興趣可以顯示出學生對學習內容的注意及關注；興趣可以當作學生學習教材的一項指標。如果興趣有所發展，那是教師協助下的一項學習項目的達成。興趣不可能沒有指導，倘若沒有給予指導，個人所有的興趣，不但是暫時性的，而且是偶發性的，故沒有持續的動力以維持興趣於不墜。

12. **教育與民主**。杜威在討論到教育目的時，不喜歡在教育歷程之外，預懸一個遙遠的教育目的。他主張教育歷程的完成，就是教育目的之實現。另外，杜威強調教育目的應該產生於教育歷程之內，不應該產生於教育歷程之外。不過，從杜威論教育的代表作《民主與教育》一書檢視，他對教育的目的，還是脫離不開民主社會的持續與發展。杜威所樂意見到的民主社會中的個人，是一位富有獨立思考、具有創造能力的個人，他積極於社會生活經驗的參與，並藉由經驗之加深以擴大個人的經驗意義。顯然，理想的社會生活經驗，還是民主社會所提供的生活經驗。杜威似乎認識到民主社會是目的，教育則為其手段。

杜威的教育思想，為20世紀以兒童為中心的進步主義教育，提供了理論的基礎。不過，在進步主義教育的理論與實施上，過分強調經驗在教育歷程中的重要性時，難免會引起一些學者批評：經驗在教育實施上的應用，不是不加限制的。因為，經驗是一中性的概念，但是人們將經驗

應用在教育實施時，必然會涉及到價值性的問題。依照杜威的教育哲學，教育是個人或社會經驗的生長，即經驗的繼續重建或重組。可是在教育實施上，需要經驗的生長是良性的經驗生長，是具有教育意義的經驗的生長，而不是有違於社會生活規範的一切經驗的生長，例如：偷竊經驗、欺詐經驗、爲害於社會生活規範的各項經驗等。杜威在進步主義學者濫用經驗而遭受批評之後，曾於 1938 年出版《經驗與教育》（*Experience and Education*）一書，將經驗的生長一語，加上了教育經驗的生長，以免引起不當的聯想，誤認任何類型或性質的經驗生長都是教育之謂。

伍 ▶ 精粹主義教育思想

　　杜威教育上所強調的民主教育理想、實驗的知識理論及實用的價值說，在美國 20 世紀 30 年代教育論壇上，並不是沒有人加以責難的。著名的《永恆論》（*Peremnialism*）教育思想家赫欽斯（Robert M. Hutchins, 1899-1977），就從西方正統的博雅教育觀點及教育目標應該積極發展個人的理性能力爲出發點，加以批駁。赫欽斯以爲理性是人性的一部分，教育應該使人運用理性認識民族文化中亙古常存的眞正學識。他秉持知識永恆爲眞的論點，主張人人皆應該認識不變的眞理，倘若知識僅流於瑣碎的生活活動，而且以實用的知識爲教育的內容，將使教育實施流爲實用的附庸，而注意到的僅僅是職業教育、專業教育及生活需求的滿足，對於人性的提升、人性的充實，將無濟於事。赫欽斯於 1936 年所著的《高等學術在美國》（*The Higher Learning in America*），積極提倡普及的博雅教育，期望學生經由古典名著的學習，熟悉西方經典中永恆的學識與眞理。赫欽斯可以說是一位教育內容論的思想家，他極力主張教育的成敗取決於教育的內容。他不認爲教育的內容，完全可以由學習者的興趣及需要爲之決定。另外，他對於近代工業化社會中，人們日漸淪爲生產機器的奴隸，因而泯滅了人性的尊嚴，提出激烈的批評。1968 年，赫欽斯著述的《學識

的社會》（*The Learning Society*），對此有著較爲詳實的論述。

　　除了永恆論的學者赫欽斯不贊同兒童爲中心的教育觀以外，美國學者貝格萊（William C. Bagley）等人，爲了彌補兒童中心教育的失當，因而提出基礎教育（basic education）的主張，希望兒童教育的重心，不要因爲兒童經驗的重視，而忽略了社會文化基本元素的教育，諸如：英文、歷史、數學、科學、外國語文等。這批學者強調的教育內容，基本上都是屬於文化中的基本而重要的材料，是兒童教育不能忽略之文化的精粹（essence）部分。教育實施上，倘若過分強調兒童的經驗與需求，必定會對社會文化的基本內容有所忽略。這派學者由於重視社會文化的精純元素，是故又稱之爲精粹主義（Essentialism）。

　　精粹主義學者強調觀念的永恆性，主張眞理的普及性及不變性。他們認爲教育的實施，即社會透過教育活動，將社會文化的基本元素一代一代傳遞下去，這些社會文化的基本元素始終不會改變。因此，它們的價值是毋庸置疑的。精粹主義的教育學者，不認爲教育的實施只應注意到個人需求的滿足、個人經驗的關注及個人興趣的引發。社會文化的延續、社會文化的認識、社會文化基本因素的了解，對於個人所賴以生存的社會是迫切需要的。永恆論和精粹論，大致上都是從教育內容的觀點來討論教育的，對於兒童爲中心的教育，大多不能苟同。

　　不管是精粹主義或永恆主義，這兩派學者大體上皆信奉西方延伸而來的柏拉圖及亞里斯多德的一些思想。他們對於實用的價值論皆有所保留；對於教育實施一味的走向功利主義及過分遷就兒童爲中心的教育，提出了強烈的質疑。這些教育思想上的爭議，對於 20 世紀美國的教育實際上產生了不少的影響。

陸 ▶ 蒙特梭利教育思想

以兒童爲中心的教育運動，並不限於美國。20 世紀初期的義大利女性教育家蒙特梭利（Maria Montessori, 1870-1952）所推動的科學教育，也算是具有創新意義的一種教育改革。蒙特梭利爲羅馬大學第一位獲得醫學博士學位的女性教育學者。她酷愛教育，熱衷於獨立、自由思想的追逐。她設立國際教育組織，遊歷各地，鼓吹兒童中心的教育見解，希望成人社會大眾及早認清兒童的潛在稟賦，給予兒童最爲適當的教育。

蒙特梭利最初是學醫，然後才對學前兒童教育感到興趣，盡心盡力於學前兒童教育的研究與推展。蒙特梭利受到心理學家馮德（Wilhelm Wundt, 1832-1920）、比奈及醫生賽格恩（Edouard Seguin, 1812-1880）的影響甚大。她利用醫學知識的基礎，不僅對正常的兒童教育作出了研究，就連對身心發展有障礙的特殊兒童教育，亦作了一些研究與具體的實施。

蒙特梭利所提倡的科學教育，簡單的說就是希望教育實施經歷了一段時間後，能夠在受教者身上明顯地觀察到教育的績效。因此，她應用當時人類學研究的一些發現，將體質人類學的知識與概念，用之於兒童教育實施上。她主張兒童教育實施後對身體發展方面的測量，觀察其身高、體重、肺活量、頭圍等方面的生長情形，從而利用教育實施以增進兒童身體的發展。至於蒙特梭利重要的教育見解，現在擬分別簡要說明如下：

1. **兒童之家（Children's House）取代教室**。兒童之家是以兒童生活爲中心而設計的一個場所。兒童之家略比傳統的教室爲小，陳設著適合兒童身材的桌椅。這裡是兒童生活習慣與社會生活規範養成的所在，而不只是學習讀、寫、算的一個場所，也是兒童學習日常生活起居行爲規範的場所。在兒童之家，兒童學習的內容不只是知識，如何縫鈕扣、如何準備餐點、如何編織衣服等，也在學習的內容裡。

2. **兒童的本性**。蒙特梭利的教育思想，很多還是來自於自然主義教育家，例如：盧梭、裴斯泰洛齊及福祿貝爾，因爲她也是將兒童視爲一個

生長中的有機體。兒童不是成人的縮影，也不是小大人，而是一個獨立生長中的個體。兒童有其潛在的發展能力，可發展至成人的階段。她認為兒童是一個汲取周遭環境中各項經驗的一個個體，兒童在本性上並沒有先天的觀念，只是有著學習的能力及實現其本然或潛在能力的傾向。

3. **教師的角色**。在兒童開展其學習外在世界的歷程中，蒙特梭利以為傳統教育上認為教師在於傳授知識給兒童的刻板印象，是不恰當的。她以為由於兒童本性的自我活動力甚強，教學的設計必須利用兒童天賦好動的本性，教師的任務是兒童學習經驗的指導而不是學習經驗的給予。

4. **兒童教具**。蒙特梭利也像福祿貝爾一樣，設計了許多兒童學習上所需要的教具。蒙特梭利所利用的兒童教具，諸如：有顏色的木板、計算器、圓珠子、建築用小桶、木桿等，都是具體的實物，並不代表任何神祕的象徵物，所以沒有福祿貝爾的神祕論色彩。蒙特梭利僅是將這些教具作為兒童訓練知覺，認識數、形的一種工具。

5. **兒童發展**。兒童是發展中的個體，依其年齡來分，初生至 6 歲為一個發展階段：該階段中，兒童對外界刺激非常敏感，教育上可多多利用以增進兒童的心智能力。另一個階段為 7 至 18 歲：此一階段，兒童的可塑性較前一階段為低，不過，學術性的形式學習能力大大增強，學術性的活動能力為之提高。

6. **新兒童觀**。兒童是有機的個體。兒童專注於特定的工作，其集中注意的能力，並非一般人所想像的那樣低；兒童喜好秩序的心理，也非人們所認為的那樣低。成人在教育實施上，每每喜歡利用懲罰及獎賞，作為鼓勵學生學習動機的方法，依蒙特梭利的看法，這種論點並不是正確的。兒童內心的深處，有著強烈的個人自尊心，但是這一認識每每被成人加以忽視。

7. **兒童自由**。蒙特梭利非常尊重兒童的獨立、自主及自由學習的原則。在兒童之家的兒童，其學習內容、學習方法，均係由兒童自行為之決定，教師僅是此一準備的學習環境中的協助者。兒童在學習活動上，倘若

有了任何疑難，當會請益於教師，為之協助，為之指導。教師對兒童的學習則絕對不予以干涉。

　　8. **自動教育**。蒙特梭利的一項教育原則，可以說是自動教育（Auto-education）原則。兒童是教學活動的選擇者及主導者，學習是自我完成的一項工作，不是成人強迫、命令下的工作。因此，學習活動的主動性操在兒童之手。兒童對自我主使的工作，其學習興趣必高，學習效果必大。

　　9. **課程內容**。蒙特梭利的兒童之家，其課程類型可分為四類，即：(1) 動作教育方面：兒童在實際生活活動中，發展其知覺能力及身體各部位的調和能力，諸如：打掃、洗濯、動植物之照顧，主要是在全身各部位的平衡與調和感覺的發展。(2) 感覺教育方面：感覺訓練的目標，主要是在讓兒童對形式、大小、體積、顏色、重量、溫度等方面的認識能力加以發展。(3) 語文教育方面：兒童能運用語言表達周遭實物，陳述簡單事件。(4) 學業教育方面：動物、感覺、語文教育是兒童學業教育（academic education）的基礎。學業教育是就兒童的讀、寫、算各方面的能力加以發展，讓兒童在觀察、比較、判斷方面，能夠有所增進。

　　蒙特梭利雖然去世已經 60 餘年，但是她的幼兒教育理念與方法依舊盛行不墜。現今，一些幼稚園仍舊以倡導蒙特梭利教學法為號召招收學生，實施蒙特梭利方法。二次大戰期間，1935 年及 1936 年，蒙特梭利相關之學會、團體、幼兒院等，分別受到德國納粹及義大利法西斯政府的取締與迫害，促使蒙特梭利流亡荷蘭，主要原因即在於她的教育理念係對個人尊重及強調個人發展的教育目標使然。一般批評者多以蒙特梭利的教育方法忽略兒童的社會化，引以為不夠周全。

柒 ▸ 德國文化學派教育思想

　　19 世紀中葉，德國一些學者，如洪寶德（Alexander Von Humboldt, 1769-1859），對於物質科學過分的發達而使得人文精神為之不彰，曾經

大力改革教育，希望重視古典人文精神的復甦。他們希望經由古希臘、羅馬文化的研究與學習，提升日耳曼人的文化素養，促進人文學術和科學研究的平衡發展。20世紀初期的德國學者狄爾泰（W. Dilthey, 1833-1911）及斯普朗格（E. Spranger, 1882-1963）等，都從哲學、歷史、心理學的論點來探討教育；對教育之研究完全採取科學的研究方式，深不以為然。這派學者多以文化學派學者稱之。

　　文化學派學者以為自然的研究，人們多會從因果定律方面加以解釋，蓋因物質現象在特定的條件下，會有特定的結果產生，也就是俗語所說的有其因，必有其果。但是，文化學派學者認識到人的知識與物的知識，其建立的方式是有異的。人的知識涉及到人的社會、歷史、文化等方面的相關知識，因此，對人知識的形成、了解與解釋，往往勝過描述的方式。是故，對人教育的探討也需要從體驗、了解上著手。人的認識不能只從人的自然成分方面為之，人的認識應及於他的歷史、文化、社會等各個層面。因此，文化學派學者對於教育的涵義，多從人的內在的喚醒、人的內在的開展等方面加以說明。他們重視文化對人的涵泳性、陶冶性。從教育和文化的關係上，他們強調教育是文化的繁殖及文化的傳遞；經由教育的實施，社會文化得以綿延不絕而且繁殖生存，生生不已。由於教育的實施，必然需要運用到社會的文化財，因此，教育的內容，必須取之於文化然後用之於文化，以陶冶學習者的心靈去創造新文化。他們重視人的精神作用，諸如：人有崇高的理想，有豐富的想像力，有堅決的意志力等。人的特性即在於有能力對抽象的觀念，作出激烈的追求；人絕不能完全概括在自然物質的範疇下；人有著豐富的生命力，作出形形色色的文化方面的追求。他創造文學、藝術，追求形而上學的實在，在在說明人的精神作用是極其充實的、遼闊的。

　　基於人的哲學理解的不同，文化學派的學者們對於教育活動寄以莫大的期待，因為他們以為教育不但有助於人的意識的覺醒，而且教育對於人性的涵泳、人性的開展、人性的充實，都能給予極大的協助。文化財即是

陶冶人性的最佳材料；文化學者對於教師給予學生的愛，亦視為非功利性的一種價值的愛，因為經由教師的努力，可以使學生真正體會出人的高貴性與價值性。教育工作的實施，對於人的自我提升自是有幫助的。

　　顯然，值得吾人注意的是文化學派的學者，並不完全將教育的理論與實施置諸於科學之上，他們主張科學研究在教育現象上的侷限性。他們讓人們注意到了研究教育必須從人的哲學、歷史，文化等方面入手，或許才不會使得對教育的了解蒙上了另一層的面紗。

捌 ▸ 夏山學校

　　20 世紀初期，主要的一些西方國家，都面臨了激進的改革運動，政治的、文化的、社會的、教育的，都有新的思想被提出來。除了前述美國進步主義教育思想外，政治上，例如 1917 年的蘇維埃革命成功，社會主義思想被奉為聖旨，蔓延世界各地，造成二次世界大戰後分裂的世界。文化上的改革，顯著的是科技帶動了人類生活方面的大改革。在英國教育界，一位鄉村教師的兒子尼爾（A. S. Neill, 1883-1973），於 1919 年第一次世界大戰後，投身於教育界，開始思索新教育的一些重要理念。1924年，他建立著名的自由學校「夏山（Summerhill）學校」，親身將自由的理念與學校教育活動相結合。在重視傳統，不輕易從事激烈改革的英國社會，他提供了一個新的教育實驗場所，為 20 世紀初期的英國教育史，增添了一個新的努力方向。

　　堅信自由是教育理論與實踐的基礎，尼爾在夏山學校的教育活動上，就是棄絕傳統教育實施上所常見的各項管教；各項對兒童活動的指導；各項對兒童學習的限制及各項忽略兒童興趣的種種訓練。尼爾是一位相信兒童本性為善的教育家，基於此一信念，他對於兒童的教育就不是從成人的觀點來實施教育的活動。他將成長中的兒童視為具有獨立人格的個體，夏山學校中的兒童，有著跟教師同樣平等的地位與權利。尼爾在管理夏山學

校的事務上，並不是以放任的、縱容的方式爲之，他深信眞正的自由，不是放任而是互相尊重下的依互相約定的方式行事。

尼爾對於傳統教育的批評，是一般傳統教育工作者往往將教育界定在一個狹義的範圍上，認爲學習書本就是教育。尼爾曾經帶有譏諷的口氣說：

> 只有學究才會宣稱學習書本便是教育。(註1)

尼爾幼兒時即是一位不好讀死書的孩子，他討厭當時學校裡呆板、僵化的教學活動。他提醒人們，教育應與實際的生活相結合，忽視讓兒童認識生活爲何的缺點是傳統教育最爲令人詬病的所在。他呼籲教師放下教鞭，捨棄責罵，看輕學業的重要性，改正不當的訓練。他希望教師能養成兒童懷有眞誠的態度，鼓勵兒童儘量利用他們的想像力。因此，在夏山學校裡，兒童可以依其興趣出席教室的教學活動。這兒沒有強迫性的學習；這兒沒有嚴厲的教室規則；這兒的教師也不會作出任何對學生的體罰。由於夏山學校是一所住宿學校，學校裡重大的爭端或問題，師生會在全體集會中提出來，互相交換意見，理性地磋商以找出一個最爲人們樂意接受的解決方法。

尼爾在保守的英國教育界，不啻打開了一個窗口，放置著形形色色的新教育舉措。在當時男女合校都怕會帶有負面影響下的心態，尼爾的男女合校而且住宿的學校，加以開放性的管教方式，適性的教育措施，儘量尊重兒童的興趣、需要，沒有嚴格的管教規定，在在都引起了英國傳統教育家的關注。夏山學校的出現，雖然不能立即改變英國教育的實施，但是，夏山學校的許多措施即成爲英國教育工作者議論的一個話題。這對英國教育界是不會沒有影響的。

玖 ▸ 馬瑞坦教育思想

自從 19 世紀末,心理學走上實驗的研究途徑以後,心理學與教育的
結合愈來愈明顯。由於教育的活動涉及心理層面的問題甚多,因此,教
育的科學基礎,逐漸成爲教育家所樂意接受的一項論點。因爲科學研究
的方法、科學研究的態度,使得教育的科學基礎愈來愈穩固,許多教育
科學的科目,例如:教育心理學、教育測驗、教育社會學、比較教育的
科學研究、教育工學等,紛紛成立。就美國的情形來說,赫爾巴特學派
(Harbartians)、進步主義教育家、心理學家,對教育的科學研究作出了
不少的貢獻。他們似乎深切地相信,教育的研究只有隨同自然的研究一樣
走向科學,否則教育學術的穩健發展是會受到質疑的。一位信奉天主教思
想信仰的教育家,法裔美國人馬瑞坦(Jacques Maritain, 1882-1973)即
是從哲學及神學的觀點來看教育的問題,爲美國當代教育思想,提出了不
同的意見。

馬瑞坦於 1943 年擔任美國著名學府耶魯(Yale)大學泰瑞(Terry)
講座時,針對當時已經降溫的進步主義運動及教育的過度依賴科學,曾經
提出了他的質疑。他對於當時流行的教育無目的說、杜威所揭櫫的一項論
點,作出了批判性的回應。他認識到當時美國教育實施上以及理論上,犯
了忽視教育目標的弊病。教育工作者將太多的注意力放在教育的方法、教
育的過程、教育的活動上面,而對於這些活動的目的,則多未加討論。無
可諱言的,在教育科學化的氣氛下,教育的方向似乎是置諸於科學人的造
就上。杜威的實用知識觀,只會產生人們更多的懷疑,因爲人們接受了實
用主義的知識論以後,會相信真理不是變動不居的;真理是不會持久的;
確定性的知識,人們是不會據有的。在強調個人要適應外在的社會環境
下,個人難免會忽略品格的重要性。尤其值得注意的一點是,馬瑞坦不
認爲當時流行的一個觀點是對的,即一些主張科學作爲教育基礎的學者,
誇大地認爲任何東西都可以經由學習而獲致。他以爲對學習能力的過分信

賴，人們需要謹慎地加以思考。

　　馬瑞坦是一位信仰聖多瑪斯思想的教育哲學家。他認為人是具有理性的動物，人有智性需要加以發展。人雖然有智性，可以自由地與神交通，但是人的原罪卻需要神的愛加以滋潤。教育是形塑人的歷程，人的智性發展是有賴於知識的獲取、判斷力的提升、德性的涵泳。知識、真理、德性等，可以使人的心智為之自由；更重要的，教育是要養成人的品德，加重人的責任感，尤其是對社會應負的責任，絕對不能有所忽略。

　　馬瑞坦的教育思想，有著濃郁的宗教情感。在這 20 世紀 50 年代，物質主義、功利主義、個人主義、享樂主義逐漸占有優勢的情況下，馬瑞坦以傳統的基督教思想為教育的基礎，難免有點復古的意味；不過，教育是社會現象的一種，教育思想的陳述，正好反映了社會人們對教育實施的意見。總之，過度急進的教育主張，總會引起一陣漣漪、一些阻力的。

第二節 ▶▶ 教育實施

　　20 世紀西方教育的實施，擬就英、法、德、美、蘇（1991 年蘇聯解體）五國加以敘述，分別就其教育實施之重要變革加以陳述，以期對近代西方教育發展有一概略的認識。

壹 ▶ 英國

　　一般而言，英國教育制度的發展甚為緩慢，較之歐陸的德、法政府積極參與公共教育的深度及廣度均落後甚多。英國教育的大眾化，實在要到 20 世紀才為之快速展開。1902 年，英國國會通過《巴爾福法》（Balfour Act），規定提供高級初等教育（Higher elementary education），使一般子弟有機會在小學階段的後期，接受一些職業教育的內容。當時英國小學教

育（1904-1926）的目標，即在：

　　增進兒童的品格及發展兒童的智力，儘可能善加利用學校教
育協助男女兒童，依其不同需要、迎合其自身的發展以有益於其
日常的生活。(註2)

1918 年，英國國會通過《費休法》（Fisher Act），使英國教育有了全
國性的基礎。同時該法律為一般平民子弟，開通了中學至大學的升學管
道。此一法案規定適齡兒童入學，必須讀至 14 歲為止，此可視為義務教
育的年限。

1926 至 1931 年間，英國國會對兒童及青少年的教育，都透過委員會
的方式進行了研究，同時，分別提出《青少年的教育》（*The Education
of the Adolescent*）及《初等學校》（*The Primary Schools*）與《幼兒及育
嬰學校》（*Infant and Nursey School*）報告書。因此，初等教育的研究與
推廣，成為英國國會關注的一項問題。

英國初等教育發展中，以《1944 年教育法》（Education Act, 1944）
最為重要，因為這項法律使英國初等教育兼顧到了兒童道德、身、心以及
社區需要方面的發展。此法律要求教育的實施，須打破舊有的雙軌制及社
會階級。它規定幼兒在學前教育（即 6 歲以前）須就讀於幼兒及育嬰學
校；5 至 11 歲須就讀小學；11 至 16 歲者，須就讀中學。較為民主的中等
教育，即學生可依其能力、性向，分別就讀文法學校、技術學校及現代學
校，是在「全民中等教育」（Secondary Education for All）的理念下促成
的。

1944 年教育改革計畫中，其重要的變動為：

1. 規定小學班級人數要逐漸減少。

2. 學生於小學畢業後，依兒童個別差異，適當地、公平地進入中學
就讀。

3. 中學課程予以改革，實用性知識被採用。

4. 對青少年服務的項目增大。

5. 提供適切的協助以使貧苦青年得以有機會進入大學深造。

6. 改進師資培育與訓練的方式。(註3)

第二次世界大戰後，英國戰後嬰兒人數驟升，使 1950 年代及 1960 年代的英國小學生人數高達 400 萬之多。(註4) 1960 年代的英國小學教育，在實施上，注意到了正規學習與非正規學習，究竟何者對兒童較為有利的問題。此時，教育活動上，偏重鼓勵個別發現知識的教學方式。教育家喜歡讓兒童依他們自己的方式生活在學校，而不是將兒童當作未來的成人予以看待。

《1944 年教育法》，雖然使人人就讀中學的機會大增，然而該法案實施以後，因為兒童在 11 歲時須面對中學分流為文法、技術、現代中學的考試，所以引起中學教育應否過早加以實施選擇及區隔的問題。這就是爾後英國採納綜合中學的歷史背景。

1954 年，英國倫敦首先出現了所謂的綜合中學（comprehensive schools），其目的即在破除中學階段的選擇性及區隔性，因為過早的中等教育分流，顯現了選擇性與區隔性，使社會的和諧與民主的實施有了損害。當工黨於 1965 年執政時，即大力推行綜合中學，以求社會的和諧。

英國中學畢業生，若欲繼續升入大學，則須參加類似會考的考試。1988 年，英國將「普通證書考試」（general certificate of education）與「中學教育證書考試」（certificate of secondary education）合併，由年滿 18 歲者通過會考，再經過 A 級考試，始能進入大學就讀。

英國大學形式上是獨立自主的高等教育機構，但是約有四分之三的大學接受政府的經費補助。英國傳統大學當以牛津（Oxford）及劍橋（Cambridge）為著名。因為科學及技術的發展一日千里，但是實用技術的研究，這二所大學尚嫌努力不足，因而 20 世紀英國類似工技學院（College of Technology）及實用學科大學，例如以農科為著名的瑞丁

（Reading）大學即於 1926 年為之成立。1945 年在「波西高等工技教育委員會」（The Percy Committee on Higher Technological Education）的建議下，設立多所新式工技學院，以因應工業化後期社會發展之需要。1963 年，英國國會「羅賓士（Robbins）高等教育委員會」建議增加大學生人數，希望從 1961 年的 216,000 人，增至 1980 年的 560,000 人。其次，該委員會建議擴充大學入學人數，由 1962 年申請入學人數的 55%，增至 1980 年的 60%。（註4）1966 年，英國空中大學（A University of the Air）發表白皮書，該報告建議成立開放性的空中大學，以供未能進入正規大學之社會人士就讀。1971 年空中大學正式成立，當時已有學生人數 25,000 人。空中大學之教學由電視、無線電廣播、函授、指定作業等方式組成。如今，英國空中大學不僅有學士學位之頒授，碩士以上學位亦有之。

至於一般科學研究及實用學科之研究，亦由地方性之大都市型大學負責，如里茲、利物浦、曼徹斯特等為代表。

總之，英國教育已由 19 世紀初期之政府不加干預教育的政策，到 20 世紀轉而關注教育的發展，並以教育經費之撥助，指引教育之發展。顯然，推動教育的發展，已是負責的民主政府的一項當務之急。

貳 ▶ 法國

19 世紀末期，法國的小學教育，基本上是以讀、寫、算為主，外加道德訓練及宗教教育。以 1833 年的教育法令為例，宗教教學被認定是必具的課程內容，這是因為法國小學教育尚受天主教教會的影響所致。1850 年，法國小學課程內容始有所增加，例如：歷史、自然研究、地理、繪畫、音樂等。法國中學教育在課程內容上，到了 19 世紀末期，如 1880 年代及 1890 年代，古典知識與科學知識的優先順位，成為當時熱烈爭執的一個問題。1902 年，中學課程有所修訂，古典語文如希臘文及拉丁文依然受到重視，但歷史、地理、數學、自然科學知識也被納入中學課程之中，

不過，其重要性還是難以與古典語文知識相提並論。1923 年，中學課程中，規定拉丁語文須研習 4 年，希臘語文須研習 2 年，二者皆爲必修學科，而且是國立中學及市立中學學生必修的課程。

　　1945 年以前，法國教育的學校制度，有著明顯的雙軌制，即第一軌是指一般平民子弟讀完小學之後，就讀高等小學或 1919 年創設的職業學校。第二軌是指國立中學及市立中學及其附設之小學。這二個不同系統的學校制度，相互之間並沒有轉接之處。一般中學畢業生中學畢業之後，會參加中學會考（Baccalauréat），但是因爲高等小學畢業生及職業學校畢業生不能繼續升入中學，所以也就失去了參加會考升入大學的機會。前述二種不同的學校制度，各個學校系統有其自己的小學、中學師資、教學方式、教育目標。前者著重普通職工的養成；後者則爲政府行政人員、專業人員、研究人員、高級工程人員及高級管理人員的培育場所。法國教育當局於 1936 年曾欲打破此一雙軌學制，無奈社會傳統勢力仍大，未能如願。

　　1943 年，雖然二次大戰仍在繼續中，但是，由郎之萬（Langevin）與瓦隆（Wallon）所提的教育改革計畫，使法國教育的改革走上了寬闊的大道。該項教育改革計畫，其重要原則爲：

　　1. 教育結構須與社會結構相呼應。

　　2. 各級教育須與生活相連繫、相配合。

　　3. 教育的實施應著重未來公民的培育。

　　4. 教育改革須符合公正原則、平等原則、定向原則及文化延續原則。

　　5. 教育改革計畫的重點爲：(1) 3 至 11 歲的兒童，接受義務教育，以發展智力及配合個人需求爲主要革新的原則；(2) 11 至 18 歲實施義務教育；(3) 全程義務教育分爲三個階段：第一階段爲 3 至 11 歲，第二階段爲 11 至 15 歲，第三階段爲 15 至 18 歲。其中第二階段爲定向階段，確定青少年的性向發展情況，然後予以配合之；第三階段爲確定期，確認學生升學或就業。

6. 採取統一的單軌制，破除早先的雙軌制，使學制更加具有民主的色彩。

郎之萬及瓦隆的教育改革計畫，明白地將教育的實施與法國人民的社會生活牽連在一起，使法國的教育實施不再偏重於傳統文化的薰陶，不再著重愛好法國文化、欣賞法國文化的學者人物的培育，因此，郎之萬及瓦隆的教育改革計畫，清楚地將爾後法國教育的目標定為：

1. 促進平等的教育機會，使受教者不至於因家庭情況、社會背景、經濟條件等而未能獲得教育的機會。

2. 教育不再孤立於社會發展、經濟發展之外。教育將配合社會與經濟之發展，造就各類社會與經濟發展所需的人才。

3. 教育的任務，除了兼顧社會與經濟的發展外，對於受教者人格的健全發展亦提供應有的助益。(註5)

為了普及教育之推展，法國政府於 1967 年，將離校年齡提高至 16 歲。1968 年，法國巴黎地區學生聚眾示威遊行，對學校民主化的訴求大聲疾呼，終於得到回應，使大學入學的一些不合理限制得以解除。1989 年，法國頒布了《教育法》（The Act of Education），重申教育的目標即在給予個人機會以發展其健全的人格，提升其教育水準，以便有能力參與社會及專業生活，並養成健全的公民。

法國教育之普及化，近年來成效卓著。以 1990 年為例，年齡在 2 至 22 歲之間的人口，約有 82% 為在學學生人口，相較與 1961 年的 66%，實大有進步。

法國各級學校均為男女合校。每週上課時數，小學校多在 26 小時，中學校多在 30 小時；每一學年則有 36 週教學日。學生人數以 1990 年為例，小學學生人數計有 400 萬人；小學招收 6 至 10 歲的兒童。法國小學班級人數以 1991 年為例，每班學生數約為 22.5 人。法國中學分第一階段為 4 年，稱為考來基（Collège）；第二階段為 2 年，稱為里賽（Lycée），年齡為 15 至 17 歲者就讀。年滿 17 歲，讀畢里賽，則須參加中學畢業會

考。中學畢業參加會考及格率甚高，約占十分之七。大學則爲 18 至 23 歲者就讀，通常爲 4-5 年。

　　法國教育行政上的中央集權制至爲出名，但是也有一些例外，例如法國的農業中學則不屬於教育部管轄，而是由法國農業部管理。1984 年的統計，就讀農業中學的學生人數，約有 134,000 人。法國公立學校服務人員均被視爲公務人員，而有關各項規章及法令，各私立學校則一律遵照辦理。法國在 1991 年時，教育部的經費預算爲 2,478 億法郎，相當於美金451 億元。

　　另外，法國中小學課程、時數，均由教育部規定。中小學課程之設計，則由教育部遴聘學者專家組成全國課程委員會（National Program Committee）爲之編製。中小學教科書則由私人出版公司編輯，不受教育部的審定或認可，但須依官方的解釋爲準。中學裡外語教學類別甚多，約有十餘種外語科目。各中學至少教授三種外語，英語、西班牙語爲主要的外語教學科目。

　　二次世界大戰以前，法國有 17 所大學，分別散布在 17 個大學區之中，兼負當地教育行政的責任。法國大學一般分別由教授組成的學院（Faculties）及著重研究的所（Institutes）組成。前者著重教學及研究，但是，其領域多爲文學、科學、法學、醫學、藥劑等；而研究所的研究則多爲科際相關之領域，諸如工業化學、放射、光學、統計、考古、體育等。巴黎大學深具古典傳統學術研究的精神，但較爲實用性之科技領域（例如：工科、農科等），則另外有高等學校負責研究，諸如：軍事科學、海洋科學、航空、礦冶、森林、農業、工程、工業等領域。

　　一般而言，法國的高等教育較之歐、美其他國家，顯得有著下列的一些缺失，即：

1. 高等教育機構的改進較爲緩慢，改革上未能大幅變動。
2. 教學方法、教材內容深受傳統大學的影響。
3. 大學及高等學校之設施及實驗器材需要大加更新。

4. 高等教育實施上，理論與實際顯有一段距離。

5. 一般專業行政人才，必須依賴專門性的高等學校為之培養，例如：國立行政學校（The National School of Administration）之設置，即可窺其一斑。

6. 高等教育機構的發展，多受歷史傳統的影響，未能形成較為單一的學校制度，以利時代發展的需要。（註6）

參 ▸ 德國

19 世紀初期，德國在歐洲自由思潮的激盪下，公共教育的發展尚稱順利。這是因為德國教育以往在歷史上，一直受到兩股勢力的影響，其一是教會，其二是地方當局。中世紀時，現今德國境內，就有教會設置的大學。16 世紀時，馬丁路德宗教改革，對平民大眾教育深具影響，而一些地方當局的邦（Länder）則稱有教育其人民的責任。17 世紀的普魯士王費特烈‧威廉一世（Fredirick William, 1688-1740）在位時，曾經詔頒《普通教育法》，規定 5 至 13 歲的兒童須強迫接受教育。此後，德國統一在普魯士之下，積極推進公共教育，為歐洲各國公共教育所望塵莫及。

19 世紀後期的德國教育，因受裴斯泰洛齊的教育實施及教育思想之影響，平民子弟所進入之國民學校有著良好的發展。德國的現代化就是由下而上的先造就國家發展所需的人民而後完成的。國民學校肩負了國家統一、培養國民意識、推動社會發展的重責大任。國民知識的普及、公民的培養、民眾文化水準的提升，都是當時國民教育不可忽視的重要目標。國民學校課程計有自然研究、地理、繪圖、音樂、讀、寫、算；除此以外，宗教信仰的陶冶、道德行為的培育、國家忠誠信念的指導，在教育實施上一直維持到進入 20 世紀初期。1918 至 1933 年為德國威瑪（Weimar）憲政時期，人民享有較多的民主、自由的思想氣氛。依據威瑪憲法，德國教育由各邦負責監督與管理。1920 年，德國曾舉行全國教育會議，對於

師資的訓練、各邦學校證書的承認、基礎學校之設置等，獲致了協議。
1920年，德國政府頒布〈基礎學校規程〉；1925年，德國政府又頒布〈基
礎學校課程綱要〉，作為推動國民教育的重要法令。1933至1945年為
納粹（Nazis）德國時期，此時由國家社會黨執政，德國教育走向專制與
統一的中央集權制，全國教育實施置諸於國社黨監督與管理之下。1934
年，納粹德國設學術、文化、教育最高行政機關。此時，德國初等教育
的目標，完全置諸於國家民族意識的發展，愛國家、效忠納粹、服從納
粹黨的領袖希特勒（Adolf Hitler, 1889-1945）的領導等。教育與建國、
立國、鞏固國家嚴密地結合在一起；以希特勒所著《我的奮鬥》（*Mein
Kampf*）一書為思想的中心，作為指導納粹政治、經濟、社會、文化發展
及教育發展的一個最高方針，幾乎每一所學校的學生都會讀到這本書。
《我的奮鬥》成為教育政策的來源，成為指導教育實施的主要參考依據；
該書標榜雅利安（Aryan）民族的優越性，甚至認為雅利安人應是世界其
他民族的支配者。希特勒以為整個歐洲的歷史，就是雅利安人所締造而成
的歷史。

　　此時的德國，重視的是德意志的歷史，強調的是優生學、體育訓練與
科學的研究。在納粹的統治下，連科學和知識都要冠上民族主義的色彩。
1936年，德國納粹教育部長魯斯特（Bernhard Rust）曾經說道：

> 　　科學並不是一自由而獨立的構造物，不須切合於一定的時間
> 與空間。相反的，科學是一個民族精神的特殊成就。有史以來第
> 一次，青年科學家的政治責任與其科學研究的責任，已經相互結
> 合在一起了。德國召喚著他們，他們將接手承擔德國科學所給予
> 他們的一切。（註7）

　　二次大戰結束後，德國分由英、法、美、蘇四強占領。由於戰後冷戰
加劇，形成了英、法、美所占領的西德及由蘇聯所占領的東德。1945年，

依據盟國所簽訂的《波茨坦協定》（The Potsdam Agreement），德國國民受教育之機會一律平等。教育上應採取民主的管理方式，師資的素質須提高至大學畢業生的資格。凡 15 歲以前的青少年一律強迫入學，而義務教育則須延長至 18 歲爲止。同時，政府應免費供應教科書、免收學費等。在西德，1965 至 1973 年，教育發展迅速，這是得力於西德的社會民主黨、自由黨及基督教民主黨，都認識到教育是增進公共福祉的一項事業。在東德，1946 年以後，在共黨執政下，教育上仿效蘇聯之處甚多。東德爲了建立社會民主的統一學校，企圖打破往日教育權不能普遍的缺失，因而，大大地爲農、工階級子弟開拓普及教育權，使彼等亦有機會能夠順利進入大學就讀。至 1949 年時，約有三分之二的原納粹學校教師，被戰後大學畢業生之教師所取代。1958 年，東德教育採用蘇聯教育制度，引進多藝技術教學（Polytechnic instruction），積極培養戰後重建的職業技術人才。1952 年時，共黨統治下的東德，宣示其教育目標爲「普遍地發展社會主義者的人格」。(註 8) 東德教育當時採中央集權制，教育行政在西德則採取地方分權制。東德經濟及教育著重計畫，強調教育發展計畫與國家社會建設所需之人力的配合。因此，在 1963 至 1971 年期間，教育實施不僅著重量的擴充而且也強調質的改進。

1970 年代，西德傳統大學曾與一些獨立的、專業性頗高的學院（Fachhochschulen）合併，但是合併的情形並不熱烈。

1973 年，西德各邦的教育部長舉行會議，會後曾經提出西德的教育即在追求下列的一些目標：

1. 教育的實施是爲了民主及自由。

2. 教育活動應該培養學生容忍、尊重他人及尊重不同的信念。

3. 在增進國際了解的精神下，培養學生追求和平的心胸。

4. 教育實施應培養學生對社會的承諾及政治的責任。

5. 教育應該使學生有能力具備運用社會所賦予的權利及應該擔負的責任。(註 9)

依據 1993 年的資料顯示，德國在 1990 年統一之後，強迫教育的年限各邦大多維持在 9 至 10 年。一般兒童 6 歲入學，讀至 16 歲左右。小學一年的上課日數為 190 天。小學學生在六年級時，即可進入不同類型的中學。一般而言，學生進入不同類型的中學，主要還是由家庭社會背景的因素為之決定，尤其是家長的決定為甚。

其次，依據 1990 年的統計數字，34% 的七年級至九年級的學生就讀於中學（Haupt Schule）。此一類型的中學，學術性較低，學生進入此類中學後，大部分會進入學徒生涯，但是在課程內容上，亦有外國語文——英語（文）；另外，課程內容亦與一般學生將來所選之職業有關。第二類型的中學為實科中學（Real Schule）或稱中間學校（Intermediate School）。實科中學的課程有外語一科為必修，另一外語則為選修；大部分實科中學畢業生會進入專業行列。實科中學在一些邦實施選擇性入學者，其學業水準尚稱不錯。第三類型中學，約有 30.8% 的七年級至九年級的學生就讀古文中學，此類學校係專門升入大學者就讀；課程內容重視拉丁文、希臘文、現代外國語文。在古文中學裡，學生至少學習二種外國語文。第十一年級後，學生選修科目增加；課程內容上，三分之一為語文、藝術，三分之一為社會研究，例如：公民教育、歷史、地理、宗教、哲學，另外三分之一為自然科學、數學。德國高等教育機構，一類為獨立的學院或技術學院，主要為培養實用的科技人才，例如：建築、工程、公共行政、法律、經濟等，學生為讀畢第十二年級者；課程內容多為必修科目，主要是實用經驗的學習。一般大學的學生，相對的，其選擇的課程較多，尤其是一些人文領域的科目。德國大學部與研究所之間，區隔並不明顯。一般學生修讀 4 至 6 年即可畢業。

1972 年時，西德政府積極鼓勵成人進修，一般成人教育可以區分為一般性文化陶冶的、職業的及政治的三種類型。西德政府曾經利用經費獎助進修的成人，並以提供慰問假等方式來推動成人教育。據估計西德約有 40% 的成年人，曾經參加過各種類型的成人教育活動。成人教育課

程計有：語文、經濟、數學、科學、健康、手工、政治、社會、科學、教育、心理學、神學、文學、藝術等學科。不論是早期的西德或 1990 年後統一的德國，其應用於教育的經費均相當可觀。以 1990 年西德為例，其教育經費占了全國國民生產毛額的 37%，如果將各項研究經費及私人支援研究經費包括在內，約占全國生產毛額的 9.3%。此一數字，不可謂不高。另外，依 1989 年的統計數字，在公立學校就讀的學生，其每生費用約為 6,200 德國馬克，約合美金 3,650 元。在公立高等教育機構就讀的學生，其每生費用由政府經費支付者約為 17,100 馬克，約合美金 10,060 元。在西德政府大量投資教育下，學生與教師之比亦大幅減低，1960 年時為 30：1，而 1980 年時已為 15：1。教師教學品質為之提高，實顯而易見。（註 10）

　　1990 年，東西德合而為一，共黨的東德被民主的西德所融合。但是，德國教育問題的面貌則有了新的特性，有待努力克服與解決。這些問題是：原來中央集權的、專制的東德教育行政體系，將如何逐漸地趨向於自由的方向改變？東西德合併後，東德人民將如何接受西德所保存的自由民主價值？各項教育制度，將如何與西德的教育制度結合？原來強調的集體教育價值，如何轉化為重視個別化的教育價值？由於社會變遷的快速，學生流失的問題究應如何解決？西德在重建過程中，曾引進大量的外籍勞工，如今形成了外來移民子弟的教育問題。這些新的教育難題，將是今後德國短期內必須加以解決的一些教育問題。

肆 ▸ 美國

　　進入 20 世紀的美國，其教育上的變動，在 19 世紀末期就有了一些前置的條件，諸如：派克爾的有機教學運動（Organic Teaching）及杜威的實驗學校。20 世紀前期，新教育運動（進步）、教育的心理化、實用教育與通才教育的爭論，教育機會均等落實在不同族群。尤其是 1960 年代，

黑人民權運動所引發的黑人進入白人各公立學校的問題；1960 年代初強調科學教育；1970 年代反學校教育思潮運動、人文主義課程的流傳；以及對美國總統提出之教育改革報告所引發的教育改革等等，均是 20 世紀美國教育發展上的一些大事。

　　杜威曾經留學德國，對於 19 世紀末期赫爾巴特、福祿貝爾及稍早期的瑞士教育家裴斯泰洛齊等人的教育思想都有所學習，有所了解。杜威在 1894 至 1904 年，曾經服務於芝加哥大學的哲學、心理、教育學系，他也曾經得到推行有機教學——以兒童全人格：身心、情感、社會、人格、品德等方面的發展為教育目標的派克爾的支援，以從事教育實驗的推廣。杜威於 1897 年於哲學、心理、教育系之下，設立實驗學校。杜威希望經由教育實驗，確立出更為正確的教育理論及教育實施。杜威將教育生活化、學校社會化，使學生充分利用舊經驗，作出經驗的重組、改造與重建。杜威強調學生主動的、積極的參與教學活動，使新教育的理論逐漸地趨於成熟，終於在 1916 年，杜威出版了他的教育經典之作《民主與教育》，其副標題則為「教育哲學導論」（An Introduction to the Philosophy of Education）。杜威雖然不是進步主義教育運動的實際推動者，但是，他反對傳統教育、提倡新教育，儼然成為進步主義教育運動的發言人。加以杜威著論甚眾，對進步主義教育理論貢獻甚多。1919 至 1929 年間，進步主義教育運動發展快速，一些以活動為主的活動學校（Activity Schools）紛紛成立，這些學校將兒童的需要、能力、經驗、興趣，作為兒童教育中重要的考慮因素。這些學校多以活動為教學的方式，以兒童的經驗成長為教學的目標。具有進步主義思想的學者、教師組織協會，宣示教育努力的目標應該是：

　　1. 自然地自由發展。
　　2. 興趣是一切工作的動機。
　　3. 教師為指導者，並非教學工作的主宰者。
　　4. 以科學的方法研究兒童的發展。

5. 一切影響兒童身體發展的因素，都將給予極大的關注。

6. 學校與家庭合作以因應兒童生活上的需要。

7. 進步學校是教育運動中的領袖。(註 11)

另外，美國進步教育協會（American Progressive Education Association）於 1924 年發行《進步教育》（*Progressive Education*），以宣揚進步教育的理念。此後，進步教育在美國各地就廣為流行起來。

1913 年，美國著名的教育心理學家桑戴克（E. L. Thorndike）發表了三大鉅冊的《教育心理學》（*Educational Psychology*）。桑戴克的教育心理學捨棄了傳統的心能心靈說，而改採科學的刺激反應說（SR），為當時心理學爭議意識存在與否的問題，提出了一個新的理論發展方向。桑戴克以為學習並不是訓練那些不具形式及精神性的心能，而是建立起刺激與反應之間的神經連結。桑戴克以為透過不斷的練習及練習效果的滿足，學習的作用便會增強起來。因此，從 1920 年代到 1930 年代，新的教育心理學提供了一個新的學習理論基礎，也為蓬勃發展中的進步教育注入了新的教學活動。原先偏重心能訓練的教學設計，都為此而有所改變。

進步教育不僅對學前教育、小學教育發生了影響，就連中學也遭受到波及。美國傳統的中學制度是 8-4 制，即小學 8 年、中學 4 年，但是，由於心理學及教育心理學對青少年生長過程的研究，因而學者們覺得中學應該配合青少年身心發展狀態，區分中學為 3 年初中，3 年高中。初中 3 年階段，係試探學生的興趣、了解學生的性向，給予學生適當的隨性而發展的教學活動；高中 3 年則予以分化，依其興趣、能力、性向給予適當的教學。1918 年，中等教育重組委員會（The Commission on Reorganization of Secondary Education）發表新的中學教育目標，即「中等教育主要原則」（Cardinal Principles of Secondary Education），提出健康、基本能力、家庭良好分子、職業能力、公民養成為美國中學教育努力的新方向。

1930 至 1940 年，由於美國人經歷了 30 年代經濟不景氣而引發的大恐慌，人們對於 20 世紀初以來偏重個人發展的進步教育，有著不少的批

評。批評者認爲新教育的實施，忽略了社會的要求，罔顧了個人對社會責任的實踐，因而，他們要求教育實施必須強調民主的社會哲學，教育活動需要經由民主的方式討論、合作，並且要使教育與社會改造結合，如此，眞正的民主社會始可能實現。

1933 年，美國有 30 所推行進步教育的公私立中學，爲了證實進步中學教育的成效，曾經與 200 所學院合作，作了一次所謂的「八年研究」（The Eight Years Study）。此一研究將進步中學的高中畢業生，以免推薦、免測驗方式，保送進入參與合作研究的高等教育學府，以觀察進步中學學生進入高等學府後的表現。經過仔細的觀察、研究，學者們發現進步中學畢業生，在學院裡的學習情形並不比傳統高中畢業生來得差。一般而言，學業成就及非學業活動方面，進步高中畢業生較傳統高中畢業生還來得好；他們有著思想探討的好奇心、學習動機強、有能力應付新的情況、積極參與校內的各項學生活動等。顯然，這一次的研究，使美國中學教育家注意到中學課程上的改變，即不再專以升學預備的課程指導高中學生，對於將來學生進入大學或學院繼續高等教育，並不會造成學生的傷害或不良適應。

1940 年代初期，美國經濟在總統羅斯福（Franklin Delano Roosevelt, 1882-1945）所擬訂的新經濟政策下，走向了復甦。他使得美國的資本主義制度，更加符合工業快速發展的美國；他的新經濟政策，有著人道的思想內容；他加強了政府對經濟事務的指導功能，因而，促使美國有能力迎戰即將來臨的第二次世界大戰。大戰結束以後，對美國教育具有極大衝擊力的是 1957 年，蘇聯第一次首先發射了人造衛星。在美、蘇冷戰對抗情形下，蘇聯的科技成就，以及背後的科學教育實施，都充分地證明了美國教育實施上的落後。因此，就在蘇聯人造衛星升空以後的第二年，即 1958 年，美國國會迅速通過了《國防教育法》（The Act of National Defense Education），加強各級教育階段的科學教育、外國語文，尤其是俄文、中文的教學計畫。

　　以往美國聯邦政府中，並無教育部的設置。但是，有鑑於 1960 年代及 1970 年代，聯邦政府運用大筆經費資助各地方發展教育，而使得聯邦政府在美國教育事務上占有愈來愈重要的地位。因此，1978 年，美國教育部（The Department of Education）成立，部長成為聯邦政府內閣的一分子。不過，教育部雖然成立，但其職能依然得遵循美國憲法的規定，只能從事教育經費之支援、資訊之蒐集、傳達與研究等工作。教育政策的訂定、教育法規的頒布，依然是各州政府的權責。

　　1970 年代，美國學校教育改革的呼聲此起彼落。此乃由於 1969 年，著名的反學校教育思想家伊里其（Ivan Illich）出版了反學校教育的名著，即《反學校教育之社會》（The Deschooling Society）。書中他反對一切制度化的干預教育，包括政府補助學校教育經費。他大膽地提出早先人們希望學校是一種培養社會有用分子的場所，可是到了這一代，人們應該建立起另一種觀念，即揚棄學校教育是培養社會有用人才的不當迷思。1970 年代，一些標榜自由、開放的學校也紛紛出現，例如：自由學校（Free Schools）即宣揚兒童的學習不應在成人的專業控制之下進行；「沒有圍牆的學校」（a School Without Walls）也是屬於這一類型的學校。常為人們詬病的是聯邦政府投入了龐大的教育經費，補助各州提高公立學校的教學品質，但是，這些努力似乎並沒有產生人們預期的效果。在 1980 年代，將近有 200 多個委員會紛紛成立起來，以研究改進公立學校的教育。由此可見人們對改進公共教育的素質，抱持了多麼大的熱忱。

　　到了 1980 年代，美國教育界掀起了教育品質探討的問題。最主要的原因是各級教育成效的低落，促成了人們對此一問題的質疑。1983 年，全國教育卓越委員會（The National Commission on Excellence in Education）提出了著名的教育研究報告書，即《國家在危機中》（A Nation at Risk）。該項提供給美國總統的教育報告書，其副標題為「教育改革的急迫性」（The Imperative for Educational Reform）。該項報告指出美國學生在數學、科學、地理等學科的競賽中，與其他國家學生比較，

有顯著的落後。同時，美國一般學校中學生暴力行為日漸增多，輟學的學生人數不斷上升。該項報告毫不諱言的認為美國一般學校所扮演的角色太多，以致忽略了學校的基本角色以及功能——即教學，尤其是教基本的能力（basic skills）。在報告中，出現了「緊迫」、「嚴重影響國家生存」、「影響美國全球性的激烈競爭」等辭。基於對美國學校教育的批評與不滿，該報告建議增加學生的家庭作業數量，增加學生的學習時間，提高學生在學校的學習時間。報告建議教師要對學生嚴格評分、加強管教、增多作業，在讀、寫、推理方面要加強。

該項報告以為，美國中、小學校學生成就低落的原因乃在於：低學業成就的要求、低測驗的要求、低畢業水準、學科內容分量不足、太多的補救教學課程等，因而造成了高文盲比率，及學生素質的低落。

為了提高美國學生的素質，該報告建議：

1. 有關教育的政策，應該由各州地方當局制訂；聯邦教育當局也應負起部分的責任。

2. 訂定嚴格的教育成就標準。

3. 學生考試、教師證書有關規定，應該提升其水準，並廣為周知。

4. 學校行政及督導組織應力求改善。（註12）

除此以外，該項報告又建議各級學校應提高畢業水準；增加科學課程、數學、外語、新基礎學科如電腦技巧，並增加學年月數、上課時數；改進教科書；對學生成就之要求應予以提高；提升教師薪水；教師應以其表現來區分為初級教師、有經驗教師、專精教師等。另外，教師證書的標準應提高；公民對教育經費預算之支持需要提高；教育政策的質亦應提高等。（註13）

與《國家在危機中》同一性質的報告書，係由全國科學委員會（The National Science Board Commission）所提出，其名稱是《為21世紀來教育美國人》（*Education Americans for the 21st Century*）。該項報告書以為，當時美國教育機構，並沒有提供適當的心智工具，以便21世紀的美

國公民去應用。該項報告以為，美國的教育必須回到以往學校教育重視基本能力：讀、寫、算的教育實施。不過，該項報告書以為 21 世紀學校教育上，尚須加重學生對溝通、高難度問題解決之技巧及閱讀科學、工藝文字的能力。因此，該項報告建議教育行政及學校當局，應該提升中學的畢業水準。在課程內容上，高中三年都應該學習數學；三年當中學習科學、工藝；三年當中，有一學期須學習電腦。另外，聯邦政府應該提供訓練良好的學者、科學家，去帶動學校裡對於數學、科學、工藝等學科的教學水準。該項報告又建議，建立全國性的教育目標。

1976 年，美國蓋洛普（Gallup）曾經作過民意調查，詢問社會大眾改進教育之道為何？多數被訪問者以為教育機構應注意基本知識的增進，同時，提升學校的課程標準，才是最適切的改進教育策略。

經過一連串的教育報告及熱烈的討論與迴響，1983 年，全美就有 27 州將一般學業測驗的水準予以提高。

教育上的改進，不僅要求學生的素質予以提升，就是教師的素質亦加以注意到。例如：1986 年《霍姆斯小組報告》（*Holmes Group Report*），對於師範教育的改進，就提出了下列五項建議：

1. 師範教育的思想應該予以建立。

2. 改進師範教育，必須首先認識到教師之間在知識、技能、奉獻、盡責上有所差異。

3. 教師進入專業領域從事教學，應建立起確實的聘任標準。

4. 學校教育應與社區有著更密切的連繫。

5. 要使教師服務的學校成為優良的場所，以供教師學習與工作。

美國可以說是世界上教育花費最多的國家。1950 年的教育花費與 1986 年的教育花費相比，幾乎增加了三倍。以 1988 至 1989 年的物價指數為準，1976 年每一學生花費的教育經費為 1,504 美元；1990 年則增加至 4,841 美元。預估 1995 年，每一學生的教育投資將達 6,000 美元。(註 14) 美國全國在公立學校就讀的學生，在 1950 年時為 2,500 萬人；1960 年為

3,600 萬人；1970 年時，學生在公立學校人數則高達 5,000 萬人。

20 世紀末時，有人曾展望美國 21 世紀的教育發展如下：

1. 到西元 2000 年時，美國兒童將會全部入學就讀。

2. 到西元 2000 年時，高中畢業生希望達到入學人數的 90%。

3. 到西元 2000 年時，四年級、八年級、十二年級的學生，須達一定的成績水準，諸如，英語、數學、科學、歷史、地理的測驗；同時，使兒童有公民責任，樂意終身學習，並具有生產能力。

4. 到西元 2000 年時，希望美國具有世界第一流的科學水準及數學水準。

5. 到西元 2000 年時，美國成人均識字、有知識、有技能，以適應競爭的社會及全球的經濟活動，並能承擔公民責任，分享公民權利。

6. 到西元 2000 年時，全美所有學校均能免於藥物、暴力的威脅，以提供一個有秩序的學校環境，適宜於學生學習的需要。(註 15)

伍 ▸ 前蘇聯

1917 年，由列寧所領導的共產黨革命在俄國得到勝利，隨後即組織蘇維埃聯邦共和國，形成爾後 16 個共和國加入的龐大共產主義、社會主義為主導的專制國家。1991 年，在蘇聯共黨將近 74 年的統治下，它對內實施高壓的、集權的統治，人民緊縮其生活的需求，過著極不自由的生活，沒有言論、集會、組黨等的自由，而國家則實施集體生產制，將一切的生產工具國家化。同時，採取嚴格的分配消費制度；極力發展國防工業、增強軍備；輸出共產主義，臨助第三世界從事反抗資本主義統治下的政府。因此，第二次世界大戰結束以後，以美國為首的西方國家，則以聯盟方式，實施圍堵共產集權國家的向外擴張。歷經 70 餘年的共產主義及社會主義的實驗，終因共產主義陳義過高、不易落實於整個人民社會生活之中，因而形成了生產力低落、工作效率降低、生產資源浪費；統治者特

權橫行，人民生活物質極度匱乏，而政治干預了社會生活的各個層面，終致引發波蘭工人的反抗、東德潰決而爲西德所統一，以及 1991 年蘇聯自身的瓦解，形成了今日鬆散的獨立國協。

　　前蘇聯中居於主導地位的是俄羅斯（Russia）。早在 17 世紀末、18 世紀初時，雄心大略的俄國彼德大帝（Peter the Great, 1662-1725）就醉心於歐化運動，力圖振衰起敝，積極發展教育，提升俄羅斯文化水準，亟欲趕上當時西歐各國的進步情況。彼德大帝曾經去過英國，目睹西歐各國發展教育、提升社會文化的努力情形，因而，在他返回俄羅斯之後，即於 1701 年設立專門研究數學及海事的學校，意圖走向海洋，促進俄羅斯在世界政治舞臺的分量。1724 年，俄國科學院（Academy of Sciences）在聖彼德堡（St. Petersburg）成立，成爲俄國歐化的中心所在。此後，俄國帝王對於歐化運動多有所投注。19 世紀末、20 紀初期，俄國勢力漸強，逐漸向東擴張，因而能將其勢力推進至西伯利亞（Siberia）地區，占有了歐、亞二大洲的廣大土地。

　　1917 年蘇維埃共黨人士革命成功，企圖以馬克思的思想爲其意識型態，建立一個無產階級爲主體的共產社會。1917 年蘇聯革命成功以後，傳統的、封建的俄國教育告一段落；新式的、人民的，以馬克思、列寧爲主體的教育思想，變成了教育實踐必須以之爲準繩的依據。不過，眞正清除舊社會的教育，則是在 1930 年以後的事。

　　1917 年蘇聯教育人民委員部（People's Commissariat of Education）成立，旋即任命馬克思哲學權威盧納乞斯基（Anatoly Lunacharsky, 1887-1933）爲部長，積極推動教育的國家化。1918 年，原先在俄國教育界居於重要地位的東正教教會，此時則將教育上一些學校的管理權完全交給政府。從此，原先爲俄國的學前學校、小學、中學、高等教育機構等，都變成了單一的、公立的、世俗的，完全由國家管理與支配的學校。

　　1918 年，蘇聯領導人列寧建議蘇聯學校採取簡單而單一的學校制度，即 5 年小學，4 年中學，採取一貫制的方式；或分別設立，以配合各

地的實際需要。次年，1919 年，蘇聯開始大力掃除文盲，然而，由於經濟及教育資源欠缺良好的基礎，因此，就算是到了 1930 年時，蘇聯人口中仍有高達 38% 的人口為文盲。

　　共黨統治下的蘇聯，教育是執行政治目標的工具。列寧就提過，學校教育的新任務乃是克服社會階級的區隔，使學校教育成為共產主義者改革社會的一項利器。學校逐漸成為推行共產主義思想的溫床；政府希望經由學校的教育，產生對勞工大眾的影響力，並且成為培養未來青年幹部的搖籃。列寧一再強調共產主義的教育與資本主義的教育，其差異性就在後者脫離了社會生活、缺乏勞動的訓練、鄙視勞動的價值、疏忽勞工的權益等。

　　1920 年，蘇聯新教育實施上，其普通學校的課程為：物理、化學、生物、地理、天文、語文、文學、數學，科學教育的加強至為明顯。其次，課程裡有社會與歷史科學（政治與歷史）、藝術（音樂、繪圖、美術）、體育、外語等。這些中、小學一般文化陶冶的科目，特別重視的是政治意識型態的教學以及蘇聯歷史教學的強化。

　　從 1932 至 1936 年，蘇聯教育改革上，重視的是課程的政變。在此期間，蘇聯政府頒布了一些重要的教育法規，例如：1932 年的學校課程與小學行政法規；1933 年的中、小學教科書法規；1934 年的中、小學組織規程；1934 年的國內歷史教學相關規定；1934 年的中、小學地理教學法規；1936 年的教育委員會行政系統改進法規。

　　這些重要的教育法令，都是針對中、小學課程、教學、教科書、組織、行政措施等，提出了改革之道。

　　蘇聯教育行政最高當局，於 1943 年頒布了中、小學學童規則（Rules for pupils），期以嚴格的管理、訓練、教導，來提振學生的生活教育、行為規範及道德教育的品質。該項學童規則，其條文內容如下：

　　1. 要繼續以獲取知識為教育目標，以便將來成為受過教育的人民、有文化的公民，並能盡其全力為國家服務。

2. 要勤勉學習、準時上學，絕對不許遲到。

3. 要服從學校主任的教誨及教師的教導，絕對不容許有所懷疑。

4. 來學校之前，須準備充分；帶齊一切文具、書本，在教師來臨之前，各項準備工作皆應事前完成。

5. 上學時，服裝要整齊及清潔。

6. 教室環境須打掃整齊、清潔。

7. 上課鈴響，應迅速進入教室就座；進出教室須得教師之允許。

8. 聽課時要坐直，不斜身，不靠手肘；注意聆聽教師的講課及同學的答覆問題，不隨意說話，集中注意於教師的教學活動。

9. 學校教師及主任蒞臨教室時，學生應起立致敬。

10. 回答教師詢問時，學生應站立，坐下時應得教師的許可；問問題時，應舉手獲得教師的允許（註16）。

蘇聯於 1949 年起，實施 7 年制的強迫教育；1952 年，10 年制的一貫中、小學制開始實施。1953 年，蘇聯獨裁者史達林（Joseph Stalin, 1879-1953）過世，蘇聯的教育思想及教育政策管制上漸次有些放鬆。1958 年，赫魯雪夫（Nikita Khrushchev）繼位，開啓了清算史達林的運動，前後共有 7 年之久（1954-1961）。此時教育實施上亦有所改革，即將 7 年制學校改為 8 年制，原 10 年一貫制學校則改為 11 年制。同時，重新恢復早先的多藝工技教育。赫魯雪夫批評當時蘇聯的教育已經脫離了生活，一般學生已無能力應付爾後的生活需要，教育的改革勢在必行。

1960 年代，蘇聯中學教育的內容，除了強調社會的、政治的、經濟的知識外，一般科學的知識也受到重視。一位 15 歲的蘇聯學生，在 8 年制學校畢業以後，他的受課時數為：物理 249 小時；化學 142 小時；外語 465 小時；地理 286 小時；繪圖 79 小時；數學 663 小時。

另外，俄國文學、歷史、自然研究、政治、體育、音樂、唱歌、工作訓練等，以及工作實習共 180 小時。（註17）

1967 年，蘇聯成立教育科學院（Academy of Pedagogical Sciences），

擔負起教育理論、教育實施各項有關問題的研究工作。對於教學指引、教學綱要、課程綱領、教科書等,均有所研究與編製。該院共有 20 個教育學門研究所,研究人員爲數高達 1,700 人。

在 1973 年,蘇聯官方文件說明其高等教育的目標應爲:

1. 培養高水準的專家,使他們接受馬克思、列寧的理論,並且使他們具備堅實的各科理論知識及專精的實用知識,以推動大眾的政治意識及教育工作。

2. 使學生具有高尚的道德品質;具有共產黨員的認知與文化素養及強健體魂;養成社會主義的國際觀,並熱愛蘇聯,捍衛蘇聯祖國。

3. 高等教育的目標即在提升專家的品質,使他們關注當代的工業發展、工藝情況、文化狀態及其未來的發展方向。(註18)

蘇聯高等教育機構,有大學、專門學院及多元技藝學院等。1970 年的統計顯示,80% 進入莫斯科(Moscow)大學的學生,係來自白領階層的家庭。1973 年時,蘇聯教育部通令各大學儘量招收工人子弟,以莫斯科大學爲例,就要求招收 70% 的學生爲工人子弟。1976 年的統計顯示,蘇聯共有 63 所國立大學,學生人數接近 60 萬人。

1984 年,蘇聯教育上的改革將入學年齡提前一年,但是,此一舉措受到學者及家長們的反對。一項說法是一般學校尚未能準備妥當,以接受年幼兒童的入學。經過社會大眾廣泛的討論之後,最後認爲 6 歲兒童入學的決定,應交由其家長及學校心理人員作出決定。

1991 年,前蘇聯爲之解體,原蘇聯各共和國,有的尋求獨立與自主,如立陶宛(Lithuania)、愛沙尼亞(Estonia)及拉脫維亞(Latvia);其他則多半加入獨立國協,爲其會員國。俄羅斯爲獨立國協的一員。1992 年,俄國國會通過了《教育法》(The Law on Education)。該項法案,顯示民主的理想色彩甚濃而理想亦甚高,但是,由於全國經濟狀況不佳,教育資源有限,在未能獲得財政大力支援下,實施成效並不彰顯。該項教育法,揭櫫了六大改革原則,分別是:

1. 教育的人性原則及重視人文價值。

2. 文化的統一，及政府對教育發展留予各校一定的空間。

3. 推行全民教育的原則。

4. 國家教育機構不施行宗教教育的原則。

5. 教育自由化及教育多元化的原則。

6. 教育行政的民主化及學術機構的自主化原則。(註19)

脫離蘇聯後的俄國，其教育的目標已經不再以社會主義、共產主義的思想為基礎，教育的目標已經注意到了個人的全面發展：

> 提供良好的環境及條件，促使個人人格、心智、道德、身體各方面作出良好的發展，以期獲致科學的世界觀，並得到系統的自然、社會、工作等各方面所需要的知識，以便個人能獨立地去工作。(註20)

進入21世紀，俄國的教育將會視整體政治、經濟等方面的發展狀態，而有更進一步的革新與發展。各個獨立國協的成員，將像俄羅斯一樣，需要找出屬於自己教育的發展方向，走出自己的教育制度。一般來說，破壞比建設來得容易。獨立國協各國應極力關注於教育的革新，一些重大的課題，諸如：教育行政及其他方面的民主化；教育質與量的提升；教育事務的優先性；教育經費的逐漸提升；由統一的教育各項原則或政策，將如何改變至分殊發展的方向等，亟待探討與確定。對於解體後的蘇聯原成員國之一的俄羅斯，如何在發展經濟的大方向下，喚醒人民對教育事務的重視與關心，恐怕將是俄羅斯目前最為迫切的一項問題。在政局不穩、社會欠缺安定、經濟發展遲緩、教育價值被輕視的現實社會情況下，人們向錢看的價值取向，對俄羅斯教育的發展，不能說不是一大隱憂。

附註

註 1　　L. Glenn Smith (1984). *Lives in Education: A Narrative of People and Ideas*. Educational Studies Press, Iowa State University, p.320.

註 2　　A. E. Meyer (1952). *The Development of Education in the Twentieth Century*. N.J.: Prentice-Hall, p.176.

註 3　　同註 2，p.190。

註 4　　Richard Aldrich (1982). *An Introduction to the History of Education*. London: Hodder and Stoughton, p.160.

註 5　　Torsten Husen (Editors-in-Chief) (1994). *The International Encyclopedia of Education*. Second Edition, Oxford: Pergamon, p.2379.

註 6　　R. Freeman Butts (1957). *A Cultural History of Western Education*. New York: McGraw-Hill, p.423.

註 7　　同註 6，p.425。

註 8　　同註 5，p.2472。

註 9　　Colin Brock & Witold Tulasiewicz(Ed.) (1994). *Education in a Single Europe*. London & New York: Routledge, p.89.

註 10　同註 5，p.2477。

註 11　James Bowen (1981). *A History of Western Education*, Volume III. London: Methuen, p. 434.

註 12　同註 5，p.6546。

註 13　Allan C. Ornstein & Daniel U. Levine (1984). *An Introduction to the Foundations of Education*. Boston: Houghton Mifflin, p.470.

註 14　同註 5，p.6543。

註 15　同註 5，p.6546。

註 16　Joseph I. Zajda (1980). *Education in the USSR*. Oxford: Pergamon Press, pp.30-1.

註 17　同註 16，p.35。

註 18　同註 16，p.94。

註 19　同註 5，p.5099。

註 20　同註 5，p.5099。

參考書目

壹 ▸ 上篇 —— 中國教育史部分

一、史料

《十三經注疏（重刊宋本）》。臺北市：藝文印書館。

方齡貴校注（2001）。《通制條格校注》。北京：中華書局。

不著撰人（1974）。《學政全書》。臺北市：廣文書局。

王充（1990）。《論衡》。上海：上海古籍出版社。

王圻（1979）。《續文獻通考》。臺北市：文海出版社。

王定保（1936）。《唐摭言》。叢書集成初編。上海：商務印書館。

王頲（1992）。《廟學典禮》（外二種）。杭州：浙江古籍出版社。

尹新德主編（1990）。《歷代教育筆記資料》第一冊《魏晉南北朝隋唐五代部
　　分》。北京：中國勞動出版社。

令狐德棻（1971）。《周書》（乾隆武英殿本影印）。臺北市：藝文印書館。

司馬遷（1988）。《史記》。臺北市：鼎文出版公司。

朱有瓛主編（1983）。《中國近代學制史料》第一輯（上）。上海：華東師大出
　　版社。

朱有瓛等編（1993）。《中國近代教育史資料匯編·教育行政機構及教育團
　　體》。上海：上海教育出版社。

李桂林等編（1995）。《中國近代教育史資料匯編·普通教育》。上海：上海教
　　育出版社。

杜佑（1988）。《通典》。北京：中華書局。

李百藥（1971）。《北齊書》（乾隆武英殿本影印）。臺北市：藝文印書館。

李延壽（1979）。《南史》。臺北市：鼎文出版公司。

李東陽等（1963）。《大明會典》（萬曆十五年司禮監本）。臺北市：東南書報
　　社。

李國祥、楊昶主編（1992）。《明實錄類纂》（文教科技卷）。武漢：武漢出版
　　社。

宋濂（1971）。《元史》（乾隆武英殿本影印）。臺北市：藝文印書館。

沈約（1971）。《宋書》（乾隆武英殿本影印）。臺北市：藝文印書館。

俞汝楫（1986）。《禮部志稿》，《文淵閣四庫全書》史部。臺北市：臺灣商務印書館。

昆岡等（1976）。《大清會典》（影印光緒二十五年本）。臺北市：新文豐公司。

昆岡等（1976）。《大清會典事例》（影印光緒二十五年本）。臺北市：新文豐公司。

范曄（1987）。《後漢書》。臺北市：鼎文出版公司。

姚思廉（1971）。《梁書》（乾隆武英殿影本）。臺北市：藝文印書館。

班固（1986）。《漢書》。臺北市：鼎文出版公司。

柯劭忞（1956）。《新元史》。臺北市：藝文印書館。

湯志均等編（1993）。《中國近代教育史資料匯編·戊戌時期教育》。上海：上海教育出版社。

陳學恂主編（1986）。《中國近代教育史教學參考資料》（上）。北京：人民教育出版社。

陳學恂主編（1991）。《中國近代教育史資料匯編·留學教育》。上海：上海教育出版社。

陳壽（1990）。《三國志》。臺北市：鼎文出版公司。

張九齡（1986）。《唐六典》，《文淵閣四庫全書》史部。臺北市：臺灣商務印書館。

張廷玉（1971）。《明史》（乾隆武英殿本影印）。臺北市：藝文印書館。

教育部主編（1957）。《第三次中國教育年鑑》。臺北市：正中書局。

脫脫（1971）。《遼史》（乾隆武英殿本影印）。臺北市：藝文印書館。

脫脫（1971）。《金史》（乾隆武英殿本影印）。臺北市：藝文印書館。

清史稿校註編纂小組（1987）。《清史稿校註》。臺北縣：國史館。

馬端臨（1987）。《文獻通考》。臺北市：臺灣商務印書館。

畢沅（1982）。《續資治通鑑》。臺北市：文光出版社。

許慎（1980）。《說文解字》。臺北市：南嶽出版社。

程舜英（1988）。《中國魏晉南北朝教育制度史資料》。北京：北京師大出版社。

舒新城等編（1985）。《中國近代教育史料》（上）。北京：人民教育出版社。

劉昫（1957）。《舊唐書》（乾隆武英殿影本）。臺北市：藝文印書館。

鄭玄（1981）。《禮記鄭注》（校相臺岳氏本）。臺北市：新興書局。

鄭廷鵠（1996）。《白鹿洞志》，白鹿洞書院古志整理委員會：《白鹿洞書院古志五種》。北京：中華書局。

璩鑫圭編（1990）。《中國近代教育史資料匯編・鴉片戰爭時期教育》。上海：上海教育出版社。

璩鑫圭等編（1991）。《中國近代教育史資料匯編・學制演變》。上海：上海教育出版社。

稽璜等（1988）。《續文獻通考》。浙江：浙江古籍出版社。

稽璜等（1988）。《清朝文獻通考》。浙江：浙江古籍出版社。

衡塘退士編（1980）。《唐詩三百首注疏》。臺北市：廣文書局。

顧炎武（1970）。《原抄本知錄》（何義門批校精抄本）。臺北市：明倫出版社。

顧炎武（1976）。《日知錄集釋》。臺北市：臺灣中華書局。

魏源（1984）。《元史新編》。臺北縣：文海。

魏徵（1971）。《隋書》（乾隆武英殿本影印）。臺北市：藝文印書館。

二、今人論著

卜憲群等（1994）。《中國魏晉南北朝教育史》。北京：人民出版社。

丁淑萍（2002）。《明代社學之研究》。國立臺灣師範大學教育學系碩士論文，未出版，臺北市。

毛禮銳等（1987）。《中國教育通史》（三）。山東：山東教育出版社。

毛禮銳等（1989）。《中國教育史》。臺北市：五南圖書公司。

王仲犖（1990）。《魏晉南北朝史》。上海：上海人民出版社。

王炳照等（1990）。《簡明中國教育史》。北京：北京師大出版社。

王炳照等（1990）。《中國近代教育史》。臺北市：五南圖書公司。

王貴民（1989）。《商周制度考信》。臺北市：明文。

王德昭（1988）。《清代科舉制度研究》。香港：中文大學出版社。

尹選波（1994）。《中國明代教育史》。北京：人民出版社。

伍振鷟（1982）。《中國大學教育發展史》。臺北市：三民書局。

白新良（1995）。《中國古代書院發展史》。天津：天津大學出版社。

全漢昇（1991）。《中國經濟史研究》。臺北市：稻鄉出版社。

申萬里（2007）。《元代教育研究》。武漢：武漢大學出版社。

皮錫瑞（1983）。《經學歷史》。臺北市：漢京文化公司。

地球出版社編輯部（1991）。《原始中國》。臺北市：地球出版社。

吳宗國（2010）。《唐代科舉制度研究》。北京：北京大學出版社。

吳宣德（2000）。《中國教育制度通史》（第四卷）。濟南：山東教育出版社。

吳浩坤（1990）。《中國甲骨學史》。臺北市：貫雅文化出版社。

吳浩坤（1990）。《古史探索與古籍研究》。臺北市：貫雅文化出版社。

杜正勝（1979）。《周代城邦》。臺北市：聯經公司。

杜正勝（1990）。《編戶齊民》。臺北市：聯經公司。

余英時（1980）。《中國知識階層史論》。臺北市：聯經公司。

余英時（1988）。《中國近世宗教倫理與商人精神》。臺北市：聯經公司。

李志剛（1981）。《容閎與近代中國》。臺北市：正中書局。

李弘祺（1982）。〈科舉隋唐至明清的考試制度〉，收於鄭欽仁主編：《立國的
　　宏規──中國文化新論・制度編》。臺北市：聯經公司。

李桂芝（2012）。《遼金科舉研究》。北京：中央民族大學出版社。

李國鈞主編（1994）。《中國書院史》。湖南長沙：湖南教育出版社。

何啓民（1982）。〈鼎食之家〉，收於劉岱主編：《吾土與吾民──中國文化新
　　論・社會編》。臺北市：聯經公司。

汪一駒（1991）。《中國知識分子與西方》。臺北市：久大文化公司。

孟昭華等（1992）。《中國婚姻與婚姻管理史》。北京：中國社會出版社。

孟森（1982）。《明清史講義》。臺北市：里仁出版社。

周愚文（1985）。《北宋的三次教育改革》。國立臺灣師範大學教育研究所論
　　文，未出版，臺北市。

周愚文（1996）。《宋代的州縣學》。臺北市：國立編譯館。

周愚文（1996）。《宋代兒童的生活與教育》。臺北市：師大書苑。

周愚文（2001）。《中國教育史綱》。臺北市：正中書局。

周愚文（2006）。〈中國歷代停廢科舉制度的探討〉，收於李弘祺編：《中國與
　　東亞教育傳統（一）中國的教育與科舉》（頁119-3）。臺北市：喜瑪拉雅研
　　究發展基金會。

周愚文（2012）。〈宋代科舉報考人數與錄取人數失衡問題因應對策之分析〉，《教育研究集刊》，58 輯，第三期，頁 105-38。

周愚文（2014）。〈明清科舉考生與錄取人數失衡問題的因應對策之分析〉，《教育學刊》，42 期，頁 39-74。

周愚文（2015）。〈羅振玉日本教育考察與晚清學制制定的關係〉，《教育研究集刊》，61 輯，第一期，頁 1-33。

林秀環（2013）。《明代家教文獻之童蒙教育觀研究》。臺灣師大教育系碩士論文，未出版，臺北市。

林瑞漢（1995）。《魏晉南北朝史》。臺北市：三民書局。

林劍鳴（1986）。《秦史稿》。臺北市：谷風出版社。

林劍鳴（2003）。《秦漢史》。上海：上海人民出版社。

胡美琦（1978）。《中國教育史》。臺北市：三民書局。

胡適（1991）。〈諸子不出於王宮論〉，收於姜義華主編：《胡適學術論文集》（中國哲學史上）。北京：中華書局。

喻本伐、熊賢君（1995）。《中國教育發展史》。臺北市：師大書苑。

崔瑞德、魯惟一主編（1992）。《劍橋中國秦漢史》。北京：中國社會科學出版社。

韋政通（1979）。《中國思想史》。臺北市：水牛出版社。

徐梓（2000）。《元代書院研究》。北京市：社會科學文獻出版社。

高明士（1984）。《唐代東亞教育圈的形成》。臺北市：國立編譯館。

高宗魯（1982）。《中國幼童留美史》。臺北市：華欣文化。

孫彥民（1963）。《宋代書院制度之研究》。臺北市：國立政治大學教育研究所。

孫培青（1992）。《中國教育史》。上海：華東師大出版社。

孫詒讓（1992）。《墨子閒詁》。臺北市：世界書局。

孫淼（1987）。《夏商史稿》。北京：文物出版社。

張立文（1985）。《宋明理學研究》。北京：中國人民大學出版社。

張光直（1983）。《中國青銅時代》。臺北市：聯經公司。

張光直（1990）。《中國青銅時代第二集》。臺北市：聯經公司。

張治安（1992）。《明代政治制度研究》。臺北市：聯經公司。

張建仁（1993）。《明代教育管理制度研究》。臺北市：文津出版社。

陳谷嘉、鄧洪波主編（1997）。《中國書院制度研究》。杭州：浙江教育出版社。

陳東原（1980）。《中國教育史》。臺北市：臺灣商務印書館。

陳青之（1936）。《中國教育史》。上海：商務印書館。

陳致平（1977）。《中華通史》。臺北市：黎明文化公司。

陳國棟（1982）。〈懋遷化居——商人與商業活動〉，收於劉岱主編：《民生的開拓——中國文化新論·經濟編》。臺北市：聯經公司。

陳國棟（1982）。〈通貨利商——貨幣與信用〉，收於劉岱主編：《民生的開拓——中國文化新論·經濟編》。臺北市：聯經公司。

陳涵郁（2011）。《晚明至清中葉訓蒙理念的探討》。臺灣師大教育系碩士論文，未出版，臺北市。

陳瓊璀（1989）。《清季留學政策初探》。臺北市：文史哲出版社。

舒新城（1991）。《近代中國留學史》。北京：中華書局。

程方平（1993）。《遼金元教育史》。重慶：重慶教育出版社。

馮小林（1994）。《中國隋唐五代教育史》。北京：人民出版社。

商衍鎏（1993）。《清代科舉考試述錄》。北京：三聯書局。

許倬雲（1984）。《西周史》。臺北市：聯經公司。

喬衛平（1994）。《中國遼金夏教育史》。北京：人民出版社。

湯用彤（1986）。《隋唐五代佛教史》。臺北市：慧炬出版社。

傅樂成（1878）。《中國通史》。臺北市：大中國圖書。

傅璇琮（1986）。《唐代科舉與文學》。西安：陝西人民出版社。

雲夢睡虎地秦墓編寫組（1981）。《雲夢睡虎地秦墓》。北京：文物出版社。

萬繩楠（1990）。《魏晉南北朝史論稿》。臺北市：雲龍出版社。

勞幹（1980）。《魏晉南北朝史》。臺北市：中國文化學院出版部。

楊布生等（1992）。《中國古代書院發展史》。湖南：湖南教育出版社。

楊寬（1965）。《古史新探》。北京：中華書局。

雷國鼎（1983）。《中國近代教育行政制度史》。臺北市：教育文物出版社。

趙岡、陳鍾毅（1982）。《中國土地制度史》。臺北市：聯經。

歐陽周（1994）。《中國元代教育史》。北京：人民出版社。

費正清（1987）。《劍橋中國史》（晚清篇下）。臺北市：南天書局。

熊承滌（1991）。《中國古代教育史料繫年》。北京：人民教育出版社。

黎傑（1964）。《元史》。臺北市：大新書局。

錢穆（1678）。《國史大綱》。臺北市：臺灣商務印書館。

錢穆（1989）。《兩漢經學今古文平議》。臺北市：東大圖書公司。

錢穆（1990）。《先秦諸子繫年》。臺北市：東大圖書公司。

劉兆璸（1978）。《清代科舉》。臺北市：東大圖書公司。

劉秀生等（1994）。《中國清代教育史》。北京：人民出版社。

劉虹（1992）。《中國選士制度史》。湖南：湖南教育出版社。

劉青主編（1995）。《中國考試制度史》。合肥：安徽教育出版社。

劉海峰（1991）。《唐代教育與科舉制度綜論》。臺北市：文津出版社。

薛人仰（1983）。《中國教育行政制度史略》。臺北市：臺灣中華書局。

韓養民（1987）。《秦漢文化史》。臺北市：駱駝出版社。

蕭公權（1982）。《中國政治思想史》。臺北市：聯經公司。

蘇精（1985）。《清季同文館及其師生》。臺北市，自印。

羅樹寶（1993）。《中國古代印刷史》。北京：印刷工業出版社。

貳 ▶ 下篇 ── 西洋教育史部分

一、中文部分

林玉体（1980）。《西洋教育史》。臺北市：文景出版社。

林玉体（1996）。《西洋教育思想史》。臺北市：三民書局。

高廣孚（1992）。《西洋教育思想》。臺北市：五南圖書公司。

徐宗林（1975）。《西洋教育思想史》。臺北市：文景出版社。

徐宗林（1991）。《西洋教育史》。臺北市：五南圖書公司。

徐宗林（譯）（1975）。《西洋教育簡史》。臺北市：文景出版社。

徐宗林（譯）（1982）。《西洋教育史》。臺北市：黎明文化事業公司。

博伊德，埃德蒙‧金（1991）。《西洋教育史》（譯）。臺北市：五南圖書公司。

楊亮功（譯）（1965）。《西洋教育史》。臺北市：協志工業叢書出版公司。

劉伯驥（1964）。《西洋教育史》。臺北市：臺灣中華書局。

二、英文部分

Edward J. Power (1962). *Main Currents in the History of Education*. New York: McGraw-Hill.

Ellwood P. Cubberley (1948). *The History of Education*. New York: Houghton Mifflin.

Harry G. Good & James D. Teller (1960). *A History of Western Education*. London: The Macmillan.

James Bowen (1972). *A History of Western Education*, Volume I, II, III. London: Methuen.

R. Freeman Butts (1955). *A Cultural History of Western Education*. New York: McGraw-Hill.

William Boyd (1968). *The History of Education*. London: Adam & Charles Black.

國家圖書館出版品預行編目資料

教育史／徐宗林，周愚文合著. --二版. --
臺北市：五南圖書出版股份有限公司，
2019.08
　面；　公分
ISBN 978-957-763-477-1 (平裝)

1.教育史

520.9　　　　　　　　　108009680

1IB0

教育史

主　　　編 ― 伍振鷟

作　　　者 ― 徐宗林、周愚文

發 行 人 ― 楊榮川

總 經 理 ― 楊士清

總 編 輯 ― 楊秀麗

副總編輯 ― 黃文瓊

責任編輯 ― 黃淑真、李敏華

封面設計 ― 姚孝慈

出 版 者 ― 五南圖書出版股份有限公司

地　　　址：106台北市大安區和平東路二段339號4樓

電　　　話：(02)2705-5066　　傳　　　真：(02)2706-6100

網　　　址：https://www.wunan.com.tw

電子郵件：wunan@wunan.com.tw

劃撥帳號：01068953

戶　　　名：五南圖書出版股份有限公司

法律顧問　林勝安律師事務所　林勝安律師

出版日期　1997年 2 月初版一刷
　　　　　2019年 8 月二版一刷
　　　　　2022年10月二版二刷

定　　　價　新臺幣550元

經典永恆·名著常在

五十週年的獻禮——經典名著文庫

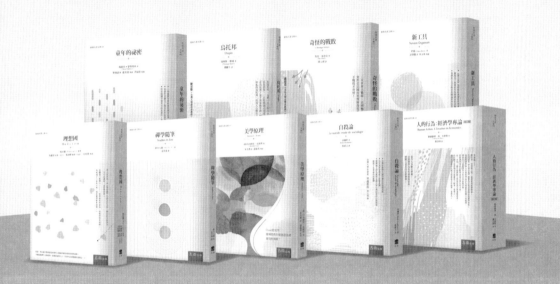

五南，五十年了，半個世紀，人生旅程的一大半，走過來了。

思索著，邁向百年的未來歷程，能為知識界、文化學術界作些什麼？

在速食文化的生態下，有什麼值得讓人雋永品味的？

歷代經典·當今名著，經過時間的洗禮，千錘百鍊，流傳至今，光芒耀人；

不僅使我們能領悟前人的智慧，同時也增深加廣我們思考的深度與視野。

我們決心投入巨資，有計畫的系統梳選，成立「經典名著文庫」，

希望收入古今中外思想性的、充滿睿智與獨見的經典、名著。

這是一項理想性的、永續性的巨大出版工程。

不在意讀者的眾寡，只考慮它的學術價值，力求完整展現先哲思想的軌跡；

為知識界開啟一片智慧之窗，營造一座百花綻放的世界文明公園，

任君遨遊、取菁吸蜜、嘉惠學子！